Dolf Straub
und die WALROSS-Crew

Nichts wie hinterher

Die härteste Regatta der Welt

*herausgegeben
vom Akademischen Segler-Verein e.V. Berlin*

DELIUS KLASING VERLAG

Das Buch entstand unter Mitarbeit von: Heinz Aping (Fotos),
Christian Bauer (Foto), Carsten Clauß (Foto, Material), Andreas
Drechsler (Bericht), Wolfgang Freitag (Zeichnungen), Ekhart Hahn
(Bericht), Joachim Lücht (Bericht), Olaf Michel (Bericht, Fotos),
Claus Reichardt (Bericht, Material), Claus Schäfer (Foto),
Hans-Christoph Schimmelpfennig (Bericht, Material),
Burkhart Zipfel (Bericht, Fotos).

ISBN 3-7688-0533-4

© Copyright by Delius, Klasing & Co., Bielefeld
Printed in Germany 1986
Druck und Bindung: Clausen & Bosse, Leck

KAPITELÜBERSICHT

Warum nicht mal „rundum"? 9
Die Schnapsidee und ein Berg von Bedenken – Der Staat als Sponsor: Fehlanzeige! – Eine geheime Koalition Hilfswilliger: der Ehrenbeirat – Das Schiff im Schiff – Senatskrise und die Folgen – Ein Spielbankscheck macht's möglich

Der Countdown läuft 23
Huckepack nach Hamburg – Das WALROSS, ein ländlicher Kramladen – Die Konkurrenten: wenig komod – Grobe Gewalt spart Kilos – Eine Farewell-Party, die im Polizeipräsidium endet – Überlebenschance durch Sicherheitscheck – Bewältigung von Gruppenkonflikten

Leinen los! 46
Der Moment, der das Leben verändert – Bilanz der ersten Woche: am Tampen – Sailing at it's best – Nervenschlacht in der "happyhour" – Die verkehrte Welt der Kalmen – Neptuns Reinigungszeremonie – Der Havarieteufel jagt durchs Regattafeld – Kapstadt, Terra incognita – Die Freuden des Erfolgs

Im Land der Buren 84
Bilder einer Stadt - Rüsten für die Südetappe – Die Wirklichkeit hinter einer freundlichen Erscheinung: Südafrika – Wie Olaf und Burkhart bei Christian Barnard famulierten – Regattastorys und Clubgeflüster – Im Streß des Aufbruchs

Eisberg im Glas 100
Warum Opa Pehle "Opa" genannt wird – Der Kollaps des neuen Triradial – Die andere Dimension: Eiswache – Mythos von der Unzerstörbarkeit des "Blechs" – Das Bordleben kommt zum Erliegen – Bergfest – Flaute gegenan – Die Mediziner im Einsatz

Auf der anderen Seite des Globus 141
Preußischer Empfang in Neuseeland – Verschollen auf See – Stürmische Begrüßung am Sommer-Boulevard – Gescheitert: Selbstmord – Der Zweifel am Sinn des Alltags oder: Die Suche nach sich selbst – Im Räderwerk der Bürokratie

Kap Hoorn, wir kommen! 171
Wieder auf See – Warten auf den Westwind – Latente Spannungen an Bord – Zwei Spinnakerbrüche in zwei Tagen – Das Rollenverhalten gebiert Konflikte – Vom "Reisen" in reiner Form

Das also war's 190
Dringlichkeitsruf der BUBBLEGUM – Auf falschem Kurs der Küste zu – Gefangen in düstergrauen Klippen – Sturmritt um Feuerland – Kap Hoorn peilt Nord – Die letzte Gemeinsamkeit zerbricht – Der Augenblick der Ankunft

Argentinische Reisebilder 218
Mar del Plata, ein kribbelnder Ameisenhaufen – Feten auf und unter den Booten – So wird man ein Held – Fußball mit Maradona – Wer war Axel Czuday wirklich? – Wo die Wörter versagen: die Katarakte von Iguazú – Asado am Swimmingpool

Kurs Heimat 241
Freisegeln von den Einflüssen des Kontinents – Familie Neptun zu Besuch – Wie fängt man Fliegende Fische? – Der Polarstern taucht auf – Der unsichere Kantonist Azorenhoch – Auf unfreiwilligem Weg ins Ziel

Vorwort

Fünf Uhr früh. Die Brandwand über dem Hinterhof beginnt ihr schmutziges Graurot anzuziehen, der Himmel darüber wird hell. Erste Töne des Tages: die Tauben auf dem bröckelnden Gesims, eine Tür schlägt, Schritte im Hof.
Seit acht Monaten Nachtarbeit, Entrückung aus der Realität, aus der eine andere auftaucht und wirklich wird: die unablässigen Geräusche der Seen, der Geschmack des Meeres, Farben und Bewegungen. Erinnerung und Alltag werden nachts zu fernen Erfindungen. Nichts ist wirklich, alles ist möglich. Das Diktiergerät hat Kap Hoorn verschluckt.
Halb acht Uhr, Aufbruch zur zweiten Schicht. Durch die Wilmersdorfer Straße fahren die Kehrmaschinen und hinterlassen Dreckspuren. Obdachlose warten zwischen ihren Plastiktüten auf die Sonnenwärme. Aus der U-Bahn kommen die ersten Verkäuferinnen, müde, blaß, eine hastige Zigarette vor Arbeitsbeginn. Der Gemüsehändler baut seine Ware auf, die Kebab-Bude wird mit Backwaren beliefert. Die Fußgängerzone takelt sich auf. Meine Gedanken sind in Mar del Plata. Ich fahre ins Büro.
Das Manuskript ist abgeschlossen. Es begann als trockener Arbeitsbericht und Rezeptbuch für eine Regatta rund um die Welt. Der Plan wurde schnell begraben; die Distanz zu den Erlebnissen war zu gering, um zu hinreichend klaren Wertungen zu gelangen. Ein Bericht also, der die Erlebnisse der Crew widerspiegelt – doch manche blieben sehr schweigsam. Die Erfahrungen waren und sind auch zu verschieden für eine "repräsentative" Darstellung. Mir scheint, daß dieses Buch gerade deshalb repräsentativ für unsere Gemeinschaft geworden ist. Hinter dem "wir" im Text stehen Menschen, getrennt durch verschiedene Ansichten und Ziele, unterschiedlich und eigensinnig bei aller Gemeinsamkeit. Freunde aus der Regatta haben uns besucht, der Koch der

CERAMCO, der Arzt der FLYER, einer von LICOR 43. Ihre Crews sind auseinandergelaufen. Sie staunten: wir sitzen noch zusammen. Einige phantasieren längst von einer Maxi, abends beim Bier, von den Millionen, die man bräuchte, um das nächstemal ganz vorne mitzusegeln. Ein neuer, ein anderer Traum. Einer, der sich nicht erfüllen wird.
Ich danke allen Crewmitgliedern, die ihre Erinnerungen zur Verfügung gestellt haben, Texte beisteuerten und mit Kritik die Arbeit an diesem Bericht begleiteten.

Berlin-Charlottenburg
Frühsommer 1983 D.S.

Dieses Buch kann sicherlich nicht die ganze Fülle von Erlebnissen, persönlichen Erfahrungen und Eindrücken, die jeder von uns während der Weltumseglung sammeln konnte, wieder- und weitergeben; nicht nur der Umfang des Buches setzt Grenzen – zuviel ist einfach gar nicht in Worte faßbar. Dazu zählt sicher auch das Bewußtsein, in dem die Erlebnisse wurzeln, daß nämlich ohne die mannigfache Unterstützung und Hilfe, die uns während der Vorbereitung und Durchführung des Rennens um die Welt zuteil wurden, unsere Teilnahme nicht möglich gewesen wäre.
All denen, die uns in so großzügiger und entgegenkommender Weise unterstützt haben, sei es materiell, sei es durch Rat und Tat, möge dieses Buch gleichsam als Dankeswort zeigen, wie sehr wir ihnen verpflichtet sind.

Für den Akademischen Segler-Verein
Die WALROSS-Crew

Warum nicht mal „rundum"?

*Die Schnapsidee und ein Berg von Bedenken –
Der Staat als Sponsor: Fehlanzeige! –
Eine geheime Koalition Hilfswilliger: der Ehrenbeirat –
Das Schiff im Schiff – Senatskrise und die Folgen –
Ein Spielbankscheck macht's möglich*

Durch das Skylight fällt eine Dämmerung, die nicht sein kann. Matt schimmert der Handlauf am Kajütdach und verschwindet jäh aus dem schlaftrunkenen Blick der Freiwache. Eine gewaltige Kraft schleudert sie in die Höhe und wirft sie urplötzlich in die Kojensegel. Adam hat sich zwischen Mast und Kojen verkeilt und brüllt: „All hands! All hands! Raus, raus!" Das Boot stampft und schlingert. „All hands!" Etwas ist geschehen, das all unsere Kraft erfordert. Wir fallen unter Deck hilflos übereinander, wühlen nach unseren Stiefeln, dem Ölzeug, klammern uns an Handläufe und Kanten, suchen beim Anziehn Halt an Ausguß, Mast und Bootsmannsschapp.

Ein Hexentanz. Auf dem Vorschiff taumeln drei Mann mit dem Spi-Baum übers Deck, der Reacher killt und reißt wie verrückt am Vorstag. Das Zittern geht durch das ganze Schiff. Die zweite Sicherheitsleine einhaken und dann raus aus dem Cockpit. Zwei, drei schnelle geduckte Schritte bis zu den Luvwanten, dann sackt das Deck so schnell unter dir weg, daß du den Bruchteil einer Ewigkeit zwischen Wasser und Himmel hängst, einen erschreckten Herzschlag lang.

Schließlich geht es nur noch auf allen vieren. Brecher auf Brecher donnert über das Vorschiff, bricht auf deinem Rücken, preßt dich auf das nasse, rutschige Teakdeck, und irgendeiner reißt dich nach Lee, auf Position.

Fünf, sechs Mann hängen am Unterliek, am wild um sich schlagenden Schothorn. Das Tuch ist bretthart und naß, reißt sich aus den klammen Fäusten los, zerrt uns in die Höhe, schleudert uns zurück aufs Deck. In Luv steigt Welle auf Welle über die Reling, stößt uns in den Rücken, prasselt auf die Schultern. Fiert denn da niemand das Fall? Wir zerren, keuchen, suchen in der steifen Segelwand nach Falten, in die wir uns krallen könnten, hängen uns in das schlagende Tuch, das endlich zentimeterweise nachgibt. In Lee schneidet das Setzbord hüfttief unter, die See schwemmt uns die Beine weg. Wir werfen uns schreiend vor Anstrengung in das überkommende Wasser und auf die breiten Bahnen, in denen 86 Quadratmeter Segelfläche nun immer schneller herunterkommen.

Windstärke 11

Unaufhörlich reißt der Sturm die Kämme von den Wellen, treibt sie in gewaltigen Vorhängen waagerecht vor sich her, ein peitschender Salzregen, vor dem es keinen Schutz zu geben scheint. Über die breiten Wellenrücken, riesig hoch und doch seltsam plattgewalzt, krakeln breite Schaumspuren. Dunkelgraue Wolken jagen, zum Greifen nah, dicht über den Masttopp und hüllen diesen frühen Nachmittag in Dämmerung. Nur ab und zu öffnet sich der Dunst, gibt sekundenlang den Blick frei auf dunkle Felsen an Steuerbord, schwarzgraue Klippen voraus und eine verhangene schroffe Küstenformation an Backbord. Das WALROSS liegt unter Stagfock und mit drittem Reff hinter den Islas Ildefonso auf Legerwall.

Adam stemmt die Füße gegen die leeseitige Bank im Cockpit, blinzelt fatalistisch auf die Schotknäuel unter sich und beginnt sie langsam und sorgfältig in Buchten zu legen. Das fliegende Wasser, das auf seinen Rücken prasselt, und der Sturm verhindern, daß er hört, was Adolf neben ihm sagt: „Das also war's. Deshalb bin ich mitgefahren."

Ein Tag noch bis Kap Hoorn.

Olaf Michel rückt die Krawatte zurecht. Die Uhrzeiger an der Berliner Gedächtniskirche können sich an diesem Novembervormittag wieder einmal nicht einigen. Jede Himmelsrichtung zeigt ihre eigene Zeit. Aber man stopft nicht 186 Zentimeter und fast zwei Zentner Lebendgewicht freiwillig in dunkles Tuch, um zwischen Ku-Damm und Tauentzien über die Mißweisungen einer Kirchturmuhr tiefsinnig zu werden. Schon gar nicht, wenn es um höchst Profanes geht, um Geld, ziemlich viel Geld. „Bedeckt, Südwest 1 bis 2", registriert Olaf noch automatisch, bevor er die Glastüren zum Europa-Center aufstößt und die Rolltreppe zum ersten Stock hinauffährt. Dort liegt die Spielbank Berlins.

Der Direktor über die Roulett- und Baccara-Tische ist untersetzt und von rundschädliger Eleganz. Hätte das berufsbedingte Nachtleben nicht seinen Teint welken lassen, mit den wasserhellen Äuglein unter dem weißen Schopf wäre er das Abbild eines jovialen Gutsbesitzers. Herr

von Schwarzkopf kommt ohne Umschweife zur Sache: „Nehmen Sie doch Platz, sagt er und sieht Olaf verschmitzt an, „also Fünfzigtausend würden Ihnen reichen? Kommen Sie damit denn überhaupt aus?"
Olaf ist in den letzten Wochen durch zu viele Türen gegangen, um dieses Entgegenkommen schon für einen Sieg in der Sache zu halten. Denn mit dieser Frage fangen die Schwierigkeiten erst richtig an. Seine Standardantwort ist „ja-aber". Und das „aber" hat fünf Nullen mit einer Zwei davor. Ein paar Firmenspenden sind eingegangen, ein paar Sachspenden sind zugesagt – keine Fakten, die einen erfolgreichen Manager vom Ledersofa reißen können.

Olaf ist Medizinstudent und 24, die Welt von Wirtschaft und Management nun nicht gerade das Parkett, auf dem er sich von Kindesbeinen an bewegt. Er hat aber etwas, was in solchen Verhandlungen mehr wert ist als nur Diplomatie: Beharrungsvermögen und einen ansteckenden Optimismus. Mit dem könnte er glatt zehn Millionen Deckungslücke überspielen. Und es fehlen ja kaum drei Prozent davon, um das WALROSS startklar zu machen, „zum gigantischen Sprint um die Welt", wie er beiläufig eine französische Yachtzeitschrift zitiert. „Sie müssen sich das vorstellen: Die einzige deutsche Yacht in diesem Rennen würde aus unserer Stadt kommen", appelliert er an den Berliner Lokalpatriotismus. Olaf kommt aus Krefeld.

Warum die Schiffe weiblich sind? Ein Glück, daß sich die Frauenbewegung dieser abseitigen Frage noch nicht angenommen hat! Womöglich wäre der Befund wenig schmeichelhaft: Schiffe werden geliebt und in Besitz genommen, betüttelt und geprügelt, zärtlich umschwärmt und mitleidlos gegen ein begehrenswerteres Modell eingetauscht – lauter Verhaltensweisen, die emanzipierte Frauen den Männern zu Recht vorwurfsvoll entgegenhalten.

„Das" WALROSS wechselte sein Geschlecht im Alter von drei Jahren nicht etwa deshalb, sondern weil es der Akademische Segler-Verein Berlin als drittes Seeschiff dieses traditionsreichen Namens in die lange Reihe seiner Ausbildungsyachten einfügte. Die weiße Swan 55 wurde 1971 bei Nautor in Finnland gebaut. Damals hatte ihr Eigner, Norbert Lorck-Schierning, genaue Vorstellungen, wie seine JAN POTT IV sein sollte: Die Serienyacht wurde verändert, um erfolgreich im Admiral's Cup segeln zu können. Der Slup wurde das Heck kupiert, so daß sie tatsächlich nur 52 Fuß und 7 Inches lang ist. Aber auch das macht noch über 16 Meter Eleganz aus. Ihr kräftiger Mast ragt 21 Meter über Deck und trägt eine Segelfläche, die größer ist als die Grundfläche dreier Sozialbauwohnungen, verteilt auf 80 Quadratmeter Großsegel und

110 Quadratmeter Genua I. Mit dem größten Spinnaker könnte Christo, der Verpackungskünstler, schon etwas anfangen. Für den Reichstag in Berlin reichte es zwar noch nicht, aber ein kleines Fertighaus ließe sich unter den 240 Quadratmetern allemal zum Päckchen verschnüren.

Die feinen Linien, die seine Konstrukteure Sparkman & Stephens dem Schiff gegeben haben, lassen mit dem akkuraten Teakdeck den Kunststoffrumpf trotz seiner maximalen Breite von 4,35 Meter grazil erscheinen. Doch den Unterschied zwischen diesem finnischen Yacht-Kleinod und modernen Rennyachten erfährt auch der Laie, der einmal einen Blick unter die Decks geworfen hat: Herrscht dort die kahle Nüchternheit einer Imbißstube für Fernfahrer, so glaubt man sich im Bauch des WALROSS eher in einen englischen Club versetzt. Statt nackter Plastikwände oder Aluminiumverstrebungen schimmern hier Paneele aus hellem Birkenholz, gefaßt von Leisten aus warmem Teak. Es fehlt eigentlich nur der offene Kamin.

Die vergleichsweise luxuriöse Ausstattung – zwei Toiletten, sieben feste Kojen, Sitzbänke um die massive Schlingerback – macht das WALROSS zur idealen Yacht für lange Reisen. Das hat allerdings auch seinen Preis, ein Gewicht von fast 20 Tonnen, zuviel für eine Rennyacht, die ganz vorne mitsegeln will. Dies und die andauernde Revolutionierung im Yachtbau verminderten schon bald nach der Jungfernfahrt die Siegeschancen der JAN POTT IV bei Regatten und trugen zum Entschluß ihres Eigners bei, die Slup zu verkaufen. Der ASV griff zu, kratzte die letzten Reserven zusammen, ging betteln bei Mitgliedern, Freunden und Senat von Berlin und verkaufte sein altes Ausbildungsschiff WALROSS II.

Der Abschied von dem alten, schlichten 11,50 Meter langen Stahlschiff fiel schwer. Durch viele Jahre hindurch hatte es treu seinen Dienst getan und vielen jungen Seglern die ersten Blauwasser-Erlebnisse beschert, zu BR-, BK- und C-Scheinen und vereinsinternen Schifferehren geführt. Und es war damals gerade zwei Jahre her, daß es eine Crew von sechs sicher durch Wetter und Eis um das Nordkap Spitzbergens geführt hatte, eine Leistung, die Ekhart Hahn, seinem Skipper, und der Crew den begehrten Schlimbach-Preis eingebracht hatte.

Zur Wehmut kam der Zweifel, ob die ständig wechselnden jungen Crews einer vielbefahrenen Ausbildungsyacht den Sprung ins Zeitalter der Elektronik verkraften würden. WALROSS III war für den kleinen Verein, der damals kaum 300 Mitglieder zählte, eine beinahe zu teure und technisch komplizierte Herausforderung. Doch sie lohnte sich nicht nur, sondern mobilisierte gerade deshalb den Ehrgeiz. Das Hochseesegeln erlebte im Verein einen neuen Aufschwung.

Seither hatte WALROSS III Jahr um Jahr mehr als 10 000 Seemeilen auf Nord-und Ostsee, auf Nordatlantik, vor Island und in der Karibik zurückgelegt. Und unter den Studentinnen und Studenten war die Lust zur Teilnahme an Regatten gestiegen. Kieler Woche und die Rennen der Sail Training Association (STA) gehörten bereits seit 1976 zum Ausbildungsprogramm. Beinahe war all dies schon zur Routine geworden, ja es fiel manchmal schon schwer, neue „Kadetten" für die STA-Regatten zu finden. Etwas war fällig, etwas das größer war, bedeutender noch für ein Seglerleben als diese Höhepunkte.

Im Herzen vieler, die schon einmal Segel über sich und ein schiefes Deck unter sich gefühlt haben, die Salzluft geschnubbert oder als Kind unter der Bettdecke „Hornblower" gelesen haben, lebt die Sehnsucht nach den Weiten der Ozeane. Wohl jeder im Verein hatte insgeheim schon einmal daran gedacht, hinter den Äquator hinunterzusegeln, und dabei „sein" WALROSS angesehen. Hatte es nicht auf seinen Atlantiküberquerungen bewiesen, daß es mit schwierigsten Wetterbedingungen fertig werden konnte? War es nicht groß genug, verglichen mit den Nußschalen, die ständig überall loszusegeln schienen und sich um Weihnachten vor Barbados trafen? Und der Blick auf die Kameraden: Konnten sie nicht auf Tausende Seemeilen, auf die Erfahrungen zahlloser Seetörns zurückgreifen?

Claus Reichardt, einer aus der Spitzbergen-Crew, ein junger Architekt und einer der erfahrensten Hochseesegler des Vereins, sprach aus, was andere nur heimlich in ihrem Herzen bewegten: „Warum nicht einmal rundum?"

Seine Argumente für die Teilnahme am Whitbread-Rennen um die Welt wogen schwer, doch zwischen Idee und Weltumseglung schob sich ein Berg von Bedenken. Würde der zehn Jahre alte Rumpf diesen Strapazen gewachsen sein? Gab es wirklich genügend Mitglieder mit ausreichender Erfahrung, die Schiff und Mannschaft sicher durch die „Roaring Forties" und die Stürme von Kap Hoorn führen konnten? Bestand überhaupt Aussicht, das Geld für neue Segel, zusätzliche Ausrüstung und eine höhere Versicherungssumme aufzutreiben? Und schließlich, am Ende aller technischen Erwägungen, die Kardinalfrage: „Wer macht die Arbeit?"

So erhitzte im kalten Winter 1979/80 das Projekt auch die gelassensten Gemüter, und die Diskussionen am Biertisch, am Telefon und im privaten Kreis waren heiß. Wer war dafür, wer dagegen. Aber auch unter den Kritikern der „Schnapsidee" prüfte mancher schon einmal vorsichtshalber, ob er sein Studium für Monate unterbrechen, Urlaub vom Arbeitgeber erhalten könnte. Freundinnen, Bräute und Ehefrauen wurden ins

Vertrauen gezogen, die Phantasie schlug Purzelbäume. Die Gespräche bezogen immer häufiger private Fragen ein, so als wäre die Reise schon beschlossene Sache. „Was ist, wenn ihr nicht wiederkommt? Oder einer von euch?" „Das schafft ihr nie. Nach vier Wochen schmeißt ihr euch doch gegenseitig von Bord." Das distanzierte „ihr" hieß in Wirklichkeit „ich" und „wir".

Der Entscheidung ging Selbstprüfung voraus, besorgt, ernsthaft und manchmal auch ironisch: „Und wo, bitte, bleibt dabei die Südsee?" So blieben zwar lange Zeit erhebliche Bedenken offen, ob die Kraft der jungen Bundesbrüder und -schwestern ausreichen würde, alle technischen und organisatorischen Voraussetzungen zu schaffen und zu bewältigen, aber die Erfahrungen der alten Spitzbergen-Haudegen und das Selbstvertrauen der jüngeren Aktiven begannen selbst die notorischen Skeptiker zu beeindrucken. Und schließlich: Man konnte ja noch immer von dem Plan zurücktreten, wenn die komplizierte Finanzierung scheitern sollte.

Es sah damit ohnehin unsicher genug aus. Das Innenministerium in Bonn war zwar sehr angetan, daß eine deutsche Crew die Strapazen des Rennens auf sich nehmen wollte, fühlte sich jedoch nicht zuständig: „Schön, daß Sie als einzige deutsche Yacht daran teilnehmen wollen. Aber das ist eine Angelegenheit des Landes Berlin."

Doch die staatliche Sportverwaltung Berlins hatte schon im Vorfeld diskret abgewunken; die öffentlichen Mittel reichten gerade zur Förderung der Reisen von Bundesliga-Mannschaften zu Wettkämpfen in Westdeutschland. Der Staat als Sponsor – Fehlanzeige!

Die Suche nach einem potenten anderen Sponsor stieß nur auf Interesse und sonst ins Leere. Es gibt in Berlin ohnehin nur wenige Firmen in Industrie und Dienstleistung mit hinreichenden Werbeetats. Aber die waren entweder sportfremd oder leider gerade für Bundesliga-Fußball oder -Eishockey verplant. Und schließlich Hochseeregatten: ein Sport für reiche Sonderlinge von der Waterkant! Das gab doch für den Berliner Markt gar nichts her.

Für den westdeutschen leider auch nichts, da war ein Boot aus Berlin nun völlig ungeeignet. „Wissen Sie, da fehlt dann die positive Anmutung." Da seufzten selbst begeisterte Segler in den Vorstandsetagen von Banken, Brauereien und chemischer Industrie und bekamen ökonomisch kalte Füße.

Schließlich drehte sich das Karussell wie ein Perpetuum mobile: Grundsätzlich sei man ja vielleicht bereit zu helfen, aber wenn hinter dem Unternehmen nur ein paar Studenten stünden, nicht aber ein ansehnliches Konsortium, sei man leider außerstande, wirklich, leider außerstande ... Solange niemand bereit war, sich zu engagieren, kam natürlich auch kein Konsortium zustande. Schließlich scheiterte ein letzter Versuch an der Lust der Deutschen, sich wechselseitig für unmündig zu halten und deshalb zu reglementieren. Was beispielsweise "Gauloises" in Frankreich kann und darf, ist bei uns "Lord" oder "Roth-Händle" allemal verboten: die Werbung mit Sport fürs Laster.

„Kennste wen – biste wer." Wenn es in unserer Republik um Bares geht, ist das Land eine Beziehungs-Demokratie, quer durch die politische Landschaft. Gerade daran aber schien es dem Verein zu mangeln. Keiner seiner "Alten Herren" oder "Damen" sitzt im Bundestag oder gar im Präsidium eines Arbeitgeberverbandes. Und seine Mitglieder kommen nicht aus den "großen Familien". Der Mangel wird ausgeglichen durch die lebenslangen Freundschaften und die Seemannschaft, die auch an Land und über weite Distanzen hin zuverlässig funktioniert.

Wenn sich dieser Verein etwas vorgenommen hat, dann verfolgt er es mit zäher Hartnäckigkeit. Erneut war er, wie schon beim Kauf seines Flaggschiffes, auf seine traditionellen Möglichkeiten zurückverwiesen: auf seine Mitglieder und die geduldige und solide Freundschaft vieler, die den ASV aus manchmal unerfindlichen Gründen schätzen gelernt haben. Und so begann sich, unterstützt durch eine fleißige Pressearbeit, langsam etwas zu regen: Ein Ehrenbeirat konstituierte sich.

Einige Politiker reagierten auf das Ansinnen, Einfluß und Protektion zu leihen, wie weiland Graf Lehndorff, Präsident des preußischen Herrenhauses, auf die Bitte, die ersten tausend Aktien einer windigen Kolonialgesellschaft zu zeichnen: „Jut, wenn's nischt kost'." Immerhin übernahm aber der Regierende Bürgermeister von Berlin die Schirmherrschaft, und unter der Führung des Präsidenten des Deutschen Segler-Verbandes, Dr. Kurt Pochhammer, entstand eine selbstlose Förderergruppe, zu deren Ehrenbeirat schließlich mehrere Senatoren, der Präsident des Berliner Abgeordnetenhauses und der Präsident des Landessportbundes gehörten.

Hinter diesem Respekt gebietenden Schutzschild bildete sich nach und nach eine Art geheimer Koalition Hilfswilliger, die einen selbst Segler auf Havel oder Blauwasser, andere nur mitgerissen von dem Elan, mit dem die Vorbereitungen für das Rennen nun vorangetrieben wurden. Von einem von ihnen war der Hinweis gekommen: „Versucht's doch mal bei der Spielbank."

„Ja", sagt Herr von Schwarzkopf, „das ist schon richtig. Die Spielbank ist verpflichtet, eine gewisse Summe außerhalb der Konzessionsabgabe für den Sport zu spenden. Und es sind auch für dieses Jahr noch gewisse Reste übrig."

„Das heißt", hakt Olaf nach, „daß wir mit Ihrer Hilfe rechnen können"?

Die Antwort entspricht dem "Bericht aus Bonn": „Ich kann Ihre Frage, Herr Michel, weder mit ja noch mit nein beantworten. Denn darüber befindet nicht der Direktor der Spielbank. Ich werde gerne machen, was ich kann, doch letzten Endes liegt das Ganze bei den Politikern. Die müssen das anordnen. Aber bisher", fügt er nach einer kleinen Pause hinzu, „aber bisher war das eigentlich immer für Hertha BSC, Tennis Borussia und den Schlittschuh-Club gedacht. Sie verstehen, die Herren kennen sich ..."

Während Olafs Optimismus einen Dämpfer erfahren hat, laufen die Arbeiten am WALROSS weiter. Es steht wieder in seinem kleinen "Trokkendock", im Laderaum eines alten ausgeräumten Berliner Binnenschiffs. Hans Möritz, der Chef einer Abwrackwerft im Norden Berlins, hat es für wenig Geld zur Verfügung gestellt und wegen seiner geheimen Schwäche für die Jungs vom ASV noch bis an die alten Steganlagen vor dem Seglerhaus geschleppt. Jetzt verschränkt er skeptisch die Arme über seinem Overall und sieht zu, wie unter Anleitung von Claus, dem Takelmeister, WALROSS und Oberteil des Binnenschiffs unter riesigen Plastikplanen verschwinden. Der Winter kann kommen.

Und mit ihm unzählige Besprechungen. Eine eingehende Schiffbesichtigung, zu der auch ein Vertreter der Herstellerwerft Nautor geladen wird, führt zu einer seitenlangen Aufstellung der nötigen Arbeiten. Zu unserer Erleichterung wird uns aber auch bestätigt, daß sich der Rumpf in einem uneingeschränkt seetüchtigen Zustand befindet.

Mit viel Schwung beginnen die Überholungsarbeiten. Wanten und Stagen, aber auch Schoten und Fallen, deren Zuverlässigkeit auf den wochenlangen Etappen außer Frage stehen muß, werden erneuert. Die abmontierten Verbindungsstücke aus Edelstahl, zum großen Teil Sonderanfertigungen und so alt wie das Schiff, werden unter die Röntgengeräte der Bundesanstalt für Materialprüfung geschoben und die Aufnahmen von den Fachleuten ausgewertet. Sie werden fündig. Olaf kann auf der nächsten Besprechung ein Röntgenbild zeigen, auf dem eine defekte Schweißnaht zu sehen ist. Ein programmierter Mastbruch!

Burkhart und Gerolf übernehmen die Aufgabe, die Süßwasseranlage zu überholen. Die Tanks werden ausgebaut und mit Desinfektionsmitteln durchgewaschen. Zwei neue müssen konstruiert werden. Burkhart, der Medizinstudent, fertigt mit Gipsbinden Abdrücke der freien Räume unter den Bodenbrettern; Gerolf, der Techniker, mißt sie mit Schublehre und Zollstock aus, zeichnet und hilft beim Schweißen.

Ein jeder arbeitet nach seinen Fähigkeiten, muß an seinen Fehlern lernen und versuchen, Erfahrenere zu Rate zu ziehen.

Lange bevor sich die kontroverse Diskussion im Verein auf die Entscheidung zubewegt, ob wir überhaupt teilnehmen dürfen, bildet sich aus der Schar der vielen Helfer schon ein Stamm sieben Unentwegter heraus. Da sie alle vier Etappen "rund" segeln wollen, werden sie bald nur noch die "Stammcrew" genannt. Neben Olaf selbst gehören dazu Burkhart, die drei Jurastudenten Carsten, Andreas und Christoph, sowie Liqui Moly, bürgerlich Claus mit Namen und Wirtschaftsingenieurstudent, und Christian, der angehende Schiffbauer. Die beiden letzteren, ein ungleiches Paar, beschäftigen sich hauptsächlich mit der Technik unter Deck, mit Motor, Elektrik und Elektronik.

Die Schraubenwelle wird noch im Winter von Moly gezogen, eine knifflige Angelegenheit, die neben Fingerspitzengefühl auch einmal einen Schlag mit dem Hammer erforderlich werden läßt. Molys schnelle Hauruck-Methoden paaren sich dabei vorzüglich mit Christians Art, lieber erst einmal nachzudenken und dann zu handeln. Beide überholen auch gemeinsam die elektrische Anlage, die dabei gleich von 12 auf 24 Volt umgestellt wird. Verottete Kabelstränge kommen ans Tageslicht, neue werden eingezogen, Kabelschächte verlegt. Die alten, zentnerschweren Lastwagenbatterien weichen hintereinandergeschalteten 6-Volt-Batterien.

Mit viel Erfindungsreichtum formt Moly aus Glasfasermatten und Kunststoff neue Batteriekästen, die ihren Platz neben dem Motor finden. Der überall juckende Glasfaserschmirgelstaub schränkt jedoch seine Freude an dieser Arbeit erheblich ein. Christian zeichnet derweil Schaltpläne und entwirft im Zeichensaal der Uni ein Hauptschaltbrett mit automatischen Sicherungen. Hier muß sorgfältig gearbeitet werden, denn die elektronischen Segelinstrumente für Windrichtung und -geschwindigkeit, für Schiffsgeschwindigkeit und der Meilenzähler müssen bei allen Wetterbedingungen zuverlässig ihren Dienst tun.

Burkhart macht sich mit Anke, seiner Braut, über die Pumpen her. Die Defäkalisations-Anlage ist völlig versottet und mit Urinstein vollgesetzt. Anke bearbeitet sie zwei Wochenenden lang mit Drahtbürsten, Spachtel, Schraubenzieher und ätzenden Flüssigkeiten, bevor sie neue Dichtungen einsetzen und den ganzen Mechanismus fetten und zusammensetzen kann. Gisela flickt die Polsterbezüge der Backskisten und Kojen, schneidert Kojensegel und "Organizer", Stautaschen aus Segeltuch für den Kleinkram.

Der schlanke und betont ruhige Carsten vertieft sich in Puzzlearbeiten, die mindestens so subtil sind wie die tägliche Pflege seiner aufwärtsgezwirbelten Bartspitzen. Alle Winschen werden auseinandergenommen um ihr verzahntes Innenleben zu reinigen. Die Kugellager werden ersetzt, Ersatzteile besorgt. Unsere Winschen sind alt und werden nicht mehr hergestellt; einige Zahnkränze müssen neu gegossen und gefräst werden. Das braucht seine Zeit und seine Fachfirma. Doch Carsten, der sein Studium mit Taxifahren verdient, weiß seine Fahrrouten nach den zu besuchenden Firmen abzustecken.

Besuchern wird in diesem Winter das Schiff nicht mehr gezeigt. Wer dennoch unter die Plane sieht, glaubt nicht mehr, daß die stolze Swan je wieder segeln wird.

„Bevor in diesem Sauladen endlich mal einer ans Telefon geht, ist das Rennen schon gelaufen. Sag mal, pennt ihr alle?" Gerolf am anderen Ende der Leitung ist Jungmanager und streßgeplagt. Da helfen keine Entschuldigungen über die langen Wege zwischen der WALROSS-Baustelle am Steg und dem Telefon im Haus. „Hör mal, Olaf, du wolltest doch immer einen Kontakt wegen der Ausstellung vom WALROSS auf der Boots- und Freizeitmesse. Ich seh' da eine Möglichkeit, direkt an den Boß der AMK ranzukommen. Gestern auf 'ner Party hab' ich die Freundin von der Sekretärin kennengelernt, die will ihr heute sagen, daß wir einen Termin brauchen. Ruf' doch gleich morgen mal im Vorzimmer an."

Wir wollen einen Stand mit dem WALROSS auf der Bootsausstellung unter dem Funkturm bekommen, damit mehr Wind in die Segel der Öffentlichkeitsarbeit fällt. Unser Projekt ist mittlerweile zu einem Balanceakt geworden, dessen Absturz kein solides Finanznetz auffangen kann. Solange nur wir es ernst nehmen, ein kleiner Verein und ein paar Studenten, solange das offizielle Berlin keine hinreichende Notiz in Form bindender Zusagen nimmt, solange ist es schwer gefährdet. Wir müssen versuchen, Aufsehen zu erregen. Dabei soll die Messegesellschaft helfen, gratis, versteht sich.

Und das ist ein Problem, das nur ganz oben entschieden werden kann. Wochenlang ist der Wunsch deshalb wohlwollend im mittleren Management hängengeblieben. Nun steht am nächsten Morgen endlich der persönliche Termin bei dem Mann an, der mit einem Wort bestimmen kann, wie es mit unseren Plänen weitergeht, vielleicht sogar, ob überhaupt: Walter Moslener, Geschäftsführer der Ausstellungs-, Messe- und Kongreß-GmbH (AMK).

Moslener empfängt pünktlich um 17.45 Uhr in seinem schmucklosen

Arbeitszimmer in der Chefetage am Messedamm. Er erweist sich beim letzten Termin seines Arbeitstages als ungezwungener, aufmerksamer Zuhörer. Seine Fragen sind nicht uninteressiert und auf das Wesentliche beschränkt. Bald lehnen Gerolf, Andreas und Olaf entspannter und tiefer in den Ledersesseln, ein Glas Whisky in der Hand, um sich dran festzuhalten. Die Verhandlung ist nicht ganz einfach. Die jungen Leute können den Marktwert ihres Angebotes nicht richtig einschätzen und aus den Reaktionen des gestandenen Managers auch nicht ablesen. Die Präsentation der einzigen deutschen Yacht, die das mörderische Rennen mitsegeln will, kann ein zusätzlicher Publikumsmagnet für die Tourismus- und Bootsmesse sein. Aber was ist das dem scharf kalkulierenden Herrn über das Ausstellungsgelände wert?

Schließlich rückt Moslener die silbergraue Krawatte zurecht, wie einen Schalter, der entschlossen in die richtige Stellung gebracht wird, zückt einen klobigen Füllhalter und schreibt ein paar Worte auf einen grünen Zettel. Seine abschließende Rede ist eine kurze Mitteilung: „Meine Herren, Sie bekommen den Ausstellungsplatz. Wir kommen für An- und Abtransport auf. Es muß jedoch gewährleistet sein, daß die gesamte Ausstellung über jemand von Ihnen präsent ist."

Die Forderung läßt sich leicht erfüllen. Ist doch klar, daß wir die Zeit auf der Ausstellung ohnehin zum Weiterbau am Schiff nutzen müssen. In Ihrer Freude verschwendet keiner der drei einen Gedanken daran, was zu der positiven Entscheidung geführt hat: die Seriosität des Unternehmens oder die Kraft der Phantasien, die sich damit verbinden. Beim Abschied legt Walter Moslener die Stirn in Falten und sieht sie nachdenklich an. „Viel Glück, meine Herren, daß Sie Ihren Traum verwirklichen können. Mehr kann ich nicht für Sie tun. Wie sagt man bei Ihnen? Mast- und Schotbruch?"

Nur von den Politikern ist lange Zeit nichts zu hören. Sie kämpfen mit wichtigeren Problemen. Wohnungslose junge Leute haben begonnen, leere Häuser in Kreuzberg zu besetzen, die spekulierende Hausbesitzer und Gesellschaften jahrelang verkommen ließen. Es kommt zu Polizeieinsätzen und gewaltsamen Auseinandersetzungen. Und ein Herr ist untergetaucht, der sich bester Beziehungen erfreute. Garskis 120-Millionen-Pleite stürzt die Berliner Regierung, die für ihn mit 80 Millionen gebürgt hat.

Tagelang schon haben die Zeitungen die Senatskrise genüßlich auf den Titelseiten breitgetreten. Doch kommt die seltene Konsequenz, mit der der Senat von Berlin sein Scheitern eingesteht, auch für Olaf überraschend. Er hört vom Rücktritt in den 15.00-Uhr-Nachrichten und erschrickt. Auch das noch. Olaf stürzt ans Telefon.

„Burkhart, der Senat ist zurückgetreten. Damit ist unser Ehrenbeirat geplatzt. Und ich hab' gerade die Briefbögen mit den ganzen Namen im Kopf vom Drucker gekriegt."
„So ein Mist! Was nun?"
„Wir müssen noch heute in einer Nacht- und Nebelaktion alle Schnorrbriefe an die Firmen rausjagen. Dann sieht es morgen so aus, als hätte uns der Rücktritt hinterher überrascht. Ruf' Carsten und Christoph an, die sollen die Firmenlisten mitbringen. Ich kopier' den Schnorrbrief. Wir treffen uns heute abend im Seglerhaus."

300 Anschreiben an Berliner, 50 an westdeutsche Adressaten, Briefumschläge beschriften, mit dem W\ALROSS-Stempel versehen, Bettelbriefe unterschreiben, Pressestimmen und ASV-Broschüre eintüten – morgens um vier ist das sechsköpfige Bürokollektiv erschöpft. Die letzten Briefmarken werden noch im Postamt im Bahnhof Zoo auf die Umschläge geklebt.

Die schmuddelige Bahnhofshalle und das großstädtische Elend, das sich in den Ecken zusammenkauert, drücken auf die Stimmung. Burkhart zweifelt am Effekt der Aktion, zu deren Unterstützung gerade zurückgetretene Politiker herhalten müssen. „Die Firmen werden schöne Augen machen! Die schmeißen das doch gleich in den Papierkorb."

Doch Olaf bleibt Optimist: „Wer weiß, vielleicht kommen doch ein paar Spenden. Und wenn's aus Mitleid ist."

Am Tag der Wahl Jochen Vogels zum neuen Chef der Landesregierung kommt im Abgeordnetenhaus der bisherige Innensenator, Peter Ulrich, auf einen zu, der für den ASV hinter den Kulissen ein paar brüchige Fäden gezogen hatte: „Deine Freunde können sich bei mir bedanken", sagt er, „er hat unterschrieben."

„Wer hat was unterschrieben?"

„Na, der amtierende Finanzsenator den Spielbank-Wisch für eure teure Lustreise."

„Aber hör' mal, das ist ein Rennen, eines der härtesten..."

„Ist ja schon gut, ich hab's ja auch gern gemacht. Aber leicht war's nicht, ihn davon zu überzeugen. Ist ja auch nicht gerade 'ne proletarische Sportart, nich?"

Es war, wenige Minuten vor seiner endgültigen Demission, eine der letzten Amtshandlungen dieses Finanzsenators gewesen, bestimmt aber eine seiner billigsten und besten.

Drei Wochen später werden in den Briefkopf die Namen der neuen Senatoren eingedruckt. Sie stehen dort nur wenige Monate. Dann regiert in Berlin die CDU. Kurz darauf stirbt unerwartet der Präsident des Landessportbundes, auch er Mitglied im Ehrenbeirat. Der Setzer kennt uns schon. Er ist pietätlos. „Was, bloß ein Neuer? Ich dachte schon, ihr habt wieder 'ne Regierung gestürzt."

Kahl ragt das Stahlgerüst des Steges vor dem Seglerhaus des ASV in das Wasser der Scharfen Lanke. Die Landzunge von Pichelswerder liegt hinter einem grauen Schleier winterlichen Nieselregens, den die wenigen Lichter an diesem Abend nur hin und wieder matt durchdringen. Die zimmerhohen Glastüren des Versammlungsraums sind beschlagen vom Dunst der Versammlungsschlacht. Erregt und mit roten Köpfen redet alles durcheinander; kaum kann Andreas, seit kurzem turnusmäßig neuer Vorsitzender, den Debattenrednern Ruhe und Aufmerksamkeit sichern. Soll der Verein nun oder soll er nicht? Technisch scheint es ja machbar, und die "Stammcrew" hat fleißig gearbeitet, aber wird es mit den Finanzen hinhauen?

Andreas sieht abwartend in die Runde. Sein Blick hinter den nicht allzu sauberen Brillengläsern ist wie immer selbstversunken und etwas abwesend. Sein bestes Argument hat er sich bis zum Schluß aufgespart, es steckt in seiner Tasche: ein Scheck über 50 000 DM der Spielbank. Nun hebt er ihn hoch. In den holzgetäfelten Saal kehrt langsam Stille ein, das Stimmengewirr der 70 Frauen und Männer verebbt. Unter der Deckenlampe, einem alten Steuerrad, erkennt man im dichten Tabakrauch Gesichter, noch von der Diskussion erhitzt. Nun sehen sie gespannt auf den kleinen Zettel in Andreas' Hand. In die Stille röchelt der Lüfter, der machtlos gegen den Qualm ankämpft. „Ich habe hier", sagt Andreas, „den Scheck der Spielbank über fünfzigtausend Mark."

Damit ist die Abstimmung entschieden. Wenig später klopft er auf den Tisch: „Liebe Bundesgeschwister, die Versammlung hat soeben mit 61 Ja-, zwei Neinstimmen und zwei Enthaltungen beschlossen, daß der hochverehrliche ASV mit seiner Ausbildungsyacht WALROSS III vom 1. August 1981 bis Ende April 1982 am Whitbread Round the World Race teilnimmt. Schriftführer, protokolliere das."

Im März steht das WALROSS in Halle 23 auf der Bootsmesse. Im Neonlicht der riesigen Halle wirkt der Rumpf der Swan klein. Allerdings trägt er keinen Mast, dafür wäre die Messehalle nicht hoch genug. So markiert nur ein Spinnakerbaum den Mast, und das Trysegel dilettiert als Großsegel. Eine breite Holztreppe führt zu einer Galerie an der Steuerbordseite des Schiffes. An den Wochenenden und wenn der Film vom letzten Whitbread-Rennen an die Hallenwand projiziert wird, ist sie überfüllt. Die diensttuenden Crewmitglieder haben alle Hände voll zu tun, um zu verhindern, daß Hunderte von Winterstiefeln über das ganze Deck stolpern.

„Damit wollen Sie die Welt umsegeln?" fragen Besucher zweifelnd Anke, die unter dem Schiff hinter einem Stand mit WALROSS-T-Shirts steht. Anke lächelt ihr sonnigstes Lächeln und erzählt geduldig zum wiederholten Male unsere Geschichte. „Aber das Holzdeck ist doch gar nicht lackiert! Regnet es da nicht durch?" Anke erklärt, daß ein Teakdeck nie lackiert wird, weil es sonst nicht mehr rutschfest ist. Aber die Bedenken über die Dichtigkeit des Decks sind nicht unberechtigt, nur anders. Die Fugen zwischen den Holzstäben machen uns Kummer.

An den Wochentagen geht die Arbeit am Schiff beinahe planmäßig weiter. Christian karrt immer neue Ausrüstungsgegenstände quer durch die Halle heran, die er preisgünstig erworben oder dank der Bettelbriefe geschenkt bekommen hat. Es sieht aus, als seien Ostern und Weihnachten zusammengefallen: Knallgelbe neue Rettungsringe hängen in ihrer Edelstahlhalterung am Heckkorb, daneben neue Blitzbojen in Leuchtfarbe, eine zwei Meter hohe Mannboje, automatisch sich aufblasende Rettungswesten. Unter Deck stehen ein neues Echolot und ein UKW-Sender, und schließlich wuchtet der "Chief" einen zentnerschweren Kurzwellensender die Treppe zur Besucherplattform hoch, der die Verbindung mit der Heimat sichern soll.

Mehr Aufsehen als die versammelte Elektronik, die Christian stolz präsentiert, erregen bei den "Sehleuten" die vier Kälteschutzanzüge, die mangels Platz erst einmal an Deck liegenbleiben. Es sind schwere, gepolsterte Overalls, wasserdicht, mit radarreflektierender Folie über der Kapuze, hermetisch schließenden Reißverschlüssen und klobigen, in den Anzug eingearbeiteten Gummistiefeln. Die Overalls erinnern an Raumfahrer-Anzüge, doch die Vorstellung von antarktischer Eiseskälte, der wir in neun Monaten werden trotzen müssen, liegt in der warmen, trockenen Halle fast ebenso fern wie der Mond.

Liqui Moly allerdings hält Vorstellungen ohnehin für weitgehend überflüssig. Er besteht auf Tatsachen und trotzt schon mal für sich. Die ahnungslosen Spaziergänger am Ufer der Havel sehen mit einer Mischung von Staunen und Schrecken seine unförmige orangerote Gestalt im sieben Grad kalten Wasser planschen. Liqui ist über ihre Reaktion entzückt, beinahe mehr als über die geglückte Tauglichkeitsprüfung.

Im großen und ganzen ist auch Claus Reichardt mit dem Fortgang zufrieden. Zwar sind einige Termine bei den Indienststellungsarbeiten überzogen, doch hält sich das alles noch innerhalb der Sicherheitszone, die er vorsorglich einkalkuliert hat. Und Regina, seine nachsichtige Frau, hat ihm zu Weihnachten einen Gutschein für die Teilnahme an einer Etappe des Rennens geschenkt. Dennoch drücken ihn private Sorgen: Seine Firma funkt Störsignale zum Thema Urlaub.

Der Countdown läuft

*Huckepack nach Hamburg – Das W<small>ALROSS</small>,
ein ländlicher Kramladen – Die Konkurrenten:
wenig komod – Grobe Gewalt spart Kilos –
Eine Farewell-Party, die im Polizeipräsidium endet –
Überlebenschance durch Sicherheitscheck –
Bewältigung von Gruppenkonflikten*

Wolfgang Freitags VW-Bulli hat eine spezielle Startautomatik für heißen Motor. Sie besteht aus einem Hammer. Während einer vorne den Zündschlüssel dreht, liegt ein anderer hinten vor dem rechten Hinterrad und schlägt von unten auf den Anlasser. Dann rührt sich was. Der richtige Punkt ist auch nachts kaum zu verfehlen, er glänzt wie poliert. Es ist der einzige glänzende Punkt an dem alten VW-Bus, der Rest ist matt, verbeult und rostig. Wolfgangs Bulli hat in seinem arbeitsreichen Leben mehr Segelsäcke transportiert als Müllers Muli Mehl. Da kann man ihm auch nachsehen, daß sein Getriebe wie eine Lostrommel funktioniert: jeder Griff eine echte Überraschung. Aber er fährt.

Lange bevor das W<small>ALROSS</small> von Berlin aus auf der I<small>NES</small>, einem Lastkahn, über Havel, Elbe-Seiten-Kanal und Elbe gegen Hamburg schwimmt, wo in Wedel der Mast gesetzt werden soll, pendelt der Bulli mit wechselnder Besatzung schon über die Transitstrecke. Die 22 Segelsäcke, die ihn bis prall unter das Dach füllen, und der Großbaum auf dem Dachständer machen ihm X-Beine. Mißtrauisch umkreisen die Grenzorgane der DDR das klapprige Fahrzeug. Zwar lassen sie sich schnell davon überzeugen, daß in dem Rohr da oben keine Granate gegen den "realen Sozialismus" steckt, aber die Erklärung bringt ihr Weltbild durcheinander.

„Nu sachen Sie mal, das muß je ein riesisches Schiff sein, was da dazugeheert?"

„Ach ja, so 16 Meter lang ist es schon."

„Un dann gennen Sie sich geen bessres Audo leisden?"

Carsten und Schimmi feixen noch, als sie bei Reckmann & Schuldt im Hamburger Februarregen die Säcke ausladen. Bei der deutschen Vertretung von Hood soll der Segelsatz auf Zustand und Tauglichkeit untersucht werden, und die beiden wollen den Segelmachern sieben Tage über die Schultern sehen.

Als die Segel anderntags ausgespannt werden, vergeht ihnen das Lachen gründlich. Das Ergebnis ist niederschmetternd. 17 der 22 Segel stammen noch aus der Erstausstattung der Swan; von ihnen sind nur noch die selten gesegelten, stabilen Sturmsegel voll zu gebrauchen: Genua VI, Trysegel, Sturmfock, Stagfock und Klüver. Bei insgesamt zehn Segeln, vom Großsegel bis zur Genua VI, darunter auch die erst drei Jahre alte Genua III, lautet die mitleidlose Diagnose: Schrott. Sie haben keinen Stand mehr, sind völlig ausgelutscht und zerschlissen.

Gleiches gilt für die Spinnaker. Ein einziger von ihnen, ein Starcut von Bruce Banks, findet mit Bedenken Gnade. Auch er aus der ersten Garderobe des Schiffs, ein Segel, das im Verlauf der Regatta zur Legende werden wird.

Das Debakel scheint komplett. Schimmi und Carsten stehen laut Finanzplan insgesamt 25 000 DM zur Verfügung; sie sind von vornherein bereit, darauf zu verzichten, den Segelsatz mit Laminarsegeln, Mylar und anderen exotischen Tuchen zu ergänzen, mit denen die Konkurrenz segeln wird. Nur, es ist nichts mehr da zu komplettieren; vom Segelsatz sind bloß noch traurige Reste übrig, die ihnen die Tränen in die Augen treiben. Segel-Couturier Uli Münker, der gerne auch das Unmögliche für die Walrösser möglich machen würde, tippt unglücklich auf dem Taschenrechner herum: Wenn es für hinten reicht, bleibt nichts für vorne übrig und umgekehrt.

Da kommt dem Unternehmen das Glück gleich dreifach zu Hilfe. Nautor Deutschland, wie die Mutterfirma in Helsinki während der Vorbereitungszeit ständig mit Fragen und Bitten aus Berlin bombardiert, vermittelt die großherzige Spende zweier Winschen und dreier nahezu neuer Genuas einer Swan 47, die sich als G II, G IV und Arbeitsfock in den Segelplan einpassen lassen. Und es ist ein schwerer Starcut dabei, dessen unverwüstliche Natur ihn zum Sturm-Spi prädestinieren und ihm die respektlose Bezeichnung "das Blech" eintragen wird.

Die zweite Glücksfee erscheint in Gestalt der Firma Verseidag, die Segeltuch im Wert von 15 000 DM spendet. Göttin Nummer drei ist Fortuna persönlich: Die Deutsche Klassenlotterie Berlin erbarmt sich und bewilligt einen Zuschuß von 35 000 DM. Damit läßt sich nun doch einiges anfangen.

Bei Reckmann & Schuldt können die Maschinen losrattern. Ein neues Großsegel mit drei Reffreihen und drei neue Genuas, G I leicht, G I schwer und eine G III, werden dem WALROSS angemessen. Dazu ein schwerer Reacher, der bisher im Segelsatz fehlte, ein bauchig geschnittenes Vorsegel von unschätzbarem Wert bei Winden, die leicht vorlicher als halb einfallen. Sein hochgeschnittenes Schothorn soll ihn darüber hinaus hervorragend zum Ausbaumen geeignet machen, gerade dann, wenn bei heftigem Wind und Wellengang für den Sturmspinnaker Matthäi am letzten ist. Sein einziger Nachteil ist später exakt die Rückseite der Medaille: An sein hohes Schothorn kommt niemand mehr, wenn dieses teuflisch gute Segel erst einmal gesetzt ist. Wehe, da schamfilt die Schot und bricht im Wetter.

Auf dem Spi-Sektor bleibt die Situation, trotz "Blech" und trotz der beiden neuen, dem Triradial und seinem Leichtwind-Bruder, mehr als unbefriedigend. Besonders auf den 15 000 Seemeilen durch die "Roaring Forties" und "Furious Fifties" erwarten wir tagelange, vielleicht sogar wochenlange raume und Vorwindkurse bei hartem Wetter – wohl kaum die richtige Badekur für die alten, maroden Blasen. Die wenigen neuen Spinnaker decken durchschnittliche Regattabedürfnisse keineswegs ab. So sind wir gezwungen, auch vier uralte mitzunehmen (zwei Arbeits-Spis, Leichtwind- und Sturm-Spi). Eine gleichwertige Reserve ist nicht vorhanden, falls einer zu Bruch gehen sollte. Und damit rechnet jeder.

Dennoch kommt irgendein Euphoriker auf die Idee, den Spinnakersatz mit einem Blooper abzurunden, einem Lee-Spi, der spätestens bei Windstärke 4 schleunigst geborgen werden muß. Die letzten fünf Tausender gehen dafür drauf, dann ist Ebbe in der Kasse. Aber der Blooper wird schön, wirklich traumhaft. Mit seinen kräftigen Farben erfreut er seither jedes Ästhetenherz, wenn er sich, weit neben dem Schiff hersegelnd, entzückend bläht. Sehr viel mehr tut er allerdings leider nicht.

Wie lächerlich klein der Spi-Satz für das Rennen wirklich ist, verglichen mit dem Reichtum der Konkurrenten, erhellt eine Bemerkung von Eric Tabarly. Mit seiner EUROMARCHÉ dritter nach berechneter Zeit auf der zweiten Etappe von Kapstadt nach Auckland, fragte ihn dort ein Reporter, warum er nicht besser abgeschnitten habe. „Eh bien", sagte da Tabarly lässig, „es war etwas zu wenig Wind für mich. Ich hab' da mal grade neun Spinnaker zerblasen ..."

Für Einzelfahrer verfügt die Startautomatik im Bulli über eine Zusatzeinrichtung, eine Kurzschlußschaltung. Wenn der Hammerschlag den Anlasser gelöst hat, rollst du unter dem Bus vor, gehst um ihn herum, rutschst auf den Fahrersitz und rupfst die beiden Bananenstecker wieder auseinander. Es sei denn, du hast mit der kreisenden Bewegung des Schaltknüppels vorher den Gang zufällig nicht aus dem Getriebe gerührt. Dann heißt es dallidalli und nichts wie wegrollen und im Spurt hinter dem davonhoppelnden Kasten her. Wenn du Glück hast, bist du schneller dort als der nächste Straßenbaum.

In den letzten Tagen vor der Überführungsfahrt von Cuxhaven nach Portsmouth haben wir wohl eine Glücksphase. Vollgepackt mit etlichen hundert Metern neuer Schoten, Fallen, Nieder- und Achterholer, dem neuen Petroleumherd, einem Generator mit Zweitaktmotor, anderen Ausrüstungsteilen, Konserven und jeder Menge Segel, kommt der Bus bei einem solchen Startmanöver rechtzeitig zum Stehen: zwei Meter vor den Johannisbeerstauden eines tiefliegenden Gartens bei Hamburg-Harburg. Noch in Cuxhaven ist der Fahrer weiß um die Nase.

Das WALROSS liegt mit samt Stammcrew am Außenkai des Yachthafens. Ein Wetter zum Auslaufen. Strahlender blauer Himmel, in der Elbmündung wirft eine steife Brise kleine Schaumkronen auf. Die Fallen der im Hafen liegenden Schiffe klimpern an ihren Masten. Doch den Ankommenden winkt statt Segelvergnügen Arbeit an Bord, die letzten Vorbereitungen zum Auslaufen nach Portsmouth. Christian hat in den Tagen zuvor das Schiff unter Deck schon in eine Baustelle verwandelt. Nur noch Hintern und Beine sind von ihm zu sehen, der Rest vom "Chief" steckt irgendwo neben dem Motor in der Bilge. Er regelt die Lichtmaschinen-Spannung neu ein.

Proviantmeister Andreas beginnt den Bulli zu entladen. Bald schaukelt Bollerwagen auf Bollerwagen den schwankenden Schwimmsteg entlang, auf der Pier stapeln sich die Seesäcke, auf Deck und im Boot die mitgebrachten Lebensmittel. Nach einem bestimmten Schema verschwindet alles nach und nach, jeder Posten wird in den Staulisten vermerkt, Fehlendes auf einen Einkaufszettel geschrieben. Die Konserven wandern unter die Bodenbretter, in die trockenen, hochgelegenen Fächer Puddingpulver und Trockensuppen, Reis und Nudeln unter die Sitzbänke.

Nur ab und zu stört unflätiges Fluchen die Idylle der schöpferischen Unordnung: „Pappnasen, Vollpenner! Wo ist mein Hammer? Ich werd' euch was blasen!" Es ist eine der höflicheren Ansprachen von Moly, dessen Krawallgetöse immer in einem etwas merkwürdigen Gegensatz zu seinem sanften Kinderblick steht. Wenn sich sein blonder Schnurrbart sträubt, dann hat ihm jemand ein Spielzeug weggenommen. Nun ist er gehindert, den neuen Petroleumherd in der Pantry einzubauen. Senior Wolfgang geht, ein eher kontemplatives Gemüt, bedächtig vor sich hinmurmelnd einer ungleich schwierigeren Arbeit nach. Er paßt die restlichen Schiebeluken des hinteren Niedergangs ein, deren Fertigung sich eines falschen Krümmungsradius wegen in Berlin verzögert hat.

Christian zieht mit Meßgeräten bewaffnet durch das Schiff. Sein ausgeglichenes Temperament scheint unter irgend etwas zu leiden. Schließlich platzt er mit der Hiobsbotschaft heraus: Kurzschluß der Antennenkabel im Mast! Der UKW-Sender bringt keine Leistung, und auch der KW-Sender empfängt nur schwach. Und in zwei Tagen soll die Bundespost die Anlagen abnehmen. In der abendlichen Besprechung überschlagen sich die Vermutungen: Ist beim Anbringen der Trysegelschiene vielleicht ein Kabel angebohrt worden? Ist es gar mit einer Poppniete an den Mast fixiert?

Es hilft alle Überlegung nicht, am nächsten Tag muß der Mast gelegt werden, um in Augenschein zu nehmen, wo der vermeintliche Fehler liegt. Eine Kranfirma direkt am Kai im nahegelegenen Amerikahafen läßt sich von Olaf zu einem preisgünstigen Angebot überreden. Die anderen bereiten inzwischen den Mast zum Legen vor: die beiden Ober- und die vier Unterwanten losgeben, Baum abschlagen und die Splinte der Bolzen an Vor- und Achterstag entfernen. Zum Leidwesen der Crew wird ausgerechnet Olaf in den Mast vorgeheißt. Bald perlt der Schweiß der Anstrengung, aber der Heißstropp sitzt fest an seinem Platz.

Nun sind noch die Keile aus Hartgummi in der Mastführung zu entfernen. Sie sitzen wie Beton. Christian baut einen Potential-Flaschenzug aus Schnappblöcken; seine Kraft wird so gewaltig, daß sich drei Blöcke verbiegen, ehe sich die Hartgummikeile bewegen lassen.

In den gelegten Mast beginnt Christian sofort ein neues Kurzwellenkabel einzuziehen. Wolfgang Freitag bohrt gleichzeitig einen Durchbruch für ein Reservegroßfall nebst Pilotleine in die starke Aluminiumwand, und Olaf klariert die beiden Genuafallen, die sich aus unerfindlichen Gründen im Mast vertörnt haben. Danach sind sie so leichtgängig, daß sofort nach dem Mastsetzen ein Fall durchläuft und von oben kommt. Nach zwei Stunden Arbeit weiß Christian die Antwort auf die Frage nach der mangelhaften Senderleistung. Zerknirscht gesteht er der Mannschaft, daß Anschlüsse und Leitungen vollkommen in Ordnung waren und nur die gleichfarbige Isolierung der Kabel am Mastfuß zur Verwechslung der Stecker geführt hatte. Verblüffung und leichte Verärgerung verfliegen alsbald; wer weiß, wozu nicht die letzte Durchsicht des Mastes auf festem Boden vor solch langer Reise gut ist. Die Sendeanlage wird jedenfalls am nächsten Tag von der Post anstandslos abgenommen.

In den beiden letzten Stunden vor dem Ablegen bricht das Chaos erneut aus. Das ist schon beinahe ehrwürdige Vereinstradition, und es ist da auch völlig gleichgültig, wie lange die Reisevorbereitung war oder wie kurz der Törn sein mag. Das WALROSS sieht dann aus wie ein ländlicher

Kramladen, der gerade evakuiert wird. In erlesener Unordnung stapeln sich voluminöse Kartons mit Gemüse- und Fleischdosen, Mehl, Milch und Hartwürsten, dazwischen verstreut Werkzeug, Gummistiefel und Schlafsäcke. Unter Deck balanciert die Mannschaft über die nackten Wrangen, und garantiert lehnen die Bodenbretter immer genau vor dem Schapp, an das jemand dringend heran muß. Irgendwann entdeckt einer aus der scheinbar ziellos herumstolpernden Crew eine Winsch oder Lenzpumpe, die dringend noch gewartet werden muß, und fängt seelenruhig zu schrauben an. Unbeteiligte setzen sich dann besser zum Bier und genießen das Schauspiel aus sicherer Entfernung.

In unregelmäßigen Abständen tauchen Bootsmann, Proviantmeister oder Skipper aus einer der drei Luken auf, gestikulieren wild mit den Leuten, die auf Deck und Mole herumfuhrwerken, dann und wann selbst durch ein Luk niederfahren, Überflüssiges herauswuchten und auf der Mole stapeln, wütend verfolgt von einem, der genau dieses Teil partout wieder an Bord zerren will. Es ist ein wundervoller Slapstick – als Tonfilm absolut nicht jugendfrei.

Irgendwann entwirrt sich dann alles doch wundersam, und kurz nachdem der Strom gekentert ist, kommt der feierliche Augenblick, in dem das WALROSS, äußerlich klariert, zur Weltumseglung aufbricht. Die Zurückbleibenden werfen die Leinen über und versammeln sich auf dem Kammerton A.

„Lustig segeln wir hinaus. Hoioh!"

Es ist "das Lied", die Hymne des Berliner ASV, vor langen Jahren von einem liederseligen Bundesbruder verfaßt. Dummerweise war er Wagner-Fan, weshalb der Refrain, sehr frei nach dem "Fliegenden Holländer", wie folgt lautet:

<small>Talja, talja, talja hohi, Talja hohi! Talja hohi! Talja, talja, talja hohi, Talja hohi, talja ho!</small>

Man schafft ihn eigentlich nur ab 1,2 Promille. Trotzdem kommt so etwas wie Rührung dabei auf.

Gelegentlich sollten der Natur ein paar neue Krankheiten einfallen. Die alten sind in den medizinischen Staatsexamen der letzten Jahre Stück für Stück abgefragt worden, und die Prüfungskommissionen tun sich schwer, immer noch ein paar sinnreiche Formulierungen für die Multiple-choice-Fragebogen zurechtzubiegen. Oder sie weichen aus auf Entlegenes. Burkhart, der Medizinstudent, versucht sich zu konzentrieren. Es ist seine letzte Klausur. In vier Stunden geht der Zug nach London. Noch hundert Fragen.

Burkhart ist als einziger der Stammcrew noch in Berlin. Er wirkt immer ein bißchen wie der jüngere Sohn, der sich mächtig anstrengt, wie sein älterer Bruder auszusehen. Eines seiner Lieblingswörter ist "genau". Er benutzt es bei Antworten gern statt "ja". Was er nicht weiß, versucht er sich und anderen ganz genau zu erklären. Seine Ableitungen vom Bekannten zum Unbekannten sind lang und gefürchtet. Burkhart hat in den letzten Monaten Studienplan und Vorbereitung auf die Regatta um die Welt genau aufeinander abgestimmt. Außer ihm ist das von der Stammcrew nur noch Andreas gelungen, der sein erstes juristisches Staatsexamen nebenher gemacht hat.

Burkharts Fahrplan ist genau auskalkuliert. Vor dem häßlichen Betonklötzen der Technischen Fachhochschule im Berliner Wedding wartet Anke, seine Braut, den gepackten Seesack im Wagen. Bis zum Bahnhof Zoo sind es etwa vier Kilometer. In London soll der Bulli die beiden aufnehmen. Vor fünf Tagen ist er vollgepackt in Richtung England aufgebrochen – ein Rätsel, was da alles noch zu transportieren blieb. Wenn er durchhält und auch sonst alles klappt, wird Burkhart am nächsten Nachmittag in Portsmouth sein, knapp 20 Stunden vor dem Start.

Nicht alle Pläne verlaufen so glücklich und perfekt wie bei dem Examenskandidaten. Braut Anke, die auf der ersten Etappe mitsegeln wollte, hat ihren Prüfungsplan umstellen müssen. Hans Henny Jahnn, der eigenwillige Dichter, macht der Germanistin Leben und Magisterarbeit schwer. Nun hofft sie auf "leg 4", die Schlußetappe des Rennens. Bis dahin ist es beinahe ein halbes Jahr, hundertzweiundsiebzig Tage Arbeit als Buchhändlerin, Studium und Prüfung. Und das alles ohne die Stütze ihres Alltags.

Unglücklicher als sie ist nur noch Gerolf, wenngleich aus anderen Gründen. Der Skipper für die Startetappe hat das Schiff in Cuxhaven verlassen. In den Wochen davor stand der Dr. Ing. abendelang mit einem Werkmeister hinter den Maschinen, zeichnete, fräste, drehte und schliff die klobigen Bolzen und Beschläge für das WALROSS aus Nirostahl. Nun steckt der Spezialist für Herzschrittmacher beruflich in Terminnöten. Schweren Herzens streicht Gerolf seinen Urlaub, auf den er sich in einsamen Waldläufen fit gemacht hat. Nun wird Olaf zusehen müssen, wie er als Skipper zurechtkommt.

„Die Herausforderung dieses Rennens", schrieb His Royal Highness aus dem Buckingham Palace, „ist nicht die, Risiken in Kauf zu nehmen, sondern Gefahr und Risiken durch sorgfältige Vorbereitung und gute Seemannschaft zu überwinden." Prince Philip, Admiral der veranstaltenden Royal Naval Sailing Association, hatte allen Anlaß zu dieser Mahnung. 17 Yachten hatten acht Jahre zuvor das erste Whitbread Round the World Race gesegelt, darunter die ehrwürdige PETER VON

DANZIG des Kieler ASV. 14 von ihnen hatten das Rennen beendet, aber drei Männer waren auf See geblieben.

Beim zweiten Rennen 1977/78 hatte es unter den Mannschaften zwar keine Opfer gegeben, doch diesmal, 1981/82, sollte das Regattafeld mit 29 Booten beinahe doppelt so groß sein. Und es war damit zu rechnen, doppelt so ehrgeizig. Mittlerweile war dieses Rennen auch zu einer Art Bootsmesse, zu einer Konkurrenz der Yachtindustrie geworden. Über die Hälfte der Schiffe war praktisch neu, viele davon eigens für dieses Rennen gebaut: Orchideen der Yachtbaukunst, sophistisch ausgeklügelte Risse weltbekannter Designer wie dem Argentinier German Frers (FLYER,, KRITER IX, ROLLY GO), Peter Norlin aus Schweden (SWEDISH ENTRY), den Neuseeländern Bruce Farr (DISQUE D'OR, CERAMCO NEW ZEALAND), Ron Holland (GAULOISES III) und Laurie Davidson (OUTWARD BOUND). Mit ihnen konkurrierten die Franzosen Gilles Vaton (CHARLES HEIDSIECK III) und Michèle Joubert (MOR BIHAN). Das Ansehen von Sparkman & Stephens und Dough Peterson stand auf dem Spiel, das der Werften von Baltic, Nautor und Rogers, und die italienische Yachtindustrie hatte sich vorgenommen, mit ROLLY GO, SAVE VENICE, ILGAGOMMA, VIVA NAPOLI und der BARCA LABORATORIO im 700. Todesjahr des Weltreisenden Marco Polo ihre aufstrebende Macht zu beweisen.

Riesensummen waren investiert worden, Millionenbeträge, die Skipper und Crews nun mit aufsehenerregenden Leistungen vergelten sollten. Die Sponsoren hofften auf Schlagzeilen, in denen ihre Namen erschienen. Die Rechnung der Handelsketten, Zigaretten- und Getränkefirmen, Banken, Versicherungen und Industrieunternehmen hieß: Publizität gegen Vorkasse. Das verpflichtet. Aber es stand auch nationales oder regionales Prestige auf dem Spiel: TRAITÉ DE ROME segelte wieder für Europa, CERAMCO NEW ZEALAND war zum Teil über kleine Anteile vieler neuseeländischer Patrioten finanziert worden, LICOR 43 war die erste spanische Yacht im Whitbread, und Schwedens Königin Silvia hatte SWEDISH ENTRY einer feierlichen allerhöchsten Taufe unterzogen. MOR BIHAN schließlich, die kleine pinnengesteuerte Yacht, deren bretonisch-normannische Minicrew trotzig das schwarze Bretonenkreuz um die Erde führte, war ganz das Kind dieser armen, rebellischen Region. Gemeinden, Handelskammer und Heimatorganisationen hatten für ihren Bau gesammelt, jeder Franc eine stolze Kampfansage an die Zentralgewalt in Paris.

Hätte allein das schon genügt, den Ehrgeiz der Skipper anzustacheln, so kam zum Kampf um die monströse Trophäe, die Race Committee Chairman Admiral Charles Williams wohl in einem Anflug britischer

Ironie „einen außerordentlich hübschen Preis" nannte, die persönliche Rivalität. 13 Skipper kannten sich aus den früheren Whitbread-Regatten, wie Les Williams von FCF CHALLENGER, KRITER-Skipper André Viant, Chay Blyth mit der UNITED FRIENDLY, ex GREAT BRITAIN II, Eric Loizeau von GAULOISES III, Alain Gabbay vom zweiten Champagnerboot, der CHARLES HEIDSIECK III, oder Doi Malingri, der diesmal die SAVE VENICE im Rennen hatte.

Mit ihnen und den anderen erfahrenen Langstrecken- und Admiral's-Cup-Seglern gedachte einer ein besonderes Hühnchen zu rupfen, der das letzte Mal eine unvermessene Yacht mit Uraniumkiel außer Konkurrenz um den Globus gesegelt hatte: der legendäre Eric Tabarly. Seine Chancen mit der mittlerweile umgebauten früheren PEN DUICK VI konnte niemand genau einschätzen. Zum Fürchten war der wortkarge, eisenharte Franzose aber immer. Das wußte auch der Neuseeländer Peter Blake, blond, baumlang und von freundlichem Temperament, der sich vorgenommen hatte, nach seinem Husarenritt im Fastnet Race 1979 nun auch mit der CERAMCO Furore zu machen.

Nur einer schien ungerührt: Baron Cornelis van Rietschoten. Der Gewinner des letzten Rennens nach berechneter Zeit beabsichtigte diesmal als erster über die Ziellinie zu gehen und dabei den Rekord zu brechen, den 1973/74 die GREAT BRITAIN II unter Chay Blyth mit 134 Tagen aufgestellt hatte. Van Rietschoten hatte sich darauf mit unglaublicher Präzision vorbereitet. Seiner neuen FLYER, einer modifizierten Version von Herbert von Karajans HELISARA, sah man an, daß der holländische Finanzmakler beim Bau sehr tief in die Tasche gegriffen haben mußte. Alles an dieser 23,16 Meter langen Superyacht, einer slupgetakelten Aluminium-Konstruktion, atmete Perfektion, technische Strenge und nüchterne Eleganz. In der Flotte ging das Gerücht, jeder der unzähligen handgefertigten Blöcke habe einige tausend Mark gekostet. Allein das schon verbreitete Ehrfurcht.

Tatsächlich zeigte sich im Verlauf des Rennens, daß Cornelis van Rietschoten nichts der Sparsamkeit geopfert hatte. Der schier unglaubliche Aufwand entsprang nüchternem Kalkül. Material und Organisation waren bis ins kleinste Detail durchgerechnet, die Reserven schienen unerschöpflich.

Makler spekulieren mit fremden Hoffnungen. Was seine eigenen beim Segeln betraf, so war van Rietschoten offensichtlich darauf bedacht, dabei nichts dem Zufall zu überlassen und sein Verlustrisiko so klein wie möglich zu halten. Bei Schiff und Organisation schien es in seiner Rechnung kaum unbekannte Größen zu geben. Jedenfalls in der Theorie nicht. Noch zwei Wochen vor dem Start wechselte er den Kiel seines Bootes aus, um noch höhere Geschwindigkeiten zu erzielen. Auch bei der Navigation hatte der Fliegende Holländer vorgesorgt. Navigator Roy Mullender, seinerzeit Co-Skipper auf der Rekordfahrt der GREAT BRITAIN II, hatte die FLYER beim Probetörn vor Newark auf Grund gesetzt und ungerührt den Abschied erhalten. Seinen Platz nahm nun der geniale Daniel Wloszczowski ein.

Wie die meisten Boote im Rennen, war die FLYER mit Wetterkartenschreiber und Satellitennavigator ausgerüstet. Ihre Mannschaft bestand aus "Profis", Männern, die ganzjährig auf, mit und von Yachten leben und Regattaerfahrung sammeln. Daß sie zusammen die FLYER wirklich zum Fliegen bringen konnten, daran bestand ebensowenig Zweifel wie an ihrem Vermögen, hart und konsequent zu segeln.

Dafür, daß sie dieses Vermögen auch in die Tat umsetzen würden, sorgte nicht nur ihr Ehrgeiz, sondern auch ein Prämiensystem, das sich Skipper van Rietschoten trickreich ausgedacht hatte: Jeden Liegetag in einem Etappenhafen vergoldete er seinen Crewmitgliedern mit zusätzlichen Dollars. Gleichzeitig trachtete er aber auch danach, mögliche negative Auswirkungen dieses materiell gesteigerten Ehrgeizes zu verhindern. Kann der doch im Rennen dazu führen, daß eine Mannschaft sich selbst und dem Schiff das Äußerste abverlangt und sich dabei auf Dauer überfordert, so daß nachlassende Kraft und Konzentration zu Bedienungsfehlern mit fatalen Folgen führen.

Auf FLYER sollte eine absolut konsequente Arbeitsteilung unter den Männern vor dem Mast Fehler vermeiden helfen. Jeder in der Wache hatte seine unverrückbar feste Position und während der Manöver des gesamten Rennens immer dieselben Handgriffe zu tun und Arbeitsabläufe zu leisten. Lakonisch wies der Baron einem seiner Leute die Position zu: „This is the port grinder, yours for a year." Und es sollte auch keinen äußeren Anlaß zu Flüchtigkeitsfehlern geben: FLYER fuhr trocken. Nur im Erste-Hilfe-Kasten stand ein Fläschchen Alkohol für medizinische Zwecke.

Camper & Nicholson hatte die Beherbergung der Whitbread-Yachten überstürzt und mit einem lachenden und einem weinenden Auge übernommen. In den vorherigen Rennen lagen alle Teilnehmer während der Vorbereitungswoche in dem Kriegshafen von Portsmouth. Doch nun segelten Südafrikaner mit, und die oberste Marineleitung wollte Protesten aus dem Weg gehen. Die Organisatoren des Rennens planten kurzerhand um und fanden auf der anderen Seite des Hafenbeckens in Gosport die Marina von Camper & Nicholson. Einerseits bescherte es der Firma kostenlos ein Presseecho, andererseits entstanden durch das umtriebige Wesen der Crews eine Menge Probleme.

Bald war auf dem 120 Hektar großen Gelände der Teufel los. Der spinnenbeinige Travellift röhrte den ganzen Tag und hob Yacht für Yacht aus dem Wasser. An Land wurden die Unterwasserschiffe gereinigt und neu gemalt, um auf der langen Strecke keinen Zehntel Knoten zu verschenken. Segler rannten auf der Suche nach Abstützholz dazwischen umher oder schleppten Segelsäcke vom und zum Segelmacher. In allen Ecken stapelten sich Ausrüstungscontainer. An dem schmalen Eingang zum Gelände stand bald ein frisch eingestellter Pförtner in Uniform, dirigierte ankommende Reporter ins neue Pressezentrum, Lastenwagen zu den Schiffen und Besucher zu den Steganlagen. Fahrbare Toiletten wurden auf den mit Kies bestreuten Parkplätzen aufgestellt, Duschen folgten wenig später.

Die Woche vor dem Start zerrte an den Nerven der Crews. Die große Bewährungsprobe stand unmittelbar bevor, und ihre Bewältigung, der alle entgegenfieberten, verbreitete Ungewißheit und Nervosität. Zum erstenmal war man mit allen anderen Konkurrenten konfrontiert – nur Viva Napoli fehlte noch –, verglich Risse und Riggs, rechnete die eigenen Chancen durch und überlegte, was in den wenigen Tagen vielleicht noch zu verändern und zu verbessern sei.

Zu wesentlichen technischen Änderungen, soweit sie überhaupt noch in Erwägung gezogen wurden, war es nun zu spät. So richtete sich das Augenmerk der Skipper im Zusammenhang mit der Verproviantierung auf das Gewicht ihrer Schiffe. Da war, in Grenzen freilich, vielleicht noch etwas zu machen. Am einfachsten hatten es dabei die Neuseeländer. Sie gedachten von einem Passus der Regattabedingungen zu profitieren, der die Yachten verpflichtete, am Start pro Mannschaftsmitglied mindestens 68,5 Liter Trinkbares, davon 54,5 Liter Wasser, nachzuweisen. Von der Zeit nach dem Start war nicht die Rede, dann konnte man Wasser über Bord pumpen: Outward Bound und Ceramco verfügten über brandneue automatische Entsalzungsanlagen, die pro Stunde je nach Wassertemperatur 40 bis 80 Liter Trinkwasser produzieren konnten. Dabei wird durch eine Dialyse-Membran unter hohem Druck Seewasser gepumpt und "demineralisiert"; die Apparatur prüft das Endprodukt selbständig auf pH-Wert und Anzahl der Ionen. So bedurfte es auf diesen Yachten eigentlich nur noch eines Tagestanks und des nötigen Gottvertrauens, daß Maschine und Apparat nicht irreparabel ausfielen.

Digby Taylor und seine 15-Meter-Kunststoffyacht, die ohnehin nur knapp elf Tonnen wog, waren in diesem Feld die Weltmeister im Gewichtsparen. Die Crew der Outward Bound schien beim Anheuern unter einer Meßlatte hindurchgetrieben worden zu sein, die nicht viel höher als 1,70 Meter gelegen haben konnte. Die drahtigen Burschen wurden an Bord mit dehydrierter Nahrung verwöhnt und durften pro Etappe nicht mehr als ein Taschenbuch mitnehmen – Hardcover war zu schwer. Auch bei der Ausrüstung ging Digby nach dem Motto der Alternativen vor, "small ist beautiful". In seinem Vorschiff war, wo sich anderswo die Segel stapelten, ein gähnendes Loch, in dem sich insgesamt sieben Segel und zwei Spinnaker zu langweilen schienen. Und statt eines schweren Marine-Radios hatte er eine Amateurfunkanlage eingebaut, was zwar gegen die Regattabestimmungen verstieß und seiner Stimme in der täglichen Funkstunde die Qualität von Radio Entenhausen verlieh; doch in der Endabrechnung trübte keine einzige Strafminute seinen ersten Platz unter den kleinen Yachten mit einem Rating unter 40 Fuß. Andererseits, das muß ihr selbst der Neid zugestehen, war OUTWARD BOUND das Boot mit der schönsten Werkstatt unter Deck. Sie schien vollkommen, mußte es wohl auch sein angesichts der minimalen Ausrüstung und Besegelung.

Das Vertrauen der Neuseeländer in die Technik mag verwegen erscheinen, tatsächlich aber hatten sie mit ihren Entsalzungsanlagen aus den USA keinerlei Probleme. Sie produzierten ihr Trinkwasser in den Stunden, in denen ohnehin die Batterien aufgeladen werden.

Sehr viel problematischer waren letztlich die Rechenkunststücke der Proviantmeister und Smuts anderer Yachten, die praktisch ohne jegliche Sicherheitsreserven kalkulierten. Da auf jeder Etappe einige von ihnen "dry and empty" den Hafen erreichten, also ohne Proviant und Wasser, ist zu vermuten, daß sich auch einige von ihnen eines Teils ihres Wassers entledigt haben mußten und beim Einkauf jeden Nickel dreimal umgedreht hatten. Jean Blondiau, Skipper der EUROPEAN UNIVERSITY BELGIUM, hatte schon vorher programmatisch verkündet: „Eine kleine Crew ißt weniger als eine große, und das spart eine ganze Menge Geld auf solch einem langen Rennen." Doch was bei ihm vielleicht wirklich eine wirtschaftliche Überlegung war, bei einer Reihe anderer Schiffe wurde es zu einer ziemlich frivolen Spekulation auf die Gesundheit der Mannschaft.

Wir spielten da nicht mit. Die kommode Ausstattung und die seglerische Ideologie des Vereins ergänzen sich nämlich überaus glücklich. Zwischen den gerahmten Bildern aller Flaggschiffe des ASV seit 1891 hängt in der Pantry unser Leitspruch: „Sail langsomt." Er hängt nicht zufällig über der Back, auf die die anderen Boote, aus Gewichtsgründen, längst schon verzichtet haben, und nicht dem Rudergänger vor der Nase. Sein eigentlicher Sinn ist "denk nach", überleg', bevor du drauflos segelst. Aber er enthält für uns auch die Mahnung, über dem guten Segeln das gute Leben nicht ganz zu vergessen. Es kam demnach schon beinahe einem Akt heroischer Selbstverleugnung gleich, daß sich Olaf und die Crew relativ schnell einig waren, nur ein paar wenige Kästen Bier vom verschmähten FLYER-Deputat zusätzlich auf das WALROSS überzureffen. Es war bei unserer alten, soliden Swan mit Gewicht ohnehin nicht allzuviel zu machen: Mit beinahe 20 Tonnen für die 16 Meter Länge gibt sie, vergleicht man sie mit den Konkurrenten, ihrem Namen alle Ehre. Beinahe fünf Meter kürzer als CERAMCO, wiegt das WALROSS eine halbe Tonne mehr, und die 1,70 Meter längere DISQUE D'OR von Pierre Fehlmann aus der Schweiz ist dafür fünf Tonnen leichter.

Dennoch forstete die Crew das Schiff noch einmal von vorne bis hinten durch. Das Überflüssige stapelte sich im VW-Bulli: der Kram, der von der Indienststellung noch an Bord geblieben war, überzählige Töpfe und Geschirr, Klappstühle und Farbdosen, entbehrliche Kleidung und der Sitz für den Rudergänger. Seine drei Kilo Holz und Plastikkissen wurden zur Glaubensfrage: Christians Argument, man steuere sowieso nur im Stehen konzentriert genug, begegnete der Wunsch nach Bequemlichkeit bei Flaute und siegte schließlich per Abstimmung. Der Steuermannssitz kam zurück an Bord, eine Entscheidung, die sich als weise erwies.

Die Bordbibliothek – Anke hatte sie nach den Wünschen der Crew zusammengestellt – blieb weitgehend ungeschmälert. Etwa 50 Bände Literatur standen im Regal, von Heinrich Heine bis Stefan Zweig, von der offenbar unvermeidlichen "Hornblower"-Serie bis zu Sjöwalls und Wahlöös gesammelten Kriminalromanen. Nicht einmal auf ihre gewichtige Nachhilfeliteratur wollten die vereinigten Jurastudenten an Bord verzichten.

Anderswo sparten Logistik oder grobe Gewalt Kilos. Cornelis van Rietschoten ließ die Landgangsplünnen seiner Crew im Jet zu den Etappenhäfen vorausfliegen, während wir zur Vorsicht vor Streik und Verspätungen selbst die Kälteschutzanzüge für die Antarktis an Bord über den Äquator schaukelten. Und irgendwo griff eine Crew zur Axt: In der Nacht vor dem Start machte sie aus den Türen ihrer Yacht Kleinholz.

LA BARCA kämpfte neben uns am Steg mit speziellen Problemen. Die Spaghettis hatten gelitten, unter anderem. So konnten die italienischen Wissenschaftler, Biologe, Psychologe, Arzt, Biochemiker, Physiker, schon an Land mit den Streßforschungen beginnen, die sie auf hoher See für die Neurologische Abteilung der Universität Bologna anstellen wollten. Die BARCA war auf der Anreise in der Flaute hängengeblieben und mußte nun drei Tage Vorbereitung aufholen. Dazu hatte auslaufendes Dieselöl die beiden Labors und die Ausrüstung in Mitleidenschaft gezogen. Nun trockneten auf der Pier, ausgebreitet auf blauen Müllsäcken, tütchenweise Nudeln, Rigatoni, Canelloni, Makkaroni, Spaghetti und Lasagne neben Schlafsäcken, Kleidung, Werkzeug und medizinischem Gerät. Unter Deck mühte sich die Crew mit zunehmender Nervosität, das Schiff für die Checks durch die Regattaleitung in Ordnung zu bringen. Denn dies kam zur allgemeinen Unruhe noch dazu: die pingeligen Kontrollen.

Auch van Rietschoten blieb von der um sich greifenden Unruhe nicht ungeschoren. Der menschliche Faktor brachte momentan seine mathematische Präzision durcheinander. Ein Crewmitglied bestand plötzlich auf seinen freien Menschenrechten. Daß es dabei die Alkoholregel zum Konfliktpunkt machte und nicht seine Entmündigung als Segler in einem System tayloristischer Arbeitsaufteilung an Bord, das war sein Problem. Kurzum, da bestand einer auf seinem Quantum Bier pro Tag, und angesichts der Stapel von Whitbread-Dosen auf den Stegen vor den anderen Yachten begannen sich andere Crewmitglieder zu solidarisieren. Connie blieb hart: Entweder ohne oder gar nicht – jeder könne sich da ganz frei entscheiden. Die Einsicht und die Lust auf das Rennen siegten nach einem Riesenbesäufnis, zu dem er die Crew einlud. Der Kater am nächsten Tag war so gewaltig, daß alle brav auf das Bierkontingent verzichteten.

Vier Tage vor dem Start lädt der Whitbread-Konzern alle Segler zur großen Pub-Party-Nacht ein. Die Walrösser verschmähen die Busse vom Hafen zum Brauereigebäude in Portsmouth und gehen zu Fuß an diesem lauen Sommerabend.

Vor der großen, festlich geschmückten Lagerhalle, einem riesigen Backsteingebäude, begrüßen Admiral Williams und Whitbread-Manager John Fox die Gäste der Farewell-Party. Admiral Williams ist groß, ein wenig gebeugt, und unter den buschigen Augenbrauen funkeln gutmütige blaue Augen, die immer ein wenig dunkel umflort sind. John Fox, ebenfalls von großer, hagerer Statur, grinst breit. Die vielen Lachfalten um seine Augen sind ständig in Bewegung, und sein trockener Humor wirkt nicht nur auf ältere Damen. Kaum nimmt er dabei seine abgeschrammte Bruyère-Pfeife aus dem Mund, es sei denn, er bräche über seine eigenen Pointen in Lachen aus. Und das geschieht häufig. An diesem Abend sollte es ihm noch gründlich vergehen.

Es gibt kaltes Gedeck, und alle Getränke sind frei – die Teilnehmer leeren die Platten so schnell, als wollten sie sich für die bevorstehenden

Entbehrungen schon jetzt entschädigen. Und alle diese kleinen Happen werden mit Unmengen von Lager und Ale vom Faß heruntergespült. Dort, wo die anderen Crews in Gruppen zusammenstehen, geht es hoch her. Lautstark werden die Segeleigenschaften der eigenen Schiffe gerühmt, wird über die Konkurrenten gelästert. Die folgenden doppelten Whiskys an der Bar machen großspurig und den Spott grob.

Die WALROSS-Crew in ihren dunkelblauen Pullovern mit dem dezenten Schriftzug "Walross", verstreut sich zum Small-talk mit den anderen Besatzungen. Eugen vertieft sich in ein Gespräch mit der attraktiven Cecilia Unger, der Eignerin von UNITED FRIENDLY ex GREAT BRITAIN II. Die zierliche, etwa 40jährige Frau wohnt und lebt auf ihrem Schiff, das sie vor zwei Jahren kaufte, um das Rennen mitzusegeln. Doch erst acht Wochen vor dem Start fand sie einen Geldgeber, eine englische Versicherungsgesellschaft. Diese stellte zwei Bedingungen: Das Schiff mußte umgetauft werden, und als Skipper sollte Chay Blyth segeln. Über den undurchsichtigen Blyth ist Cecilia nicht sehr glücklich, doch ablehnen konnte sie nicht mehr. Alle ihre Ersparnisse steckten schon im Schiff, inklusive dem Erlös aus ihrem Bauernhaus, das sie eigenhändig in Belgien renoviert hatte und für den Traum vom Rennen verkaufte.

Und noch ein anderer will mit der Teilnahme einen alten Traum verwirklichen: der Finne Pelle Gahmberg. Olaf und Andreas lernen ihn an diesem Abend kennen, einen netten, rundlichen Mann mit Glatze. Mit seinem Zweireiher, der Zigarre und der schweren goldenen Uhrkette und seiner ebenfalls rundlichen Frau im guten Schwarzseidenen würde er eher auf die Tribüne einer Pferderennbahn passen. Und dieser Vergleich hinkt nicht einmal, schickt er doch die SKOPBANK OF FINLAND ins Rennen. Die in Finnland gebaute Baltic 51 gehört ihm, und dennoch hat er ihr den Namen einer finnischen Bankorganisation gegeben, damit nicht zu offensichtlich wird, daß er fast alles aus eigener Tasche bezahlt. Ursprünglich wollte der alte Gahmberg selbst einmal solche Rennen segeln, doch als er endlich so reich war, daß er es sich leisten konnte, war er zu alt dafür. Nun soll sein ältester Sohn Kenneth das Schiff führen und den Traum seines Vaters verwirklichen.

Plötzlich wird das Gespräch mit dem alten Gahmberg und seinem Sohn jäh unterbrochen. Der Anstrengung und dem strengen Führungsstil an Bord entronnen, beginnen die Spanier der LICOR 43 und die Franzosen der EUROMARCHÉ übermütig einige Sodasyphone in die Menge zu entleeren.

Im Gefühl kommenden Unheils verlassen die Walrösser die Party-Nacht. Im Hinausgehen sehen sie noch, wie ein Haufen Franzosen das Mikrophon stürmt und patriotische Gesänge grölt. Taktvoll und etwas

37

indigniert verlassen auch die älteren Gäste die Abschiedsfete; der Saal gehört nun den Turnschuh- und T-Shirtträgern.

Der Heimweg führt durch die Pembroke Road. In einem ihrer viktorianischen Häuser hat der Royal Albert Yacht Club seinen Sitz, und dort ist auch die Royal Naval Sailing Association zu Hause, deren Mitglieder ausschließlich altgediente Marinekapitäne und Admiräle sind. Hinter den vielen kleinen Scheiben des dreistöckigen Gebäudes brennt noch Licht. Schiffer Olaf muß die Situation erkunden. Nach zwei Glastüren steht er in der holzgetäfelten Eingangshalle, deren Wände dunkle Gemälde alter Admiräle und Bildnisse schneller Fregatten unter Vollzeug schmücken. Aus dem Halbdunkel der breiten Treppe löst sich ein älterer, kerzengerade einherschreitender Mann. Er mustert interessiert den späten Eindringling, der etwas verlegen englische Höflichkeitsfloskeln stammelt. Seine Blicke bleiben an Olafs Krawatte hängen, ein schneller Griff, und er hält sie in der Hand und Olaf unter die Nase.

„Woher haben Sie die?"

„Sir, das ist ein limitierter Schlips der Sail-Training-Association-Regatten!"

„Sehr gut, mit diesem Schlips sind Sie immer willkommen!"

„Sehr freundlich, vielen Dank, aber da draußen ist noch meine Mannschaft, neun Mann."

„Never mind, sie sind auch willkommen!"

Eingedenk der strengen englischen Clubgebräuche fragt Olaf noch: „Ja Sir, und da ist noch eine junge Dame."

„Um so besser. Aber wo bleiben sie denn!"

Inmitten des Clubraums mit seinen niedrigen Marmortischen und den dunklen Ledersesseln steht eine holzstichige Vitrine. Der Schrein englischer Marinetradition enthält kleine Bücher, deren Ledereinbände rauh und abgegriffen sind vom langen Gebrauch. Es sind Mannschaftslisten und Marinestammrollen, die bis ins 18. Jahrhundert zurückreichen. Ein Griff und man liest nach, auf welchen Schiffen Lord Nelson als Kadett gefahren ist.

Den Höhepunkt der Vorstellung traditioneller Werte bietet jedoch der Besuch der Herrentoilette. Sie schmückt nicht nur eine ausgebleichte und zerschossene englische Kriegsflagge, sondern hier steht auch der heimliche Stolz des Clubs, Toilettenlehnstuhl und Waschbecken Queen Victorias, museale Relikte ihrer königlichen Yacht. Interessiert klappt Liqui Moly den Polstersitz auf, doch eine ungewohnte Scheu hält ihn vom Probethronen ab. In seinem holprigen Englisch fragt er, ob wenigstens das Becken benutzbar sei. Stolz wäscht sich Liqui unter den vergoldeten Armaturen die Hände.

Während die Crew, von den würdigen Mitgliedern des Royal Albert Yacht Clubs an der Bar freundlich mit Bier und Whisky versorgt, beim nächtlichen Small-talk sitzt, kurven draußen Polizeiwagen mit Blaulicht und Sirene zur Farewell-Party. Sie sind unterwegs, um den besoffenen Sealords vom Festland den Sinn der eingeschränkten britischen Trinkzeiten begreiflich zu machen. Der Überzeugungsprozeß verläuft besonders bei den Franzosen nur langsam. Erst ein größeres Aufgebot der Vertreter Ihrer Allergnädigsten Majestät ist ihren reichlich brutalen Argumenten gewachsen und transportiert die Randalierer zur Ausnüchterung.

Es ist, glaubt man den Schilderungen französischer Zeitungen, nicht mehr als eine Vorstellung einheimischer Marinefolklore, die da im Polizeiquartier abläuft. Tabarlys Streithammel mischen die Beamten jedenfalls noch einmal kräftig auf, auch eine Mademoiselle ist mitten im Getümmel dabei. Unter ihren Bissen geht ein Bobby zu Boden. Claire, die keinen Platz auf der EUROMARCHÉ abbekommen hat, handelt sich damit die dickste Nuß und den Beweis überlegener englischer Ironie ein: Sie wird zu ein paar Pfund Strafe zusätzlich verdonnert, um Medizin für den gebissenen Polizisten zu kaufen – ein Serum gegen Tollwut.

Das Aufstehen am nächsten Morgen fällt schwer. Während sich die übrigen mit dickem Kopf an die letzten Arbeiten machen, pilgern Olaf und Andreas zum Skippertreffen in die Kantine der Marina. Skipper und Race Committee verstreuen an diesem Morgen wenig Fröhlichkeit. Über allen liegt betretenes Schweigen. Admiral Williams räuspert sich ausführlich, bevor er mit ernstem Blick die anwesenden Schiffer mustert. Seine Rede ist so eisig, als leite er ein Kriegsgericht über Meuterei. Die Skipper blicken betreten. Einige von ihnen haben schon Verhandlungen auf dem Polizeipräsidium hinter sich, um ihre Crewmitglieder rechtzeitig zum Start wieder an Bord zu haben, den anderen wird unwohl bei dem Gedanken an ein Startverbot, das für den Fall einer Wiederholung angedroht wird. Die nachfolgende Fragestunde schleppt sich hin.

Neil Bergt, der arrogante Amerikaner der ALASKA EAGLE, beklagt sich höflich und mehr für das Protokoll über die nach Ansicht seiner Finanzgeber zu strikte Handhabung des Werbeverbotes, Digby Tailor, smart und undurchsichtig, über die Zeitstrafe wegen seiner unvorschriftsmäßigen Amateurfunkanlage. Nur der bärtige Italiener Roberto Vianelli von der ILGAGOMMA blickt ungerührt freundlich – er versteht kein Wort Englisch.

Nach der Standpauke spricht der Admiral die beiden Walrösser auf dem Flur an. Er freue sich, daß ihm zu Ohren gekommen sei, wie korrekt sich die Crew benommen habe, indem sie dem gastgebenden Club einen Besuch abstattete. Dies sei doch ein wenig mehr der Geist des Rennens.

„In unserem ‚Notice of Race' ", wie die Sicherheits-Checkliste unverfänglich hieß, „haben wir die Lektionen aufgeschrieben, die wir in den beiden vorherigen Rennen gelernt haben", schrieb Williams im Programmheft zum Rennen. „Wir sind auch den Bericht über das Fastnet Race 1979 in allen Einzelheiten durchgegangen und haben eine Anschlußuntersuchung über sämtliche verfügbaren Hilfsmöglichkeiten und Rettungsmittel gemacht. Ich kann daher versichern, daß unsere Sicherheitsregeln soweit wie irgend möglich entwickelt sind, ohne das Wesen dieses Rennens, den Wettkampf zu zerstören. Sie legen ein Minimum fest, an das sich alle Yachten halten müssen.

Das Minimum bestand aus 195 Positionen und wurde in der Woche vor dem Start zur Bordbibel auf WALROSS III. Zwar dienten zwölf Fragen allein der Überprüfung, ob durch Größe, Form und Farbe der Schriftzüge auf Schiff, Ausrüstung und Bekleidung gegen das Werbeverbot verstoßen werde. Denn war es auch gestattet, den Namen des Sponsors als Schiffsnamen zu tragen, so war doch verboten, dabei das Firmensignet, Markennamen oder etwa die Farben der Firma zu benutzen, für die man Reklame segelte. Doch der Rest war umfangreich genug, und die Scrutineers, die Prüfer der Royal Naval Sailing Association, hakten ihn Stück für Stück ab.

Angesichts der serienmäßigen Ausstattung unserer Swan erschienen uns die meisten Anforderungen nichts weniger als selbstverständlich. Man baut bei Nautor in Finnland Schiffe ohnehin nach IOR (International Offshore Rule). Und dies war die Basis der Sicherheitsliste, und die offensichtliche Notwendigkeit, die Einhaltung der Bestimmungen skrupulös nachzuprüfen, erhellt schlaglichtartig den Umfang von Versäumnissen, Gleichgültigkeit oder Leichtsinn gegenüber elementaren Regeln der Seemannschaft, wenn es darum geht, schneller zu sein als andere. An drei Punkten ging die Race-Liste über das hinaus, was bisher als Mindestanforderung gelten konnte, und verlangte zusätzliche Sicherungen für das Schiff bei Kenterung bis 180°, Sicherungen gegen den Ausfall von Systemen und mehr Rettungsmittel als je zuvor.

Peter Bruce vom Regattakomitee wußte, was er prüfen mußte, und er tat es mit der Gelassenheit eines erfahrenen Seglers. Das Desaster beim Fastnet Race kannte er aus eigenem Erleben, und eigentlich hatte er vorgehabt, selbst am Whitbread teilzunehmen. Premierministerin Thatcher hatte der Marine jedoch die Mittel dafür verweigert, und so konnte

Peter die Erfahrungen aus seiner eigenen Vorbereitung nun als Prüfer fremder Yachten anwenden.

An dem, was er auf dem WALROSS sah, fand er wenig auszusetzen. Die Tanks unter den Bodenbrettern waren mit starken Nirostaschienen gesichert, die schweren Batterien, die früher unten in einer Backskiste gefahren wurden, hatten einen neuen Platz mittschiffs neben dem Motor gefunden. Sicherheitshalber hatten wir alle Bodenbretter noch mit starken Riegeln versehen, die unter die Bodenwrangen griffen; nach menschlichem Ermessen konnte da keine Konserve, keine Batterie und auch kein Anker mehr aussteigen. Die Unbequemlichkeit für Proviantmeister und Smut nahmen wir in Kauf und minderten sie durch einen genauen Stauplan und entsprechende Verbrauchskontrollen. Lediglich am neuen Petroleumherd fehlte eine Verriegelung für die Ofenklappe, und am Vorluk erschien der Riegel zu schwach.

Sehr angetan war Peter Bruce von unserem zweiten Notruder. Zusätzlich zur serienmäßigen Notpinne, die direkt auf den Ruderschaft gesetzt werden kann, hatten wir am Heck einen Beschlag für einen Spinnakerbaum angebracht, an dessen Ende ein entsprechend vorbereitetes Bodenbrett angelascht werden konnte. Innerhalb weniger Minuten hätte dieses Ruder im Notfall erspart, was die Sicherheitsregeln gegebenenfalls schon vor dem Start von den Crews erwarteten: die Demonstration verschiedener Möglichkeiten, ihr Schiff bei Totalausfall des Ruders unter allen Wetterbedingungen zu steuern.

Großen Wert legte die Regattaleitung auf die Sicherungen gegen den Ausfall von Systemen, insbesondere des elektrischen. Sie verlangte zwei Generatoren, von denen der eine durch die Maschine oder eine andere Energiequelle betrieben werden mußte. Für den Notgenerator, wir hatten uns für ein Bosch-Aggregat entschieden, forderte sie eine Ausgangsleistung von mindestens fünf Ampere, die so lange aufrechtzuerhalten war, bis die Startbatterie der Maschine beziehungsweise des Hauptgenerators wieder geladen sein würde. Gleichzeitig sollte dabei die Notbeleuchtung betrieben und genügend Energie abgegeben werden können, um Positionsmeldungen abzusetzen.

War die Liste der erforderlichen Instrumente mit Log, Echolot und Peilsender angesichts der mit Elektronik vollgestopften Yachten eher gering, so bereitete die verlangte Funkausrüstung zumindest Les Williams und seiner Maxi-Yacht Schwierigkeiten. Zwar verfügte auch er über ein Funkgerät, das mehr als die geforderten 400 Watt Leistung brachte und garantierte, daß er während des gesamten Rennens mit einer heimatlichen Küstenfunkstation oder geeigneten Stationen der Länder in Verbindung treten konnte, in denen die Zielhäfen lagen. Zwar entsprach auch sein UKW-Sender den Bedingungen, doch verfügte sein Kurzwellengerät nicht über den vorgeschriebenen Seenot-Wachempfänger. Les entschuldigte sich damit, daß die Geräte in England ausverkauft seien, und kassierte dafür eine Viertel-Zeitstrafe, die in Kapstadt für die zweite Etappe erneuert wurde. Sein mürrischer Protest, auch in Südafrika seien diese Empfänger nicht zu bekommen, verursachte nur noch Stirnrunzeln, und der Funker von SWEDISH ENTRY erbot sich mit ironischem Grinsen, das Gerät in weniger als zwei Stunden für ihn zu besorgen. Ob die Versorgungssituation in Neuseeland besser war oder die Nerven der Regattaleitung mittlerweile schlechter, entzieht sich unserer Kenntnis. Jedenfalls segelte FCF CHALLENGER ab Auckland ohne weitere Zeitbelastung.

Besonders sorgfältig hatten sich die Autoren der Sicherheitsliste dem Wohlergehen und den Überlebenschancen der Mannschaften angenommen. Für jeden mußte eine feste Koje nachgewiesen werden, und die Bestimmungen untersagten die Bedienung der Winschen von Stationen unter Deck aus. Damit wurde der Verlockung vorgebeugt, die Mannschaften in "die da oben" und "die da unten" aufzuteilen, in jene also, die an Deck Ruder gehen, Manöver fahren und Segel trimmen, und die Kellerasseln unter Deck, die an einer zentralen Kurbelstation, von der aus die Kraft auf die verschiedenen Winschen verteilt wird, nur noch ihre Muskeln einsetzen dürfen, statt Segler nur noch Menschenmotoren, statt Galeerenhäftlinge bezahlte Kurbeltiger.

Die moderne Betriebspsychologie kennt viele Beispiele für die verheerenden Folgen immer spezialisierterer Arbeitsteilung und der damit einhergehenden Dequalifikation von Menschen auf ihre seelische Stabilität und das Zusammenleben. Uns scheint, daß trotz notwendiger Hierarchie an Bord auch in einer Regatta – zumal in einer so langen – das Wohlergehen der Mannschaft entscheidend davon abhängt, daß niemand an Bord auf ein Maß zurückgestutzt wird, das ihn sozusagen nur noch industriell verwendbar macht und hält. Weshalb sollten wir auch segeln, wenn an Bord die Entmündigung nicht aufhört, in der uns entfremdete Arbeitsabläufe, Verwaltungsapparate und politische Institutionen an Land halten?

Letzten Endes ist der enorme Aufschwung des Segelns, der durch alle Schichten geht, auch eine Gegenbewegung gegen Arbeits- und Lebensbedingungen, die uns immer schmalere Sektoren der eigenverantwortlichen Gestaltung zuweisen. Ein Boot und sei es eine Jolle, ist deshalb mehr als ein Sportgerät, dessen Beherrschung eine Reihe bestimmter Kenntnisse bedarf. Es ist auch ein Freiraum, in dem man, zusammen mit anderen, Fähigkeiten und Tugenden erproben und erlernen kann, die uns im Alltag immer seltener abgefordert werden: Phantasie, Mut, Standfestigkeit, gegenseitige Achtung, Selbständigkeit und Zusammenarbeit statt Verdrängungswettbewerb und Egoismus.

Cecilia Unger meinte später über ihre Mannschaft: „Sie sind ehrgeizig, und sie segeln gut. Aber niemand denkt an den anderen, niemand nimmt Rücksicht. Jeder fragt nur, was kann ich davon profitieren, was kriege ich dabei raus, was bringt es mir. Es sind Doktoren dabei und Rechtsanwälte, die meisten sind viel gebildeter als ich. Aber sie sind wahnsinnig jung, wenn du verstehst, was ich meine, und sehr egoistisch!

Egoistischer Ehrgeiz ist ein Sicherheitsrisiko. Vielleicht war die Liste der Rettungsmittel deshalb so lang, weil die Regattaleitung ihn vorsorglich einkalkuliert hatte. Erst einmal verlangte die Liste fest montierte Strecktaue, die auf beiden Seiten so über Deck geführt sein mußten, daß die Mannschaft ihre Sicherheitsleinen schon vor dem Ausstieg an Deck einklinken und mit möglichst wenig Umhaken auf Position gelangen konnte. Für Rudergänger und die wichtigsten Arbeitspositionen an Mast, Winschen und auf dem Vordeck mußten feste Einhakpunkte vorhanden sein, und zwar so viele, daß zwei Drittel der gesamten Crew sich dort gleichzeitig anleinen konnten. Wir selbst gewöhnten uns an, grundsätzlich und auch bei leichteren Winden immer angeleint zu fahren, so daß der Verzicht auf diese Sicherung ein bewußter und uns selbst auffallender Akt wurde. Der eingearbeitete Gurt in unserem Ölzeug begünstigte diesen Automatismus.

Ohne Problem war die Abnahme unserer Rettungsinseln. Die Sicherheitsregeln verlangten, daß sie innerhalb von 15 Sekunden klargemacht werden konnten. Wir belegten sie an Bord mit Schnappschäkeln und sicherten sie mit zwei halben Schlägen, eine "Mimik", wie im ASV solche sinnreichen Erfindungen genannt werden, die diese Zeit sicherlich noch verkürzt hätte.

Schwieriger wurde der Nachweis der Leuchtsignale. 32 Raketen verlangte die Ausschreibung, davon zwölf rote Fallschirm-Leuchtkugeln, vier weitere rote und zwölf weiße Handfackeln sowie vier orangerote Rauchtöpfe. Dazu war jedes Mannschaftsmitglied mit zwei Mini-Notraketen auszurüsten. Diese Ausrüstung war in Deutschland nicht komplett zu bekommen; vergeblich suchten wir weiße Handfackeln, und es zeigte sich, daß sie auf dem englischen Markt recht teuer waren. Hier zu sparen, wäre uns jedoch fahrlässig erschienen.

Wir sparten bei den Seamarkern, die pro Beutel im Handel 50 DM kosten. 100 Gramm "Uranin AP" dagegen sind im Chemikalienhandel für nur 18 DM zu haben und reichen für gut fünf Seamarker. Wir nähten das Wasserfärbungsmittel in Leinenbeutelchen und schweißten sie mit einem normalen Haushalts-Folienschweißgerät in Plastik ein. Ersparnis pro Stück ca. 46 DM.

Muß man mit Vorabenden eigentlich alleine fertig werden? Es spricht einiges dagegen. Je allgemeiner die Rahmenbedingungen des Zukünftigen, je verbindender die gemeinsamen Interessen, um so weniger kann und braucht das, was auf uns zukommt, individuell bewältigt zu werden. Und doch begegnet Zukunft, schon an ihrem Vorabend, uns als Einzelperson mehr denn als Gruppe. Wir eignen sie uns jeweils privat an, vergleichen sie neugierig oder ängstlich mit unseren bisherigen Erfahrungen, suchen das, was wir von ihr vermuten, in unser bisheriges Leben einzupassen. Die gemeinsame Zukunft wird privat angeeignet – aus diesem Widerspruch helfen auch keine Parolen von "verschworener Gemeinschaft". Der Phrase hängt ohnehin ein dumpfer Geruch von Unmündigkeit an, von Unfähigkeit, Zukunft selbst zu gestalten. Und überhaupt: Gab es jemals eine, die zu mehr fähig gewesen war als zur Vernichtung?

Wir verstanden uns als Gruppe Gleichrangiger mit unterschiedlichen Kenntnissen und Fähigkeiten. Wir wollten etwas zusammen zustande bringen, wozu der einzelne nicht in der Lage war. Dafür hatten wir, insbesondere die Stammcrew, über ein Jahr lang hart gearbeitet. Daher kannten wir uns, Eugen und Gustav ausgenommen, die als Wechselcrew sich einfügen sollten. Sicher, ein paar waren zusammen schon andere Langfahrten gesegelt, aber unter normalen Bedingungen. Diese würde anders sein, schwieriger und unter anderen Voraussetzungen stehen.

Ein paarmal hatten wir uns zusammengesetzt und versucht, über die Erwartungen und Befürchtungen zu sprechen, die jeder mit dem Rennen verknüpfte, für sich selbst und wechselseitig einander gegenüber hegte. Es blieben hilflose Versuche. Kaum einer vermochte über die Grenzen seiner Erziehung zu springen und über sich anders zu reden als so allgemein, daß die Person eher hinter den Begriffen verschwand als hervortrat. Wir waren für einen Seelenstriptease einfach zu normal. Niemand brauchte sich deshalb entblößt, keiner von einem anderen dabei zutiefst verletzt zu fühlen und ihm dafür ebenso gram zu sein. Andererseits kannte auch niemand einen so genau, daß er sicher sein konnte, das gemeinsam Bevorstehende werde auch dem ganz so oder so ähnlich begegnen wie ihm selbst. Kein Crewmitglied konnte wissen, ob sich seine Reaktionen nicht so von denen der anderen unterscheiden würden, daß sie trennend wirkten. Soweit sich überhaupt jeder wenigstens seiner eigenen Reaktionen sicher sein konnte.

Vielleicht hatten wir uns mit unseren Psycho-Sitzungen nicht nur zuviel vorgenommen, möglicherweise ist die Abwehr von zuviel Seelenschnüffelei auch ein wirksamer Selbstschutz, der uns hilft, in solchen Gruppen unsere Identität zu bewahren. Jeder ahnte, daß diese Regatta nicht ohne Konflikte ablaufen würde, und hoffte, daß sie innerhalb der bürgerlichen Konvention bleiben würden. Sie stellt ja selbst in schwierigen Situationen noch Regeln und Verhaltensweisen zur Verfügung, auf die man sich recht gut verlassen kann. Bis zu einem gewissen Grad. Niemand von uns wußte, wie hoch er für uns lag und ob wir ihn nicht allzu schnell erreichen würden.

Am Freitagabend vor dem Rennen feierte die WALROSS-Crew Abschied, nicht anders als sonst, vielleicht etwas gedämpfter. Und jeder versuchte auf seine Weise, mit den Ungewißheiten des Vorabends fertig zu werden, in der Gruppe, doch letztlich für sich. Keiner von denen, die in Portsmouth starteten, hat über seine Gefühle gesprochen, über das, was ihn in der Nacht davor beschäftigte. Wir können deshalb hier nicht mehr mitteilen, als daß der Abend überwiegend "still" war, "harmonisch", "besinnlich" vielleicht, jedenfalls nicht von Vorahnungen belastet und relativ früh und ohne Streit endete.

Leinen los!

Der Moment, der das Leben verändert − Bilanz der ersten Woche: am Tampen − Sailing at it's best − Nervenschlacht in der "happy-hour" − Die verkehrte Welt der Kalmen − Neptuns Reinigungszeremonie − Der Havarieteufel jagt durchs Regattafeld − Kapstadt, Terra incognita − Die Freuden des Erfolgs

Die Honoratioren vor Southsea Castle, dem Schloß Heinrichs des Achten, pressen die Hände an die Ohren. Auf dem breiten Wall der Befestigungsanlagen aus dem 16. Jahrhundert brüllt die Startkanone los. Beißender weißer Pulverdampf schießt mit gewaltigem Krachen aus dem Schlund des 36-Pfünders und treibt im leichten Südwind an den alten Mauern entlang. Zwölf Uhr mittags, am Samstag, dem 29. August, eröffnet der Schuß aus Nelsons Kanone die Schlacht zwischen den 28 Yachten aus 14 Ländern. Nur VIVA NAPOLI fehlt noch.

Tags zuvor war noch von einer Startverschiebung gemunkelt worden; der Wind war schwach zum Gotterbarmen, und selbst der alte Admiral auf seinem Denkmalssockel hoch über der Bucht konnte Spit Sand Fort nicht ausmachen. Noch am Mittag war die westliche Begrenzung der Startlinie nicht aus dem Dunst aufgetaucht. Heute wühlt eine unübersehbare Armada von Zuschauerbooten das Wasser im Startgebiet auf, das gestern wie leergefegt war. Dazwischen kreuzen die Rennyachten, die Regattaflagge mit dem Whitbread-Bierkrug im Achterstag. Sie hilft nicht viel in dem Gewühl von Bootsleibern, Masten und Spieren, deren Schiffer sich souverän über das Fahrverbot im Startgebiet hinwegsetzen.

Ein merkwürdiges Gefühl ist so ein Start unter so vielen Augen. Jetzt nur keinen Fehler. Die letzten Minuten dehnen sich, wenn das Schiff mit geschrickten Schoten dem Moment entgegenschleicht, der dein Leben verändert, schon verändert hat. Die Arme sind reglos angespannt, die Hände umklammern ungeduldig Schoten und Kurbeln. Alle sehen auf den Schiffer am Ruder, wie ein Orchester vor dem Auftakt der Symphonie. Doch dann schweift der Blick verstohlen zu den Yachten nebenan, verfolgt aufgeregt ihre Bewegungen.

„Noch eine Minute", tönt Gustavs Baß in die hektischen „give way, give way!"-Rufe vom Vordeck, dann gibt das satte metallische Rätschen der Winschen Antwort auf das Kommando Olafs: Das WALROSS nimmt volle Fahrt auf. Träge betet Gustav das Sekunden-Alphabet herunter:
„Noch 30 Sekunden" – ein Jahr Planung, Zweifel und Hoffnung.
„Noch 20 Sekunden" – ein Jahr voll Arbeit und ohne freie Stunden.
„Noch 10, 9, 8, 7" – vernachlässigte Studien und Berufe, belastete Beziehungen.
„6, 5, 4, 3" – alle Bedenken und Sehnsüchte aus zehntausend Stunden Vorbereitung stürzen auf diesen einen Moment zu, den Donner, der dich auf eine ungewisse Reise schickt.
„2, 1, null!"
In das Freudengeheul, das die Spannung befreiend löst, weht das matte Echo der Kanone aus den Hinterhöfen der See.
We are on the race now!
CERAMCO ergattert die "line honours" mit einer halben Länge vor DISQUE D'OR. Vor ihr liegt eine weiße Wand aus Segeln, die nahezu undurchdringlich wirkende Masse der Zuschauerboote vor der Startlinie. André Viant rasiert mit seiner KRITER IX beinahe die Mauern von Spit Sand Fort in Luv, bevor er entschlossen in die Armada der Neugier bricht, die erschreckt auseinanderstiebt. Mitten in der Wuling eröffnen FCF CHALLENGER und GAULOISES III die britisch-französischen Feindseligkeiten: Les Williams, eine Hand am Bier, eine am Rohr, läßt die rote Protestflagge setzen, und prompt geht auch bei den Franzosen das rote Tuch hoch. Bord an Bord liefern sich die beiden Equipen wütende Wortgefechte, bevor Eric Loizeau den deutschen Autofahrergruß entbietet und abdreht.

Die nachfolgenden Boote stoßen in die Breschen. Vorne versucht Peter Blake mit der CERAMCO die Linie zu kreuzen, auf der FLYER, beständig wie ein Schweizer Uhrwerk, hinter ihm aufkommt. Der Versuch, Connie van Rietschoten in die Abdeckung zu bringen, mißlingt; zu hoch muß der Neuseeländer an den Wind. Er kneift, verliert Fahrt. Kühl fällt der Baron ab und zieht, jenseits der Abwinde aus ihren Segeln, in Lee an CERAMCO vorbei. Mit einem Vorsprung von sechs Minuten verläßt FLYER als erste Yacht den Solent.

Die angereisten Vereinsmitglieder haben einen Platz auf dem Presseboot ergattert. Nun stehen sie an der Reling, verfolgen erregt jeden Handschlag. Das lähmende Entsetzen, als zehn Minuten vor dem Start Christian in den Mast gefahren wurde, ist von ihnen abgefallen. Nur ein Standerfall hatte sich im Vorstag vertörnt. Jetzt fiebern sie mit der Crew, die auf der Kante sitzt, als ginge es auf ein 160-Seemeilen-Dreieck. Fiebern jede Minute mehr, in der ihre guten Ratschläge im Brummen des Bootsmotors und im Sirenengeheul der Marineschiffe untergehen, die immer noch versuchen, die Schlachtenbummlerflotte aus dem Startgebiet zu verscheuchen.

Der Start in Luv war gut. Sie schwenken Tücher, Jacken, die Vereinsfahne, jubeln und lachen. Dann zieht die weiße Swan im Mittelfeld an ihnen vorbei, zu weit schon entfernt, um die guten Wünsche zu hören, die sie begleiten. An Claus, an Anke und den anderen schwimmt vorbei, was Denken und Leben für Monate bestimmt hat, und strebt stetig dem Solent, dem Kanal und der offenen See zu. Ein letztes Lebewohl an der Bembridge-Ledge-Tonne, der einzigen Bahnmarke bis Kapstadt. Längst sind FLYER und CERAMCO den Blicken entschwunden, dann taucht das WALROSS als 19. Schiff der Flotte im Dunst unter.

Unser letzter Blick, während Olaf traditionsgemäß Rasmus und Neptun opfert und dann die Flasche zum Manöverschluck kreist, gilt der Südküste der Isle of Wight. Er löst keine sentimentalen Gedanken aus. Der Wind frischt auf, der Spinnaker wird gesetzt. Wir segeln Regatta, Kurs Ouessant, vor uns MOR BIHAN, hinter uns LA BARCA, das Labor.

Die Biskaya empfängt uns anderntags mit strahlender Sonne und einem Wind, der kaum das Wasser kräuselt. Mit Drifter und Genua I im Wechsel versuchen wir Fahrt im Schiff zu halten. Nur kurz geht einmal der Leichtwind-Spi hoch, doch schon nach ein paar Seemeilen lehnt er sich entkräftet am Vorstag an. Während die leichten Schnelläufer uns bei den schwachen Winden davonfahren, segeln wir hinten im Feld ein Privatrennen gegen LA BARCA und nach zwei Tagen in die Flaute. Olaf nutzt die Zeit für die Sicherheitseinweisung. Die Mannschaft wird den beiden Rettungsinseln zugeteilt, jeder bekommt seine Aufgabe für den Notfall und macht sich damit vertraut.

Mit dem "Labor" neben uns herrscht lebhafter Funkkontakt über UKW. Die Italiener, die uns in Portsmouth einen Sack Nudeln geschenkt haben, telefonieren nun die originalen Rezepte durch, von denen sich bald "Spaghetti aglio e olio" besonderer Beliebtheit erfreuen. Der Aufforderung zum gemeinsamen Bad widerstehen die Wissenschaftler. „Wahrscheinlich sind die Kabel nicht lang genug, an denen sie hängen", grinst Eugen, bevor er elegant über die Reling hechtet, die Sicherheitsleine hinter sich herziehend. Unser Doktor der Biologie wird's schon wissen, wie seine Kollegen da drüben forschen.

Am Nachmittag des fünften Tages kommt endlich wieder etwas Wind auf. Nach enttäuschenden Etmalen von 70 und 43 Seemeilen hoffen wir auf gute Fahrt. Der uralte Hood-Spinnaker geht hoch. Endlich schlägt die Nadel bis zehn Knoten aus, rauscht die Bugwelle ihre Fahrtmelodie.

Nach der Flautensegelei ist das wie Urlaubsanfang: Du trittst im Frühsommermorgen auf den Balkon und streckst dich. Alles liegt einladend und geordnet vor dir im Licht, bereit zum Anfangen. Vor uns wölbt sich der riesige farbige Segelbauch und zieht uns durch die kurzgehende See in Richtung Kap Finisterre. Durch die Nähte an den Lieken und in seinem Innern schinmmert nadelfein die Sonne.

Seit das WALROSS den Kanal verlassen hat, läßt Olaf im Dreier-Wachsystem fahren und übernimmt selbst mit Carsten und Liqui die Mittelwache. Burkhart und Andreas, beide nach amtlichen und vereinsinternen Prüfungen mit Schifferberechtigung für die Hochseeyacht, führen die Backbord- und die Steuerbordwache. Olaf begreift sich in dieser Dreiergruppe als eine Art Vorstandsvorsitzender mit Stichentscheid und Vetorecht und hat sich vorgenommen, alle wichtigen Fragen in diesem Gremium zu beraten. Damit ist auch ein optimaler Informationsfluß von hoher Schiffsführung bis zu den einfachen Schotenreißern gewährleistet, für die das Rennen auch eine Ausbildungsfahrt ist, auf der sie sich weiter qualifizieren können. Jeder der Stammcrew wird bis zum Ende der Regatta eine Strecke als Wachführer reisen.

Mit jeweils drei Mann sind die Wachen schwach besetzt, doch reichen unter normalen Segelbedingungen zwei "hands" auf dem Vorschiff durchaus. Zum Spinnakersetzen und -bergen allerdings müssen die Männer der Wache an Deck, die in Bereitschaft steht. Gesmutet wird reihum von den Bereitschaftswachen.

Dieses System und die Bordroutine spielen sich schnell ein und geben Raum für erste Privatinitiativen. Die 30jährige Pfaff-Nähmaschine, deren selbstgebasteltes Holzgehäuse die Inschrift "dedicated to the art of sail-mending" trägt ("der Segelflick-Kunst gewidmet"), erlebt ihren ersten zivilen Einsatz. Burkhart näht seine geplatzten Jeans, bevor er Carsten Platz für einen neuen Blendschutz für das achtere Luk macht.

Das Bordtagebuch vermerkt zum Bordleben genußvoll: „Unser Schiff ist noch nie in einem so guten Zustand gewesen. Alles, wirklich alles funktioniert." Besonders wohltuend machen sich dabei die kleinen organisatorischen Verbesserungen bemerkbar. Am Niedergang zum "roten Salon", der Pantry, hängen numerierte Taschen, in denen Lifebelt und Schwimmweste schnell greifbar sind. Aber auch persönliche Gegenstände wie Sonnenbrillen, -öl und -mützen finden dort noch Platz, die bald nötiger gebraucht werden.

Am 3. September, der Arbeits-Spi steht noch keine zwei Stunden, stoppt das WALROSS beim Geigen in den kurzen Wellen etwas härter ab. Ohne Vorwarnung kommt der Spinnaker von oben. Er kippt nach vorn, als sei das Fall gebrochen. Erst ein zweiter Blick offenbart, daß er vollständig aus den Lieken gefallen ist, wie ein Bild aus einem Passepartout. Die Wache, die nach vorne stürzt, bekommt zwar noch ein Stück zu fassen, doch das rot-weiß-blaue Tuch reißt in ihren Händen wie ein morsches Bettlaken und verschwindet achteraus in den Wellen. Sein Ende kommt nicht unerwartet, doch überraschend. Eigentlich hätten wir dem alten Ding doch etwas mehr zugetraut. Zum erstenmal auf der Regatta muß ein Wachführer ein verlorenes Segel ins Logbuchblatt eintragen, auf Englisch, wie es Vorschrift ist.

Zur Nacht brist es weiter auf. Bei achterlichen Winden um 5 Bft geigt das Schiff unter Reacher stark. Rudergehen erfordert nun Konzentration und mehr Kraft, als die noch untrainierten Steuermuskeln hergeben wollen. Als kurz nach dem Abendessen Cabo Villano an der Nordwestecke Spaniens als Blitzgruppe 2 in Sicht kommt, muß Christian einen Reffstert einscheren. Olaf holt den Großbaum so weit wie möglich mittschiffs und versucht das Boot auf Krängung zu halten. Christian turnt angeleint auf dem Baum zum Achterliek, unter sich die schäumende Gischt. Er arbeitet gelassen und schnell wie immer. Zur Beschreibung seiner Gefühle reichen ihm zwei Worte aus: „super" und „Mist". Es sind zugleich die einzigen Begriffe, die er auch für die Bewertung aller anderen möglichen Lebensäußerungen, Dinge und Verhältnisse benötigt.

Die kurze Zeit auf dem schwankenden Baum hält er keiner Erwähnung wert. Er steckt das Reff ein. Erst beim Gang über das Vorschiff läßt der Chief ein deutliches „Mist" vernehmen. Der Reacher trägt nur eine Schot, Halsen oder Wenden ist so kaum möglich. Die Wache ist zu klein, um eine zweite Schot zu scheren. So läßt Olaf es darauf ankommen. Er bleibt mit der Backbordwache, zu der neben Zipfel Eugen und Christian gehören, an Deck und versucht, bei neun bis elf Knoten Fahrt möglichst nicht zu dicht unter die Küste zu geraten. Ständig wird das Leuchtfeuer eingepeilt und die Versegelung bestimmt.

Da kreuzt unseren Kurs ein Dampfertreck. Wir segeln mitten im Fahrwasser. Vorausgesetzt, wir brächten unter diesen Umständen überhaupt eine Halse zustande, würden wir, so wie der Wind steht, viel Raum und Zeit vergeuden. Kein Dampfer macht auch nur die geringste Andeutung, daß er uns gesehen habe, geschweige denn zur Kursänderung. Dreimal kommt uns einer verdammt nahe, jedesmal übernimmt Olaf das Ruder. Bei diesem Nervenspiel will er die Verantwortung für ein Manöver des letzten Augenblicks nicht auf Wachführer und Crew abwälzen. Schon gar nicht, wo die fehlende Reacherschot die Manövrierfähigkeit begrenzt. Dann sind die Frachter und die Gefahr an uns vorbei und verschwinden achteraus in der Dunkelheit.

Kurz vor der Morgenwache wird Kap Finisterre gepeilt. Als dann auch noch der Wind um 10° dreht, kann mit der ablösenden Wache endlich die Schot geschoren und eine Halse auf Steuerbordbug gesegelt werden. Unser neuer Kurs führt uns aus dem Fahrwasser vor der spanischen Küste heraus. In der Morgendämmerung wird der Wind schwächer. Vormittags muß der zweite alte Arbeits-Spi gegen den Leichtwind-Spi ausgewechselt werden. Der Wache steckt die Nacht noch in den Knochen, sie arbeitet unkonzentriert. Zweimal vertörnt sich der Spi am Vorstag, ausgerechnet immer genau bevor die Brise wieder einsetzt.

Am Nachmittag sitzt die Tüte so fest, daß Liqui in den Mast muß. Ratlos läßt er sich nach einer Viertelstunde wieder herunterholen. Es scheint ein Problem für Eugen, der Tüftler, der so gerne die Muskeln spielen läßt. Doch auch er ackert über eine Stunde in luftiger Höhe, bis der Spi endlich heil an Deck liegt.

Die Quittung für unsere Nulperei bekommen wir über Funk. Die abendliche "chat-hour" übermittelt die Positionen der Yachten an das Regatta-Sekretariat. Da sie oft zu Klatsch und Tratsch zwischen den Schiffen mißbraucht wird, heißt sie bald "happy-hour" und "children's hour". Zur allgemeinen Gaudi hören wir sie gerne über den Bordlautsprecher mit. Heute sehen wir uns dabei betreten an. Nicht nur, daß FLYER mittlerweile über 300 Seemeilen weggelaufen ist, nun hat uns auch noch LA BARCA überholt. Wir liegen hinten.

Die leichten Winde am nächsten Tag machen wenig Arbeit beim Segeltrimmen und geben uns Zeit, die verkorksten Segelmanöver des Vortages noch einmal in aller Ruhe durchzugehen. Die Bilanz der ersten Woche ist wenig ermutigend. Wir haben noch nicht zu unserem Segelstil gefunden, die Seemannschaft läßt zu wünschen übrig. Vielleicht sind wir gerade deshalb bemüht, Manöver möglichst schnell auszuführen, weil wir alle darüber nicht ganz glücklich sind. Dabei summieren sich dann vermeidbare Fehler. Wir müssen ruhiger werden, die Manöver besser vorbereiten und mit weniger Hektik durchziehen. Da alle Wachen Bockmist gebaut haben, gibt es wenigstens keine Tribunalstimmung. Olafs indonesisches Festessen zum Abschluß der ersten Regattawoche ist zwar unverdient, tröstet uns aber über die Enttäuschungen hinweg.

Ungefähr auf der Höhe von Lissabon beginnen Christian und Liqui mit Meßgerät, Kopf- und Taschenrechner durch das Boot zu stöbern. Die täglichen Kontrollen haben einen zu hohen Stromverbrauch ergeben, die Säuredichte in den Batterien bleibt trotz fleißigem Nachladen zu niedrig. Olaf vermutet den Fehler im System: Die Ladeleistung der neuen Lichtmaschine sei zu gering. Christian geht systematischer vor und stellt erst einmal den exakten Stromverbrauch jedes einzelnen Gerätes fest. Er kommt zu überraschenden Ergebnissen. Bei den meisten weicht der tatsächliche Verbrauch von den Angaben der Hersteller ab, teilweise erheblich. Als erstes klemmt der Chief den Windmesser ab, der etwa 50 Watt verbraucht. Auch die restliche Segelelektronik frißt zuviel. Sie wird gleichfalls abgeschaltet, so daß nur noch das Log in der Navigationsecke mitläuft. Daß die Musik aus dem Kassettenrecorder ausfällt, schmerzt weniger als die fehlende Möglichkeit, Wind und Segeltrimm elektronisch zu kontrollieren.

Die Meldungen, die eine andere Swan in der "Kinderstunde" verbreitet, sorgen für bedenkliche Mienen. Sie kämpfen ebenfalls mit Stromproblemen, berichtet SCANDINAVIAN, und wolle deshalb aus dem Rennen aussteigen. Die SAS-Piloten sollen sich außerdem schon im Kanal zerstritten haben, verlautet das Funk-Gerücht. Christians Versuche, mehr über die Stromversorgungsprobleme auf der Ketsch aus Schweden herauszubekommen, scheitern. Charles Hammarlund hat den Sender schon wieder abgeschaltet.

Trotz sorgfältiger Prüfung können Liqui und der Chief keinen unkontrollierten Verbraucher ermitteln. Und die Lichtmaschine arbeitet einwandfrei. Es kann also nur an den Batterien liegen – eigentlich schwer vorstellbar, wir hatten sie erst im Frühjahr gekauft. Die Nachforschungen über Funk in Berlin liefern schließlich die Erklärung: Neu mit Säure gefüllte Batterien verlieren beim ersten längeren Laden Flüssigkeit, der Säurepegel sinkt. Die Crew, die das WALROSS überführt hatte, vergaß Batteriewasser nachzugießen. Während einer mehrstündigen Motorfahrt kochten sie leer. Die Nachfolgecrew kontrollierte die Akkus und füllte Säure nach. Die verdünnte Schwefelsäure war der praktische Tod dieses Batteriesatzes. Von da an hatte er nur noch zehn Prozent seiner Kapazität, nahm kaum mehr Ladestrom an und entlud sich relativ schnell und von selbst.

Die nächste Schreckensmeldung läßt nicht lange auf sich warten. Der Dieselverbrauch ist unwahrscheinlich hoch. Bereits nach der ersten Woche sind 25 Prozent des Kraftstoffes verbraucht, mit sieben Liter pro Motorstunde schaffen wir es bis Kapstadt nie. Die Konferenz von Schiffern und Chief erwägt, die Kanarischen Inseln zum Nachbunkern anzulaufen, entscheidet sich dann aber für Weitersegeln und extremes Stromsparen. Alle Privattelefonate werden gestrichen, gefunkt wird nur noch mit dem 220-Volt-Notstromaggregat. Unter Deck gibt es nachts ab sofort nur noch das Licht von "Peter Lehmann", einer einsamen Petroleumfunzel, die irgend jemand einmal an einer Baustelle hatte mitgehen lassen. Wir sind auf die Lage schlecht vorbereitet. In Gosport hatte es niemand für nötig gehalten, ein paar Petroleumlampen zu kaufen. Nicht einmal Kerzen sind an Bord.

Der Dieselverbrauch pendelt sich danach plötzlich auf zwei Liter pro Stunde ein. Es muß also ein Meßfehler gewesen sein, der uns den Schrecken eingejagt hat. Wahrscheinlich waren die Tanks nicht ganz gefüllt worden.

Bald danach bekommen wir den Nordostpassat zu fassen, der uns wieder eine rauschende Fahrt beschert. Zum erstenmal wird der neue Arbeits-Spi vorgeheißt und läßt das schwere Schiff bei 6 Bft Backstagsbrise mit 14 Knoten die Wellen hinuntersurfen. „Sailing at its best", notiert Stoffel in sein privates Tagebuch, „ein unbeschreibliches Gefühl." Dr. jur. Gustav Kawerau, würdiger Syndikus in einer Düsseldorfer Konzernzentrale, strahlt aus allen Stoppeln seines dunklen Achttagebarts und läßt sich auf der "Juristenwache" gegenüber Stoffel und Andreas zu ausgelassenen Schulterschlägen und Knüffen hinreißen. Seinen inneren Nadelstreifenanzug hat der Passat endgültig über Bord geweht.

Das Wasser ist mittlerweile tiefblau; es scheint wirklich einmal sauber zu sein, ohne Dünnsäure, Schwebestoffe aus Industriemüll und radioaktive Zutaten. Wir wollen es jedenfalls gerne glauben. Auch das Tierleben nimmt mit einem Mal zu. Tümmler umspielen das Schiff, tauchen unter dem Bug durch, schlagen pfeilschnelle Haken und haben sich dabei offenbar eine Menge zu erzählen. Unter Deck ist ihr Zwitschern und Piepsen gut zu vernehmen. Nach einer Weile sammeln sie sich, wohl enttäuscht über den stur Kurs haltenden Plastikkameraden, zum Abmarsch.

In der Nacht, bevor das WALROSS zwischen Gran Canaria und Fuerteventura durchläuft, geht Olaf auf Nachtwache. Moly sitzt im Cockpit und erzählt Schwänke aus seiner Bundeswehr-Gammelzeit. Kurz nachdem er selig hinweggedöst ist, rauscht es an Backbord. „Tümmler", denkt Olaf, doch da hebt sich direkt neben ihm, gespenstisch vom Mondlicht beschienen, mannshoch eine schwere, schwarzglänzende Flosse aus dem Wasser. Der Augenblick, bis sie zuschlägt, ist zu kurz für irgendeine Reaktion. Doch dann ist das Heck vom WALROSS auch schon an der drohend erhobenen Finne des Wals vorbei, und der erstarrte Schiffer am Ruder hört es nur noch mächtig im Heckwasser tosen. Bald danach kann er in der obskuren Beleuchtung ein ganzes Rudel Wale abblasen sehen. Meterhoch steigt die Atemsäule in das fahle Mondlicht.

Bis Liqui geweckt ist, sind die Tiere längst verschwunden. Sein sarkastisches Urteil über die Phantasiegebilde seines Schiffers ist schnellfertig wie immer: „Du spinnst." Und auch die Basis in Berlin ist skeptisch. Claus Reichardt, sonst immer begierig auf pressewirksame Meldungen, läßt Vorsicht walten. Er fürchtet die Unruhe unter den Angehörigen der Segler, wenn ihnen am nächsten Tag die Überschrift der "Bild-Zeitung" entgegenknallt: „Berliner Yacht in Gefahr — Wal griff an". Das Erlebnis macht erst die Runde, als wir glücklich in Kapstadt sind. Dann liegt es so lange zurück, daß es als Seemannsgarn und Mediengag belächelt wird.

Am 10. September passiert das WALROSS die Kanaren. Die Meldungen der anderen Schiffe zeigen, daß wir am Ende des Feldes liegen. Das tut der guten Stimmung keinen Abbruch. Die Etmale der letzten Tage waren ordentlich, und wir hoffen darauf, daß das Feld vor uns in den Kalmen einparkt. Von SCANDINAVIAN verlautet, daß sie vielleicht noch im Rennen sei; wo, weiß aber niemand. TRAITÉ DE ROME, der Gegner, an dem wir uns am liebsten orientieren, liegt eine Tagesreise voraus. ILGA-GOMMA soll Gran Canaria angelaufen haben; bei einem aus der Crew bestehe Verdacht auf Blinddarmentzündung, was Gustav, der erst kurz vor dem Start seinen Wurmfortsatz abschreiben mußte, zu selbstgefälligen Bemerkungen veranlaßt.

Einen Tag später, das WALROSS läuft traumhaft unter seinem neuen Spi, vermutet uns das Regattakomitee in seiner Pressemitteilung schon südlich des Wendekreises, im trockenen Hochland von Atar in Mauretanien — nicht ohne zweifelnd hinzuzufügen: „This position is suspect." Kurz darauf halten auch wir unsere Position für fragwürdig, wenngleich aus anderen Gründen: Mitten in einer Gegend, in der zu 98 Prozent Passat wehen soll, dümpeln wir auf einmal in Nieselregen und danach in drückender Schwüle bei flauem Wind, der zeitweilig sogar Südkomponente hat. Zwei Tage rätseln wir, welche meteorologische Spezialität unsere kurze Galoppade beendet haben könnte, dann bessert sich das Wetter.

Es ist Sonntag, Wind für eine Kaffeefahrt mit älteren Herrschaften, gemütlich und kurzweilig. Die Kaffeetafel mit Mandarinentorte findet im Cockpit statt. Eine Meeresschildkröte besucht uns, und am Bug unserer schönen Swan sausen nach beiden Seiten die Fliegenden Fische weg. Ihr Segelflug auf den gespreizten, halbrunden Stummelflügeln landet oft erst nach 20 Metern. Die silberne Bewegung ist linear und seltsam starr, wie bei einem mechanischen Spielzeug, das sich nicht steuern läßt. Ihre Flucht ist kopf- und ziellos. Morgens sammeln wir sie an Deck ein und werfen sie über Bord. Ihr Körper ist von Gräten hart, eine Qual, sie zu essen.

An diesem Abend steht Burkhart am Ruder. Die Crew hat sich nach dem Kaffeeklatsch unter Deck in die Pantry oder in die Kojen verholt, das WALROSS segelt so vor sich hin. Plötzlich bekommt er einen klatschenden Schlag auf die Backe. Einen Moment ist er völlig verdattert und sucht hinter sich den Übeltäter. Dann zuckt seine Nase: Die schallende Ohrfeige hat Fischgeruch. Ein Außenbordkamerad hat zugeschlagen.

Es bleibt nicht bei diesem Schlag in der Nacht des 13. September. Der Wind legt zu. Als er Stärke 6 erreicht, weckt Burkhart den Schiffer. Aus der Sonntagssegelei ist mittlerweile harte Arbeit geworden. Immer noch steht der neue Triradial vor dem ungerefften Großsegel. Das WALROSS surft mit über 15 Knoten Fahrt. Meterhoch steigt die Gischt im hellen Mond an beiden Seiten des Bugs auf, meterhoch kommen die Wellen von achtern, heben das Heck der schweren Slup spielerisch leicht, und sie schießt, sekundenlang beschleunigend, den Wellenabhang hinab, bis die See unter ihr durchgelaufen ist. Und schon senkt sie den Bug in das nächste Wellental.

Olaf sieht mit einem Blick: Wir tragen zuviel Segellast. Aber er zögert. Die Fahrt ist hinreißend, und wir haben viel gutzumachen. Bei diesem gleichmäßigen Dahinstürmen vor dem Wind kann das Segel den Druck des scheinbaren Windes noch gut verkraften. Nimmt er beim Anluven zum Bergemanöver wesentlich zu, ist der Spinnaker eher gefährdet.

Seit längerem steht das Barometer konstant auf 1018 Millibar, ein Hinweis, daß der Wind wohl nicht mehr zulegen wird. Olaf übernimmt das Ruder. Er will selbst sehen, wie sich das Schiff in den Seen verhält, und noch etwas zuwarten, wie sich die Lage entwickelt. Kaum merkbar ohne Windmesser, nimmt der Wind leise zu. Als Olaf es registriert, ist es verdammt spät. Es bleibt keine andere Wahl, das Segel muß rasch herunter. Die Bereitschaftswache wird geweckt.

Olaf gibt das Ruder wieder an Eugen ab. Die Arbeit als Rudergänger erfordert jetzt volle Konzentration. Man muß die Seen vorher spüren; Zehntelsekunden bevor sie das Schiff packen, gibst du Gegenruder, damit es auf Kurs bleibt. Es ist ein dauerndes Wechselspiel: leicht anluven, surfen, abfallen, damit sich der Bug nur nicht im Rücken der davonlaufenden Welle festfrißt und die nächste das Heck mit Urgewalt herumreißt. Das Rad, auf dem so mächtige Ruderkräfte lasten, daß man sich mit dem ganzen Gewicht in die Speichen hängen muß, will sich aus den Händen losreißen. Dann wiederum, im Surf, brauchst du kaum den kleinen Finger. So ist die Kurbelei anstrengend und subtil, verlangt Kraft, Feingefühl und eine gute Portion Intuition zugleich. Eine Sekunde Aufmerksamkeit zu wenig, und das Schiff gerät außer Kontrolle.

Der Wechsel am Ruder ist unter diesen Umständen nicht ganz einfach. Das Rad hat einen Durchmesser von eineinhalb Metern, der Platz dahinter ist nicht sehr groß. Er wird eng, wenn der Steuermann das rollende Schiff auspendeln muß, und noch enger, wenn er Olaf heißt. Seine Ablösung zwängt sich in Luv über die Cockpitbank, hakt die Lifebelts um und greift in das Rad. Olaf turnt derweil in Lee um das Steuerrad herum, das er noch festhält. Für Bruchteile von Augenblicken fehlt dem neuen Rudergast noch das Gefühl für den ungleichmäßigen Rhythmus, den Wellen und Schiffsbewegungen zusammen bilden. Die Zeit, bis sich Nerven und Muskeln an die unterschiedlichen Ruderkräfte angepaßt haben, ist minimal. Aber es ist eine Verzögerung, die Folgen haben kann.

Bevor die Bereitschaftswache an Deck ist, krängt das WALROSS nach Lee und läuft aus dem Kurs. Eugen steuert verzweifelt gegen, Christian fällt mit ein. Rasch liegt das Ruderblatt am Anschlag, die Strömung reißt ab. Für die Dauer von zwei, drei Atemzügen ist keine Ruderwirkung mehr zu spüren. Dann greift es wieder; das WALROSS fällt ab und geht wieder auf Kurs. Es wird höchste Zeit zum Bergen des Spinnakers.

Olaf teilt die Positionen ein. Niederholer, Toppnant und Fall, Achterholer und Schot werden besetzt. Eugen geht ans Vorstag, um den Spi am Schnappschäkel auszureißen. Olaf steuert das Manöver, doch noch bevor es beginnt, läuft eine gewaltige See quer unter das Heck und schwingt es herum. Olaf stemmt sich ins Rad, gibt Gegenruder, aber das Steuer bewegt sich nur langsam Hand über Hand. Christian fällt wieder mit ein. Dann steht das Ruder am Anschlag. Das WALROSS holt weit über, luvt an. Die Kurve, mit dem es in die Sonne der Nacht schießt, scheint nicht aufhören zu wollen. Dann killt der Spinnaker.

„Die Schot los!" brüllt Olaf, aber Christian kommt von der hohen Luvkante nicht herunter an die Klampe in Lee. Wild schlägt das Segel im steifen Wind, der jetzt mit über 30 Knoten Geschwindigkeit in das bunte Tuch fährt, es zu Tüten faltet und um das Vorstag wickelt. Dann faßt das Ruder wieder, und das Schiff fällt immer rascher ab. die Kompaßrose jagt am Steuerstrich vorbei: 150° – 110° – 80° – Gegenruder! Gleichzeitig mit einer See, die ins Cockpit einsteigt, öffnet sich vorn mit peitschendem Knall der Triradial.

Die Erleichterung hat sich noch nicht eingestellt, da kommt von vorne schon der Ruf: „Riß Steuerbord am Schothorn!"

Die unregelmäßigen Geräusche haben unter Deck die Freiwache geweckt. Nun stürzt sie herauf, hakt sich ein und geht mit nach vorn. „Bergen!" Die Antwort ist ein peitschendes Bersten, und der Spi weht in Fetzen aus. Wütend stößt Eugen den Holzklöppel in den Schäkel, immer und immer wieder. Der schwere Nirobeschlag klemmt. Als er sich schließlich öffnet, ist der neue Triradial am Schothorn auf einer Länge von mehreren Metern gerissen.

Dann wird der Reacher gesetzt, auf Halbwindkurs soll das Großsegel gerefft werden. Da rauscht die Großschot aus, der Baum steht weit draußen und schleift die Schot unerreichbar fern durch das Wasser. Es hilft nichts, sie muß ausgeschoren werden. Bis Andreas einen zusätzlichen Tampen angeschlagen hat und die ausgerauschte Part von einer der großen Winschen wieder an ihren angestammten Platz kommt, vergehen weitere wertvolle Minuten. Mittlerweile weht Wind von 8 Bft; sofort wird das zweite Reff eingesteckt.

Carsten und Stoffel, die unter Deck den Schaden am Spi inspizieren, sehen sich zweifelnd an. Mit Bordmitteln ist da nichts zu machen; unser gutes neues Segel wird uns im Südostpassat nicht zur Verfügung stehen. Carsten stapft wie der personifizierte Vorwurf durch die allgemeine Betrübnis und spricht kein Wort. Das mußte ja so kommen, wenn man die Segel so lange stehenläßt. Es ist nicht nur der Groll des Segelflickers, der so beredt aus ihm schweigt. Carsten ist von Natur aus lieber ein bißchen zu vorsichtig.

Die nächsten drei Tage im Passat bringen uns mächtig voran. Dem Unglück folgen unbeschwerte Segelstunden bei Temperaturen um 35 Grad unter einer Sonne, die kaum noch Schatten wirft. Die Positionen der "Großen" im Rennen verraten, daß sie in diesen Breiten nicht viel schneller gelaufen sind. Zwei Schiffe liegen nun mit Sicherheit hinter uns, ILGAGOMMA und SCANDINAVIAN, von der weiter keine Informationen eingehen. Die TRAITÉ steht nur noch 40 Seemeilen vor uns, an das "Labor" sind wir bis auf 60 Seemeilen herangekommen – das ist nicht mehr Abstand als ein Breitengrad. Nun beginnen wir zu hoffen, daß die Kalmen für uns durchlässig sein mögen.

Die Positionsangaben der Konkurrenz in der "chat-hour" freilich sind mit Vorsicht zu genießen. Einige Yachten haben hinter den Kanaren aufgehört, die geographische Länge anzugeben. Sie wollen verschleiern, mit welcher Taktik und wie weit östlich der Kapverden sie in die Doldrums zu gehen beabsichtigen. Diese Spielereien verstoßen zwar gegen die Wettfahrtbestimmungen, doch der Protest der Regattaleitung ist lahm, und noch lahmer sind die Entschuldigungen der Funker für ihre unvollständigen Angaben. Die Wissenschaftler auf LA BARCA behaupten, sie hätten leider gerade den Tisch in der Navi-Ecke ausgebaut und kämen vor lauter Basteln nicht dazu, die Position genauer zu bestimmen. Andere fummeln bei der Durchsage einfach an der Handabstimmung der Funkanlage.

Klar und deutlich ist jedoch der Protest von ALASKA EAGLE zu vernehmen: BERGE VIKING habe unerlaubterweise auf Privatfrequenz eine Wetterinformation auf Norwegisch empfangen. Weiß der Teufel, wo Neil Bergt das her hat. Peder Lunde legt sofort förmlichen Gegenprotest gegen ALASKA EAGLE ein. Das Regattabüro in Portsmouth kann zwar den Grund nicht verstehen, funktioniert aber wie gewünscht. Beide Proteste werden zu den Akten gelegt.

Die Nervenschlacht in der "happy-hour" nimmt zu. Etliche Schiffer haben die Lektionen gelernt, die ihnen Eric Tabarly auf vielen Regatten erteilt hat. Nun schweigen auch sie sich aus. FLYER, CERAMCO und CHALLENGER, die drei führenden Schiffe, stecken schon mitten in den Kalmen und weigern sich daraufhin vereint, ihre Positionen und Wetterinformationen in der öffentlichen Funkstunde abzusetzen. Die Franzosen nennen die Doldrums "pot au noir", einen schwarzen Topf, was umgangssprachlich soviel bedeutet wie eine sehr undurchsichtige Angelegenheit. Und das sollen die Kalmen auch für ihre Konkurrenten bleiben, meinen die drei unisono.

Ob der Zusammenbruch der Kommunikation zwischen den Schiffen der Flotte freilich die aussichtsreichen Yachten mit dem günstigen Rating wesentlich irritierte, ist mehr als fraglich. Ihre Ausstattung mit Wetterkartenschreiber, Morsedecoder und Segelcomputer verschaffte ihnen ohnehin prächtige Informationen. Uns fehlte das Geld für den Eintritt ins Computerzeitalter. Wir waren auf die klassischen Hilfsmittel der Wetterbeobachtung angewiesen, auf unsere Augen, auf Barograph und Thermometer. Für uns hätten die Informationen der vor uns liegenden Yachten wichtiger sein können als für die hochtechnisierte Konkurrenz.

Man muß hinzufügen: unter gewissen Umständen wichtiger. Es blieb ja auch uns nur ein schmaler Spielraum für taktische Entscheidungen innerhalb unserer Navigations-Strategie. Wir hatten unser Konzept nach dem Studium vieler Wetterkarten, Statistiken, Handbücher und meteorologischer Tafeln ausgewählt. Und nicht zuletzt nach der Analyse der letzten Rennen um die Welt. Dabei stellten wir in Rechnung, daß das WALROSS sich nur bei viel Wind wirklich wohlfühlt, im übrigen aber hoch am Wind mehr querab als voraus läuft und sich in den Wellen festfrißt. Der Kurs von Portsmouth über Kap Finisterre bis zu einem Punkt bei 20° N 020° W lag für alle Teilnehmer am Rennen im großen und ganzen fest. Bis auf FLYER, die auf den Atlantik hinaussegelte und dann mit nahezu exaktem Südkurs den Nordwestzipfel der iberischen Halbinsel ansteuerte, quälten sich alle durch die matte Biskaya, liefen entlang der spanisch-portugiesischen Westküste und versuchten den Norder zu fassen zu bekommen. Nur CERAMCO lief mit SW-Kurs weit von der Küste weg und mit einem Umweg über Madeira auf die Kanarischen Inseln zu.

Nun liegen die Kalmen vor uns, der Weg durch den Äquatorialstillengürtel, der „wegen des langen Aufenthaltes, den die Windstillen und leichten, veränderlichen oder auch südlichen Winde den Schiffen hier verursachen... als der schwierigste des Weges angesehen werden muß". So das „Segelhandbuch für den Atlantischen Ozean" der Kaiserlichen Marine, dritte Auflage, herausgegeben von der Deutschen Seewarte, Hamburg 1910. „Im Juli, August und September liegen die Passatgrenzen am weitesten nach Norden verschoben. Der Stillengürtel befindet sich zum größten Teile nördlich von 10° N-Br. Der Nordostpassat reicht im Mittel nicht weiter als bis 13°, das Gebiet des Südostpassates dagegen bis nach etwa 9° N-Br. Der Südostpassat behält seine südöstliche Richtung jedoch nicht bis an seine Grenze, sondern holt nördlich der Linie durch Süd nach Südwest und bildet so in seinem nördlichen Teile den Südwestmonsun, dessen Gebiet sich jetzt von der Küste von Afrika westwärts bis über 30° W-Lg. hinaus erstreckt."

Der Weg an den Kapverden vorbei ist das Nadelöhr zum Eintritt in die windarme Zone nördlich des Äquators. Hier brechen die ersten Hoffnungen des Rennens zusammen. Der Vorsprung, den die führenden Yachten im beständigen Passat heraussegeln, schmilzt zusammen. Triumphierend holen die Boote dahinter auf, um dann vielleicht selbst elend in der Flaute hängenzubleiben, während vorne die wilde Jagd im Südostpassat wieder beginnt. So sah es in unserer Theorie aus, und die Praxis war dem nicht unähnlich.

Man segelt wirklich in die Kalmen hinein wie in einen "pot au noir". In ihnen fällt dann die Entscheidung über die Route durch den Südatlantik. Die meteorologische Situation auf diesem Teil der Südhalbkugel wird von zwei Elementen bestimmt, vom Südostpassat unterhalb des Äquators und vom St.-Helena-Hoch. Dieses ausgeprägte Hoch mitten in der Wasserwüste hat mehrere unangenehme Eigenschaften. Es liegt auf dem direkten Weg nach Kapstadt. In seinem Kern ist kaum Wind zu finden, und es ist unberechenbar: Selten mehr als drei Tage liegt sein Zentrum an einer Stelle, dann macht es sich wieder auf die Wanderschaft. Sein Geviert ist abgesteckt, aber es bewegt sich wie weiland Mohammed Ali im Ring. Nur leicht gebaute, schnell laufende Schiffe haben eine Chance, seinen Sidesteps zu entgehen. Alle anderen tun gut daran, sein Kerngebiet unter allen Umständen zu meiden. Auch um den Preis eines weiteren Umwegs.

Die Teeclipper des vorigen Jahrhunderts, die fast nur vor dem Wind segeln konnten, holten deshalb hinter dem Äquator weit aus nach Westen in Richtung Brasilien, um das Hoch dann im großen Bogen südlich zu umsegeln. Heute geht kaum eine der modernen Yachten westlicher als 024°; sie nutzen die besseren Segeleigenschaften am Wind zur Verkürzung der Reise. Doch Sieger wird man auf der ersten Etappe nur, wenn man den kürzesten Weg segelt.

Schon auf dem letzten Rennen versuchten Yachten, in den Doldrums Ostlänge zu gewinnen und danach im Südostpassat möglichst dicht an das Hoch heranzukommen, um es in Zickzackschlägen nördlich zu umgehen. Dabei sind mehrere Varianten möglich, deren extremste östlich des Greenwich-Meridians nach Süden führt. Die meisten Schiffer vermeiden allerdings, noch im Passat nach Osten zu kreuzen. Wo sie ihn am Ausgang der Kalmen zu fassen bekommen, geht ihr Weg nach Süden, meist zwischen 010 und 015° W.

Für das WALROSS kam das alles nicht in Frage. Die leichten Winde im St.-Helena-Hoch würden kaum Fahrt ins Schiff bringen. Ohne die Chance, aktuelle Wetterinformationen zu empfangen, hätten wir uns auf die Daten vor uns liegender Yachten verlassen müssen beziehungsweise darauf, daß wir das herannahende Hoch rechtzeitig am Raumen des Passats bemerken und uns davonmachen könnten. Ein sehr riskantes Unterfangen, so entschieden wir uns für eine abgewandelte klassische Route. Wie die alten Rahsegler wollten wir das Hoch südlich passieren und vor den Ausläufern der Westwinddrift nach Kapstadt segeln. Die Strecke ist zwar erheblich länger, jedoch nicht ganz chancenlos. Auf ihr war viel Wind zu erwarten, der den Umweg durch höhere Geschwindigkeiten ausgleichen konnte. Jedenfalls zum Teil.

Vor den Kapverdischen Inseln sind uns ein paar Schwalben zugeflogen. Nun ruhen sie unter Deck von ihrem Irrflug aus. Andreas gelingt es, einen der entkräfteten Insektenfresser mit Kuchenkrümeln zu füttern, doch auch der wird täglich matter. Als die Schwalben beginnen, sich in die entferntesten Winkel zum Sterben zu verkriechen sammeln wir sie in einem Margarinekarton mit Luftlöchern, den wir am Heckkorb festzurren. Eine Möglichkeit, sie zu retten, besteht nicht, auch wenn wir uns manchmal mit der Hoffnung belügen, sie könnten die weite Strecke zu den Inseln vielleicht doch schaffen, die wir bald im Abstand von mehr als 120 Seemeilen rechts liegenlassen werden.

Es wird nun immer wärmer. Mittags klettert die Lufttemperatur auf über 35 Grad; die paar Pützen Seewasser bringen nur kurze Kühlung. Carsten und Eugen basteln aus den geretteten Resten des alten Spinnakers ein Sonnensegel für den Rudergänger. Es bleibt sogar noch etwas übrig für eine primitive Lufthutze, die etwas Frischluft durch das Oberlicht in den gelben Salon drückt. Eugen, ständig auf der Suche nach irgendwelchen Problemen, für die er neue und oft tatsächlich bessere Lösungen erfindet, hat sich an der Neuorganisation der gesamten Küche

Das WALROSS auf der Tourismus- und Bootsausstellung

< In den Doldrums

Seite 62: Das Schiff im Schiff –
 unterwegs nach Hamburg
Seite 63: Trockengefallen in Portsmouth

immer noch nicht müde getüftelt. Eine große Milchpulverdose läßt seinen Erfindergeist rotieren, den er sonst beruflich der Vervollkommnung von Hochgeschwindigkeitszentrifugen widmet. Er durchlöchert ihren Boden, baut aus ihrem Deckel ein primitives Klappventil, und fertig ist die Dusche. Als Wasserreservoir dient ein alter Segelsack; das Ganze wird im Want aufgehängt. Die Duschvorrichtung hat das Flair von Pfadfinderlager. Im übrigen ist sie löchrig, weniger als Gerät zur täglichen Hygiene geeignet denn für Wasserspiele mit Salzwasser, das mittlerweile auch schon 28 Grad mißt.

Das Duschvergnügen ergänzt die inneren Kühlorgien, die ein großes Loch in den Getränkebestand reißen. Proviantmeister Andreas sieht es mit Sorge und macht eine Zählung. Seine Hiobsbotschaft: Es ist viel zuviel getrunken worden. Die Hälfte der 1 200 Dosen Getränke, Bier, Säfte, Cola und Mineralwasser, ist gelenzt. Auch aus dem Hahn ist zuviel Trinkwasser geflossen, schon ist Tank 4 angestochen worden. Ab sofort gibt es nur noch eine Dose Bier und eine Dose Unalkoholisches pro Mann und Tag, sechs Dosen Mineralwasser pro Mittagessen und insgesamt eine Ration von 15 Liter Trinkwasser in 24 Stunden. Alles in allem sind das knapp zweieinhalb Liter Flüssigkeit pro Kehle. Ausgerechnet jetzt, wo die heißesten Tage kommen.

Medizinstudent Olaf verknüpft die Rationierungsmaßnahme mit weisen Ratschlägen aus seinem medizinischen Erfahrungsschatz. Danach schwitze man um so weniger, je länger man morgens mit der Flüssigkeitsaufnahme warte. Der freien Gestaltung dieses Zeitpunktes sind allerdings praktische Grenzen gesetzt. Kurz nach sieben beginnt nämlich das Frühstück. Dann schmeckt auch unserem Schiffer der Kaffee...

Der Übergang in die Kalmen ist schließlich fließend. „Eine Hochdruckzone auf 13°N hat viele Regattateilnehmer veranlaßt zu glauben, sie hätten die Doldrums schon erreicht. Aber der Kalmengürtel beginnt, in voller Übereinstimmung mit dem britischen Meteorologischen Dienst, wie immer auf seiner üblichen Position von 07 bis 08°N."

Der Spott, den das Regattabüro über Telex an die Presse verteilt, dringt nicht bis zu uns. So beginnen die Kalmen für uns auf etwa 15°N, der Höhe von Dakar. Sie empfangen uns mit Paukenschlägen.

Kurz vor Mitternacht am 18. September läßt uns ein mächtiger Schlag unter Deck zusammenfahren. Wer wach ist und hochstürzt, erlebt ein tropisches Gewitter mit uns bisher unbekannten Regenfluten. Wind und Regen kühlen uns sofort aus, obwohl es immer noch 30 Grad warm ist. In der Kälte sorgen die überkommenden Seen jedesmal für wohlige Wärmeschauer. Dann bricht der Sturm los. Es bleibt kaum Zeit, den Reacher zu bergen. Das dritte Reff läßt sich nicht mehr einstecken, also nehmen wir auch das Großsegel herunter. Bei Windstärke 10 läuft das WALROSS mit drei Knoten Fahrt vor Topp und Takel, während wir unter Deck abwarten, daß der Sturm nachläßt. Eine halbe Stunde tobt der Tornado durch das kahle Rigg, dann verliert er an Kraft.

An Backbord wird das Backstag angesetzt, am Babystag geht die Sturmfock hoch. Bis das Großsegel im dritten Reff steht, vergeht viel Zeit. Zuviel, der Sturm erlahmt, die Sturmfock reicht nicht mehr aus. Bei ausgerefftem Groß setzen wir zusätzlich die Fock II und segeln als Kutter weiter. Vier Stunden nach dem großen Donnerschlag ist jeder Lufthauch abgestorben. Die große leichte Genua hängt schlaff vom Mast herunter, der Bauch im Großsegel schlappt mit enervierendem "Plopp" hin und her. Nicht einmal das Flachreff kann Abhilfe schaffen. Willenlos taumelt das WALROSS durch die Windseen, die der Tornado hinterlassen hat.

Kalmen. Ein Wechselbad von drückender Hitze und Gewitterschauern. Unter Deck ist es unerträglich stickig. Wir können kaum lüften. Entweder zwingen uns die Platzregen dazu, die Luken geschlossen zu halten, oder wir segeln hoch am Wind, der mit bis zu 5 Bft aus SSE weht, und das überkommende Wasser steigt uns sonst in die Salons. Und dann die Sonne oben an Deck! Burkhart hat sich ein nasses Handtuch um den Kopf gewickelt, und Andreas läuft als Fellache über das Schiff, sein angegrautes Leintuch notdürftig über den Schultern zusammengesteckt. Nicht einmal das Sonnensegel bietet genügend Schutz. Alle Viertelstunde bekommt der Rudergänger eine Pütz Wasser zur Kühlung über den Kopf geschüttet. Das dumpfe, brütende Wetter lähmt alle Lebensgeister. Nur die Schwalben merken nichts mehr davon. Der Sturm hat ihr Gefängnis über Bord gerissen.

Das wechselhafte Wetter fordert uns hart. Andauernde Segelwechsel schlauchen die lustlosen Wachgänger, bis zu achtmal in einer Wache. Zwei Tage vor dem Äquator notiert das Bordtagebuch: „Wir haben gearbeitet wie die Kümmeltürken − G I leicht / G I schwer; G I schwer / G I leicht; 1. Reff; G I schwer; G III; ausreffen; 1. Reff; G II; kurz danach G I schwer. Und das alles in vier Stunden."

Lohn der Plackerei sind Etmale in den Doldrums, wie wir sie vor dem Start nicht zu träumen gewagt hatten. Unsere schlechteste Tagesleistung liegt mit 78 Seemeilen über unserem besten Etmal in der Biskaya. Kalmen, verkehrte Welt.

Die Stimmung in der Mannschaft ist gut genug, daß sie auch den Ausfall der Kühlanlage übersteht. Die Ersatzkeilriemen sind entweder zu lang oder der Winkel ihrer Flanken anders als die Winkelneigung der Scheiben. Nun gibt es zum Frühstück Tropfbutter, und das Bier ist, entsprechend der Wassertemperatur von 30 Grad, magenfreundlich temperiert. In den Schapps der Kühlanlage wächst der Schimmel. Langsam beginnt sich im gelben Salon, dessen vier Kojen im Wechsel rund um die Uhr belegt sind, der charakteristische Raubtiergeruch zu entwickeln. Der Hautgout, eine Mischung aus Milchsäure und den Ausdünstungen läufiger Tiger, hat ihm den Namen "Zoo" eingetragen. Jeden Tag auf See wächst der Mief ein klein wenig, man merkt es kaum und gewöhnt sich daran.

Diesmal aber scheint sich ein fremder Gestank hineingemischt zu haben, der die Reste des Geruchssinns entschieden beleidigt. Andreas findet die Quelle unter dem Kopfkissen seiner Koje, „seine" Schwalbe, die sich zum Sterben dorthin verkrochen hat und in Verwesung übergegangen ist. Der Hohn, mit dem er dafür überhäuft wird, ist ätzend wie das Desinfektionsmittel, mit dem er sich über sein Bett hermacht. Das anschließende Duftspray ergibt eine zweifelhafte Komposition, sagen wir mal: wie wenn man im Klärwerk ein indisches Räucherstäbchen abbrennen ließe.

Die systematische Fahndung fördert im Vorschiff unter der Segellast einen weiteren Leichnam hervor, für Olaf Anlaß genug, nun zum Großangriff gegen Seuchengefahr zu blasen. Die Reinigungsorgie befreit das Schiff vom Schmutz der Nordhalbkugel, die wir nun bald verlassen. Für die Überquerung des Äquators sind Überraschungen angekündigt worden, die wir mit Spannung erwarten. Die erste erleben wir kurz vor diesem Ereignis. Während des Frühstücks dreht Olaf plötzlich ohne ersichtlichen Grund bei. Die Vormittagswache, die ihn ablösen soll, hat sich um eine Viertelstunde verspätet und dafür kein Wort einer Ankündigung oder Entschuldigung gefunden. Olaf ist verärgert, die Mannschaft schnaubt. Das Manöver mitten in der Regatta ist purer Wahnsinn, pädagogisch jedoch ein voller Erfolg, der bis zum Zieleinlauf in Portsmouth vorhält.

Szene: Kurz vor Mitternacht. In der Dunkelheit sind nur die Konturen des engen Schlafabteils und dreier Schläfer zu sehen. Von den Stangen über den sargartigen Kojen hängen Handtücher, Bekleidungsstücke usw. und bewegen sich in unregelmäßigem Rhythmus. Durch die Tür fällt ein mattes Licht. Es tritt auf Olaf, in der Uniform eines Volkspolizisten. Er geht zu einer der unteren Kojen und rüttelt den Schläfer.

Olaf (barsch): „Die Reisedogumende bidde bereidhaldn – Gondrollbungd Äquador drei Meiln!"

Stoffel fährt verwirrt aus dem Schlaf auf, starrt Olaf verständnislos an. Unter seinem Blick verwandelt sich das Grenzorgan zum Schiffer in fleckigem T-Shirt und Sporthose, unter denen sich Brust, Bauch und Oberarme in reichen Polstern abzeichnen. Stoffel lacht.

Um Mitternacht sitzen wir alle im Cockpit. Der Himmel ist dunkel und sternenbeglänzt, die Luft weht mild und warm aus den unendlichen Weiten der See. Irgendwo in dieser funkelnden Dunkelheit umspannt eine imaginäre Linie Erdteile und abgrundtiefe Wasser, eine unsichtbare Grenze, über die die Bewegung des Meeres gleichförmig und achtlos hinweggeht. Äquator, ein Name mit bedeutungsschwerem Klang. Zum erstenmal in unserem Leben ziehen wir eine flüchtige Spur über die Scheidelinie zwischen Nord und Süd. Zum erstenmal segelt ein Schiff unserer Gemeinschaft auf die andere Seite der Erde. In solchen tropischen Nächten gehen auch den Seehelden Joseph Conrads die Herzen auf und die Münder zu. Später verwandelt sich die feierliche Stimmung in eine stimmungsvolle Feier. Christian kredenzt die Riesenflasche "Charles Heidsieck", die er seit Mittag sorgsam in einem nassen Handtuch gekühlt hat. Dann steigt in den südlichen Sternenhimmel unser Gesang.

Szene: Wie zuvor. Es ist früh am Morgen. Durch die Skylights wirft das Licht der aufgehenden Sonne einen goldenen Fleck auf die Pin-up-Girls über den Bootsmannsschrank im gelben Salon. Die Tür zur Pantry ist geöffnet, der rote Salon leer. Von achtern tritt Neptun (Olaf) in die Pantry. Er hat ein ausgefranstes Spi-Tuch um den Leib gewunden. Die Lotleine, die das Gewand zusammenhält, schneidet tief in die Schultern. Das weiße Haar aus gefranstem Apfelsinenpapier und der Bart aus Verbandmull rutschen. Neptun trägt in der Rechten ein Nebelhorn, in der Linken einen Dreizack aus Pappe. In seinem Gefolge Thetis, seine Gattin (Stoffel); sie hat zwei Grapefruithälften mit Tape auf dem blanken Busen befestigt. Die Perücke aus Mullbinden über dem vollbärtigen Gesicht flattert medusenhaft. Ihre Wangen sind mit Jod gerötet.

Neptun nähert sich den Schäfern und bläst ihnen mit dem Nebelhorn in die Ohren: „Pack! Flegel! Säue! Ihr stinkenden Erdgeburten wagt es, ungereinigt mein südliches Reich zu betreten?" (sticht mit dem Dreizack) „Faulpelze, Aas ..."

Thetis (keift dazwischen): „Mistkerle, Stinker, Ratten, ungewaschene Pappnasen ..." (ihre Stimme überschlägt sich)

Neptun: „... schleicht euch unerlaubt nachts über die Grenze ..."

Thetis: „... dünstet euern viehischen Schmutz in unserem lieblichen Reich aus ..."

Neptun (sticht mit dem Dreizack in alle Kojen und bläst dazu entrüstet auf dem Horn): „Raus mit euch, Erdenvieh!"

Thetis: „Vieh, Vieh, Vieh!"
Neptun: „Raus!" (bläst) „Raus!" (bläst anhaltend und sticht in die Kojen, wobei sich der Dreizack verbiegt)
Unter den Schlägen von Thetis flüchten die drei Schläfer in Unterhosen an Deck. Gelächter, Stimmengewirr.

Szene: Im Cockpit ist die ganze Mannschaft versammelt. Neptun taucht aus dem Niedergang auf, rückt Bart und Haare zurecht. Während hinter ihm Thetis immer noch mit Fistelstimme keift („Drecksäcke, Schweißfüße, Scheißhaufen" usw.), läßt Neptun das Cockpit mit Wasser füllen und beginnt mit der Reinigungszeremonie. Andreas, den Thetis zuerst ergreift, wird mit Mehl bestäubt; seine Füße werden mit Jodtinktur bepinselt. Dann wird er unter großem Geheul in die Wanne getunkt. Auf Burkhart verteilt Thetis hingebungsvoll mehrere Tuben Zahnpasta. Neptun bestraft Carsten für Nachlässigkeiten mit Küchenabfall. Ein mit Vaseline haltbar gemachtes Ei zerschellt auf seinem Scheitel und wird in dem rotblonden Haar zerrieben. Durch Gustavs Bartverhau schlägt das Brotmesser Kerben. Die anderen Mannschaftsmitglieder, die sich den Griffen der Majestäten entwinden können, werden mit Mehl beworfen und in die Brühe getaucht, die langsam die Konsistenz von Tapetenkleister annimmt.

Neptun: „Nachdem der Dreck des Nordens nun wenigstens äußerlich von euch genommen ist, werden wir, Herrscher der Meere, euch nun innerlich reinigen und taufen."

Thetis (zieht eine Flasche italienischen Magenbitter aus der Lüfterhutze; die Flasche wird den Täuflingen unsanft an den Mund gesetzt): „Kräftig! Nicht so zaghaft!"

Christian schluckt erstaunt. Sein Gesicht verzieht sich voller Entsetzen und bekommt einen tartarischen Ausdruck. Gustav läuft die dunkle Brühe aus den Mundwinkeln, die sich zu einem gräßlich entgleisten Grinsen verzogen haben.

Liqui: „Aaaach! Mein Gott!" (würgt und wird bleich)

Burkhart stürzt zur Pütz, gurgelt und spuckt unter Stöhnen. Dann trinkt er verzweifelt Seewasser nach. Nur Andreas blickt versonnen wie immer, aber in ihm arbeitet es mächtig. Auch Olaf und Stoffel müssen nun unter Ächzen die barbarische Prozedur über sich ergehen lassen und sind Stunden später in der langen Schlange vor der Toilette zu finden. Der unbekannte Taufschluck, den die Vereinsfreunde uns mit den Taufurkunden vor dem Start übergeben hatten, beweist durchschlagende Wirkung. Es ist ein Originalrezept aus den großen Tagen der Rahsegler.

Man nehme:
- Wodka, in dem mindestens drei Tage lang rote Pfefferschoten gezogen haben,
- mindestens 20 Gramm Wermutblätter pro Person, aus denen ein Sud hergestellt wird,
- Extractum Aloe in Pulverform,
- Saccharum lactis.

"Misce ut fiat tincturam" – mischen, bis eine Tinktur daraus geworden ist.

Vom anderen Ende der Funkstrecke in Berlin kommt schadenfrohes Gelächter und die tröstende Nachricht, daß Burkhart sein medizinisches Staatsexamen bestanden habe. Ihm ist damit seine dreitägige Leidenszeit etwas versüßt, auch wenn seine beglaubigten Kenntnisse dem Abführmittel gegenüber hilflos bleiben.

Drei Tage hinter dem Äquator bläst der Wind immer noch aus Süden. Die Mannschaft hat sich auf Steuerbordbug häuslich eingerichtet. Wir lassen das WALROSS mit leicht geschrickten Schoten am Wind laufen und stehen am 28. September auf 08° 20'S und 024° 25'W. Immer noch liegt Kurs 195° an; es wird langsam Zeit, daß der Wind raumt. Unsere Handicap-Position im Rennen wird vom Regattabüro mit Platz 22 angegeben, aber die Meldungen einiger Konkurrenten, die vor uns liegen, sind so nebulös, daß sie nicht eingerechnet worden sind. BUBBLEGUM, die schottische Yacht mit einem geringeren Rating als WALROSS, taucht gelegentlich wie das Ungeheuer vom Loch Ness in den Durchsagen auf. In unserer Nähe stehen ILGAGOMMA und LA BARCA, und auch die TRAITÉ ist ziemlich gleichauf mit uns, jedoch 8 bis 9° weiter östlich in der Mittelgruppe. Das Rennen ist wieder spannend geworden.

Südlich des Äquators hat sich das Feld erwartungsgemäß in verschiedene Gruppen aufgeteilt, die auf unterschiedlichen Wegen ihr Glück mit der launischen Hochdruckdame St. Helena versuchen. Die meisten Yachten sind in den Kalmen und vielleicht auch noch etwas danach stramm nach Südosten gelaufen, bevor sie im Passat auf Steuerbordbug 180° anliegen. Nur drei ganz Verwegene steuern immer noch auf die afrikanische Küste zu: BERGE VIKING, SWEDISH ENTRY und Doi Malingri mit SAVE VENICE, der dieses Experiment schon beim letzten Whitbread-Rennen durchexerziert hat. Sie kreuzen in einer ungemein harten See und bekommen bald Probleme mit ihren Rod-Stagen, gezogenen Drähten ohne Reck, die jede Ruckbelastung und Erschütterung ungedämpft auf das Schiff übertragen. Die Schweden geben als erste auf, und auch die Italiener haben kurz darauf genug. Doi erteilt den unverdrossen weiterkämpfenden Wikingern noch den Rat, sich schon einmal vorsorglich beim Psychiater anzumelden, dann geht er am 5. Längengrad westlich des Nullmeridians nach Süden.

Die Taktik der Norweger ist, trotz der anfänglich lausigen Etmale, theoretisch nicht ohne Pfiff. Sie spekulierten darauf, östlich am Hoch vorbeisegeln zu können, ohne in die Nähe seines windarmen Kerns zu kommen. Dafür muß es aber westlich stehen, so wie gerade jetzt. Doch zu ihrem großen Entsetzen zieht es schon wieder nach Osten; vermutlich wird es BERGE VIKING noch den Weg verlegen.

Die Schnellsten der Mittelgruppe stehen schon bei 25°S, allen voran FLYER, die sagenhafte Etmale meldet und alle in der richtigen Richtung. Connie segelt offenbar vor dem Hoch dem Ziel in Kapstadt entgegen, für ihn hat sich das riskante Spiel also gelohnt. Wer hinter ihm segelt, wird Pech haben. Vielleicht schaffen es noch Les Williams und die beiden glänzend aufgelegten Franzosen Alain Gabbay und André Viant, nördlich um die Antizyklone herumzukommen. Der Rest der Gruppe wird wohl einparken, im Süden um das Hoch herummüssen oder auf eine neue Wanderbewegung zurück in den Westen hoffen. Schon jetzt scheinen diese Gegner nicht mehr so hoch laufen zu können.

Wir stehen dichter an der brasilianischen denn an der afrikanischen Küste und vertrauen darauf, von dieser extremen Westposition profitieren zu können. Irgendwann in zehn Tagen werden wir die Ausläufer der Westwinddrift packen und uns einfädeln. Bis jetzt jedenfalls haben wir auf unserem Westkurs ein gutes Gefühl, und die Etmale sind ordentlich. Nach der aufreibenden Arbeit in den Kalmen ist so etwas wie Urlaubsstimmung ausgebrochen. Im stetigen Passat sind Segelwechsel selten.

Weiter westlich als wir zieht nur noch GAULOISES III nach Süden. Und eine Yacht ist aus der Mittelgruppe abgefallen und versucht ihr Heil auf striktem SW-Kurs: CERAMCO NEW ZEALAND. Nach 23 Tagen Regatta, auf 05° 17'S und 013°W, hat Peter Blake seine Hoffnungen auf den Gesamtsieg begraben müssen. Nachdem das Mittelwant an Steuerbord brach, kam der schlanke Mast in zwei Teilen von oben. Nur ein etwa fünf Meter langer Stummel ist stehengeblieben. Die Nachricht schlägt wie eine Bombe ein; Mastbrüche waren in unseren Köpfen eigentlich erst für die beiden nächsten Etappen vorgesehen.

Blake selbst konnte sich dabei wie der Pechvogel persönlich vorkommen. Beim letzten Rennen war er als Crewmitglied auf HEATH'CONDOR, die damals ebenfalls auf der ersten Strecke den Mast absegelte. Die Duplizität des Ereignisses muß ihn nun, als Skipper auf einem der Favoriten, doppelt hart treffen. Wenn sie dies tut, dann läßt es sich der technische Manager jedenfalls äußerlich nicht anmerken. Seine Entscheidungen sind kühl und geschäftsmäßig. Die erste Etappe ist noch nicht zu Ende, drei weitere sind noch zu gewinnen. Die Zeit reicht aus, ein neues Rigg aus Neuseeland nach Südafrika einfliegen zu lassen. Peter Blake fackelt nicht lange und verliert keine Minute mit Trauern. Seine CERAMCO hat bei aller Misere noch Glück gehabt. Niemand ist bei der Havarie verletzt worden, und noch steht ein kurzer Maststummel, lang genug, um sofort nach den Aufräumungsarbeiten an Deck der Aluminiumyacht Trysegel und Sturmfock setzen zu können. Wenige Stunden später berichtet Peter, CERAMCO laufe mit vier bis fünf Knoten. Die obere Sektion des gebrochenen Masts ist überdies intakt geblieben, am nächsten Vormittag soll sie an den Stummelmast gelascht werden. An dem 13 bis 14 Meter hohen Juryrigg sollen dann das gereffte Großsegel und kleine Genuas gesetzt werden, ja, Blake ist zuversichtlich, bald sogar wieder kleine Spinnaker vorheißen zu können.

Kurz darauf segelt CERAMCO als Ketsch, nachdem die Crew im Cockpit einen Spinnakerbaum verstagt hat. Sie schafft damit erstaunliche acht Knoten Fahrt bei halbem Wind, und in das Bedauern der Regattaflotte, in der sich Peter und seine Crew mit ihrer unkomplizierten Herzlichkeit viele Freunde gemacht haben, mischt sich große Hochachtung vor den außergewöhnlichen technischen und seemännischen Fähigkeiten der Neuseeländer. Ein paar Tage später wird daraus ungläubiges Staunen, als Peter ein Etmal von 248 Seemeilen meldet. Mit dieser Leistung werden die Klassenunterschiede überdeutlich: Noch unter Notbesegelung ist CERAMCO bei achterlichen Winden schneller als das WALROSS.

Der Weg der Regatta führt insgesamt aus den Kalmen in Kalamitäten. Auf den drei Yachten der Ostgruppe sind die Rod-Stagen den Belastungen nicht lange gewachsen. In kurzer Folge hintereinander melden SAVE VENICE, BERGE VIKING und SWEDISH ENTRY den Bruch der Vorstagen. In der Führungsgruppe zersegelt Les Williams das Großsegel und entdeckt kurz darauf einen klaffenden Riß im Mast, nachdem ihm zuvor die Backbordwanten weggerissen sind. In der Mittelgruppe sinkt die Laune von Chay Blyth unter den Gefrierpunkt. Er bekommt UNITED FRIENDLY, die auf seinen Rat hin zur Slup umgerüstet worden ist, nicht richtig zum Laufen. Zwei neue Spinnaker sind dabei schon über Bord gegangen. Nun verliert er eineinhalb Tage Zeit mit der Reparatur der Mastschiene.

Die Leiden der letzten Septembertage sind damit nicht zu Ende. Iain McGowan-Fyfe begegnen sie in Gestalt eines Wals, der seine BUBBLEGUM, mit 13 Meter Länge das kleinste Schiff im Rennen, plötzlich hochhebt und unsanft wieder in die Wellen zurücksetzt. Der kauzige Schotte, bei dem nie so richtig zu unterscheiden ist, wo die Grenze zwischen Tatsachen und skurrilem Humor genau liegt, behauptet steif und fest, er segle seither wie in einem Dingi: Das Deck habe sich vom Rumpf gelöst. Etwas später wird aber klar, daß wohl nicht alle Schäden tierischen Ursprungs sind. Backbords sind die Püttings gerissen, das Vorstag und ein Want sind gebrochen, und auch die Steuerseile haben den Geist aufgegeben. Dann fällt noch die Funkanlage der Contessa aus.

Ein Glück, daß unser Schiff so stabil ist und von gravierenden Schäden bisher verschont blieb. Nur die Lichtmaschine fällt vorübergehend aus, als der Riemenabrieb den Regler zusetzt. Dennoch schärfen die Schadensbotschaften unsere Aufmerksamkeit.

In der Nacht zum 29. September erwischt uns eine Bö. Sie kommt um Mitternacht und ist heftig genug, das zweite Reff einzustecken und auf die Genua III zu wechseln, eine Besegelung, die gut und gerne sieben bis acht Windstärken durchstehen kann. Als Olaf nach dem Segelwechsel in die Koje geht, knarrt und knackt es aus der Ruderanlage verdächtig. Das Geräusch ist nicht so bedeutend, daß er es nicht überschlafen könnte, doch die vielen Havarien machen ihn vorsichtig. So zwängt er sich durch das Luk an das Rudergehäuse und leuchtet durch die Wartungsluke die Anlage ab. Im oberen Lager bewegt sich der Ruderschaft, und unten hat sich der Ruderquadrant leicht von der Achse gelöst und arbeitet gegen sie. Der Fehler ist gering und könnte sicherlich noch einige Stunden auf seine Behebung warten. Olaf will jedoch sichergehen und weckt Christian. Chief und Skipper packen das Problem von beiden Seiten aus an. Christian montiert von Steuerbord aus, Olaf arbeitet von der Backbordseite. Nach einer knappen Stunde sitzt der Quadrant wieder fest, und das Spiel im oberen Lager hat sich auf einen Zehntelmillimeter verringert. Beruhigt legt Olaf sich aufs Ohr.

Am nächsten Morgen hat es dann aber auch die Westgruppe erwischt. LA BARCA, unser Privatgegner, gegen den wir langsam weiter aufgeholt hatten, hat das Schicksal der CERAMCO ereilt. In einem tropischen Sturm, nicht weit von uns entfernt, brach ein Oberwantenspanner. Der Mast, dem Winddruck nicht gewachsen, folgte sofort. Bis sich die Havariemeldung in der Funkstunde verbreitet, sind die Wissenschaftler unter Notrigg schon unterwegs nach Recife in Brasilien. In unser Bedauern mischt sich ein kleiner Unterton von Ärger, daß damit eine Yacht ausgefallen ist, die wir gerne auch nach gesegelter Zeit ausgesegelt hätten. Nun, die Italiener wollen in Mar del Plata wieder zur Flotte stoßen und auf der vierten Etappe Rennen und Forschungen wiederaufnehmen. Dann werden wir weitersehen...

Der Passat: ein Segelfest. Die Swan zieht stet und gleichmäßig unter Reacher und Vollzeug ihre Bahn, erholsame Tage, die weniger durch Arbeit als durch Feiern Abwechslung erhalten. Am 29. September liegt

Stoffels Geburtstag und noch Kurs 195° an, am 4. Oktober feiert Gustav bei Sekt, Mandarinentorte und Kurs 150°. Mit Etmalen um 160 Seemeilen wächst unsere Hoffnung, daß wir gegenüber der Mittelgruppe nun langsam Boden gutmachen, und unsere Zuversicht, daß unser taktisches Konzept richtig ist.

Schwierigkeiten bereitet eigentlich nur der Funkverkehr, nachdem der Autotune, die automatische Frequenzabstimmung, ausgefallen ist. Die Handabstimmung kostet Zeit, Nerven und Strom und bringt mit sich, daß zusätzlich zum Motor auch das Notstromaggregat ständiger Wartung bedarf. Beim wöchentlichen Check fällt Moly die Schwimmernadel des kleinen Zweitaktmotors aus der Hand und verschwindet, schneller als ein Wimpernschlag, irgendwo in dem verwinkelten Kramladen der Achterkajüte. Das Schiff hebt und senkt sich und wiegt sich in den Hüften: Keine Richtung ist auszuschließen, in die sich das Ding verkrochen haben könnte – links oder rechts von den Schapps, die unter dem Cockpit eingebaut sind, rechts oder links von den Kojen unter den Cockpitbänken, in den dunklen Winkeln unter dem Navi-Tisch oder vorn oder hinten zwischen all dem wichtigen Kram, der zwischen Kojen und Schapps bis auf Matratzenhöhe gestapelt ist. Ja, es ist nicht einmal ausgeschlossen, daß zwischen den Bodenbrettern nicht doch irgendwo ein Spalt oder eine Lücke klafft, durch die das Stückchen Metall aus dem Vergaser tief in die Abgründe der Bilge geplumpst sein könnte.

Ersatz ist nicht an Bord.

Stundenlang sucht Moly die Kajüte ab, rückt Werkzeugkisten, Kanister und Dosen, Kästchen und Kartons mit Ersatzteilen, Drahtrollen und Reserve-Holzstücke, bis er die versteckte Whiskyflasche und schließlich neben der Käptnskoje auch die Schwimmernadel entdeckt. Stromerzeugung und Abend sind gerettet, und nach dem Sternenfix steigt zum Abschluß Bert Brechts trunkensatter Hymnus in den Nachthimmel:

> Von Branntwein toll und Finsternissen,
> Von ungeheuren Güssen naß.
> Vom Frost eisweißer Nacht zerrissen,
> Im Mastkorb von Gesichten blaß.
> Von Sonne nackt gebrannt und krank
> (Die hatten sie im Winter lieb),
> Aus Hunger, Fieber und Gestank
> Sang alles, was noch übrigblieb:
> O Himmel, strahlender Azur,
> Enormer Wind die Segel bläh',
> Laß Wind und Himmel fahren! Nur,
> Laßt uns um Sankt Marie die See...

Die Meteorologie gibt Rätsel auf. Das Hoch steht auf 32° S 003° W, und wir sind über 600 Seemeilen von seinem Kern entfernt. Dennoch hat der Passat null Bock und verweigert sich uns. Ein Trost: Auch die Konkurrenten in der Mittelgruppe, die in den letzten Tagen unverschämt gut gelaufen sind, haben eingeparkt. Alle Schiffe stehen im Moment, auch FLYER, sie liegt nämlich schon seit zweieinhalb Tagen an der Pier in Kapstadt. CHARLES HEIDSIECK und KRITER sind in den frühen Morgenstunden eingelaufen. Drei Tage zuvor lag Alain Gabbay nur 20 Seemeilen hinter dem Holländer, dann brach ihm ein Bolzen am Vorstag. Beim Versuch, ihn durch einen Unterwantbolzen zu ersetzen, wanderte der Mast der CHARLES HEIDSIECK fast einen halben Meter aus der Senkrechten und mußte mit allen verfügbaren Enden verstagt werden – eine Hilfskonstruktion, die die krumme "Banane" zwar bis ins Ziel stützte, Wendemanöver jedoch zu einer zeitraubenden Angelegenheit machte. Jedesmal mußte Alain in den Mast gefahren werden, und jede Wende kostete eine halbe Stunde.

Durch das Regattafeld jagt ohnehin der Havarieteufel. Nur um uns scheint er einen großen Bogen zu machen. Vor drei Tagen knackte er in der Geisterstunde auf ROLLY GO einen Wantenspanner, sofort kommt der Mast von oben. Giorgio Falck und seine ehrgeizige Crew schleppen ihn die ganze Nacht an einem langen Tampen hinter sich her, damit er den Rumpf nicht perforiert. Anschließend basteln die Italiener 24 Stunden lang am Notrigg, einem Zehn-Meter-"Großmast" und einem Besan, die dem leichten Schiff schließlich eine Geschwindigkeit bis fünf Knoten verleihen – unter Windverhältnissen immerhin, die uns einen Schnitt von sieben Knoten erlauben. Als ROLLY GO zwölf Tage später Kapstadt ansteuert, glaubt die überraschte Regattaleitung ihren Augen nicht zu trauen. Eingestimmt auf eine kupierte Ketsch, entdecken sie plötzlich im Morgendunst vor sich eine "arabische Dhau", das Luggersegel an einer mächtigen Spiere am Maststummel befestigt.

Kurz nach ROLLY GO verliert EUROPEAN UNIVERSITY fast den Mast, als ihr Vorstagtoggel bricht. Auch auf ihr muß mit allen Bordmitteln gestützt und verstagt werden, was die Belgier entsprechend schwerfällig macht. Jean Blondiau, der den früheren Admiral's Cupper in einer rigorosen Abmagerungskur sozusagen entkernt hatte, damit er schneller läuft, beklagt nun langwierige Wendemanöver, die Fahrt und Zeit kosten.

Und auch TRAITÉ bleibt nicht verschont: Nachdem der Skeg gerissen ist, muß Antonio etwas vorsichtiger segeln, obwohl seine tüchtige Crew die Ruderführung mit einer Unterwasserreparatur vor dem endgültigen Abreißen sichern kann. Im Hafen allerdings beklagt Antonio die Mimik, zwei Drahtenden, die den Skeg unter der Wasserlinie nach beiden Seiten verstagen, als "perfekte Eineinhalb-Knoten-Bremse".

Wir segeln schadlos dem Sommer davon. Ab 30° S wandern die ersten Pullover und Wollhosen aus den Schapps. Seit Tagen können wir immer höher anliegen, getreu dem großväterlichen Rat, „zwischen 20 und 30° S-Breite etwa 6° O-Länge gutzumachen, unter Umständen ... gleich etwas mehr Ostlänge anzuliegen". Wir holen mühelos über 7° heraus.

Am 8. Oktober empfangen wir um Mitternacht einen Wetterbericht von Portishead Radio, der ungewöhnlich ist. Noch haben wir 1 200 Seemeilen vor uns, bei gutem Wind sind es noch sieben Tage bis Kapstadt. Eine wichtige Entscheidung steht an: Sollen wir noch tiefer nach Süden segeln, um mehr Wind aus westlichen Richtungen zu bekommen, oder können wir riskieren, jetzt schon auf Großkreiskurs nach Kapstadt zu gehen? Olaf, Burkhart und Andreas begeben sich in Klausur, studieren Wetterkarten und ziehen mit dem Zeigefinger Linien auf dem großen Übersegler, den sie an das achtere Querschott geklebt haben. Die Frage aller Fragen: Erwischt uns das Hoch mit einem Ausläufer, wenn wir den kurzen Weg nehmen? Wenn man sicher wäre, wo es sich befindet.

Christian und Christoph wechseln sich am Funkgerät ab. Endlich liegen die Koordinaten vor und geben zum Staunen Anlaß: Das Hoch soll sich geteilt haben; ein Teil liege im Norden auf 25° S 006° W mit 1026 Millibar, der andere Teil mit 1028 Millibar auf 40° S 002° E. Die drei schütteln ungläubig den Kopf. Kann man danach wirklich eine so schwerwiegende Entscheidung treffen? Portishead nimmt es oft nicht so genau. Und wenn es doch stimmt? Unser Barograph zeigt 1015 Millibar an, wir müssen dazwischen liegen.

Olaf gibt sich einen Ruck. „Kurs Kapstadt und nichts wie hinterher..."

Die Wetterlage wird in der Flotte als Seltenheit bestaunt, doch auch hier weiß es unser altes Handbuch besser: „Eine zweite sehr häufige Wetterlage besteht, wenn das Maximum sich in einer östlichen oder südöstlichen Richtung fortbewegt und dann ein zweites Maximum folgt, welches von dem ersten durch ein rinnenförmiges Gebiet niedrigen Luftdrucks getrennt ist."

Am nächsten Tag schlagen die Segel kraftlos an Mast und Vorstag. Die Windstille dauert genau 24 Stunden, fünf Wachen lang, in denen der Zweifel zu nagen beginnt, ob unsere Taktik grundsätzlich falsch sei. Dann kommen von Westen erst Cirren, dann dunkle Wolken auf. Ein Tief nähert sich, der Wind dreht auf Nord und schenkt uns acht bis neun Knoten Fahrt unter leichtem Starcut und Spi-Genua. Es ist eine Erlösung. Nun wird alles gutgehen.

Am Abend dreht der Wind den leichten Reacher beim Setzen kurz um das Vorstag, ein Stück Tuch läuft mit dem Vorliek in den Einfädler. Als Olaf versucht, es herauszuziehen, faßt die Brise unter das Segel und weht es halb ins Wasser. Als das Tuch endlich aus dem Einfädler gerissen ist, klafft ein zehn Zentimeter langer Riß im Segel. Sofort beginnt unter Deck die Reparatur: Riß begradigen, Genuatuch aufkleben, vernähen. Wenn man genau hinsieht, kann man in den Augen der Segelflikker fast so etwas wie Genugtuung sehen – endlich ein Schaden, an dem sie beweisen können, daß die Lehrzeit bei Reckmann in Rellingen nicht vergeblich war. Ihr Gesellenstück fällt im übrigen überzeugend aus und sollte bis Mar del Plata halten. Eine Stunde nach der Havarie geht der Reacher wieder hoch, wird der Starcut geborgen.

In der Nacht legt der Wind zu. Unter schwerem Reacher und mit erstem Reff tanzt das Schiff mit zehn Knoten Fahrt durch Seen, die sich langsam aufbauen. Die Barographenkurve fällt und knickt plötzlich in einem kleinen Treppchen ab: eine Front. Wir erwischen gerade noch ihre Ausläufer.

Am nächsten Tag verzeichnet das Logbuch ein neues Spitzenetmal von 227 Seemeilen. Mit einem Mal haben wir den Flautentag aufgeholt. Den Yachten, die noch im Rennen sind – nur CHALLENGER, ALASKA EAGLE und Tabarlys EUROMARCHÉ haben mittlerweile die Ziellinie gekreuzt –, rücken wir näher. Nach Handicap liegen wir an 22. Stelle, sieben Tage trennen uns vom Ziel. Drei Tagesreisen vor uns laufen LICOR 43, EXPORT 33, XARGO und Chay Blyth mit UNITED FRIENDLY im gleichen Zeitraum schlechter. Wir haben aufgeholt. BERGE VIKING, die ihre extreme Ostroute mutig durchgehalten hat, steht zwei Tage vor dem Hafen; sie werden wir wohl kaum noch schlagen können. TRAITÉ kämpft verbissen auf ihrer Nordposition, ihre Etmale sind jedoch deutlich kleiner geworden. Mit einem Schlag ist der Ausgang des Rennens wieder spannend, auch für uns. Die Aufholjagd hat begonnen.

Plötzlich ist auch SKOPBANK OF FINLAND wieder da, die lange geschwiegen hat. Die Baltic liegt gut im Rennen, läuft und hat leider ein gutes Rating, nur 0,6 Fuß mehr als wir. Ihr Schlußspurt ist so phantastisch, daß er bis ins Ziel in der Funkstunde von begeisterten Kommentaren begleitet wird. Nur Skipper Gahmberg beteiligt sich nicht an den Rechenkünsten und Voraussagen. Der freundliche Finne ist am Funkgerät seltsam wortkarg und wirkt wie verstört. Erst später enträtselt sich uns dieser Widersinn und läßt uns betroffen die Konturen einer Tragödie ahnen, die sich in diesem Mann abgespielt haben muß. Kenneth Gahmbergs Vater, der ihn in Kapstadt an der Pier empfangen wollte, ist tot.

Die Nachricht trifft Kenneth mit ungeheurer Wucht. Mitten auf dem

Meer, Tausende Meilen von der Familie getrennt, liegt in Kenneth die Liebe zu seinem Vater in quälendem Widerstreit mit sich selbst. Der Segeltraum des alten Gahmberg ist zu einem Vermächtnis geworden, zu erfüllen nur, wenn sich die Sohnesliebe der letzten Sohnespflicht verweigert und die Familie in ihrem Unglück allein läßt. Pflicht und Neigung widersprechen einander und sich selbst. In stundenlangen nächtlichen Funkgesprächen beschwört die Familie Kenneth, das Rennen fortzusetzen und nicht in Kapstadt abzubrechen. Dennoch fällt es ihm schwer.

Der Schicksalsschlag, der Kenneth Gahmberg trifft, bewegt nicht nur die, die seinen Vater in Portsmouth kennengelernt haben. Er thematisiert für alle das Grundproblem der Trennung durch die See. Für manche fängt sie schon vor dem Auslaufen an. Die Alltagsrollen beginnen sich aufzulösen, Alltagsbeziehungen, -ereignisse und -probleme an Gewicht zu verlieren, vollziehen sich, als seien sie fast schon vergangen. Spätestens auf dem Meer und zunehmend mit zunehmender Entfernung senken sich gewohnte Realitätsschichten langsam, wie Schwebeteilchen, in die Zone zwischen Erinnerung und Unbewußtem ab, bis selbst die Erinnerung an sie niedersinken mag in eine tiefe, scheinbar unberührbare Sedimentschicht, über die die immergleiche Bewegung des Meeres und die so verschiedenen und doch immergleichen Tage im Wind hingehen. Das Leben wird reduziert auf die Höhle im Wasser, die Außenwelt auf die wenigen Elemente von Natur in ihren unendlichen Variationen, den Mechanismus des Schiffs und das Ziel, das angesteuert wird. So ist das Dasein des Seglers auf wenige Grundmuster beschränkt, in einer Binnenwelt, von der alltäglichen äußeren abgekoppelt und nicht nur durch Wasser getrennt. Es scheint dann, als seien auch unsere Reaktionen, als seien wir selbst verändert.

Tatsächlich werden bestenfalls nur andere Wesenszüge stärker angesprochen und abverlangt, tatsächlich ist der Rest der Charakterstrukturen und Verhaltensmöglichkeiten genausowenig verschwunden wie die Realität jenseits der See, ja, nicht einmal wirklich vergessen. Im Gegenteil. Sie radikalisieren sich in dieser reduzierten Binnenwelt um so heftiger, je weniger die Probleme bearbeitet und das heißt handelnd bewältigt werden können. Wie eine Schiffsschraube durch den Schlick fährt eine Erinnerung, ein Ereignis oder eine Nachricht durch die abgesunkenen Realitätsschichten, wühlt sie auf und verdunkelt das Gemüt um so heftiger, je unerwarteter sie ist. In Kenneths Fall wird dann aus Trauer Verzweiflung.

Im Schatten des Tafelbergs, an der lärmenden Pier, wo wir später den Grund seiner Verstörung hören, herrscht Geschäftigkeit. Dahinter versteckt sich schweigsame Betroffenheit, die sich selten durch mehr als Halbsätze äußert. Vielleicht ist sie gerade deshalb so greifbar, weil in diesem Verstummen Spuren eigener Ängste deutlich werden.

Am 11. Oktober kreuzen wir den Nullmeridian. Es ist Sonntag, Sonntagswetter, eine Flasche Schampus kreist und beflügelt die ohnehin ausgelassene Stimmung: In einer Woche wird die Reise im ersten Etappenhafen zu Ende sein. Wir segeln entspannt und wieder ein Etmal von über 200 Seemeilen, wie auch die Tage davor. Olaf sorgt sich zwar, daß sich zwischen beiden Hochs eine Brücke bilden könne, und nervt die Wachführer mit ständiger Barometer-Kontrolle. Doch die Hochdruckzentren bleiben stabil und bewegen sich nicht.

Abends in der Funkstunde kündigen sich Sensationen an: TRAITÉ im Norden ist nur 47 Seemeilen gelaufen. Auch CERAMCO, die im Süden vor dem Wind nach Kapstadt segeln will, schafft nicht viel mehr. Gegen die Gegner vor uns holen wir weiter auf. BERGE VIKING steht dicht an der Küste vor Kapstadt, muß jedoch gegen einen schwachen Südost ankreuzen.

Das WALROSS stürmt dahin und vermittelt Hochgefühle. Plötzlich schlagen sie in Entsetzen um. In der Dämmerung stoppt die Swan unvermittelt ein. Das Rigg bebt und ächzt, dann legt das Schiff wieder Geschwindigkeit zu. Nichts ist zu sehen, tief und unergründlich der Ozean unter uns. Erst später umspielen Tümmler das Boot. Kein Zweifel, wir müssen auf einen Wal aufgeritten sein, der sich dicht unter der Wasseroberfläche zum Schlaf gebettet hatte und erschreckt weggetaucht ist. Sofort wird die Bilge gelenzt und stündlich kontrolliert, ob das Boot dichtgeblieben ist. Es scheint, wir haben wieder einmal Glück gehabt, doch zeigt der Zwischenfall deutlich die Risiken schneller Fahrt. Nicht auszudenken, wäre das Tier quer zu unserem Kurs geschwommen.

Die "Kinderstunde" am nächsten Abend meldet vier weitere Schiffe über die Ziellinie. Unter ihnen ist auch BERGE VIKING, für die sich ihr konsequenter Ostkurs mit dem vierten Platz nach berechneter Zeit auszahlt. Drei Stunden später läuft SWEDISH ENTRY ein; wir werden sie genausowenig schlagen können wie Pierre Fehlmann mit der Schweizer DISQUE D'OR. Aber dabei ist auch GAULOISES III, und die muß uns weit mehr als drei Tage abnehmen, wenn sie uns besiegen will. Nach der unvollständigen Handicap-Liste haben wir in den letzten Tagen zwei Plätze gutgemacht, und mit Sicherheit liegt ILGAGOMMA hinter uns und trägt die Schlußlaterne.

Zwar hat der Wind mittlerweile langsam nachgelassen, doch laufen wir ausgerefft immer noch besser als unsere Konkurrenten. Hörbar sinkt auf TRAITÉ die Stimmung, wieder hat sie nur gut 100 Seemeilen abgehakt und liegt nur noch etwa einen Tag vor uns. 36 Stunden später segeln wir mit ihr, durch 250 Meilen getrennt, gleichauf.

Am 13. Oktober sind wieder vier Schiffe in Kapstadt angekommen, darunter die kleine OUTWARD BOUND, die ganz unauffällig ein ausgezeichnetes Rennen gefahren ist und Chay Blyth sogar beinahe noch nach gesegelter Zeit geschlagen hätte. Digby Taylor belegt mit dieser feinen Leistung den sechsten Rang hinter dem Adler aus Alaska. Chay und die UNITED FRIENDLY werden wir schlagen, doch ein Blick auf Übersegler und vorläufiges Ergebnis macht uns beinahe schockartig klar, daß eine ganze Reihe anderer Schiffe in unmittelbare Reichweite gerückt sind. Trotz Wal-Ramming: Diese Nacht wird noch der Spi gesetzt.

Der Versuch scheitert in völligem Chaos: Die Fallen sind total vertörnt, die Toppnanten über Kreuz. Erst nach Aufhebung der Stromsperre und mit Hilfe der Bereitschaftswache gelingt es, der Wuling Herr zu werden. Mittlerweile mißt, rechnet und vergleicht Christian lange, dann schaltet er auch die stromfressende Windmeßanlage wieder zu, die nun stündlich für ein paar Minuten benutzt werden darf, um die subjektiven Eindrücke von Wind und Segelstellung anhand von Daten zu kontrollieren. Sofort gewinnt der Rudergänger das Gefühl, er segle nun besser und effektiver...

Freilich stehen damit die Batterien schnell vor dem endgültigen Kollaps. Nicht einmal die paar hundert Seemeilen bis Kapstadt dringt unser Funkspruch mehr durch, mit dem wir unsere ETA (estimated time of arrival), die voraussichtliche Ankunftszeit, mitteilen wollen.

SKOPBANK, auf halber Strecke zwischen uns und dem Ziel, muß als Relaisstation fungieren. Der Empfang ist dagegen gut. Boubou, ein Bundesbruder vom ASV Kiel, der in der europäisch gemischten Crew von TRAITÉ als Navigator fährt, klatscht über seinen verbitterten Skipper Antonio, die Crews von CERAMCO und SKOPBANK bitten die Bretonen der MOR BIHAN, ein paar Kästen Bier kalt zu stellen und nicht alle Frauen Kapstadts abzuschleppen. Auch die Gedanken der Crews von ROLLY GO und der UNIVERSITY OF BELGIUM orientieren sich schon auf die Freuden des Landlebens, und es zeigt sich, daß der englische Sprachschatz dieser internationalen Gesellschaft entwickelt genug ist, um sogar einige Sätze zu bilden, die nicht ausschließlich aus "four letter words" bestehen.

Auch an Bord unserer Swan beginnt die Vorbereitung auf den Hafen. Seit Tagen schon spielt eine "ewige" Skatrunde die ersten Lagen aus, nun fängt auch die Körperpflege wieder ernsthaft an. Kopf- und Barthaare werden in Fasson gebracht, das Vorschiff wird zur Badeanstalt umfunktioniert. Noch zitternd vom 16 Grad kühlen Wasser, vertraut

Olaf seinem Tagebuch an: „Nautila, das Waschmittel, das in Seewasser schäumt, ist teurer als Whisky – aber manchmal doch dringender nötig."

Nur langsam dringt am 16. Oktober die Sonne durch den Morgendunst, der sich dunkel auf dem Teakdeck niedergeschlagen hat. Er beginnt sich erst zu heben, als sie sich längst in Richtung Mittag, nach Norden zu, aufgemacht hat. Eugen hält es nicht mehr an Deck. Großmütig verzichtet er auf den Bootsmannsstuhl und hangelt sich an den Wanten hoch in die erste Saling. Er braucht nicht lange zu warten. Gegen zehn Uhr taucht aus dem noch diesigen Horizont der Tafelberg. Nach 49 Tagen ist das Ziel in Sicht. Die Meldung weckt heftige Aktivitäten. Olaf gibt die beiden letzten Kanister Süßwasser zum Nachwaschen frei und verteilt freigebig die letzten Dosen Bier und die letzten sorgsam gehüteten Zigarren. Dann macht er sich über Clo und Cockpit her. Auch Salon und Außenhaut werden einer intensiven Säuberung unterzogen. Nur gegen den Gestank im "Zoo" wirkt selbst der Skipper vergebens.

Gegen Mittag taucht die Küstenlinie auf, das Panorama vom Kap der Guten Hoffnung über Schwarzkopf-Berge, Karbunkelberg und die Häupter der Zwölf Apostel bis hin zum Tafelberg. Land! Hafen, Häuser, Bäume, Menschen, ein festes Bett und kühles Bier. In unserer Vorfreude auf das, was wir unvermittelt als lange entbehrt empfinden, mischt sich Freude am Unbekannten, die Lust auf eine Terra incognita, ganz so, als entdeckten wir eben die Neue Welt.

Ruhig gleitet das WALROSS unter Spinnaker dem Land zu, als uns ein mächtig stampfender und schlingernder Frachter mit langsamer Fahrt entgegenkommt. "Rostock" wird am Heck lesbar, und Olaf jumpt unerwartet schnell in den Niedergang und ans Telefon zum Klönschnack. Doch der Funker dort ist maulfaul. Über die Konkurrenz weiß er nichts zu berichten, auch der Grund, warum er so unbequem gegen die tote See anbolzt, bleibt verborgen. Als wenig später ein kleiner Trawler mit Unmengen von Antennen auf den Aufbauten Volldampf auf ihn zuhält, denken wir uns dazu unser Teil.

In die einsilbige Unterhaltung mischt sich plötzlich ein deutscher Frachter, der, unter Liberia-Flagge, im Hafen liegt. „Nee", sagt der Funker, „TRAITÉ und CROKY liegen wohl hinter euch, soweit ich das mitgekriegt habe. Aber die SKOPBANK, die ist wohl schon gestern angekomm'. Un die Belgier, tscha, die sind wohl man grade drin."

Die Kaffeestunde verlängern wir bis in die Abendstunden. Die untergehende Sonne taucht den Tafelberg in ein rotgoldenes Licht. Dann wächst, unmerklich erst, die Dämmerung an seinem Fuß, dunkelt und klettert sacht an der steilen Felswand hoch. Nach und nach gehen Lichter an. Eine blinkende Kette spannt sich um Lion's Head, eine Küstenstraße, eine Promenade vielleicht, auf der unsere Gedanken unter Palmen an Cafés und Bars vorbeiflanieren. Wie die Dunkelheit die Hänge hinaufwächst, so folgen die Lichter. Hinter dem Löwenhaupt beginnt in der mondlosen Nacht über Kapstadt eine Strahlenkuppel zu wachsen, die Aura der nächtlichen Stadt. Rechts davon sind die Laternen schnurgerade die Hänge hinaufgespannt und halten in einem unregelmäßigen Netz verstreute Lichter einzelner Häuser eines Villenviertels zusammen.

Traumbilder, Wunschbilder; die Faszination langsamer, fast lautloser Annäherung an noch Unbekanntes, seine schrittweise Aneignung, die Deklination der Orte, die aus Seekarte oder Reiseführer plötzlich mit einem nächtlichen Gesicht auftauchen und Namen tragen: Camp's Bay, Sea Point, Table Bay, Robben Island...

Immer deutlicher mischt sich in die vertrauten Geräusche des Schiffs die Großstadt. Es ist zunächst nicht mehr als ein leises Brummen, das sachte stärker wird. Zuerst selten, dann immer häufiger lösen sich daraus einzelne Töne: Die dünne Hupe, ein aufheulendes Motorrad – sie scheinen den gleichmäßigen Atem der Stadt zu stören, bis er sich zuletzt selbst zu einem Geflecht aus Millionen von Einzeltönen und Geräuschen auflöst.

Die Leuchtfeuer auf Cape Point und Robben Island sind ohne Schwierigkeiten auszumachen. Nur noch eine kurze Strecke trennt uns von der Ziellinie, als der Wind vorlicher dreht und abnimmt. Ein letztes Mal wird der Tri hinter der leichten Genua geborgen, dann luven wir hinter Cape Point an. Das blaue Funkellicht auf dem Kai und die Funkelboje Backbord voraus, die die Ziellinie begrenzen, werden eingepeilt. Jedes Schiff muß seine Zeit selbst nehmen. Tiefes Schweigen liegt über der ganzen Crew, als hinter der Genua die Funkelboje auftaucht. Langsam gleiten wir über die Ziellinie.

„Zeit!" ruft Olaf, und beinahe gleichzeitig kracht ein Böllerschuß am Kai: Um 20.34.05 hat das WALROSS seine bisher längste Fahrt glücklich beendet. Die letzten Flaschen Sekt böllern zurück, wir brüllen „vivat, crescat, floreat! ASV!" in den unschuldigen südafrikanischen Sternenhimmel, tanzen herum und jubeln, bis uns das kleine Lotsenboot erreicht und den Weg in das Hafenbecken weist.

Der Blick in das kahle Rigg ist ungewohnt und fremd, als wir mit rußendem Auspuff zwischen EUROMARCHÉ und SWEDISH ENTRY einparken, und sind dann da: Hilfreiche Hände strecken sich nach der Vorleine, schon turnen über die dicken Autoreifen, an denen sich sonst wohl große Frachter ihre Bordwände reiben, John Fox und Mr. Hamilton an Bord, unter den Armen Pakete mit kühlen Whitbread-Bier und der Post aus Deutschland. Schon folgt den Regatta-Offiziellen die Meute lokaler Offizieller und Offiziöser, Halbprivater und Crews anderer Boote. In Sekundenschnelle ist das Walross überschwemmt von lärmenden, fröhlichen Menschen, voll von Geschichten, die meist anfangen mit „Did you hear what happened to us", aber manchmal auch „Congratulations, you did a fine race".

Bordfest. Während sich die Crew mit den Briefen aus der Heimat in irgendwelche Winkel verkriecht, feiert der Rest, die Gäste. Vor neun Stunden haben sie mit Iain McGowan-Fyfe begonnen, der seine lädierte Contessa so energisch über die letzten Seemeilen jagte, daß die Dudelsackpfeifer nicht rechtzeitig von einem Begräbnis zum Empfang kamen. Dann, zur Teezeit, kreuzte Blondiau mit European University die Ziellinie, und gut eine Stunde nach uns ist auch Antonio Chioatta mit der Traité de Rome im Hafen, auf die sich die Horde durstig weiterstürzt.

Bis weit nach Mitternacht gehen die Gespräche an der Theke des Royal Cape Town Yacht Clubs (RCYC), dann ziehen sich die Crews von Traité und Walross auf die Yacht aus Berlin zurück. Die letzten Enthusiasten begrüßen gegen drei Uhr früh Croky, und als sie im jungfräulichen Morgen schließlich zurück aufs Walross schwanken, erhaschen sie gerade noch einen Blick auf den Tafelberg, der sich zum Sonnenaufgang mit seinem legendären Tischtuch bedeckt hat.

Den Freuden der Ankunft folgen die Freuden des Erfolgs: Wir sind siebzehnte. Wir haben Tabarly geschlagen, waren glücklicher und besser als Peter Blake, ließen Chay Blyth weit hinter uns, sind besser placiert als die Spanier, die sich mehr versprochen hatten, liegen vor der ehrgeizigen Rolly Go, vor Save Venice und haben selbst Skopbank und die Gauloises III von Eric Loizeau noch abgefangen. Nur zwei Stunden trennen uns von Les Williams' Challenger und weniger als eine halbe Stunde von 33 Export, dem Aluminium-Neubau von Dufour aus La Rochelle. Wir haben unsere kühnsten Erwartungen übertroffen.

Im Land der Buren

*Bilder einer Stadt – Rüsten für die Südetappe –
Die Wirklichkeit hinter einer freundlichen Erscheinung:
Südafrika – Wie Olaf und Burkhart bei
Christian Barnard famulierten – Regattastorys
und Clubgeflüster – Im Streß des Aufbruchs*

Der Blick auf die Stadt ist von großen Kränen verstellt; die Autobahn, die sechsspurig über eine hohe Brücke am Hafen entlangschwingt, verdeckt die unteren Geschosse der Hochhäuser. Dahinter wuchtet, schier zum Greifen nah, die Felswand des Tafelbergs breitschultrig in den Himmel und scheint die Stadt und ihre Wolkenkratzerchen regelrecht zu erdrücken. Zwischen vier schmale Betonrippen sind die breiten Glasfassaden des Rathauses gespannt und schimmern in der Frühlingssonne.

Dort drüben irgendwo, kaum 500 Meter entfernt, liegt das Seemannsheim, das uns die nächsten zwei Wochen beherbergen wird. Niemand sehnt sich danach. Denn dort beginnt auch die Stadt, das Großstadtleben, das seine Fangarme längst nach uns ausgestreckt hat. Unter der Dusche im RCYC – wie köstlich ist dieser Luxus nach den Wochen auf See und wie gewöhnlich alltäglich gleich darauf – bilden sich Expeditionsgruppen, und in Windeseile ist die Crew über die Stadt verteilt.

Gehen in der Großstadt, es ist beinahe lächerlich, wie schnell man das verlernt. Es sind nicht die "Seebeine", die auf dem ungewohnt unbeweglichen Untergrund ins Straucheln kämen. So lang sind die Wege auf der Yacht nicht, daß man sich einen breiten Watschelgang angewöhnen müßte. Es ist, ganz trivial, der Verkehr, und der kommt auch noch von links. Plötzlich überfällt er dich von der falschen Seite, zwingt zu angespannter Aufmerksamkeit und jähen Reaktionen, während die Sinne sich auf das Neue konzentrieren wollen: Fassaden, Durchblicke, Ladenfenster, Schriftzüge, die Farbe anderer Sprachen und unerwarteter Gerüche.

Von allen Sinnesorganen reagiert die Nase am intensivsten auf das Land. Zum Frühstück signalisiert sie den empfindlichen Magennerven impertinenten Ölgestank: Ein leichter Westwind hat eine schmierigdicke Schicht in das Hafenbecken gedrückt, in dem die Yachten liegen. Beim Gang an den Schienen der Hafenbahn entlang mischt sich der Duft der aufgestapelten afrikanischen Hölzer hinein. Dann folgt der massive Dunst aus den Auspuffen der Autos, der einem den Atem nimmt. Über Kapstadt steht eine Glocke aus Staub und Abgasen wie eine Mütze, die man sich bis zum Kinn über das Gesicht gezogen hat. Doch sie hat Löcher, wie die Stadt zwischen Hochhäusern und Straßenzeilen. In den Anlagen und Parks dringt unversehens der köstliche Geruch von gemähtem Gras, das in der Sonne trocknet, der Duft exotischer Blüten durch das Fluidum der Stadt.

Kommt man vom Hafen, empfängt einen zwischen den gläsernen Kuben der Bürotürme das Ehepaar van Riebeeck. Die Bronzestandbilder des Gründers der Stadt und seiner Frau kündigen oben in der Heerengracht den Beginn der alten Stadtviertel an, an deren Bauten sich die Siedlungsgeschichte der Stadt seit der Mitte des 17. Jahrhunderts ablesen läßt. Links hinter dem Hauptbahnhof liegt das "Castle of Good Hope", die Residenz der ersten Kap-Gouverneure aus dem Jahr 1666, und nicht weit davon, im Keller eines futuristischen Einkaufszentrums an der Adderly Street, spannt sich der Bogen von der Zeit der Besiedlung bis heute auf engstem Raum. Hinter Glas ruhen die Mauerreste der Zisterne, die Jan van Riebeeck für das erste Fort an der Table Bay anlegen ließ. Zwischen Castle und Lion's Rump, dem Löwenrücken, der über dem Hafen im Signal Hill endet, breitete sich die alte Ansiedlung am Kap aus. Jenseits der Buitengracht stehen in den engen Gassen des Malaien-Viertels die alten holländischen Häuser aus van Riebeecks Zeiten, um Queen Victoria und Government Street erinnern die imperialen Gebäude des House of Parliament, von Kulturhistorischem und Südafrikanischem Museum an die politischen Wechselfälle zwischen holländischer Besiedlung und englischer Eroberung in den Kapkriegen zu Beginn des 19. Jahrhunderts. Dazwischen, im Gewirr der Boulevards und Gassen, in Läden, Gärten und Cafés, ist die WALROSS-Crew bis zum Abend verschollen.

Nur Gustav zieht größere Kreise. Er hat sich sofort mit einem Leihwagen in das Getümmel gestürzt. Beglückt genießt er, nach den langweiligen zehn, zwölf Knoten Höchstgeschwindigkeit auf dem Boot, den Rausch müheloser Raserei. Vielleicht ist das aber auch nur eine Art Rückanpassungs-Training: Gustav muß zurück in den Düsseldorfer Alltag. Mehr als sieben Wochen hat er gebraucht, um hierher zu kommen;

nun bleiben ihm drei Tage, sich am Kap umzutun. So ist er der erste, der die Straße zum Tafelberg hochdonnert und die Küstenstraße von Clifton Bay nach Sea Point zurückfährt. Dort, hinter dem alten Leuchtturm von Green Point, ist "italienisches" Lidoleben. Am Beach, vor den fünf- bis achtgeschossigen Appartmenthäusern, konkurrieren Poster- und Andenkenverkäufer, bummeln Pärchen und Paare, entspannt sich die weiße Gesellschaft.

Im Hafen dümpelt derweil das WALROSS in Öl, etwas schäbig und verlassen wie ein Straßenköter. Da kommt unangemeldet hoher Besuch: der deutsche Botschafter im Gefolge des Präsidenten des Bundesverbandes der Deutschen Industrie, den er auf Südafrika-Tournee begleitet. Vergeblich bemühen sich Botschafter Dr. Eickhoff und Präsident Rodenstock an diesem Nachmittag, Skipper und Crew der einzigen deutschen Yacht im Rennen kennenzulernen. Am nächsten Tag sind sie längst woanders und mit wichtigeren Geschäften befaßt. Und wir knurren uns an: Was hatten wir nicht alles unternommen, um ein paar Leute aus der Wirtschaft für unser Projekt zu interessieren, wie wichtig wäre auch jetzt (und erst nach der Regatta) jede Unterstützung – da treiben wir uns im entscheidenden Moment in der Stadt herum und lassen den mächtigen Vertreter des BDI vor dem gerupften Pott alleine herumstehen.

Die nächsten beiden Wochen bis zum Start blieb das Boot nie mehr unbemannt. Doch dann kam natürlich kein Präsident mehr, kein Botschafter, kein Abgesandter der Goldminen-Bosse oder der Herren über die Diamantminen im Norden, kein Glücksgott und auch keine Wunschfee mit gefülltem Tritonhorn. Dafür fanden sich andere ein, allen voran Herbert Weder, der Generalkonsul, der VW Südafrika einen Golf für uns abschwatzte, das Seemannsheim bezahlte und während des ganzen Aufenthalts aufmerksam bemüht war, uns zu betreuen und Kontakte zu knüpfen. Das Eisbeinessen sei ihm daher verziehen. Es hätte ja auch Antilopenrücken sein können oder so was, gelle?

Neben dem Yachtclub liegt eine kleine Werft mit einem tüchtigen malaiischen Werftmeister, und in einem der Caravans, die zu Dutzenden auf dem Clubgelände aufgestellt worden waren, residierte "Yacht Services", emsig bemüht, innerhalb kürzester Zeit selbst die ausgefallensten Ersatzteile und Materialien zu beschaffen. Doch gehörte es auch in Südafrika zu unserer Art zu segeln, möglichst viel selbst zu machen und zu reparieren. Da waren Weders Kontakte wertvoll. Hatten wir noch vor der ersten Etappe unwichtige Arbeiten mit dem Argument liegenlassen können, uns erwarte zuerst ja nur der milde Atlantik, so durfte nun absolut nichts mehr nonchalant den Göttern überlassen bleiben. Die Wetterverhältnisse im Indischen Ozean, dies war klar, würden jeden Materialfehler, jeden Ausrüstungsmangel bitter bestrafen. Jetzt stand die eigentliche Bewährungsprobe bevor, und zwei Wochen waren keine Zeitspanne, die man saumselig auf dem alten Schlachtroß verplempern durfte.

Connie van Rietschoten hatte seine ganze Crew zur Wochen-Safari ins Landesinnere geflogen; wir fanden einen Arbeitsrhythmus, der es jeden Tag wenigstens einigen von uns erlaubte, die nähere Umgebung zu erkunden. Ohnehin hätten sich zehn Mann an Bord bei der Arbeit nur behindert. Gustav und Eugen waren abgereist, aus dem herbstlichen Deutschland Skipper Ekhart Hahn, Smut Pehle und Wolfgang Freitag eingeflogen. Sie sahen bleich und ungesund aus, stürzten sich jedoch sofort energisch auf ihre Pflichten. Ekhart sortierte neues Navigationsmaterial und Seekarten, die er tonnenweise an Bord schleppte, und Wolfgang machte sich über die Luken her, die er in Cuxhaven eingebaut hatte, und versuchte sie nun "endgültig" dicht zu bekommen. "Opa" Pehle packte seine Küchenutensilien aus: seinen privaten Satz professioneller Messer, Knoblauchpresse und Spritztülle, Muskatreibe und Kochmütze, machte auf dem Absatz kehrt, brummte irgend etwas in seinen Bart und war verschwunden. Stunden später kam er zurück, immer noch mürrisch. Acht Läden habe er abklappern müssen, bis er es schließlich gefunden hätte, und dann auch noch in schlechter Qualität.

„Ja was denn, um Gottes willen?"

„Das allerwichtigste, Blödmann. Die Nußmühle!"

Ekhart und Chief Christian brüteten einen halben Tag über Skizzen. Alle Fahrtenbeschreibungen und die eigenen Erfahrungen des Skippers sprechen dafür, auf den beiden Südetappen den hinteren Niedergang zum Cockpit geschlossen zu fahren. Zu wahrscheinlich ist es, daß eine einsteigende See die Achterkajüte überschwemmt. Andererseits wird es nötig sein, das Schiff dauernd zu lüften, damit wenigstens ein Teil des Dampfs aus dem Innern entweichen kann, der in der Kälte unablässig von den Körpern der Crew und aus den Töpfen Opa Pehles aufsteigen und als Kondenswasser an den kalten Wänden im Schiff herunterrinnen wird.

Christian ist als Schiffbauer gefordert und entwirft eine große Lufthutze für den mittleren Niedergang. Begeistert kommt er eines Mittags auf das WALROSS zurück. „Einfach super" sei „Petrel Engineering", eine kleine Firma, die Ausrüstungen für Fischereifahrzeuge herstellt und deren Inhaber zur deutschen Kolonie am Kap gehören. „Ein prima Laden, besser als das meiste, was ich bisher in Deutschland gesehen habe."

Christian ist mit offenen Armen aufgenommen worden. Der leitende Ingenieur, ein Schweizer, und die gemischtrassige Belegschaft stehen ihm mit Rat und Tat zur Seite. Innerhalb kurzer Zeit schweißen sie aus solidem Aluminium einen trapezfömigen Kasten zusammen, der über das Schiebeluk gestülpt und ringsum auf dem Kunststoff des flachen Aufbaus verklebt und festgeschraubt wird.

Auch auf anderen Schiffen rüstet man sich für die Wetterunbilden. Dabei finden die Italiener von ROLLY GO die lustigste Lösung: Sie stürzen Plexiglas über den Ruderstand, eine schmale, mannshohe Säule, die hinten offen ist. Daß dieser Schutz auch seine Tücken hat, zeigt sich später in der Praxis. Wenn eine hohe Welle von hinten einsteigt, zappelt der Rudergast in seinem Häuschen wie ein Fisch im Aquarium...

Aus Berlin waren einige Teekisten angekommen, prall gefüllt mit Lebensmitteln und Ersatzteilen, darunter die neue, stärkere Lichtmaschine und ein Satz Batterien, die Varta-Hannover auf den letzten Drücker noch in den Container nach Kapstadt bugsiert hatte. Die alten konnten wir sogar noch verkaufen; umgerechnet 75 DM füllten die löcherige Bordkasse.

Während Bruce Banks Ltd. den gerissenen Spi flickte, nähte Carsten an Bord neue Verschalkungen zusammen. Und Christian wurde in den Mast gefahren. Ganz oben, 20 Meter über Deck, gab es schwierige Arbeit zu erledigen: Die Platte im Kopf des Großsegels wird mit schweren Nirosta-Rutschern in der Mastschiene geführt; die hatten die Schiene so ausgeschlagen, daß sie mehrmals ausgerissen waren. Christian mußte das defekte Teil absägen, die Nieten, schwankend im Bootsmannsstuhl, ausbohren und ein neues Stück Mastschiene annieten. Nicht gerade eine Routineangelegenheit, sollte man meinen, doch in seinem Tagebuchbrief an die Eltern hält der Chief sie nicht einmal einer Erwähnung wert.

Wohl aber den neuen Unterwasseranstrich. Vor ihn setzen die Götter Schweiß und Benzin. Das Öl im Hafen hat sich als beinahe undurchdringliche, zähe Haut über Farbe und Gelcoat gelegt; Wasser, Bürste und Spülmittel verteilen sie nur anders über den Rumpf, können sie aber nicht beseitigen. Erst das Zweitaktgemisch für das Notstromaggregat schafft Abhilfe. Aufkommende Zweifel an der Umweltverträglichkeit dieser Prozedur, die den halben Tag dauert, zerstreut ein Blick ins Hafenwasser: Seine Qualität ist schlechterdings nicht mehr zu verringern. Die überlebt nicht einmal ein Schuh.

In der Bucht vor Kapstadt liegt Robben Island, das schwerbewachte Staatsgefängnis der Republik Südafrika. Man bekommt die Insel beim

Einlaufen kaum zu Gesicht. Sie ist flach und unscheinbar, nur nachts ist ihr Leuchtfeuer eine Landmarke, die man zur Ansteuerung braucht. Sonst findet sie keine Erwähnung, weder unter den Seglern noch in den privaten Gesprächen bei den zahllosen Einladungen. Zwei, drei Seemeilen liegt die Insel vor Blouberge Strand, als habe man sie vergessen. Und so ist es wohl auch. Niemand in Kapstadt spricht von sich aus über Nelson Mandela, Präsident des Afrikanischen Nationalkongresses, den prominentesten der politischen Häftlinge, deren Zahl in Kapstadt niemand kennt oder kennen will, niemand von den anderen Gefangenen und dem zentralen Problem Südafrikas, das sie notwendigerweise produzieren muß, der Rassentrennung.

Südafrikas Gesellschaft ist in drei Gruppen mit unterschiedlichen Rechten eingeteilt, in Weiße, Schwarze und Farbige. Es braucht keiner besonderen Ereignisse, um festzustellen, daß "niet-blankes" und "no niet-blankes", wie es in burisch auf Schildern der Bahn, vor Toiletten und an Stränden geschrieben steht, getrennt sind. Es genügt ein Spaziergang durch die Stadt bei Tag und am Abend. Macht Kapstadt am Tag den Eindruck einer gemischtrassigen Stadt, so sind am Abend die Weißen unter sich – die Farbigen, die hier am Tag gearbeitet haben, sind in ihre Siedlungen zurückgekehrt, die man ihnen als Wohnquartiere zugewiesen hat. Selbst der Name "Malaien-Viertel" erweist sich dann als Reminiszenz an das 17. Jahrhundert, als dort Einwanderer aus Südostasien noch Häuser kaufen und bewohnen durften. Längst ist das Viertel "weiß" und geschütztes historisches Monument.

Verschont von der Apartheid bleibt selbst die Regattaflotte nicht, auch wenn sie im abgesperrten Areal des Hafens quasi außerhalb der gesellschaftlichen Problemzone des Gastlandes residiert. Beim letzten Rennen traf es ein Crewmitglied auf Ridgways DEBENSHAM, das unter seiner Hautfarbe zu leiden hatte. Diesmal fahren zwei Farbige auf ALASKA EAGLE und BUBBLEGUM. Im Hafengelände sind sie vollkommen gleichberechtigt und sogar Ehrenmitglied des feudalen weißen Yachtclubs; in der Stadt aber sind sie "coloured", denen die allermeisten Restaurants und Hotelbars verschlossen bleiben. Es bleibt ihr Privatproblem; das Denken der anderen Sealords, nach mehr als einem Monat wieder festen Boden unter den Füßen, kreist um ihr Schiff, die Arbeit und das eigene Wohlbefinden in den wenigen Stunden außerhalb des Hafens.

Natürlich hat jeder von uns seine Meinung zur Apartheid von zu Hause mitgebracht, und sie führt, wenn sie kritisch oder ablehnend ist, vor Ort zum Dilemma. Wir bewegen uns in einer Welt gastfreundlicher weißer Familien, in der Farbige meist zufrieden und stumm als

Hauspersonal in Erscheinung treten. Fragen nach dem Zusammenleben der Rassen fallen in einen schalltoten Raum. Sie lassen Gespräche absterben, Mienen reserviert erstarren. Auf dem unangenehmen Thema zu beharren, wird zur groben Taktlosigkeit. So ersticken Informationsbedürfnisse über die Gesellschaft Südafrikas schon vorab in Skrupeln, bleibt jeder auf den Augenschein während der Freizeit angewiesen. Als Smut Pehle im Garden Center, einem modernen Einkaufszentrum an der Peripherie der Stadt, eine Flasche Kapwein zum Verkosten einkauft, ist die schwarze Bedienung hinter dem vergitterten Tresen verwundert. Der Alkoholladen für Weiße, ein offener, reichbestückter Supermarkt, ist nebenan. Aber Opa wird auch im Farbigenladen bedient, etwas erstaunt und zögerlich.

Unter den Besuchern am Hafen taucht eines Tages ein Mann auf, der die Crew anspricht. Er ist schlank, mittelgroß und stört wie alle Zuschauer, die in die Arbeit platzen. Vom Typ her "aufgeschlossener Studienrat", ist dieser Mittdreißiger im dunkelroten Pullover der Vertreter einer aussterbenden Spezies: Pfarrer der deutschen Seemannsmission. Seit die deutschen Reedereien ausgeflaggt haben oder wenigstens mit Vorliebe Nordafrikaner, Philippinos, Koreaner und andere fremdgläubige und -sprachige Matrosen anheuern, ist er froh über jeden, der sein Schicksal auf See in deutscher Zunge lästert – auch wenn er dazu geistlicher Hilfe nicht bedarf. Peter Boerisch ist engagiert; er versucht die Crew neugierig auf die Wirklichkeit hinter der freundlichen Erscheinung dieses Landes zu machen. „Ihr seht Südafrika als Touristen", sagt er „ich werde euch ein Stück davon zeigen, das in keinem Reiseführer vorkommt: die Wohngebiete der Nichtweißen."

Drei Tage später wartet sein VW-Bus am Hafentor neben der kleinen weißen Holzhütte, über deren Eingang "Biblia" prangt und in der sich die Seeleute vor dem Auslaufen noch mit Bibeln in allen Sprachen der Welt eindecken können. Die Hälfte der Crew kommt mit. Auf dem Weg in die Cape Flats steigt ein Amtsbruder Peters ein, ein dunkelbärtiger Mann in schwarzer Jacke und weißem Pastorenkragen, der dort in der Ebene eine gemischtrassige Gemeinde betreut. Die Ausfallstraße führt nach Süden in Richtung False Bay, vorbei an der 200 Jahre alten Mostert's Mill, einer Windmühle, die immer noch betriebsfertig und zu besichtigen ist. Hier in der Nähe hatte Cecil Rhodes sein Anwesen, das Groote Schuur – Erinnerungen an die alte Kolonialzeit, unterwegs auf der Suche nach ihren Folgen in der Gegenwart.

Von der Eisenbahnbrücke geht der Blick über den schier endlosen Schuppenteppich der kleinen Dächer von Nyanga. Hier wohnen die

Schwarzen, die aus Kapstadt umgesiedelt worden sind. „Ihr habt sicher die große, abgeräumte Fläche direkt neben der City gesehen", sagt Peter, „den District Six. Die Regierung hat ihn mit Bulldozern planiert, er war ein Schandfleck. Dort haben nämlich Weiße, Schwarze und Farbige zusammengelebt, auch noch nachdem der Distrikt vor fünfzehn Jahren zum weißen Bezirk erklärt worden war. Die Gesetze sehen aber getrennte Wohngebiete vor, und so hat man die schwarze Bevölkerung hierher verpflanzt."

Die Folgen der Entwurzelung sind sichtbar. Nur wenige Menschen sind in den Straßen zwischen den lehmgrauen zweigeschossigen Wohnhäusern zu sehen, zwischen denen das wenige Grün in der festgestampften Erde lungenkrank vor sich hinkümmert. Der große, ungedeckte Omnibusbahnhof ist verwaist und schmutzig. Nur morgens und am Abend belebt er sich, wenn die Arbeiter den Weg in die 20 Kilometer entfernte Stadt antreten oder von der Arbeit zurückkommmen. „Sie gehen in Gruppen nach Hause," sagt Peter, „damit sie nicht überfallen werden – es gibt hier zu viele Arbeitslose, zuviel Armut und damit Verbrechen."

„Daß ein VW-Bus voller Weißer dort ungewöhnlich ist, das merkst du genau," berichtet hinterher Andreas. „Die Bewohner, die wir gesehen haben, sahen uns nicht sehr freundlich an. Allein dort hinzugehen, das glaube ich sofort, dürfte lebensgefährlich sein."

Die "township" ist eine Schlafstadt, nur wenige große Dachflächen unterbrechen die Monotonie der Giebelchen: ein einziges Einkaufszentrum, ein einziges Kino, Verwaltung, Schulen, etwas Infrastruktur – für eine Bevölkerung von der Zahl Flensburgs.

Hinter Nyanga beginnt wieder der Busch. Bäume und Sträucher verdecken die "pondoks", selbstgezimmerte Häuser aus Brettern und Wellblech von Schwarzen, die in den staatlichen Siedlungen keinen Platz gefunden haben, illegal hier siedeln und in Kapstadt meist Gelegenheitsarbeiten leisten. Viele von ihnen sind aus den "homelands" heruntergezogen, Wanderarbeiter, die im Norden keine Arbeit gefunden haben. Wolfgang und Ekhart, die Architekten, philosophieren über die "Spontanarchitektur," die sich, verwinkelt, farbig und schief, von außen vorteilhaft von den einfallslosen Satteldach-Klötzchen der "township" abheben. Dann biegt der Bus in einen Seitenweg, vor dem ein Schild die Durchfahrt verbietet.

Peter ist etwas ängstlich und befürchtet Polizeikontrollen, doch sein bärtiger Amtsbruder beruhigt die Reisegesellschaft. „Meine Gemeinde liegt da hinten, und ich habe meine Uniform an", meint er bedächtig, „das hat bisher noch immer überzeugt." Aber es ist auch gar keine

Streife unterwegs, und unbehelligt erreicht der Bus Mitchell's Plain, die "coloured area", die Mischlingsstadt der Cape Flats.

Die Grenzen zwischen den Rassen sind auf den ersten Blick weitgehend auch mit den Grenzen zwischen den sozialen Klassen identisch: Weiß oben, Schwarz unten, in der Mitte die Farbigen. Der zweite Blick zeigt soziale Bewegung und verschwimmende Grenzen. Dies betrifft insbesondere den farbigen Bevölkerungsanteil und wird auch in Mitchell's Plain sichtbar. Von der Anlage her der "township" vergleichbar mit ihren Zweifamilien-Schächtelchen, macht sie dennoch einen völlig anderen Eindruck. Pastellfarbene Anstriche und Gärten lassen die Siedlung freundlicher aussehen, und nicht selten zeugt ein Mittelklassewagen oder gar eine schwere Limousine hinter dem Haus von sozialem Aufstieg und beginnendem Wohlstand. Bessere Bildungsmöglichkeiten und mehr Berufe, die ihnen offenstehen, machen ihn möglich.

Der Amtsbruder der beiden protestantischen Pfarrer, die uns hierher gebracht haben, hat in den Niederlanden studiert. Er strahlt die Behäbigkeit eines niederdeutschen Landpfarrers aus und lädt uns zum Mittagessen ein. Seine Vorfahren kamen aus Asien, und so kann er, vor dessen Gott alle Menschen gleich sind, nicht zu allen predigen, sondern nur für Farbige. „Das wirklich Schlimme an der Apartheid sind nicht die Schikanen, das wirklich Schlimme sind ihre Folgen. Da die Rassen getrennt sind und nur unter sich leben, gibt es keine privaten Kontakte und Freundschaften zwischen Nichtweißen und Weißen. Man kennt sich nicht als Mensch, sondern nur als Angehöriger separierter Gruppen. Und eine davon hat die Macht. Gnade uns Gott, wenn es zum Konflikt kommt. Sie werden sich dann auch nicht als Menschen gegenüberstehen..." Er und seine Familie kämpfen für gleiche Rechte und hoffen auf schrittweise Veränderung, nur so ließe sich eine Katastrophe vermeiden. „Aber es ist spät, sehr spät."

Der schmucklose Bericht des Krankenhauspfarrers über die Folgen der Apartheid erhält an seiner Arbeitsstätte eine eindrucksvolle Illustration. Die riesigen Quader des Tygerberg, der größten Klinik Südafrikas, sind durch übermannshohe Zäune eingefriedet. Es gibt drei verschiedene Zufahrten und Eingänge, drei Intensivstationen, drei Großküchen, drei Bettentrakte und drei Schwesternheime. Sauber nach Rassen getrennt.

Wenn man Burkhart, den Mediziner, fragt, wie das Groote-Schuur-Krankenhaus aussieht, so antwortet er: „Nicht besonders, eben wie ein Krankenhaus." Die Erinnerung behält nur, worauf sich das Interesse wirklich richtet. Bei Burkhart sind dies nicht Lage, Form und Farbe des Krankenhauses, es ist vielmehr das, was darin geschieht, besser, was darin geschehen ist: die erste Herztransplantation. Am 9. Dezember 1967 verpflanzte Christian Barnard das Herz eines Spenders, bei dem die Ärzte den Hirntod festgestellt hatten, in die Brust eines anderen Menschen. Diese Pionierleistung der modernen Medizin bewegte die Gefühle von Menschen in aller Welt.

Man kommt zum Groote-Schuur-Krankenhaus über Eastern oder De Waal, die beiden Ausfallstraßen in Richtung Süden. Oder über unseren Medizinstudenten Olaf, das Kontaktgenie. Neben seinem massiven Charme verwelkt Rudi Carell zum Mauerblümchen. Olaf hat also Bekanntschaften geschlossen und über eine von ihnen einen Besuchstermin im Groote-Schuur-Krankenhaus vereinbart. Generös lädt er Burkhart ein, bei einer Herzoperation zuzusehen.

Am nächsten Tag tauchen sie, geschrubbt und landfein, in die kühlen, dunklen Flure des Hospitals und in die Atmosphäre, die in allen Krankenhäusern der Erde gleich ist. Nach einem schier endlosen Marsch durch die klinischen Korridore liefert sie ihre Führerin vor dem OP-Trakt ab. Auch dort, in der Umkleideschleuse, bietet sich das gewohnte Bild: lackierte Blechschränke, Stapel von sauberen blauen Hosen und Kitteln, Kopfhauben, Mundtüchern und Wäschesäcken.

Doch irgend etwas ist anders, und Burkhart entdeckt es mit dem zweiten Blick. Die Schuhe. Wo in deutschen Kliniken Holz- und Lederpantinen stehen, füllen hier knöchelhohe weiße Gummistiefelchen die Fächer. Ganz oben rechts das Paar ist sauber mit Filzstift gekennzeichnet: Prof. Barnard. Burkhart fährt ein kleiner Schauder über den Rücken; so nah sind sie also der Berühmtheit. Er kämpft mit der Versuchung: „Was meinst du, Olaf, soll ich sie anziehen? Ich glaub', die würden sogar passen."

„Laß mal lieber. Selbst wenn sie dir passen – die sind dir noch zu groß."

Vermummt und in blauer OP-Tracht, betreten die beiden den Vorraum zu den zwei Operationssälen. Im einen muß ein Herz, das vor einer Woche transplantiert worden ist, wegen der Abstoßungsreaktion wieder entfernt werden. Im Groote-Schuur-Krankenhaus bevorzugt man das "Huckepack"-Verfahren, das heißt, das alte Herz wird im Körper belassen. Hier also kann es nach dem mißlungenen Heilungsversuch wieder seine unbefriedigende Funktion übernehmen, für die kurze Zeit, die ihm noch gegeben ist. Im anderen OP wird eine Herzklappe ersetzt, eine Operation, die heute schon zur Routine gehört. Olaf wählt das Herz, Burkhart bleibt die Klappe.

Im planvollen Durcheinander des Operationssaales kommt er sich ziemlich überflüssig vor. Aber da steht noch einer, vermummt und offensichtlich auch ein Besucher. Burkhart kommen die Augen, das einzige, was hier vom Menschen zu sehen ist, bekannt vor. Sie sind so blau wie die vom Doktor der SWEDISH ENTRY. „Hello, Doc", sagt Burkhart hinter dem Mundschutz und dann sein Versehen auf. Nach den Tagen an Land kommt das schon ganz automatisch: von der Whitbread-Regatta, vom WALROSS, mit der Gratulation für das gute Rennen. Dann winkt ihn der Anästhesist heran.

Über den "Vorhang" vor dem Kopf der farbigen Patientin kann er auf das Operationsfeld sehen. Burkhart beschreibt: „In der geöffneten Brust schlägt das Herz. Dann übernimmt die Herz-Lungen-Maschine die Arbeit, und das Herz bleibt stehen. Erst nach einer Weile fällt mir die seltsame Ruhe im OP auf; das gleichmäßige Fauchen des Beatmungsgeräts und das Piepen des EKG-Monitors haben aufgehört. Solange die Maschine arbeitet, werden sie nicht gebraucht. Der Operateur, ein Holländer, etwa Mitte dreißig, beginnt das Herz zu öffnen. Seine Bewegungen sind so selbstverständlich, als würde er sich eben mal den Schuh zubinden, und er befragt mich nebenbei nach der Segelei. Ich erzähle und sehe fasziniert auf die rasche und fast automatische Arbeit seiner Hände. Die Mitralklappe, eines jener vier Rückschlagventile, ohne die die Muskelpumpe nicht funktionieren kann, ist so verkalkt, daß sie nicht mehr schließen kann. Vorsichtig wird sie herauspräpariert."

Dann kommt Olaf, ein blauer Bär auf weißen Hintertatzen. Im anderen Saal sei es so hektisch, daß man nichts sehen könne. Er platzt mitten in die Diskussion des Operationsteams, welche Klappenprothese am zweckmäßigsten für die Patientin sei. Jemand geht zum Telefon und verlangt den Chef. Christian Barnard ist in seiner Verkleidung unverkennbar: durch die Stiefelchen. Ein kurzer Blick, eine schnelle Entscheidung, schon ist er wieder draußen.

„Das müßten unsere Segelflicker einmal sehen", sagt Olaf, als die Prothese vorsichtig eingenäht und das Herz wieder verschlossen wird. Der entscheidende Augenblick der Operation ist gekommen: „Beat, beat, good old heart", beschwört der Operateur das Herz. Aber es liegt wie tot im Brustkorb und will nicht schlagen. Zwei Elektroden werden an den schlaffen Muskel gelegt, eine Art Salatbesteck, durch das ein kurzer Stromstoß gejagt wird. Der Muskel zuckt zusammen, das Herz schlägt wieder. Der Rest ist Routine.

Draußen vor dem Operationstrakt wartet ihre Ariadne. Sie hat die beiden durch die langen Flure hierher begleitet, eine Deutsche aus Kenia. Sie zeigt Olaf und Burkhart den Rest des riesigen Krankenhauses.

In der Verwaltungsetage ist die Geschichte der Klinik und der Herzchirurgie in einer kleinen Ausstellung erläutert. Mitten im Krankenhaus holt die beiden die merkwürdige Realität dieses Landes wieder ein. Etwas konsterniert stehen sie vor der Krankenstatistik: drei Grafiken, eine für Weiße, eine für Farbige, eine für Schwarze.

Abends im Seemannsheim zeigen Olaf und Burkhart stolz die Bescheinigungen, die sie aus dem Groote-Schuur-Krankenhaus mitgebracht haben. Bei Christian Barnard famuliert, das schmückt die Sammlung der Seminarscheine und Studienbescheinigungen – auch wenn es nur eine Operation war.

Andere treibt es in ihrer Freizeit in die Natur, die kieferngesäumte Straße auf den Tafelberg, über das Plateau und hinunter die waldigen Abhänge nach Constantia. Am Vormittag zerrt der Wind am Tischtuch überm Tafelberg, reißt Fetzen heraus und treibt sie über die schroffen Granitklippen am Rande der Hochfläche. Die Felsbrocken sind scheckig von Moos und Flechten, und man fühlt sich, eintausend Meter über Kapstadt, nach Cornwall oder in die Bretagne versetzt. Weite Flächen deckt ein dichter Teppich von Heidekraut, der da, wo das Hochmoor feuchte Senken bildet, ausgefranst und löcherig wird. Dort lauern Sonnentau und andere, merkwürdig schwarzweiß gefleckte fleischfressende Pflanzen auf ihre Beute.

Von Kapstadt führt eine Seilbahn auf den Tafelberg. Rund um Bergstation und Restaurant ist Ausflugsverkehr, fünf Minuten dahinter beginnt die Einsamkeit. Richard kennt hier jeden Weg. Er ist in Kapstadt geboren, doch in seiner Kniebundhose sieht er aus wie ein Mitglied des Fichtelgebirgs-Vereins aus Münchberg beim Sonntagsausflug. Er zeigt auf die Zäune, hinter denen sich die Natur wieder erholen kann, denn obwohl uns bis zum Ende der Wanderung niemand begegnet, bedarf diese einmalige Landschaft offensichtlich des besonderen Schutzes und der Pflege. So muß sich Wolfgang auch damit begnügen, das Wahrzeichen des Kaplandes, die Kaprose, aufs Zelluloid zu bannen. Sie mitzunehmen fiele ohnehin schwer, denn die Pflanze aus der Familie der Proteen ist hüfthoch oder, als Königs-Kaprose, gar über mannshoch.

An den Wasserreservoirs entlang, die Kapstadt mit Trinkwasser versorgen, geht es die waldigen Abhänge hinter den Zwölf Aposteln hinunter in die Ebene. Burische Einwanderer haben die Fichte ans Kap gebracht, das Rotocker ihrer Stämme und die dunkelgrünen Nadeln stehen gegen den blauen Himmel wie auf einem Bild von Leistikow. Mit jedem Schritt bergab werden es weniger, bis die graustreifigen Stämme und schmalen, silbergrünen Lanzenblätter des Eukalyptus dominieren.

Einer anderen Gruppe der Crew fehlt die Beschaulichkeit eines Tagesmarsches durch Natur. Am Nachmittag bricht sie auf, nimmt die Autobahn nach Muizenberg und fährt, nahezu ohne anzuhalten, ins Naturreservat am Kap der Guten Hoffnung. Es bleibt gerade Zeit für einige Schritte vom Parkplatz ins Heidekraut, für ein paar Blicke auf Antilopen und Bergzebras, dann stehen sie unter dem alten Leuchtturm auf der Landzunge und hören: „Sorry, we close in five minutes."

Doch der Wärter hat ein Einsehen. Im Dauerlauf überwindet die Gruppe die letzten vierzig Meter, über hundert Stufen, die zum Leuchtturm hinaufführen. Da liegt die Landzunge, die ursprünglich Kap der Stürme hieß, und der grüne Atlantik schmückt sie mit einer bewegten Borte weißer Brandung.

Abends nach der Arbeit stürzt die Crew sich ins gesellschaftliche Leben. Pricegiving und offizielle Barbecue-Partys im Ausflugsgebiet von Newland's Forest sind vorbei, der Empfang beim Generalkonsul und eine seltsame Surprise-Party im Garten einer Villa im feudalen Bishopscourt sind schon beinahe vergessen, so zahlreich sind die Einladungen und Feste. Kapstadts Rotary-Clubs haben die Betreuung der Crews übernommen und jedem Schiff seinen jeweiligen Präsidenten als Betreuer an die Seite gestellt. Unser Pate ist Rob Paterson vom Rotary-Club von Woodstock, der auch die SWEDISH ENTRY betreut. 17 Clubs, das bedeutet 17 Partys, und auf allen sind auch die Mannschaften der anderen Yachten willkommen. Und wem auch dieses nicht reicht, um alle Klatschgeschichten des Rennens breitzutreten, dem bleibt noch der königliche Yachtclub.

Dieses Relikt aus der englischen Kolonialzeit schützt sich, innerhalb des eingefriedeten Hafenbereichs, noch einmal mit einem Maschendrahtzaun, einem Pförtner am Eingangstor und zwei alten Kanonen gegen die Wasserseite. Wer den Club beschreiben will, muß auf zwei Epitheta zurückgreifen, die durch jahrzehntelangen Gebrauch bei Schilderungen englischen Clublebens arg abgegriffen und dünn geworden sind: "vornehm" und "intim". Neben dem üblichen ehrwürdigen maritimen Schnickschnack zieren Bilder Seiner Königlichen Hoheit des Prince of Wales, Edward, die Wände, der in den zwanziger Jahren allergnädigst geruht hatte, den Club mit seinem prinzlichen Besuch zu beehren. An der Bar im holzgetäfelten Clubraum schießen Stout und Lager aus dem Hahn. Spätestens hier werden die letzten Geschichten aus der Regatta unter das Volk gebracht.

„You heard that Admiral Williams was robbed yesterday near the harbour, didn't you?"

„Ausgeraubt? Der Admiral? Wie konnte das passieren?"
„Na, da unten an der Somerset, in diesem dreckigen Viertel. Kennst du das?"
Es ist ein Viertel, wie es sie in vielen Häfen gibt. Zweistöckige Gebäude mit fleckigen Fassaden und staubblinden Fenstern, hinter denen irgendwelche kleine Handwerksbetriebe, Lager oder Handelsgesellschaften vor sich hinkümmern. Verstreut dazwischen Kaschemmen, die sich mit der Leuchtschrift "Disco" schmücken wie ein Heiratsschwindler mit einem Adelstitel. Sie sind dunkel, schmierig und teuer.
„Was zum Teufel hatte er wohl dort zu suchen?"
„Keine Ahnung, jedenfalls hat die Regattaleitung offiziell eine Warnung herausgegeben, nicht ohne Begleitung in dieses Viertel zu gehen."
Regattastorys: Connie van Rietschoten ist mit einer jungen Frau gesehen worden. Neil Bergt kann die nächste Etappe nicht mitsegeln. Er ist nach Hause in die USA geflogen, und auf dem Wege zum Flughafen zurück nach Kapstadt haben bei seiner Frau die Wehen eingesetzt. Tim Burrel von der CHALLENGER hat sich Hals über Kopf in eine Angestellte der Stadt Kapstadt verliebt und will sie sofort heiraten.
Und dann die Italiener! Ihre "Rettungsboote" liefern Gesprächsstoff für Abende. SAVE VENICE (rettet Venedig) rettete sich ohne Wasser und Verpflegung in den Hafen von Kapstadt; die letzten Bisquits verteilte Doi Malingri am Morgen vor der Ankunft. Und wer rettet Neapel?
VIVA NAPOLI (Neapel soll leben) kam in Portsmouth an, als die Regatta schon gestartet war. Niemand hat sie bisher gesehen, und auch im offiziellen Regattaprogramm findet sich weder Bild noch Skizze, noch Beschreibung. Von Schiff zu Schiff, von Bar zu Bar wird die Legende von den Neapolitanern erzählt, deren Schiff nicht rechtzeitig fertig wurde und die nun dem Regattafeld hinterhersegeln. Man behauptet, sie hätten die unpopuläre Ostroute genommen und seien in angolanischen Gewässern aufgebracht worden. Ein Kriegsschiff habe die antennenbestückte Yacht für ein Spionageboot gehalten und sie nach Luanda eskortiert.
Tatsächlich muß VIVA NAPOLI die bisher extremste Ostroute aller WRTW-Races genommen haben und war damit unbedacht in eine politische prekäre Situation gesegelt. Angola, seit einigen Jahren selbständig, ist hochempfindlich gegen Verletzungen seiner Souveränität. Die Italiener, die in seinen Gewässern schipperten, hatten natürlich keine Visa dieses Staates, und in Luanda erklärten sie wahrheitsgemäß und harmlos, sie seien unterwegs nach Südafrika.
Nun grenzt Angola an Namibia, das Mandatsgebiet, das die UNO

gerne in die gemischtrassige Selbständigkeit entlassen würde. Südafrika, das es verwaltet, ist allerdings dagegen. Angola wiederum unterstützt die schwarzafrikanische Unabhängigkeitsbewegung von Namibia, die auf ihrem Gebiet militärische Lager unterhält. Sie und ihr Umfeld sind Ziel südafrikanischer Kommandounternehmen und Luftangriffe. Im Lande selbst operiert eine oppositionelle Guerilla, die von außen unterstützt und von der Regierung mit Hilfe kubanischer Experten bekämpft wird. Längst sind Ost und West in den Streitigkeiten engagiert, intrigieren und finanzieren, unterstützen und sabotieren – und da kommt ein Schiff, vollgestopft mit fremder Elektronik, und behauptet, es habe überhaupt keine Absichten.

Zwei Tage wandert die Crew ins Gefängnis, untersuchen Experten die Yacht nach Spionage- und Sabotagematerial. Dann erst führen hektischer Funkverkehr und diplomatische Aktionen zu einer Lösung. VIVA NAPOLI bekommt Visa und die Ausweisung. Erst am 7. November erreicht sie als 27. Schiff des Rennens den Hafen in Kapstadt. Exakt acht Tage nach dem Start zur zweiten Etappe.

Immer noch sitzen Carsten und Stoffel über den Vorsegeln, deren schadhafte Stellen von Hand nachgenäht werden. Eine nach der anderen Winsch wird völlig demontiert, die Einzelteile in Benzin gewaschen, eingefettet und wieder zusammengesetzt. Sukzessive wird das Schiff seeklar gemacht.

Opa Pehle legt lange Listen an und berät sich mit einheimischen Bekannten. Stundenlang durchstreift er mit ihnen die Stadt auf der Suche nach Köstlichkeiten. Zwei Tage vor dem Start stapeln sich die Kisten auf der Pier und dem Deck der Yacht. Den Tag und die halbe Nacht vor dem Start sind Andreas und Opa beschäftigt, alles seefest zu verstauen. Konsul Weder bringt den Plan durcheinander: Er erscheint im Hafen mit einigen Kisten Kapwein, deren Etiketten Andreas beim Stauen genießerisch mit den Augen verkostet.

Die letzte Nacht ist kurz, und als wir am späten Vormittag des letzten Oktobertages zum letzten Male vom Seemannsheim zum Hafen hinuntergehen, sind die Schritte nicht nur der Seesäcke wegen schwer. Überall auf den Schiffen in den beiden Hafenbecken macht sich Hektik breit. Bei einigen wird noch im Rigg gearbeitet, andere werden noch mit Gemüse und Obst beliefert, das bei uns schon Kisten und Hängenetze im "Speiseclo" füllt. Uns macht die Ungewißheit nervös, ob die ganzen vergessenen oder aufgeschobenen Kleinigkeiten noch erledigt werden können. Schrauben sind ein letztes Mal nachzuziehen und zu sichern, da fehlt dem einen Tabak, die Batterien für die Taschenlampen sind nirgendwo auffindbar, und alle Freunde und Bekannten haben sich eingefunden, um ein letztes Lebewohl zu sagen. Wieder ist das Deck übersät von Werkzeug und Teilen und halbleeren Pappbechern mit Abschiedslimonade.

Ein chaotischer Jahrmarkt, der die Nerven flattern läßt, bis Ekhart eine Stunde vor dem Auslaufen das Boot kurzerhand für Schiffsfremde sperrt und die Gäste von Bord komplimentiert. Nur Opa ficht dies alles nicht an; er ist noch einmal in die Stadt verschwunden und taucht, mit Plastiktüten beladen und entspannt grinsend, kurz vor dem Ablegen auf.

Im Klönschnack von Reling zu Reling gibt man sich gelassen: „Well, no problems, everything on board, we're ready to leave ..." Und das Logbuch faßt das Durcheinander der letzten Stunden lakonisch zusammen: „Last preparations and good-bye to our friends."

Kurz vor zwei Uhr nachmittags geben die Yachten nach und nach die Leinen los, setzen noch im Hafen die Segel und sammeln sich im Startgebiet der Granger Bay. Die Pier quillt von Menschen über, und eine Marinekapelle sorgt für Stimmung. Fanfaren tuten, Fahnen werden geschwenkt, nach letzten Küssen und Umarmungen an der Pier legen auch wir unter Gejohle und Anfeuerungen der Menschenmenge ab und verabschieden uns mit einer Ehrenrunde unter Motor.

Vor uns strebt Les Williams' CHALLENGER dem Hafenausgang zu, einen Mann im Masttopp, der dort oben noch mit Werkzeug hantiert. Connies FLYER begleitet ein Schlachtenbummler-Boot unter holländischer Flagge, das ein riesiges Transparent führt: "Flyer first". Uns umkreist nur das Schlauchboot eines einsamen Mitarbeiters aus dem Konsulat.

GAULOISES III hat an der Breakwaterpier festgemacht und versucht, sich von den Folien zu befreien, die Eric Loizeau als Schutz gegen die Ölschicht im Hafen entlang der Wasserlinie auf den frischgemalten blauen Leib der Yacht geklebt hat. Die Arbeit scheint schwierig, und die wütenden Bewegungen der Männer an Bord lassen vermuten, daß ihre Begleitkommentare nicht für zarte Ohren sind.

Der Streß des Aufbruchs ist beinah schlagartig von uns gefallen, als wir Bord an Bord mit den Konkurrenten dicht unter Land in der Granger Bay vor der Startlinie kreuzen.

Eisberg im Glas

Warum Opa Pehle "Opa" genannt wird – Der Kollaps des neuen Triradial – Die andere Dimension: Eiswache – Mythos von der Unzerstörbarkeit des "Blechs" – Das Bordleben kommt zum Erliegen – Bergfest – Flaute gegenan – Die Mediziner im Einsatz

Über die Bay direkt vor dem Hafen streicht ein Südwest mit zwölf Knoten Windgeschwindigkeit. Das traumhafte Wetter hat Abertausende von Zuschauern auf Uferpromenade und Signal Hill gelockt, und eine Zuschauerflotte von etwa zweihundert schiffbaren Untersätzen, vom Surfbrett bis zum Motorkutter, kreuzt zwischen den Regattayachten. Kurz vor 15.00 Uhr drängeln sie sich an der Startlinie, eher wie bei einem Inshore race als bei einem klassischen Ozeanrennen, das über mehr als 7 000 Seemeilen führen wird.

Wenige Minuten vor dem Startschuß von SAS FLEUR, eigenhändig abgefeuert vom Kommandeur der südafrikanischen Marine, läuft uns ein Trawler voll grölender und betrunkener Norweger in die Quere. Nur mit einem blitzschnellen Notmanöver können wir die Kollision vermeiden und sind noch voll damit beschäftigt, wieder Kurs und Geschwindigkeit zu gewinnen, als vorne das Rennen beginnt. Diesmal schafft es Les Williams, die "line honours" einzuheimsen, dichtauf Peter Kuttel mit der XARGO, der einheimische Matador. Beide Boote wenden sofort nach dem Start auf Backbordbug und versuchen, sehr zum Entzücken der vieltausendköpfigen Menge auf dem Beach, sich dicht unter Land die ersten Vorteile abzujagen.

Wir haben es trotz der Behinderung geschafft, mit dem ersten Drittel loszukommen, in das nun von hinten FLYER und CERAMCO NEW ZEALAND wie Habichte in das Hühnergehege einbrechen. Das Feld stiebt auseinander, ist jedoch am Abend in der Dämmerung immer noch dicht genug beisammen, so daß wir einige Yachten mit bloßem Auge identifizieren können. Als die Nacht hereinbricht, tanzen in der weiten Arena des Meeres um uns herum die weißen Topplaternen wie kleine Sterne, die betrunken aus dem hohen Feld über uns heruntergefallen sind. Erst im Verlauf der Nacht, in der wir, die widrigen Strömungen meidend, dicht unter der Küste segeln, verschwindet eine nach der anderen. Nach den turbulenten Tagen an Land sind wir wieder allein mit uns, dem Schiff und dem Meer.

Der schwache Wind bringt uns nur langsam voran. Noch am Nachmittag des nächsten Tages sind die Umrisse des Kaps der Guten Hoffnung am Horizont zu sehen. Die Brise kommt aus südlicher Richtung, und wir kreuzen gegen eine unangenehm hohe Dünung. Während die Flotte Kurs Südost läuft, versuchen wir die berüchtigte Agulhasbank vor der Südspitze Afrikas möglichst zu umgehen und wechseln auf Steuerbordbug.

Der Landaufenthalt steckt noch in allen Knochen und Nerven, und der Magen hat sich noch nicht an die Schiffsbewegungen gewöhnt. Zum erstenmal in seinem Leben leidet Ekhart unter Seekrankheit. Der Wind dreht auf Ost und bleibt lausig, wir kommen nach der Wende nur mühsam voran. Enttäuschter Tatendrang und flaue Mägen drücken auf die Stimmung, und wir haben Mühe mit dem Wachsystem. Wir fahren zwei Wachen nach dem schwedischen System, um mehr "hands" verfügbar zu haben. Andreas führt die Backbordwache mit Stoffel, Christian und Wolfgang, unserem Senior. Burkhart ist Wachführer der Steuerbordwache, die Olaf, Moly und Carsten mitgehen. Alle Manöver sollen von den Wachen mit Unterstützung des wachfreien Skippers gefahren werden können, und gegebenenfalls muß eben noch der Smut mit einspringen.

Nur schwer gewöhnen wir uns an die kurzen, unregelmäßigen Schlafzeiten. Nach einer Stunde überfällt den Rudergänger bleierne Müdigkeit, und die Augen schmerzen. Die Bewegungen der Crew sind lustlos und träge. Der Frust der ersten Tage drückt sich in einem lakonischen Telegramm über Norddeich Radio nach Berlin aus: „36°49's 018°55'e wenig wind sonnenschein autotune erneut defekt sonst alles okay." Die mühsame Handabstimmung am Funkgerät nach dem Ausfall der Automatik ist der erste Schaden, der uns auf dieser zweiten Etappe ärgert.

Sonst gibt es wenig Grund zur Klage. Opa wirbelt in der Kombüse umher, backt Brot und gibt mit frischen Kohlrouladen eine erste Andeutung seiner Fähigkeiten. An der Wand zum Ölzeugschapp hat er drei Kanister aufgehängt, deren Papphülle jeweils fünf Liter Port-, Weißwein und Orangensaft umhüllt. Lediglich der Orangensaft wird auf eine halbe Tasse pro Mannschaftsmitglied rationiert. Die Wachen erfreut Opa mit einem "emergency case", das er für die Nachtwachen mit Süßigkeiten füllt. Auf den Deckel der Plastikschüssel für die Backbordwache, in der Wolfgang etwas mit der Seekrankheit zu kämpfen hat, schreibt er mit dickem Filzstift: „Bb-Wache – nicht hineinkotzen!"

Die warmen Stunden vor dem Weg in die antarktischen Gewässer nutzt die Crew zu einem Badefest auf dem Vorschiff und zu letzten Arbeiten. Christian lackiert die Alu-Hutze über dem Niedergang mit weißem Autolack aus der Spraydose. Ekhart vertieft sich in die Handbücher und Seekarten, und Wolfgang fertigt neue Lifelines. In Kapstadt hatte er festes blaues Gurtband entdeckt, das an sich für Bergsteiger gedacht und auf mehrere hundert Kilo Bruchgarantie geprüft war. Auch die Sicherheitskarabiner, die er an das Band knotet und es anschließend noch vernäht, sind auf 700 Kilogramm geprüft. Ein Paar dieser schweren Beschläge kostet über 100 Mark, und jeder Pfennig ist wohlangelegt.

Die navigatorisch interessanteste Frage dieser Etappe ist, wie weit man mit dem Kurs nach Süden geht. Die Yachten beim ersten Whitbread wählten Kurse zwischen 45 und 50° S, und nur eine überschritt den 50. Breitengrad. Alle fanden anhaltenden und starken Westwind. Vor vier Jahren, beim letzten Rennen, lag der Kurs der Flotte im Durchschnitt 5° südlicher zwischen dem 53. und 57. Breitengrad. Die Mehrzahl der Schiffe passierte diesmal die Crozet-Inseln und die Kerguelen südlich. Eine Auswertung der verschiedenen Routen ergab keine eindeutigen Vorteile für eine der beiden Varianten. Die Wetterbedingungen dieses letzten Rennens waren von sehr viel weniger Wind gekennzeichnet als beim ersten und schienen, verglichen mit Berichten und Pilot Charts, nicht unbedingt typisch.

Unser wilhelminisches Segelhandbuch empfahl den Rahseglern, die Strecke zwischen 45 und 47° südlicher Breite abzulaufen, berichtet jedoch auch von Segelschiffen, die gute Erfahrungen mit Routen bis zu 52° S gemacht hatten, ohne in Eisberggefahr zu kommen. Andererseits weist es für die Monate November und Dezember auf Depressionen hin, die in südlicheren Breiten häufiger beobachtet worden sind: „Nur selten und meist auch nur dann, wenn Schiffe über den 43. bis 45. Grad südlicher Breite hinausgegangen sind, werden dieselben, indem sie dadurch öfters in die Südhälfte dieser Depressionen geraten, auch von stürmischem Nordost- und Ostwind betroffen, während die sich etwas nördlicher befindenden Schiffe auf der Nordseite der Depression verbleiben und hier die westlichen Winde ausnützen können." Aber auch in den Augen der Kaiserlichen Marine waren diese Depressionen nur widrige Störungen und nicht bestimmender Faktor für die Zone der ständigen Westwinddrift.

Nach den letzten Eisberichten und einer Einschätzung der Großwetterlage des südwestafrikanischen Regatta-Meteorologen entscheidet sich Ekhart für einen Kurs, der sich dem Großkreis annähert und den südlichsten Punkt bei 55° vorsieht. Als östlichsten Ansteuerungspunkt wählt er einen Ort mit den Koordinaten 48° S und 155° E, von dem aus ein neuer Großkreis durch die Tasmansee zur Nordspitze Neuseelands führen sollte.

Warum Opa Pehle "Opa" genannt wird, ist ein unenthülltes Geheimnis. Wahrscheinlich liegt es an der Hebamme, die ihn vor 38 Jahren mit einem Klaps auf den Hintern zu seinem ersten mürrischen Kommentar provoziert hat. Ob die Falten in seinem Gesicht noch von dem Gram herrühren, an einem ekelhaften Januartag in die Widrigkeit dieser Welt geworfen worden zu sein, oder ob nicht auch ein paar von ihnen das Gelächter über die Absonderlichkeiten der Menschen eingegraben hat, ist nur zu vermuten. Ohnehin ruht ihr größter Teil unter einem wuchernden schwarzen Bart, dessen Locken ein Pendant im kunstvollen Minipli der Frisur haben. Auf der kleinen Fläche dazwischen streiten tiefes Leid und abgründige Ironie um die Vorherrschaft. Nehmen wir also an, die Amme habe bei seinem Anblick ausgerufen: „Das ist ja ein Opa!" Dann wäre dies wenigstens auch eine Erklärung dafür, daß sich die Taufnamen Per und Gunnar dagegen nicht haben durchsetzen können. Nie hat ihn jemand so genannt, nicht einmal seine Mutter.

Irgendwann muß Opa seinen Namen zum Lebensprogramm gemacht haben. Mit stoischer Gelassenheit betrachtet er das Leben und Treiben ringsum und scheint seiner Urteile darüber längst gewiß. Offenbar hat er genauso lange schon die Überzeugung gewonnen, daß es gar nichts nützt, sie auszusprechen: „Es hört ja doch kein Schwein zu!" Seine philosophische Distanz erstreckt sich selbst auf die wichtigsten Fragen des Segelns, zu denen er nur kurz und mürrisch bemerkt: „Ich würd' sowieso alles ganz anders machen."

Selbst solche Kommentare muß man ihm fast mit Gewalt abverlangen. Sonst ist in Diskussionen nur an dem Sträuben seines Bartes, den Runzeln auf der Stirn oder den Falten um seine Augen abzulesen, ob er Kritik oder Zustimmung empfindet. Äußert er sich einmal, was selten genug vorkommt, dann schwingt in seinen kurzen Beiträgen ein Unterton, der zu erkennen gibt, die ganze Rederei habe ohnehin keinen Sinn, weil sich nichts damit ändere. Und damit hat er meistens gar nicht so unrecht.

So hat sich Segler Pehle auf die philosophische Ofenbank zurückgezogen und ist Smut geworden. Wohl dem, in dessen Crew er fährt. Seine

Künste sind begnadet und längst über die enge Kombüse des WALROSS, die treuen Mitesser des ASV, ja sogar über die Grenzen der deutschen Segelei hinaus bekannt. Am Ende einer Schulschiffregatta der Sail Training Association ist ihm schon einmal der Titel "best cook of the fleet" verliehen worden.

In der Pantry herrscht Opa Pehle diktatorisch. Widerspruch ist sinnlos – Opa weiß es einfach besser – und deshalb gar nicht erst zulässig. Auf Mißachtung seiner Kochkunst reagiert er empfindlich bis grob. Völlige Abwesenheit jeglicher Tischmanieren und Kritik an seinen kulinarischen Kreationen empfindet Pehle als Akt seelischer Grausamkeit und entgilt sie ebenso. Wenn da jemand über einem feingewürzten Bratenstück lauthals nach Ketchup ruft, kann es wohl passieren, daß ihm erst ein dicker Strahl aus der Plastikflasche den Teller rot bedeckt und Opa dem Missetäter mit der Aufforderung „Nun iß!" dann die Nase in die Brühe drückt.

Die Späße, mit denen er seine Umgebung erheitert, sind meist skurril und oft anarchisch mit durchaus destruktiven Elementen. Damit zerlegt er aufgeblasene oder komplizierte Situationen im Handumdrehen auf ihren unwesentlichen Kern und gibt sie der Lächerlichkeit preis. Dahinter steckt ein feines Gespür für Konflikte und Probleme, was Opa zum Beichtvater für alle Wehwehchen an Bord prädestiniert. Im traulichen Zwiegespräch lebt er sichtlich auf, und wenn es lange genug dauert, dann öffnet Opa den großen Sack, auf dem steht: "Damals war's", und heraus kommen unzählige Geschichten und Schnurrpfeifereien.

Am vierten Reisetag gibt Opa die erste Kostprobe seiner Küchenkunst. Er erscheint, angetan mit einer weißen Kochmütze, mit Kaffee und einer opulenten Nußtorte an Deck. Jedes Stück ist mit den Zuckergußinitialen eines Crewmitgliedes verziert, ein Stück ist Neptun ("NE"), eines Rasmus ("RA") vorbehalten. Die schläfrig gedämpfte Stimmung der ersten Seetage verfliegt, gute Laune und Euphorie kehren zurück. Schon ist uns der Wind viel zu schwach, und das mit "RA" gekennzeichnete Stück Torte geht bestimmungsgemäß als Opfer für "goden Wind" über Bord. Nachdem uns die ersten Bissen auf der Zunge zergangen sind, können wir uns nicht mehr dazu durchringen, auch Neptun noch sein Stück zu opfern. Das muß ihn verärgert haben: In den nächsten Wochen sollte er noch oft genug bei uns einsteigen, um es sich zu holen.

Am Abend hat Rasmus sein Tortenstück verdaut und schickt uns mehr Wind; wir wechseln vom Leichtwind-Spinnaker auf den neuen Triradial, den uns der Segelmacher von Bruce Banks in Kapstadt wunderbar und teuer repariert hat. Nun steht er voll und rund und wiegt sich im Rhythmus des aufkommenden Seegangs in den Schultern. Um die

Kleine Verschnaufpause nach dem Manöver – Opa Pehle in seinem Reich – Im Faserpelz-Smoking beim Bergfest.

Neuseelands Norden – unerreichbar nah

Carsten an der Funke

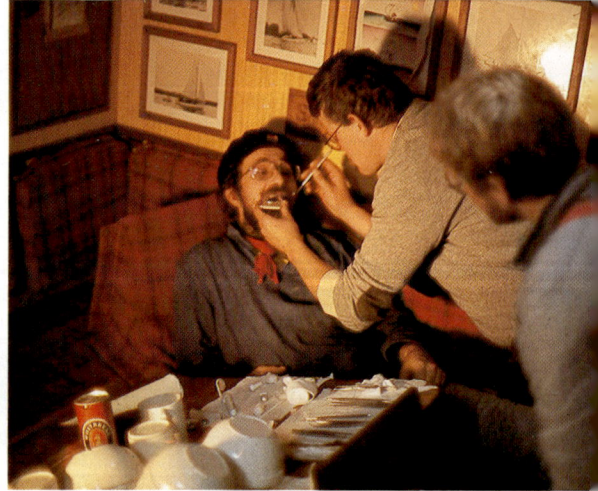

Olaf verpaßt Opa eine Plombe

Backstagsbrise voll auszunutzen, haben wir zusätzlich unser großes Spinnaker-Stagsegel gesetzt. Nach den flauen Tagen kann nun der "ride" beginnen. Wolfgang vermerkt in seinem Tagebuch verzückt den prächtigen Anblick der Besegelung und würde am liebsten auch noch in der Hundewache das kribbelnde Ziehen des Wassers an den Bordwänden bei zunehmender Fahrt erleben. So singt es ihn, in der Koje hinter der dünnen Bordwand, in den Schlaf. Die Segel stehen, kein Liek killt, so daß der hohle Aluminiummast kein widerwärtiges Klappern in den gelben Salon überträgt. Nur hin und wieder ächzt er leise, wenn die Last auf dem Spinnakerfall wechselt.

Warum er plötzlich wach ist, weiß Wolfgang nicht. Hat er den Knall geträumt? Das Schiff scheint sich etwas aufzurichten. Doch es ist ruhig. Kurz darauf hektische Geräusche, das Tappen eiliger Segelschuhe über Deck und gleich darauf der Ruf: „Ekhart! Opa!" Wolfgang schwingt sich über das Schlingerbrett seiner Koje. „Schneid' doch einfach das Liek hier auf!" hört er Molys Stimme, „das ganze Scheißding ist unterm Schiff, dann können wir doch einfach das Liek hier durchschneiden!" Wolfgang steigt durch den Niedergang nach oben und sieht nach vorn. Vom Triradial hängen nur noch Fetzen herunter.

Was war geschehen? Der Wind weht nicht stark genug, um den schweren Schaden zu erklären, und nur langsam erhellt sich aus den Zurufen und Flüchen der Wache der Ablauf des Mißgeschicks, das uns zum zweitenmal auf dieser Regatta unseres besten Arbeitsspinnakers beraubt. In einer Bö hat das WALROSS angeluvt, der Rudergänger kann gerade noch den Schuß in die Sonne abfangen. Doch die alte Spi-Genua bekommt dabei zuviel Wind, und mit einem Knall bricht das Walzterminal am Vorläufer des Segels. Sein scharfkantiges Ende und der Kopf des Segels stürzen in den Spi und zertrennen ihn von Liek zu Liek.

Es dauert über eine Stunde und erfordert den Beistand der Freiwache, bis die Reste unter dem Schiff herausgezogen sind. Der Spinnaker, extra geschneidert, um uns in den Westwinden schnell von Kapstadt nach Auckland zu ziehen, scheint endgültig verloren. Im fahlen Licht der Decksbeleuchtung betretene Gesichter, Enttäuschung: das Paradesegel in den Vereinsfarben Rot-Weiß-Blau dahin – und das am Beginn der Reise. Und kein Schuldiger zu sehen, auf den sich die Wut stürzen könnte. Andreas bringt es mit juristischer Logik auf die Formel: „Das heißt, es ist nicht einmal ein Materialfehler, und wir können bei keiner Firma auf Ersatz klagen."

Besorgt holt Ekhart am nächsten Tag sämtliche Vorsegel aus der Vorpiek und prüft die Drahtenden und Terminals. Alle Drahtvorläufer der alten Hood-Segel sind korrodiert, und die Preßhülsen weisen teilweise rostige Risse auf. Christians Geburtstag gerät bei all dem Ärger fast in Vergessenheit. Der Sekt aus einer ausgehöhlten Ananas, mit der wir auf sein Wohl anstoßen, hat einen salzig-bitteren Nachgeschmack.

Am nächsten Vormittag taucht Steuerbord voraus sehr schnell eine dunkeldrohende Wolkenwand auf. Die Wache wird nervös. Wenig später sitzt sie auf Manöverstation an Spi-Schot und -Fall. Umsonst. Das drohende Gebilde entpuppt sich beim Näherkommen als dicke Nebelwand. Wir sind an der Grenze des wärmeren Wassers des Indischen zum kälteren des südlichen Ozeans minutenlang in dichten Nebel gehüllt. Dann verschwindet er, schnell und gespenstisch, wie er gekommen ist. Die Nerven der Crew entspannen sich.

24 Stunden später segeln wir immer noch unter dem großen Starcut, als es aufzubrisen beginnt. Bei 6 Bft machen wir raumschots gute Fahrt, doch langsam wird es zuviel für "Bruce Banks". Kurz vor dem Bergen kommt der Spi von oben. Geistesgegenwärtig luvt der Rudergänger an; so wird das Schlimmste, das Segel zu überfahren, vermieden. Es übersteht die Salzwassertaufe ohne Schaden. Nur der Schnappschäkel hatte sich auf geheimnisvolle Weise geöffnet, und so muß einer in den Mast, um das Fall herunterzuholen. Dann wird an diesem Abend, dem ersten in den "Roaring Forties", 800 Seemeilen hinter Kapstadt, zum erstenmal auf dieser Etappe ein Reff ins Großsegel gesteckt. Wir haben die Zone der guten Winde erreicht.

Das Feld hat sich inzwischen kräftig auseinandergezogen. CERAMCO und FLYER liegen etwa 800 Seemeilen voraus und bereits auf etwa 48° S. Wir sind mit 43° S noch ziemlich weit im Norden; das Gros der Flotte, überwiegend die Yachten bis 18 Meter Länge, liegt etwas voraus und ca. 80 Seemeilen weiter südlich. Abgeschlagen ist bereits ILGAGOMMA. Im Mittelfeld segeln CHALLENGER, GAULOISES, DISQUE D'OR, KRITER und CHARLES HEIDSIECK. Auch XARGO ist dabei, während ihre unmittelbare Konkurrentin, die BERGE VIKING, sich noch nicht aus dem großen Pulk lösen konnte. Enttäuscht dürfte auch ALASKA EAGLE sein, die zwar 150 Seemeilen weiter im Süden, aber auf gleicher Länge wie die Mehrzahl der kleineren Schiffe segelt. Wir freuen uns, den Anschluß ans Feld, vor allem die kleineren Yachten wie TRAITÉ DE ROME, CROKY und BELGIUM, wiedergewonnen zu haben und halten zu können. Am 7. November um drei Uhr morgens sehen wir ein Licht, das nach Stunden auf südlichem Kurs hinter der Kimm verschwindet. Es ist die BELGIUM, die unter Spi die Prince-Edward-Inseln an Backbord lassen will. Jean Blondiau macht sich auf nach Süden.

Endlich segeln! Das WALROSS surft mit 15 Knoten die Wellen hinab. Ekhart strahlt, zum erstenmal. Er hat angeordnet, daß jeweils ein Mann der Wache auf dem Vorschiff den Spinnaker beobachtet. Bei den vorherrschenden Kreuzseen ist dies ein unangenehmer und nasser Platz, und die Anordnung löst Diskussionen aus.

Doch auch das Rudergehen unter Spi ist unangenehm. Das Ruder vom WALROSS ist nicht effektiv genug, um das Schiff bei mehr als 30 Knoten Wind und entsprechender See unter Spinnaker sicher genug halten zu können. Vor allem in der Phase, wenn das Schiff nach dem Durchlaufen der Welle aus dem Surfen wieder in die Verdrängerfahrt übergeht, muß der Rudergänger an dem vergleichsweise kleinen Rad Schwerstarbeit leisten, um den befürchteten "Sonnenschuß" zu verhindern. Auch einem guten Mann am Rohr gelingt dies nicht immer, wenn beim Bergen der Spi vorfallen muß, um am Baum ausgerissen zu werden. Dann entsteht ein zusätzliches anluvendes Moment, das auch für die Crew nicht ungefährlich ist, wenn plötzlich auf einem 60 bis 70° geneigten Deck der wild um sich schlagende und an allen Beschlägen reißende Spinnaker heil geborgen werden muß.

In der Nacht zum 8. November schafft es selbst der Schiffer nicht, das Querschlagen zu verhindern. Wolfgang, der wegen seiner akribischen Tagebuchführung und des häufig mitlaufenden Kassettenrecorders den Beinamen "Reporter" erhalten hat, schildert das "broaching" wie folgt:

„Gerade als Christian den Spinnaker ausklinken will, kommt das Großsegel back. Christoph brüllt mir zu: Kopf weg!, denn ich sitze am Niedergang bereit, um den Spinnaker in den Salon zu befördern. Wenn der Bulle bricht, wird der Großbaum als gewaltige Keule herumschleudern und wegsäbeln, was ihm in die Quere kommt. Ich ducke mich weg, denn die Gefahr habe ich mit neugierigem Entsetzen sich entwickeln sehen, schon als das Schiff im Seegang wegdrehte und der Rudergänger eine Winzigkeit zu spät gegensteuerte.

Jetzt drückt der Wind mit der Kraft seiner 35 Knoten Geschwindigkeit ins Großsegel und krängt das bisher auf Backbordbug segelnde Schiff weit nach Steuerbord. Der Baum wird noch vom Bullenstander gehalten. Wie lange? Am Steuerbord ist auch noch das Backstag angesetzt. Es kann uns den Mast kosten! Oder zumindest den Spinnaker, der sich wieder bläht. Das Ganze dauert nur Sekunden. Ekhart stemmt sich mit aller Kraft ins Ruderrad, und es gelingt: Unterstützt von der nächsten Welle halst das Schiff zurück. Nachdem das Geigen etwas aufgefangen ist, wird der Spinnaker geborgen. Der Schreck steckt noch allen in den Gliedern. Die Böen nehmen beängstigend zu."

Am nächsten Tag bringt die letzte Bö eines Schauers das Ende unseres letzten großen Arbeitsspinnakers. Das Schiff luvt in dem Drücker leicht an, das Luvliek beginnt zu klappern: „Runter mit dem Ding!" Aber noch ehe der Spi richtig eingefallen ist, fliegt er einfach aus den Lieken, und etwa 240 Quadratmeter versinken als große, rot-weiß-blaue Blase langsam achteraus in der See. Zum Schluß ist noch die Segelnummer G 909 zu lesen, dann hat das alte Tuch sein angemessenes Begräbnis gefunden. Die Ernüchterung weicht dem Gleichmut der Verzweiflung: Nun sind uns nur noch "das Blech" und "Bruce Banks", daneben ein uralter Sturm-Spi und zwei Leichtwetter-Spis geblieben. „Eigentlich zwei ganz nette Segel", sagt Stoffel. „Na, wenn die hier in den Brüllenden Vierzigern auseinanderfliegen – das wär' ja auch ein schönes Ende für die."

    Opas Menü rettet die Stimmung. Es gibt:

- Vorsuppe "Nirwana"
- Anchovis in Bierteig
- gefüllte Weinblätter in Sahnesoße
- Bananeneis mit Schlagsahne

Zwar ist die Außentemperatur mittlerweile auf fünf Grad abgesunken, aber schließlich ist heute Sonntag, und wenn die Kühlanlage schon mal funktioniert ...
Die Mästung der Mannschaft wird mit Kap-Riesling abgerundet und mit einem Sonntagskonzert beschlossen. Händels Wassermusik aus den Lautsprechern in Cockpit und Pantry weckt im südlichen Indischen Ozean die Erinnerung an die Themse bei London und die Vorstellung beleuchteter Boote mit festlich gekleideten Menschen, Prähmen mit Musikern und einem beleibten Händel, der, mit überdimensionalen Handschuhen angetan, die verschiedensten Orchester von einem Boot aus dirigiert.
    Eigentlich überflüssig zu erwähnen, daß es zum Frühstück frischgebackene Karlsbader Hörnchen gab.
    Das Eis ist im Magen noch kaum erwärmt, da haben wir es an Deck. Zum nächsten Frühstück segelt ein Schneeball durch den Niedergang und zerplatzt in Tausenden von Kristallen auf der Back. An Deck ein wundervolles Bild: bei 8 Bft jagt das WALROSS unter schwerem Reacher mit zehn Knoten Fahrt der aufgehenden Sonne entgegen. Pink Floyd aus dem Bordlautsprecher kommt gegen das Jaulen und Pfeifen des Windes kaum an. Es ist ein orgiastischer Ritt über die Wellen und durch den klaren, kalten Sonnentag. Die Kämme der dunklen See brechen, das Meer hat sich mit "Graubärten" geschmückt. Nicht einmal die aufziehende Bewölkung und ein Hagelschauer können die Lust am Rudergehen beeinträchtigen: Leif Erikson geht Ruder, den Blick stahlhart voraus ...

Nach dem Mittagsbesteck die feierliche Eintragung des Tagespunkts auf der Karte im Salon: Wir haben Meilenleistungen von 185 bis 200 Seemeilen, die das WALROSS scheinbar mühelos abspult. An fünf aufeinanderfolgenden Tagen schaffen wir 979 Seemeilen, ein Durchschnittsetmal von 195 Seemeilen bei einer Geschwindigkeit von 8,2 Knoten. Und all dies trotz der Kalamitäten mit den Spinnakern.

Langsam müssen wir mit Eisbergen rechnen. ALASKA EAGLE hat auf etwa 48° S einen Eisberg gesichtet und dies bereits vor einigen Tagen in der "Kinderstunde" bekanntgemacht. Die Wassertemperatur, die wir aufmerksam beobachten, fällt nun unter zwei Grad. Am Abend haben wir Schneeregen und Graupel. Ekhart, der als einziger von uns bereits in Eisregionen gesegelt ist, läßt nun zum erstenmal Eiswache gehen. So hat die Segelei noch eine andere Dimension dazugewonnen.

Eisberge, ein ziemlich unkalkulierbares Risiko. Man hatte uns zwar gesagt, daß die großen Eisberge eigentlich keine unmittelbare Gefahr darstellen, man könne sie leichter sehen und teilweise sogar hören, wenn sich die Brandung an den Flanken des Berges bricht. Gefährlich seien eigentlich nur die "Growler", abgebrochene kleinere Stücke größerer Eisberge, die häufig in ihrer Nähe in Lee schwimmen. Nur ein Neuntel ihres Eises taucht aus dem Wasser als kleiner, weißer Zipfel inmitten unzähliger weißer Gischtkämme auf den Seen. Und sie kommen auch alleine vor, weitab von größeren Eisbergen. Selbst ihre wenigen Kubikmeter Eises reichen aus, um ein Loch in die Bordwand aus Kunststoff zu schlagen.

Helly Hansen hat ihren Überlebensanzug für die Arbeiter auf den Bohrinseln in der Nordsee entwickelt. Er hält warm und sitzt so fest, daß die Manschetten fast die Blutzirkulation unterbrechen. So sitzt du angeleint auf dem Vordeck und versuchst krampfhaft, Gischt und Dunst vor dem Bug zu durchdringen, um ein paar Meter weitergucken zu können. Schaumstreifen und brechende Wellenkämme narren dich, vor den schmerzenden Augen beginnt es zu flimmern, und mit der langsam sinkenden Körperwärme nimmt die Müdigkeit zu. Nur Hände, Füße und Gesicht werden noch kälter und scheinen abzusterben. Eiswache.

Wetterberichte und Eiswarnungen über Funk sind seltener, die Empfangsbedingungen zunehmend schlechter geworden. So sind wir auf unsere eigenen Beobachtungen angewiesen und versuchen, die Wettermeldungen der anderen Yachten, die sporadisch in der "Kinderstunde" einlaufen, für uns zu analysieren. Das Wetter ist inzwischen so, wie es für diese Breiten hier unten typisch sein soll: graue Tage, an denen sich die Sonne kaum noch blicken läßt. Tiefe, dicke Cumulus- und Nimbuswolken mit wild zerfransten Kanten jagen von Kimm zu Kimm.

Die astronomische Navigation ist dadurch sehr erschwert. Selbst wenn "Klärchen", die Sonne, sich einmal milchig-weiß hinter einem dünnen Wolkenschleier blicken läßt, ist eine genaue Messung immer noch ein Kunststück. Das Schiff bockt im Seegang, der Navigator verkeilt sich irgendwo zwischen Winsch und Deckshaus und versucht den kostbaren Sextanten mit dem Oberkörper gegen das Spritzwasser zu schützen. Meist vergeblich, denn die fein zerstäubte Gischt hat nach spätestens zehn Minuten Okular und Spiegel mit einer Schlierenschicht überzogen. Die wilde Schaukelei läßt die Sonne im Okular einen hektischen Tanz über die Kimm vollführen, die durch den schweren Seegang mehr wie eine Kraterlandschaft aussieht. Dann endlich ein ruhiger Moment: „Achtung!" Die klammen Finger drehen noch ein wenig an der Trommel: „Jetzt!"

Der Ruf ist eine Erlösung für den zweiten Mann im Niedergang, der minutenlang auf die Quarzuhr gestarrt hat, um ja keine Sekunde zu versäumen. Nur keine Ungenauigkeit! Die nächste Sonne kann tagelang auf sich warten lassen.

Seit ein paar Tagen geistert ein Gespenst durch das Schiff, eine Rentnerin. Sie ist Andreas im Traum erschienen. Plötzlich tauchte sie auf, grau und runzlig, aus einem Loch zwischen Navigatorsitz und Käptnskoje. „Wie kann sie nur so groß sein?" denkt Andreas, „wo doch die Bilge so eng ist. Und was sucht sie da überhaupt?" Aber Ekhart beruhigt ihn und weist ihn auf die moralische und soziale Verpflichtung gegenüber den Alten hin. Der Traum ist so plastisch, daß Andreas fast versucht ist, die Bodenbretter anzuheben und nachzusehen.

Und er weckt die Fabulierlust. Olaf beginnt Stoffel zum Wachwechsel mit einem Märchen zu wecken. „Es war einmal ein armer kleiner Blooper, der führte im Vorschiff ein vergessenes und dunkeles Dasein. Aber wer beschreibt seine Freude? Eines Tages fühlt er sich an den Ohren emporgehoben und hochgezerrt und blinzelt für wenige Sekunden Hals über Kopf in die Sonne. Aaaaa, schreit da einer, der hängt ja verkehrt rum!, und ooooh, antwortet der andere, da muß ja was geschehen! Und pardautz! liegt der arme, kleine Blooper im Wasser, und vier Hände zerren gar schrecklich an ihm, und es macht ritsch-ratsch! Und es geht wie ein scharfes Messer durch ihn. Da schwinden ihm die Sinne, und er merkt kaum noch, wie er hochgehoben und in einen dunklen Sack gestopft wird und zurück in sein kaltes nasses Vorschiff wandert. Und wenn er nicht gestorben ist, dann liegt er heute noch dort."

Kurzum, Olaf und Ekhart hatten den Blooper falsch herum angeschlagen, und hinfort zierte ein kleines dezentes Kreuz seinen Namen in der

Liste der Segel. De mortuis nil nisi bene. Und schließlich war uns ja auch der Triradial, zu dessen Ergänzung er extra geschneidert worden war, bereits gestorben.

Nässe und Kälte haben den Alltag an Bord schwergemacht. Unaufhörlich schleudert eine verrückte Kreuzsee Welle auf Welle über das Deck. An einigen Stellen scheint das Teakstabdeck nicht ganz dicht zu sein, und es tropft durch Lüfter und Skylights. Über der Pantry schwappt eine große Wasserblase in der Vinylbespannung und sucht sich einen Weg durch die Deckenlampe. Wenn das Boot überholt, schießt aus ihr ein dicker Wasserstrahl. Beinah schlimmer noch ist das ständige Tropfen aus dem Deckslicht über der Back. Wer darunter sitzt, erleidet die chinesische Folter. Am schlimmsten jedoch ist Opa dran. Seine Koje ist klatschnaß. Mit einer Plastikfolie versucht er die dünnen Rinnsale hinter seine Matratze zu leiten. Der Erfolg ist nicht besonders überzeugend.

Ekhart fehlen zum Wikinger eigentlich nur etwas Masse und das richtige Jahrhundert. Er ist blond, blauäugig und kernig. Sein Lachen wärmt, und sein Stolz kann schroff verletzen. Sein Auftreten ist bestimmt und seine Erscheinung von robuster Männlichkeit. Wer ihn kennenlernt, wird dies sofort für seine wesentlichen Eigenschaften halten. Doch es gibt Phasen, in denen sich Ekhart grüblerisch in sich selbst zurückzuziehen scheint, ungesellig und stumm, ein Einzelgänger.

Ekhart segelt von Kindesbeinen an. Irgendwann stieg er einmal vom "Pirat" auf seegängige Schiffe um und ist seither Zehntausende von Seemeilen Blauwasser gesegelt. Ins Eis der Arktis mit dem alten WALROSS, auf der SAUDADE mit Bernie Beilken um den Senatspreis, durch den stürmischen Indischen Ozean auf Frachtern – da kommt ein ganzer Sack Erfahrung zusammen und manchmal so etwas wie Überlegenheitsgefühl. Die Selbstsicherheit seiner Entscheidungen ist beeindruckend.

Andere, leisere Töne fallen dann plötzlich besonders auf. „Meditation", sagt Ekhart, „Zen." Seitdem er mehrfach in China war, wo er für Studien über ökologische Probleme und gesellschaftlichen Wandel recherchierte, beschäftigt er sich mit Erkenntnismethoden jenseits der einseitig logisch-analytischen europäischen Denkweise.

Die Stammcrew, keiner der sieben ist beim Start zur Regatta älter als 25, hegt hohe Erwartungen in den Schiffer. Insgeheim hoffte vielleicht jeder von ihnen, daß sich der überraschende Erfolg der ersten Etappe noch steigert. Doch Ekhart greift während der ersten Woche kaum in das Geschehen an Bord ein. Mit seiner Verfassung steht es nicht zum Besten. In den Wochen vor dem Start hat er mit seinen Kräften Raubbau getrieben. Ein Manuskript mit Beiträgen verschiedener Autoren über utopische Siedlungsformen mußte druckreif gemacht werden. Eine Woche vor Abflug wird es ihm aus dem Wagen gestohlen. In Tag- und Nachtarbeit versucht Ekhart zu retten, was zu retten ist.

Er will die Crew nicht überrollen, die bisher so erfolgreich gesegelt ist, und beschränkt sich zunächst darauf, die Stärken und Schwächen der einzelnen Mannschaftsmitglieder zu erforschen. Bei passender Gelegenheit will er sie korrigieren. Vielleicht wartet er zu lange mit der Diskussion. So ist der Skipper unzufrieden über Segelführung und die Neigung der Rudergänger, für Manöver zu früh und zu sehr abzufallen. Die Crew erlebt ihn selten gelöst und fröhlich, fühlt sich wohl auch zu selten gelobt und beginnt langsam, die kleinen Verdrießlichkeiten der Reise auf ihn zu häufen. So sind Mißstimmungen vorprogrammiert, die unterschiedlichen Ansichten, strittige Entscheidungen und unbedeutende Ereignisse an Bord ohnehin leicht auslösen können.

Seit zwei Tagen haben wir Wind und See ziemlich von vorn. Dann sind wir an der Vorderseite eines Tiefs, dessen Kern uns in der Nacht südlich passiert. Der Wind dreht von Nord auf Nordwest; am frühen Morgen wird der Starcut gesetzt. Schon zwei Stunden später weht es aus Westen. Höchste Zeit zum Schiften. „Drei Stunden ununterbrochen auf dem Vorschiff geackert", notiert Wolfgang in sein Tagebuch. „Es dauert alles sehr lange, weil wir mehr kriechen als gehen können. Ständige Seeduschen. Ekhart will unbedingt den Starcut schiften – bei dieser idiotischen Kreuzsee und Windstärke 7 ein sehr riskantes Manöver. Außerdem: Wo soll der Achterholer belegt werden? Jetzt an Backbord wird er über den Coffeegrinder geführt. Der Zug soll über einen Stopperstek abgefangen werden. Alle murren, weil keiner, mich eingeschlossen, an einen guten Ausgang eines solchen Schiftemanövers glaubt. Neun Knoten Fahrt, und in manchen Seen ruckt es mit mehreren Tonnen an den Schoten. Ekhart bleibt stur. Er setzt einen Stopperstek auf die nasse Schot und versucht sie über eine andere Winsch zu entlasten. Es gelingt nicht. Also: Spinnaker bergen, nachdem vorher der schwere Reacher wieder gesetzt ist. Es dauert alles unendlich lange; die Lifelines hängen immer wieder an irgendwelchen Schoten, müssen umgeklinkt werden, sind Fallstricke für die Füße. Meine Finger sind kalt; mit Handschuhen wird man noch langsamer. Total fertig hangele ich mich in die Koje."

Am Abend verschafft uns die Heizung etwas Erleichterung und Wärme. Die Laune jedoch hat gelitten. Wir befinden uns oberhalb des 51. Breitengrades, und einige von uns meinen, wir seien schon jetzt zu weit nach Süden gegangen. Dabei segelt niemand in der Flotte nördlich des

50. Breitengrades. Die Tiefdruckgebiete ziehen in diesem Jahr ungewöhnlich weit im Norden. Entsprechend kommt der Wind am nächsten Nachmittag direkt von vorn, und wir müssen kreuzen. Erst in der Nacht können wir wieder anliegen, und teilweise weht es achterlicher als querab. Angesichts der Eisberggefahr und der widerlichen Seen scheuen wir uns, unter Spi zu reisen, und baumen den schweren Reacher aus. Es ist ein Kompromiß, und einige sind der Ansicht, es sei ein fauler.

Die Quasselstunde am Freitag, dem 13., bringt schlechte Nachrichten: Wir sind zurückgefallen. Doch was zählt das schon viel gegenüber dem, was anderen Yachten widerfahren ist. SAVE VENICE, die schon recht tief im Süden steht, hat den Großbaum gebrochen. 33 EXPORT muß aus dem Rennen aussteigen: Ihr kam der Mast von oben, und Thomas Phillipe und Phillipe Schaff steuern die Kerguelen an, eine Inselgruppe, die zu Frankreich gehört.

Der "Antarctic Pilot" beschreibt die Kerguelen als unberührte Wildnis. Sofort umspielt die Phantasie dieses Stückchen waldloser Erde inmitten des Ozeans. Während Ekhart von Exkursionen ins Landesinnere träumt, meint Opa: „Vielleicht sollten wir da auch mal vorbeigucken und uns ein paar frische Kräuter für die Küche holen." Nur Christian bleibt bei der Sache: „Wie die da an einen neuen Mast kommen wollen, ist mir schleierhaft, die finden da nicht einmal einen Telegrafenmast, um sich einen daraus zu schnitzen."

Mehr als 800 Seemeilen vor dem Feld, auf 083"E, bekämpfen sich FLYER und CERAMCO. Nach 14 Regattatagen liegen sie nur zehn Seemeilen voneinander entfernt. Eineinhalb Tage dahinter beharken sich KRITER und CHARLES HEIDSIECK in Sichtweite. TRAITÉ meldet, daß sie in 100 Meter Abstand neben der BELGIUM segelt. Beide liegen noch etwas hinter uns auf etwa 057° E, stehen aber 90 Seemeilen weiter im Süden und somit auch dichter am günstigen Großkreiskurs.

Es dauert noch zwei Tage, bis die Crew die Nackenschläge verdaut hat. Dann ist das Spinnaker-Trauma überwunden. Die Morgenwache am Sonntag bindet das dritte Reff ein und setzt "das Blech". Selbst die harten Schneeböen, die bis zu 8 Bft erreichen, und die Temperatur am Nullpunkt können das Vergnügen nicht schmälern. Mit 16 Knoten Fahrt surft das WALROSS die Wellen hinab, und auch nach dem Durchlaufen einer See geht die Geschwindigkeit kaum unter zehn Knoten. Opa zaubert "als Belohnung" in einer Sternstunde der Yachtkochkunst ein Sonntagsmenü:

– Vorsuppe "Nirwana 3.2" (die Ziffern bedeuten, daß es sich um die zweite Überarbeitung der dritten Suppe auf dieser Etappe handelt)

- Steak "Kerguelen" aus gefriergetrocknetem Bouletten-Mix, con mole, einer Soßenkreation, in der Zwiebeln, Tomaten und Mandeln mit Zimt und Schokolade abgeschmeckt sind
- Squash, eine südafrikanische Kürbisfrucht von der Größe einer Pampelmuse, die wie das Kind einer Kartoffel schmeckt, die mit einer Schmorgurke fremdgegangen ist. Opa füllt den Kürbis mit einer Butter-Käse-Füllung und überbackt sie im Ofen.
- Nachtisch: Birne Helene
- Kap-Riesling

Die Freude hält keinen halben Tag. Kurz nach Mitternacht kommt der Sturm-Spi von oben. "Das Blech", das seinen Namen von dem metallischen Geräusch erhalten hat, das es beim Aufklappen von sich gibt, kann nach zehn Minuten geborgen werden. Meter für Meter wird das Segel untersucht, doch ist kein Schaden festzustellen. Nur der Wirbelschäkel ist weg. Er hat sich in seine Einzelteile aufgelöst. Langsam beginnt sich um dieses Segel der Mythos der Unzerstörbarkeit zu ranken: Den Spi kriegen wir nicht klein, eher schafft der das Schiff.

Die böse Überraschung kommt am Morgen bei einem Blick auf die Spinnakerbeschläge: die Niro-T-Schiene des "Fahrstuhls", an dem der Spi-Baum am Mast hochgefahren wird, ist weiter verbogen. Schon vor einer Woche hat sie nach einer Patenthalse die erste Welle gezeigt. Der untere Schlitten ist in der Führung so stark ausgelutscht, daß wir befürchten müssen, er könnte bei ungünstiger hoher Belastung ganz von der Schiene abspringen.

Christian holt den großen Hammer an Deck und richtet, rücklings auf dem Spi-Baum sitzend, die Schiene so gut es geht – aber das Material federt stark. Er gibt erst auf, als ihm vor Kälte der Hammer aus der Hand fällt. Ein Ersatzschlitten, der noch nicht ganz so ausgeleiert ist, wird an die Stelle des unteren alten angebaut. Christian markiert mit Filzstift am Mast die Stelle, wo die Schiene verbogen ist und der Lift deshalb in Zukunft anhalten sollte.

Die Nockbeschläge werden mit Gurtband provisorisch gesichert, dem gleichen, aus dem auch unsere Sicherheitsleinen bestehen. Gegen Mittag geht schließlich wieder ein Spi hoch: Es hat auf WNW 6 aufgebrist, typisch für einen Frontdurchgang, und Ekhart entscheidet sich für den alten Sturmspinnaker. Trotz ihrer flachen Schultern kommt die Blase mächtig ins Schaukeln, und an den Nähten, vor allem im Kopfbereich, kann man sehen, daß das Tuch schwer arbeitet. Das Segel ist zehn Jahre alt, und Wind, Salzwasser, und UV-Strahlen haben die Elastizität des Materials merklich beeinträchtigt.

Nach einer halben Stunde gibt der alte Spi auf: Der Kopf reißt ab, und da wir fast platt vor dem Laken laufen, gibt es das übliche Tohuwabohu. Das Segel ist unter dem Schiff, das mit wenig Fahrt in den Seen stampft und schlingert. Das Deck ist übersät mit Leinen, wie ein ausgekippter Spaghettitopf. Die Wache macht sich fluchend daran, die Reste unter dem Schiff hervorzuzerren oder abzuschneiden. Die Männer sind gereizt, sie sparen nicht mit ruppigen Kommentaren und Vorwürfen an die Adresse des Schiffers.

An der Frage, welches Segel nun zu setzen sei, entzündet sich eine heftige Diskussion. Schließlich einigt man sich, nachdem es bis Windstärke 8 aufgebrist hat, auf die Arbeitsfock, die ausgebaumt werden soll. Dazu soll der Spi-Baum noch mit einem Achterholer gesichert werden. Ein Beschlag dafür an der Baumnock fehlt; so knotet Ekhart einen Ring mit Gurtband an der Nock fest, der den Zweck erfüllt.

Über all den Arbeiten ist die Ablösezeit längst verstrichen. Opa meutert, weil er das Essen nicht mehr warmhalten kann. Schließlich übernimmt um 15.00 Uhr die Backbordwache; sie klart den Rest auf und setzt das Segel, während eine durchgefrorene und durchnäßte Wache unten um die Back sitzt.

Die "Kinderstunde" am nächsten Morgen gibt das erwartete trostlose Bild: Nur ILGAGOMMA ist noch eindeutig hinter uns. Die Enttäuschung sucht nach Gründen, also auch nach Schuldigen. In der Diskussion unten im Salon beginnt sich Fatalismus auszubreiten. Da ruft es an Deck: „He, kommt mal rauf, da vorne, da ist ein Spi!"

Kurz darauf stehen Freiwache, Schiffer und Smut an Deck, ohne Ölzeug und schlotternd vor Kälte, und starren nach Steuerbord voraus, wo von Zeit zu Zeit ein gelb-schwarzer Spinnaker hinter den Seen auftaucht. Hier unten segeln nur Verrückte, es muß eine Regattayacht sein. Sollten wir doch nicht so schlecht liegen, wie wir vermuten?

Plötzlich fühlen wir uns nicht mehr allein. Mit einmal segeln wir nicht mehr gegen Punkte auf der Seekarte, gegen imaginäre Gegner wie Zeit, Müdigkeit und Kälte. So schnell wie uns der Mut verlassen hat, kehrt er zurück. Wenig später wölbt sich wieder ein Spinnaker vor dem Mast, "das Blech"! Noch steuert der Rudergänger wie auf rohen Eiern, noch wandern besorgte Blicke über Spi-Baum und Beschläge. Doch da ist ein Gegner, ein Ziel, das herausfordert. Es ist die CROKY, wie die abendliche "chat-hour" bestätigt.

Nach drei Tagen ohne Sonne oder Sterne haben die ersten auswertbaren Sonnenstandlinien eine unerklärliche Versetzung um 60 Seemeilen nach Norden ergeben. Wir vermuten den Grund beim Kompaß. Hier in der Nähe des magnetischen Südpols spielt er zunehmend verrückt. Er kommt nicht zur Ruhe, hakt oder dreht sich plötzlich im Kreis. Langsam beginnen wir zu begreifen, daß die Frage eines alten Whitbread-Hasen: „Habt ihr einen Süd-Kompaß dabei?" ein bißchen mehr als nur ein dummer Witz gewesen ist. In dem Gebiet, durch das wir segeln, treten Mißweisungen bis zu 50° auf, und die vertikalen Magnetlinien stören Kraft und Eindeutigkeit des horizontalen Magnetfeldes. Der Rudergänger, der bei kippeligen Kursen und bei schlechter Sicht unbedingt auf den Kompaß angewiesen ist, wird böse genarrt: Scheinbar auf Kurs, so sagt es jedenfalls der Kompaß, ist das Schiff tatsächlich langsam um 30, 40° abgefallen und einer Halse gefährlich nahe. Plötzlich kommt die hakende Kompaßrose frei. In den müden, von Salzwasser geröteten Augen des Mannes am Rohr flackert Panik. Die Zahlen auf der Rose rauschen am Steuerstrich vorbei, hektisches Gekurbel am Rad, bis das WALROSS wieder auf Kurs liegt, im Kielwasser ein deutlicher Pißbogen. Erst langsam gewöhnen wir uns daran, dem Kompaß zu mißtrauen. Dennoch bleibt der Windrichtungsanzeiger meist ausgeschaltet, um Strom zu sparen.

Im Schiff ist nichts mehr trocken, alles ist klamm und kalt. Bei Außentemperaturen knapp über dem Gefrierpunkt herrschen unter Deck im Schnitt zehn Grad Wärme. Der Unterschied reicht aus, um Unmengen von Schwitzwasser zu bilden, das an den Innenwänden herunterläuft und die Klamotten in den Schapps durchnäßt, wenn sie nicht in Plastiktüten gepackt und verklebt oder sogar verschweißt sind. Wenn das WALROSS stark überliegt, steigt das schmierige Bilgenwasser herauf. Die Bodenbretter, vor allem in der Pantry, sind so rutschig, daß Opa Scheuersand streuen muß oder Handtücher auslegt, um arbeiten zu können. Ausgestiegenes Abwaschwasser, verkleckerte Soßen, Brotkrümel und Haare tun ein übriges. Der Petroleumherd, über dem zahllose Handschuhe, Mützen und Strümpfe baumeln, produziert etwas Wärme, aber auch wieder jede Menge Feuchtigkeit.

Einzige Hilfe im Kampf gegen die Nässe ist die Heizung. Da wir nicht genügend Diesel haben, wird sie nur zweimal am Tag für etwa 15 Minuten angestellt, meist nachts, um der Freiwache den Wechsel vom warmen Schlafsack in die kalten, nassen Klamotten etwas zu erleichtern und der abgelösten Wache die Möglichkeit zu geben, sich und ihre Stiefel und Handschuhe noch etwas zu erwärmen.

Nach zehn Tagen Arbeit gibt die Heizung ihren Geist auf.

Das Bordleben kommt zum Erliegen. War es sonst üblich, nach dem Wachwechsel noch ein halbes Stündchen zusammenzusitzen, eine Pfeife zu rauchen und einen Drink zu nehmen, so verschwindet nun jeder so schnell wie möglich in den Schlafsack, den einzigen trockenen Platz an

Bord. Zudem macht zu wenig Schlaf noch kälteanfälliger und das Aufwachen und Anziehen noch grausamer. Am meisten leidet Opa, der sonst, vor allen Dingen abends, gern mit der Freiwache ein kleines Schwätzchen hielt. Jetzt wird er angemuffelt, wenn kein heißes Wasser für die Wärmflaschen da ist, die sich immer größerer Beliebtheit erfreuen. Ohne sie sind die Füße nicht mehr warmzukriegen. Es gibt kaum einen widerlicheren Gedanken, als mit kalten Füßen aufzustehen und auf die nassen Bodenbretter zu treten. Schon das Anziehen ist schrecklich genug. In Stoffels Tagebuch ist die Prozedur beschrieben: „Unterwäsche habe ich auch beim Schlafen an, dann nacheinander Faserpelzsocken und Faserpelzoverall anziehen, auf die Toilette gehen, dann die Stiefelsocken an, Gummistiefel, Islandpullover und Faserpelzmütze. Es folgen die Bankräubermütze aus Seide, Ölhose, Öljacke und Lifebelt. Dann Kapuze zu, Wollhandschuhe an, Gummihandschuhe an, schon fertig. Wer einen Fehler in der Reihenfolge macht, zum Beispiel das Pinkeln vergißt oder die Kapuze nicht zumacht, bevor er die Handschuhe anzieht, wird gleich um zehn Minuten zurückgeworfen. Zum Schluß ist man froh, endlich an Deck zu sein."

Das Leben an Bord ist auf die menschlichen Grundbedürfnisse reduziert und allein von der Notwendigkeit bestimmt, das Schiff zu segeln und zu navigieren. Die Konversation wird immer einsilbiger, und "Sprüche" ersetzen zunehmend längere Stellungnahmen. Man kann nicht sagen, daß die Crew dabei unzufrieden ist. Im Gegenteil, in dieser Beschränkung erleben wir kleine Freuden mit ungleich stärkerer Intensität: Schlafen, Essen, gute Verdauung, ein warmer Schlafsack und eine Wache ohne nasse Füße gewinnen eine außerordentliche Bedeutung. Die Sonne, ein gutes Etmal, ein Albatros erzeugen kleine Glücksgefühle.

Mittlerweile ist das Wachsystem modifiziert worden: Der Schiffer geht die Frühwache von 4.00 bis 8.00 Uhr mit, die unbeliebte, während der eigenartigerweise in der letzten Zeit am meisten passiert ist. So kann jeweils ein Wachgänger durchschlafen, und alle acht Tage bekommt jeder einmal acht Stunden Nachtschlaf mit anschließendem freien Vormittag – insgesamt 14 Stunden "Urlaub". Ein Schild mit der Aufschrift „Bitte nicht wecken" macht kenntlich, wer Durchschläfer ist. Das neue System soll verhindern, daß das anwachsende Schlafdefizit die Leistungsgrenze der Wachgänger unverantwortlich beeinträchtigt. Es bewährt sich glänzend und wirkt sich sofort positiv auf das reduzierte Bordleben aus – ein ausgeschlafener Mann kann Wunder wirken.

Segeln in Starkwind ist die Kunst, immer das richtige Segel zur Hand zu haben und hochzuziehen. Herunter kommt es im Zweifel von ganz allein. Dies scheint die Philosophie der Regatta zu sein. Mitleidlos werden die Yachten durch die rauhe See geknüppelt. Es fliegen so viele Spinnaker weg, daß es in der Funkstunde schon gar nicht mehr kommentiert wird. Unter den französischen Yachten ist offenbar ein Wettbewerb ausgebrochen, wessen Segelsäcke zuerst leer sind, und welchem Segelnäher als erstem das Material ausgegangen sein wird. GAULOISES III kämpft dabei noch mit besonderen Schwierigkeiten. Sie zieht nach rechts und provoziert gefährliche Ausbrüche aus dem Kurs. Jedesmal wenn sie unkontrolliert aus dem Kurs läuft, geht ein Spi zu Bruch, bricht eine Baumnock oder reißen Schoten. Dagegen hat der Segelverschleiß auf CHARLES HEIDSIECK und KRITER normale Ursachen. Alain Gabbay, der Draufgänger, aber auch der alte André Viant, "le patron", wie ihn die Franzosen respektvoll nennen, lassen die Segel bis zur letzten Sekunde stehen.

Das ist der Zeitpunkt, zu dem Eric Tabarly sie auf EUROMARCHÉ setzen läßt. Alain "le Grand", einer der vier Rekruten, die an Bord der Yacht des Marineoffiziers abkommandiert worden sind, berichtet: „Das Schiff ist schwer, und wenn der Spi bei starkem Wind einfällt, bekommt er wahnsinnigen Druck, wenn er sich wieder bläht. Das hindert Tabarly nicht, bei 18 Knoten Fahrt und 35 Knoten scheinbarem Wind zu kommandieren: 'Heißt vor den Spi!' Wir glaubten erst, er macht Witze. Aber er gab das Kommando ganz normal, und da haben wir den Spi eben doch angeschlagen und das Manöver wie immer gefahren. Und siehe da, es ging gut. Es hätte auch gar keinen Sinn gehabt, es nicht zu tun. Eric hätte sich bestimmt eine Mimik ausgedacht, um den Spi alleine zu setzen." – Tabarly gewinnt dennoch die Konkurrenz mit neun zerschlissenen Spis.

Unser Franzose an Bord ist Andreas. Er hat einige Jahre in Frankreich gelebt und auf dem Mittelmeer Regatten gesegelt. Der Unterschied zwischen seinem Segelstil und dem impulsiven, leidenschaftlich ungestümen eines Alain Gabbay ist kaum größer denkbar. Andreas ist so ruhig, daß man sich manchmal umdreht, um zu sehen, ob er überhaupt noch da ist. Bis er sich mit einer sarkastischen Bemerkung nachhaltig in Erinnerung bringt. Sonst sitzt er still und scheinbar abwesend irgendwo herum und wuchert langsam zu. Wahrscheinlich ist das sein persönlicher Trick, sich in den Mittelpunkt zu stellen, denn spätestens wenn aller Gesprächsstoff ausgegangen ist, wird er zum Mittelpunkt ausgedehnter Lästereien, bei denen er es immer versteht, das letzte Wort zu behalten.

Andreas hat die Regattahaltung einer niedersächsischen Milchkuh: Er dreht den Hintern zum Wind. In sich gekrochen sitzt er bei Kursen am Wind in Luv seitlich vom Rad und blinzelt nach Lee. Seine Feinmotorik scheint asymmetrisch entwickelt und ihren Sitz in seinem Achtersteven zu haben. Kaum je einmal wirft er den Blick auf Kompaß, Segel oder Welle. Auf eine geheimnisvolle Weise hält Andreas Kurs, segelt Wellen aus, hält die Segel gut gefüllt.

In der Nacht zum 19. November fällt der Barograph in einer steilen Kurve auf 986 Millibar ab. Wir rechnen mit dem schlimmsten, doch außer einer Winddrehung von NE auf SW passiert zunächst überhaupt nichts. Wir laufen prächtig unter dem "Blech", als am Vormittag der Wind dann doch kräftig zulegt und volle Sturmstärke erreicht. Der Spi muß weg. Andreas steht am Ruder und ist von ungewöhnlicher Vitalität. Er arbeitet hart, um den gehaßten "Sonnenschuß" zu verhindern. Das WALROSS schiebt eine enorme Bugwelle vor sich her, das Speedometer zeigt oft mehr als zwölf Knoten an. Ekhart will erst den schweren Reacher unter dem Spi setzen lassen, um ihn dann leichter in Lee dieses Segels bergen zu können. Die kurze Diskussion ist Andreas schon zuviel: „Egal, aber macht schnell!"

Als das schwere Segel vorne klar zum Setzen an Deck liegt, rollt das Schiff kräftig. Stoffel hockt im Bugkorb, um das Vorliek in die Führung des Profilvorstags einzufädeln. Ekhart kurbelt am Fall. Das Segel ist schon halb gesetzt, als das WALROSS in einer langen See kräftig nach Backbord überholt. Von Lee steigt eine See unter den noch an Deck liegenden Teil des Segels ein und zerrt es unter der Reling hindurch außenbords. Dort erfaßt es die Bugwelle und reißt es mit enormer Kraft nach achtern. „Fest, runter damit!" brüllt Stoffel, und mit äußerster Kraft gelingt es, das Tuch der See wieder zu entreißen und an Deck zu zerren. Die Relingsstütze, um die herum das Segel außenbords gespült worden ist, ist geknickt. Doch schlimmer noch: Der Wasserdruck hat den Reacher aus dem Profilvorstag gerissen und das Vorliek zerstört.

„Scheißegal", brüllt Andreas, „der Spi muß weg!"

Hinter ihm steht eine drohende, schwarze Wolkenwand. Stoffel hakt sich am Vorstag ein und turnt, den Marlspieker in der Hand, auf dem Bugkorb herum, um das Segel am Baum auszureißen. Der Schnappschäkel will sich unter der Last nicht öffnen. Schließlich geht er mit einem Knall auf, der plötzlich antlastete Achterholer reißt den Spi-Baum zurück und Stoffel den Marlspieker aus der Hand.

Nach dem Einsammeln können wir aufatmen: "Das Blech" und die maroden Beschläge haben gehalten. Grinsend verlangt Andreas nach einer Zigarette; trotz der Kälte stehen ihm kleine Schweißperlen auf der Stirn. Ein Blick auf den schweren Reacher läßt uns dann erschrecken: ein langer Riß am Kopf, mehrere kleine Löcher, die wohl die Relingsstütze gerissen hat, und ein schwerer Schaden am Vorliek – etwa acht Meter sind von oben gerissen und unbrauchbar geworden. Jetzt auch noch der Reacher, das wichtigste Segel bei unserer Spinnakernot.

„Ohne den sind wir Neujahr noch nicht in Auckland", sagt Wolfgang. Und Burkhart vergeht sich an der Bordordnung: „Dann fahren wir eben nach Australien und lernen von den Känguruhs, wie man mit leerem Beutel große Sprünge macht!" Solche Bemerkungen sind an Bord eigentlich Andreas vorbehalten.

Es ist klar, die Büdelneiher müssen versuchen, den Reacher zu reparieren. Nur ist vorläufig gar nicht daran zu denken. Es hackt mit neun Windstärken aus SSW, und unter Fock II bricht unser Boot mit mehr als acht Knoten Fahrt durch die chaotische Kreuzsee, steckt die Nase tief in die Wellen, schaufelt Kaskaden von Wasser nach achtern, die sich schäumend an Aufbauten und Winschen brechen. Zum Nachmittagstee fällt das Schiff in dem wilden Seegang in ein abgrundtiefes Loch. Mit ungeheurer Wucht stürzen Tonnen von Wasser auf das Deck und krachen in die Fock. So ein Loch hat ALASKA EAGLE auf der ersten Etappe ein paar Spanten gebrochen. Bei uns gibt nur das Segel nach, das Schothorn reißt ab. Noch mehr Arbeit für Carsten und Stoffel. Die Wache wechselt auf die Standard-Schwerwetterbesegelung eines modernen Kutters, und wir düsen unter Fock und Klüver wieder ab. Der Sturm läßt auch in der Nacht nicht nach und weht weiter mit über 50 Knoten Geschwindigkeit. Wir segeln hart und schnell, am nächsten Tag können wir uns über ein Etmal von 214 Seemeilen freuen.

Das kalte Wetter zeigt erste Auswirkungen: Ekhart sind die Füße angefroren. Seit einigen Tagen klagt er über starkes Jucken und Kribbeln in den Zehen, die außerdem sehr druckempfindlich sind. Trotz der täglichen warmen Fußbäder sind sie nun stark gerötet. Die langen Ruderwachen, zu denen er sich um so mehr drängt, je heftiger der Wind bläst, bekommen ihm offenbar nicht. Aber er strahlt und scheint dabei die Schmerzen nicht zu spüren. Auch heute steht er wieder stundenlang am Ruder.

Von den Yachten vor uns mehren sich inzwischen die Eismeldungen, vor allem die weiter im Süden stehenden berichten von "plenty of icebergs". SWEDISH ENTRY schildert, wie sie eines Morgens völlig von Eisbergen umgeben war. Am Tag nach dem Sturm, wir stehen auf 52°12' S 091°56' E, kommt der Ruf, auf den alle schon lange gewartet haben: „Eis! Eis!"

Tage- und vor allem nächtelang hatte es uns schon beschäftigt. Was ist, wenn ein Eisberg bei schlechter Sicht plötzlich im Weg liegt? Oder ein Feld von kleinen Growlern? Die Unsicherheit gegenüber dem Verborgenen, Unheimlichen, das irgendwo in der Nacht da draußen auf uns wartete, flüchtete sich in Sprüche. Sie täuschten Sicherheit und Stärke vor, wo nichts als heimliche Furcht war. Angeblich waren noch keiner Yacht der Flotte nachts Eisberge begegnet, aber in der Funkstunde beschäftigten sich alle mit diesem Problem. Warum nicht nachts? Der Skipper der BERGE VIKING findet den rettenden Spruch: „Well, I think, they go to sleep at night." Danach wird darüber nicht mehr gesprochen.

In Lee voraus ist im Dunst ein grauer Klotz zu erkennen, an Backbord querab ein weiterer, kleinerer. Wir fallen 20° ab, um ihn in etwa einer halben Meile Abstand an seiner Luvseite zu passieren. In Lee wäre vermehrt mit den gefährlichen kleinen Growlern zu rechnen. Beim Näherkommen nimmt der graue Klotz Farbe und Gestalt an. Schließlich liegt er vor uns, strahlendes Weiß, das in den Spalten und Vertiefungen in ein intensives Türkis übergeht. An seinen steilen Flanken klatschen die Wellen meterhoch empor. Majestätisch und ehrfurchtgebietend liegt der Eisberg in der aufgewühlten See. „Es ist ein Gletscherkalb", sagt Ekhart, „Tafeleisberge vom Schelfeis sind viel flacher und nicht so unregelmäßig zackig und zerrissen."

Die Crew hat sich vollzählig an Deck versammelt und betrachtet fasziniert das Naturschauspiel. Beinahe übersieht Andreas dabei einen Growler, dem er in letzter Minute ausweichen kann. Die Filmkameras surren. Unzählige Seevögel kreisen um den Eisberg: die kleinen grauweißen Schwalben, die flink manchmal nur wenige Zentimeter über der aufgewühlten Wasseroberfläche entlangsausen, sich für eine Sekunde darauf niederlassen und vor der nächsten Welle davonstieben; die etwa möwengroßen schwarzen Sturmvögel und die Könige der See, die Albatrosse. Bis hier her haben uns immer welche begleitet. Hier, wo uns die Natur in berückender Schönheit zeigt, was uns töten kann, sind sie in Schwärmen.

Ein Albatros umkreist das Schiff, gewinnt mit drei, vier scheinbar matten Schlägen seiner weiten, schlanken Schwingen wieder Höhe und gleitet eine lange Zeit neben uns her. Unverwandt mustert er uns mit seinem stillen, dunklen Blick, der vielleicht schon die Viermastbarken durch die "Forties" hat rauschen sehen. Hunderte, ja tausende Seemeilen vom festen Land entfernt, fliegen sie da über der Brandung und den schroffen Eiswänden, und man fragt sich unwillkürlich, wie sie hier überhaupt überleben können. Was uns feindlich begegnet, Eis und die Unwirtlichkeit der Wasserwüste, was vieler Menschen Tod bedeutete, ist ihr Lebensrevier, ist Lebensraum für Abertausende von Tierchen und Tieren. Uns erscheinen die Seevögel, Symbole endloser Reisen, hier merkwürdig und sonderbar. Dabei sind wir es, die Fremden, geduldete Gäste auf der Durchreise zurück zu unserer Welt.

Die Zyklone ist weitergezogen und wirbelt die Yachten voraus durcheinander. BERGE VIKING gerät in Bedrängnis, als sie in einer Bö die Segel nicht herunterbekommt. Schoten und Fallen starren von Eis, und die Segel sind im Rigg festgefroren. Nichts bewegt sich mehr. Auf OUTWARD BOUND müssen die Winschen mit heißem Wasser wieder gängig gemacht werden. Aber auch dann gelingt es nicht, das dritte Reff ins Großsegel zu stecken. Für die Spanier auf der LICOR 43 wird der Alptraum wahr, den jeder von uns verdrängt hat: entmastet, mitten im südlichen Ozean, im Eis der "Rasenden Fünfziger". Joaquin Coello will versuchen, unter Notrigg Tasmanien anzulaufen.

Derweil dümpeln wir in der "Idiotenschaukel". Die einzigen, die sich über den schwachen Wind freuen, sind die Segelmacher. Nun können sie endlich den Reacher reparieren. Schon unmittelbar nach der Havarie hatten sie den Riß am Kopf mit einem Flicken versehen, die Liekleine aus dem zerfetzten Vorliek herausgetrennt und die Kanten gesäubert. Nun wird die Back festgestellt, die schwere Nähmaschine mit Schraubzwingen an ihr befestigt und zum erstenmal der Elektromotor am Nähmaschinenkasten angeschraubt. Bisher mußte ein Kurbeltiger an der Handkurbel Sklavenarbeit leisten; nun braucht er nur noch Gas zu geben. Der Strom, 220 Volt, kommt vom Konverter der Funkanlage.

Stoffel näht die herausgerissene Liekleine auf schmale Streifen Segeltuch, die eigens für solche Zwecke mitgefahren werden. Die Liekleine muß möglichst stramm in der Mitte des Streifens eingenäht werden, damit sie später reibungslos in der Führung im Vorstag gleiten kann. Besonders schwierig gestaltet sich der Übergang von dem neuen Liekstreifen in das alte, nicht abgerissene Liek. Doch der schwierigste Teil kommt erst noch. Da es den Zug des Falls auf das Segel übertragen muß, ohne daß die Nähte krachen, muß das Vorliek vorgereckt am Segel befestigt werden. Beim Segelmacher auf dem Schnürboden ist das kein Problem. Aber unten, im Bauch einer Yacht?

Zum erstenmal profitieren wir von der Überlegung des Voreigners des WALROSS, der, entgegen dem Serienbaukonzept, sämtliche Durchgänge unter Deck auf die Steuerbordseite hat legen lassen, um während Dreiecksregatten auch größere Segel unter Deck aus- und zusammenlegen zu können. Carsten und Stoffel schleppen das Segel ins Vorschiff und befestigen das Vorliek an der Stelle, wo der neue Streifen ansetzt, mit einer Schraubzwinge am Querschott. Den Rest des Segels bis zum Kopf legen sie durch den gelben und roten Salon bis in die Navigationsecke im Achterschiff aus. Dort wird an einer Stange eine Talje angeschlagen, mit dem Liekstreifen verbunden und so durchgesetzt, daß der Streifen gut gestreckt ist.

Wieviel Spannung nötig ist, das ist das Geheimnis alter, erfahrener Segelmacher. Unsere Büdelneiher lösen das Problem mit Phantasie und nach der Formel "Pi mal Daumen". Nun wird das Segel von unten zwischen die Überlappungen des Liekstreifens geführt und mit einem Takker und Stecknadeln mit dem gestreckten Streifen provisorisch verbunden. Das Ganze sieht etwas aus wie Waschtag bei einem schlampigen Junggesellen, der vergessen hat, Wäscheklammern zu kaufen.

Aber es funktioniert. Nachmittags sitzt Carsten an der Nähmaschine und näht, unterstützt von Ekhart, das fixierte Liek mit zwei Zickzacknähten an. Die alte Pfaff muß sieben Lagen schweres Tuch durchstechen und beweist ihre Klasse. Schwierigkeiten macht dabei nur das Nachfüttern des sperrigen Tuchs, das meterlang und schwer über die Back herunterhängt; es darf keine Falten geben. Die beiden geraten ins Schwitzen.

Opa, der schon vor ein paar Tagen angefangen hat, Stolle zu backen, kommt am Sonntag nicht zur Ruhe. Die Hälfte der Strecke nach Auckland ist zurückgelegt, das "Bergfest" auf die Übersegelung des 100. Längengrades programmiert. Olaf und Stoffel stehen dem Smut als Festausschuß zur Seite. Sie haben alle Hände voll zu tun und kaum einen Blick übrig für die beiden Eisberge, die am Morgen vorbeischwimmen. Sie sind kleiner als der erste, aber von verwegener Form. Den einen schmückt ein bizarres Horn, der andere entpuppt sich, von der Seite gesehen, als Zwilling. Das Tal zwischen den jäh abfallenden Gipfeln reicht bis kurz unter die Wasseroberfläche. Bläulichgrüne Seen laufen zwischen den hellschimmernden Bergen hindurch.

Am Abend ist der rote Salon mit Girlanden aus altem Spinnakertuch und kunstvoll gefaltetem Papier geschmückt; die letzten Ausgaben von "Spiegel" und "Stern" haben dran glauben müssen. Opa hat mit seinem Laken die Back weiß eingedeckt, die die Fülle kaum halten kann. In der Mitte steht eine Ananas, mit Fruchtsaft gefüllt und mit einigen Eisbergen verziert, die um ein Schild mit der Aufschrift "Bergfest 53° 16'S 100° 00' E" schwimmen. Die Liste der Köstlichkeiten ist lang: Sauerkrautsalat mit Ananas, Thunfischsalat mit Mandarinen, Wurst- und Schinkenröllchen, Bratheringe, ein Prager Schinken, Schinken-Ananas-Häppchen, Käse-Schinken-Salat mit Sahne-Whisky-Soße, Eierschiffchen mit Pfeffer-Käse-Füllung und Pumpernickelsegel, frische Schusterjungen und Käsemürbeteiggebäck in unanständiger Form. Kerzen flackern feierlich dazwischen und verbreiten rührende Stimmung.

Solche Feste werden im Verein nach festem Reglement gefeiert: Zuerst wird gesungen. Erst nach der ASV-Hymne und dem traditionellen "Freßlied" "Steckt an den Schweinebraten..." darf sich die Crew über die Köstlichkeiten hermachen, zu denen Whitbread-Bier und Kap-Riesling in Strömen fließen. Wärme und laute Fröhlichkeit breiten sich aus, die derbe und etwas alberne Stimmung typischer Männergesellschaften.

Plötzlich bricht Streit aus. Opa, Christoph und Olaf brüllen sich an, keiner versteht eigentlich, worum es im einzelnen geht. Mit hochroten Köpfen ziehen sie auf einmal Pistolen. Sie sind klein, rot und blau und aus Plastik, und ihre Munition ist Wasser. Opa hat das Lehrstück inszeniert, um auf diese dezente Weise auf Spannungen in der Crew aufmerksam zu machen. Auf dem Höhepunkt des Festes bekommt die Backbordwache rote und die Steuerbordwache blaue Wasserpistolen, damit es unter Deck ja nicht zu trocken wird...

Selbst Neptun und Rasmus scheinen mitgefeiert zu haben. Am nächsten Tag ist die Bewegung von Wind und See fast noch träger als wir. Dabei geht die blaue Linie des Barographen tief in den Keller, mit 980 Millibar erreicht sie den bisherigen Rekordtiefstand. In unseren heimatlichen Breiten würde der Sprecher des Nordsee-Wetterberichts dazu den üblichen zynischen Kommentar abliefern: „Tja, da können die Herren Segler die große Genua wohl im Sack lassen..." Aber hier unten steht die Welt eben auf dem Kopf: Wir packen die große Genua aus.

Entgegen allen Erwartungen flaut der Wind weiter ab, dreht dabei noch auf Ost – Flaute gegenan. Die Mehrheit an Bord sieht sich in der Ansicht bestätigt, wir seien zu weit nach Süden gegangen, der Vorteil des kürzeren Weges werde nun aufgewogen durch die schwachen Winde. Ekhart verteidigt seine Navigation und verweist auf die Positionen der anderen Yachten auf unserer Breite. Und da liegen einige vor uns. Diejenigen, die gleich zu Beginn des Rennens nach Süden gehalten hatten, waren anfangs sogar vorne gelegen; erst später nahm bei ihnen der Wind ab. Und oben im Norden, um den 51. Breitengrad, fanden auch nur FLYER und CERAMCO günstiges Wetter. Hinter ihnen tat sich nach gut zwei Wochen ein Loch auf, Störungen in der Westwinddrift, die ihre Konkurrenten böse zu spüren bekamen.

Da half auch die beste elektronische Ausrüstung nicht mehr. Ohnehin ist in der Flotte der Wert der Wetterkartenschreiber umstritten. Tabarly, der hinter den Führenden zurückbleibt, wirft schon lange keinen Blick mehr auf die Karte. Er hat sich für einen Kurs entschieden und segelt, so gut es der Wind erlaubt. Auch Phillipe Poupon auf MOR BIHAN ist mit dem Wetterfax unzufrieden: „Du siehst darauf ein Tief, und es rauscht so schnell durch, daß es völlig unsinnig ist, den Kurs zu ändern. Du kriegst nichts davon ab." Peter Blake dagegen schwört auf sein Gerät, ein amerikanisches Produkt, das die Karten doppelt so groß wie normal ausdruckt: „Auf einem normalen Ausdruck ist es tatsächlich unmöglich, die Wetterentwicklung genau zu analysieren. Und diese Analyse ist einfach wichtig."

Auch als die Barographenkurve wieder langsam ansteigt, bleibt der Wind aus. Es steht ein toter, schlapper Schwell, und wenn die Kälte und der Nebel nicht wären, könnte man glauben, man segele in den Doldrums. Wir sitzen im Kern eines nahezu stationären Tiefs wie die Maus in der Falle. Selbst unsere treuen Begleiter, die Seevögel, lassen sich nicht blicken. Dafür besuchen uns drei Wale von zehn bis fünfzehn Meter Länge und umkreisen das träge dümpelnde WALROSS. Die Segel flappen so unerträglich, daß wir die Genua bergen und das Großsegel mittschiffs knalldicht schoten und das Flachreff setzen. Nachts hören wir Brandungsgeräusch, und ein heller Fleck im Nebel läßt erkennen, wo der Eisberg schlafwandelt.

Unser Etmal bedeutet negativen Rekord. In einer der sturmreichsten Gegenden der Welt schaffen wir gerade 78 Seemeilen. Und das obendrein in einer Regatta. An unsere Position wagen wir kaum zu denken. Nach den harten Belastungen für Rigg und Beschläge während der letzten Wochen nutzt Olaf den Vormittag für eine Kontrolle im Mast. Bei Opas gutem Essen hat auch er ein paar Pfund zugelegt; langsam und unter Verwünschungen wird er bis zum Topp hinaufgekurbelt. Toggles, die Verbindungsstücke des stehenden Gutes, Salingbeschläge, Blöcke und das laufende Gut, vor allem die Spi-Fallen, werden einer gründlichen Sichtprobe unterzogen. Es ist noch alles in Ordnung, auch wenn die Augen der Spinnakerfallblöcke und die U-Bügel, in denen sie hängen, das in Kapstadt aufgetragene Niromaterial schon fast wieder abgearbeitet haben. Unter Deck wird letzte Hand an den Reacher gelegt. Ganz oben am Kopf, wo das Vorliek in die Führung im Profilvorstag eingeführt wird, muß es sauber von Hand umnäht werden. Dann wandert das Segel in den Segelsack.

Am Abend driften wir langsam durch ein ausgedehntes Feld kleiner Growler. Ekhart wird von einer merkwürdigen Unruhe befallen, die bald auch Opa ansteckt. Schließlich gehen sie mit der Schlagpütz an Deck: „Wolfgang, luv mal 10° an, ja, recht so." Die Pütz klatscht ins Wasser, Opa hilft bäuchlings mit einem langen Messer nach, und schon ist ein hübsches kleines Growlerchen, ein Eiszwerg, an Deck. Olaf versteht schnell und holt die gute Flasche Chivas Regal aus dem letzten Winkel seines Schapps. Whisky on the rocks: In der Mitte der Back glänzt der Eisklotz im Kerzenlicht. Andächtig lauscht die Crew an den Gläsern. Das Jahrhunderte alte Eis gibt beim Schmelzen geheimnisvoll knisternde Geräusche von sich, kleine Luftbläschen, die die dünne Haut ihres schmelzenden Gefängnisses sprengen. Es knistert und knackt, bis das letzte Stückchen geschmolzen ist, und prickelt beim Lutschen leicht auf der Zunge.

Unsere Reise nähert sich unserem südlichsten Punkt; bald führt der Großkreiskurs wieder nach Norden. Der Süden verabschiedet sich von uns mit Eisberg im Glas und Eis an Deck. Am Morgen dreht an Deck keine Winsch mehr, Windstärke- und Windrichtungsanzeiger im Masttopp scheinen festgeschraubt, in den Segeln ist trotz der leichten Dünung keine Bewegung. Sie stehen wie starre Profile. Alles ist mit einer einen halben Zentimeter starken Eiskruste bedeckt; nur über dem Salon, in dem sich die animalische Wärme der Crew staut, ist es geschmolzen. Der Atem des Rudergängers gefriert sofort auf Mütze und Brillengläsern und läßt den Bart weiß werden. Die Lufttemperatur ist auf minus zwei Grad gefallen, und das Wasser mißt null Grad. Wir sind froh, daß uns diese Situation nicht beim Sturm überrascht; erst mit den ersten warmen Sonnenstrahlen, die zögernd durch den Nebel dringen, schmilzt langsam unsere eisige Fessel.

Die Nacht entschädigt uns mit einem prächtigen Schauspiel. „Sailing in the southern arctic region, where the arctic twilight never turns to darkness ..." Die sonore Männerstimme, die die Szene in dem Film vom letzten Whitbread Round the World Race kommentierte, klingt uns immer noch in den Ohren. Wir haben ihn auf der Berliner Bootsausstellung unter dem Funkturm Dutzende Male gesehen und waren beeindruckt. Doch wie arm ist gegenüber der Wirklichkeit das Abbild, das vom Mond nicht spricht und die Sterne verschweigt. Nie ist uns der Himmel schöner erschienen als in den kalten Nächten im südlichen Ozean, nie funkelnder übersät. Wenn die Nacht unentschlossen niedersinkt, steigen Millionen von Sternen auf und halten das Licht in der Schwebe. Unendlich hoch und fern spannt sich das schwarze Glitzertuch über der dunklen See. Unmerklich und schweigsam wandern die uralten Himmelszeichen durch die Kuppel, und wenn im Osten der schimmernde Gürtel des Orion dem Zenit seiner ewigen Wanderungen entgegensteigt, neigt sich die Venus tief dem Westen zu. Sie geht so strahlend schön unter, daß es fast schmerzt. Eine besonders große Sternschnuppe löst sich aus der Himmelskuppel und zerplatzt, am Ende ihrer Bahn, in bläulichen Funken.

Auch der Mond ist anders als bei uns im Norden. Starrsinnig verweigert er sich der lyrischen Regel Morgensterns, nach der er seine Phasen mit den Buchstaben A und Z aus dem deutschen Alphabet anzukündigen habe. Hängt er voll im Firmament, dann strahlt er so hell, daß er deutliche Schatten wirft. In den nächtlichen Regenhimmel zeichnet er das Spektrum des Lichts, und dem Mondregenbogen folgt gar noch ein blasser Doppelgänger.

In dieser Nacht geistert wieder das Polarlicht über den Himmel. Erst wirft es senkrechte Streifen hoch über den Horizont, dann steht voraus ein flacher Strahlenbogen unter dem Kreuz des Südens und schimmert opalisierend grünlich und weiß.

Die Faszination dieses Erlebnisses klingt lange nach. Doch die Morgenwache scheint von einer eigenartigen Scheu befangen zu sein, es in Worten festzuhalten. Die dürre Formulierung im Bordtagebuch, ein „very bright polar light" habe „wie riesige Scheinwerfer" hinter den Wolken hervorgestrahlt, verrät in ihrer Flucht ins Englische und ihrem platten Realitätssinn tiefes Mißtrauen gegenüber Gefühlsäußerungen. Es bedeutet nicht, daß nicht jeder von uns mit Gefühlen auf Ereignisse und Erlebnisse reagierte. Es sagt lediglich etwas aus über die innere Seite der Rituale des Zusammenlebens: Gefühle und weitgehend auch Gedanken, die sich nicht unmittelbar auf das Segeln beziehen, bleiben privat. Sie sind höchstens Gegenstand der Gespräche zwischen zwei Freunden in der Wache, erreichen jedoch so gut wie nie die Öffentlichkeit der kleinen Crew insgesamt. Noch bis in die privaten Tagebücher dieser Reise wird die Befangenheit gegenüber Gefühlsregungen spürbar, die sehr schnell dem Verdacht der Sentimentalität ausgesetzt und der Selbstkontrolle unterworfen werden. Fast ein Jahr danach wird bei der Aufarbeitung ernsthaft die Frage gestellt: „Was hat denn das mit der Regatta zu tun? Wen interessiert denn das?"

Andere Nationen scheinen weniger befangen. Das Mannschaftsmitglied einer französischen Yacht brachte seine Ergriffenheit über das Polarlicht auf die Formel: „Es stieg vom Himmel herunter wie die Heilige Mutter Gottes."

Die großen, schnellen Yachten sind im Norden geblieben, sie segeln zwischen 50 und 51° südlicher Breite. Südlich der Hochs haben sie kräftige Winde, die sie mit Etmalen bis über 300 Seemeilen auf ihrem langen Weg nach Auckland voranbringen. CERMACO meldet eine Spitzengeschwindigkeit vor dem Wind von über 30 Knoten und als beste Tagesleistung 316 Seemeilen. Tabarly wettet mit Peter Blake um eine Kiste Champagner, wer zuerst in zwei Tagen 640 Seemeilen erreichen würde. Die Jagd ist von gnadenloser Härte. Blake hat herausgefunden, daß die CERMACO platt vor dem Laken sich in den Seen festsaugt, obwohl er längst sämtliche Segel nach achtern hat stauen lassen. Nur der Smut darf zum Kochen noch in die Pantry, die Freiwache drängelt sich achtern auf kleinstem Raum. Wenn sie überhaupt zum Schlafen kommt. Unablässig kreuzt Blake vor dem Wind, und für die Schiftemanöver werden alle Hände benötigt.

Peter verfehlt sein Traumziel, die 350 Seemeilen, als in einer stürmischen Nacht beim Schiftemanöver sich der Spinnaker ums Vorstag wickelt. Ein Mann muß in den Mast und das Segel über das Vorstag herunterziehen. Es bedarf zweier Rudergänger an den beiden Steuerrädern, um das Schiff unter Sturmspinnaker auf Kurs zu halten. Es scheint wie ein Wunder, daß das zarte Rigg diese Tortur ohne Schaden übersteht.

Als Blake in Auckland einläuft, ist er der einzige Skipper, der nicht einen Spinnaker verloren hat. Sie sind in Neuseeland nach seinen Angaben geschneidert worden: Die Sturmspinnaker bestehen aus doppeltem Tuch, und die Bahnen sind mit einer großen und einer kleinen Zickzacknaht doppelt vernäht. Kopf und Schothörner sind kräftig verstärkt, und die Bahnen zu den Lieken bestehen aus drei Lagen Tuch.

Connie van Rietschoten kann mit seiner FLYER der entfesselten CERAMCO nur mit Mühe folgen. Seit drei Wochen segelt er mit schwer beschädigtem Mast. Schon bald nach dem Start brach das Schiff vor dem Wind erst nach Luv und dann nach Lee aus. Tief tauchte der Spinnakerbaum ins Wasser und war, bei 16 Knoten Fahrt, den gewaltigen Kräften nicht gewachsen. Die Spiere brach am Mast, schwang weit aus und donnerte so stark gegen ihn, daß sie ihm eine tiefe Delle schlug. Connie war gezwungen, den Mast mit drei Hilfsstagen nach seitlich vorne zu stützen. Und Blake führte auf seinem Kurs um den 51. Breitengrad. Connies Positionen lagen nördlicher und knapp dahinter. Nun setzte er alles auf eine Karte. Auch er ließ die Segel so lange wie irgend möglich stehen und hat wieder Glück. Für kurze Zeit verläßt Blake seinen Kurs, sucht den Wind etwas weiter südlich und muß die kleine navigatorische Unsicherheit bitter bezahlen. Es nützt nichts mehr, daß er das Manöver in den schwächer werdenden Winden schnell wieder korrigiert. Die wenigen Stunden entscheiden das Rennen: FLYER führt.

Wir selbst liegen inzwischen gegen BELGIUM und TRAITÉ ein gutes Tagesetmal zurück; nur ILGAGOMMA befindet sich noch abgeschlagen hinter uns.

Zwei Tage nach der Flaute bläst es wieder mit 7 Bft aus Süd, und es geht zügig voran. Es steht eine bockige See, die typische Windsee, bevor sich der lange Seegang durchsetzt. Unter Fock, Klüver und doppelt gerefftem Großsegel am Wind bewegt sich das Schiff hart und holt ab und zu kräftig über. Eine solche Stolperwelle wird Wolfgang zum Verhängnis. Aus der Navigationsecke, in der er sein Tagebuch schreibt, fällt er quer durch das Schiff und bricht mit einem Schmerzensschrei vor der Steuermannskoje zusammen. Dort bleibt er reglos liegen. Als Burkhart und Olaf, die Bordmediziner, zu ihm stürzen, kann er zuerst einmal nicht sprechen. Dann klagt er über heftige Schmerzen im Bereich der Lendenwirbel, mit denen er gegen die Kante der Koje geprallt ist. Vor Jahren habe er sich schon einmal an der Wirbelsäule verletzt, als er in ein zu flaches Schwimmbecken gesprungen sei. Burkhart und Olaf sehen sich erschreckt an.

Die Behandlung einer schweren Verletzung im Bereich der Wirbelsäule verlangt absolute Ruhestellung. Dies ist auf dem schwankenden Schiff unmöglich. Zum Glück kann Wolfgang, wenn auch unter Schmerzen, alles bewegen. Die beiden Mediziner bringen ihn in die Koje und tasten die Wirbelsäule ab. Der dritte Lendenwirbel scheint unregelmäßig zu liegen: Ist das die Folge der alten Verletzung oder eine frische Verrenkung oder gar ein Bruch? Eine Röntgenaufnahme brächte eine schnelle Klärung, aber die nächste Klinik ist etwa 2000 Seemeilen entfernt. Es bleibt nichts anderes übrig als abzuwarten. Als Vorsichtsmaßnahme verordnen die Mediziner erst einmal zwei Tage Bettruhe, die Wolfgang flach auf dem Rücken liegend verbringen soll.

Burkhart schreibt in seinem medizinischen Bericht: „Wahrscheinlich hat sich Wolfgang nur eine starke Prellung zugezogen, es könnte jedoch auch eine Verletzung vorliegen. Momentan ist keine Nervenschädigung zu sehen, aber bei einer heftigen Bewegung könnte im schlimmsten Fall das Rückenmark beschädigt werden mit allen fatalen Folgen." Burkhart beschließt, SWEDISH ENTRY anzurufen, die mehrere Ärzte an Bord hat und als medizinisches Beratungsschiff der Flotte fungiert. Es ist klar, daß sie ihm auch nicht mehr als gute Ratschläge geben können.

Der Funkkontakt gestaltet sich außerordentlich schwierig. SWEDISH ENTRY ist schon so weit voraus, daß sie uns nicht mehr hören kann. Die Konsultation läuft über TRAITÉ DE ROME: Burkhart erklärt Boubou den Fall auf Deutsch, der übersetzt ihn Stig, dem dänischen Crewmitglied, auf Englisch, und der nun wiederum redet dänisch mit dem Doktor auf SWEDISH ENTRY. Dessen Empfehlung heißt: zwei Tage Bettruhe und beobachten. Keineswegs beruhigt gehen unsere Bordmediziner schlafen.

Nach dem Frühstück kramt Burkhart aus der Tiefe seines Schapps den Reflexhammer hervor. Mit Hammer, Pinsel, Stecknadel und Bleistift prüft er Bauch und Bein auf grobe Kraft, Muskelreflexe, Berührungs- und Schmerzsinn. Es zeigen sich keine Ausfallerscheinungen. Erleichtertes Aufatmen. Sehr zum Mißfallen Wolfgangs, der sich in der Koje unnütz fühlt, verordnen Olaf und Burkhart noch einen weiteren Tag Bettruhe. Danach soll er für mindestens eine Woche seine Wirbelsäule nicht belasten, das heißt, nicht Wache gehen.

So bleibt Wolfgang von der stimmungsvollen Adventfeier halb ausgeschlossen, zu der sich die Mannschaft abends um die Back versammelt. Opa hat es geschafft, noch ein weißes Bettlaken aufzutreiben, und zaubert aus irgendwelchen unergründlichen Tiefen einen Plastik-Adventskranz mit Misteln und Weihnachtssternen. Die Stolle ist gut durchgezogen, und schließlich wird beim Kaffeetrinken auch noch der Weihnachtsmann entdeckt: Er steckt in der Dose mit Milchpulver, durch das er wie durch Schnee zu stapfen scheint.

Opa tut alles, damit nur ja kein Heimweh entsteht. Zusammen mit Stoffel bastelt er einen Adventskalender, eine Pyramide aus 24 Streichholzschachteln, die von einem Tannenbäumchen gekrönt wird. Es ist mit Watte beschneit und steht in einer Erde aus Schwarzbrotkrümeln, die mit Pattex und Lackspray gehärtet sind. Die Vorderfront der Pyramide ziert eine launige Zeichnung von Stoffels Hand.

Am Vorabend des Nikolaustages hat die Freiwache brav ihre Gummistiefel in die Pantry gestellt. Bevor er in die Koje steigt, brummt Opa: „Und daß ihr mir die Dinger auch schön geputzt habt." Morgens sind sie gefüllt mit Äpfeln, Nüssen und Keksen und kleinen anzüglichen Geschenken für jeden. Olaf findet einen kleinen Notfallkasten für den Hafen mit einem "Verhüterli", Stoffel ("unser kleiner Segelgott") 50 Zentimeter Material zum Selberbasteln eines Heiligenscheins. Ekhart wird mit einem Stück vom "armen kleinen Blooper" bedacht, und Burkhart findet ein Gerät der Marke "Nervenruh", ein Jojo, das er bei aufkommendem Aktivitätswahn mehrere Minuten lang an Deck benutzen soll.

Die Reparaturliste für Auckland wächst. Eine einsteigende See kracht hinten ins Cockpitsegel und verbiegt zwei Relingsstützen; eine falsch geschorene Reacherschot reißt eine andere einfach ab. Die Mastschiene für den Spi-Baum hat sich weiter verbogen. Christian zeichnet und berechnet die wahrscheinliche Belastungsgrenze. „Ab drei Windstärken könnt ihr det sowieso verjessen", bemerkt er gelassen, bevor er sich an den Schraubstock setzt und die gebrochene Relingsstütze provisorisch repariert.

Am 4. Dezember entdeckt der Chief eine seltsame Beule an der Luvseite in der Bordwand, direkt unter dem Oberwant. Ein merkwürdiges Krachen, das Burkhart letzte Nacht im Halbschlaf neben seiner Koje gehört hat, gewinnt so neue Bedeutung. Die Verkleidungen hinter der Koje werden abgeschraubt, und der Grund für die Beule wird sichtbar: Das Kniespant, an dem das Pütting des Oberwants verbolzt ist, hat sich im unteren Bereich von der Außenhaut abgelöst. Man sieht deutlich, daß es sich beim Einsetzen des Schiffes in die See bewegt. Dort, wo das Kniespant noch an der Bordwand befestigt ist, lastet nun der ganze Zug der Wanten und zieht die Bordwand nach innen.

Olaf peilt oben über das Deck und stellt fest, daß es da, wo das Pütting aus dem Deck tritt, leicht nach oben verformt ist. Christian markiert die Stelle, bis zu der das Spant abgelöst ist, um die weitere Entwicklung beobachten zu können. Die Verkleidung bleibt abgeschraubt. Zwar ist der Chief der Meinung, daß keine unmittelbare Gefahr droht: Das Spant hält im entscheidenden Teil, das Deck trägt mit, und das ganze Teil ist gut und solide dimensioniert. Dennoch wird nun vorsichtiger gesegelt und lieber ein paar Grad abgefallen, als das WALROSS hoch am Wind durch die See zu quälen – unschön für das Regattasegeln, aber vielleicht lebensrettend.

Über die Gründe des Bruchs entsteht Streit: War die Vorspannung zu hoch, haben wir die Wanten in Kapstadt zu doll angeknorzt, oder war es einfach Überbelastung und Materialermüdung? Da keiner die richtige Antwort weiß, beharrt jeder um so mehr auf seinen Erfahrungen und seiner Meinung. Bald dreht sich die Diskussion im Kreis, verhärtet sich und hinterläßt einen Rest von Verbitterung, auch wenn die Crew danach wieder zur Tagesordnung übergeht.

Am Abend meldet die "chat-hour" den Zieleinlauf von FLYER und, knapp neun Stunden später, von CERAMCO. Connie van Rietschoten hat die "verrückte Prügelei mit CERAMCO", wie er den Rennverlauf charakterisiert, auf den letzten Seemeilen für sich entschieden. In den leichten Winden zwischen Cape Reinga, der Nordspitze Neuseelands, und dem Hauraki Gulf kann Peter Blake mit der zwei Meter längeren Frers-Konstruktion des Holländers nicht mehr mithalten. FLYER und CERAMCO haben es geschafft, die Crews können Urlaub machen, und wir müssen noch mindestens zwei Wochen segeln.

Die Aussicht auf einen kurzen Landurlaub wird durch die Erwartung umfassender Arbeiten am Schiff nicht gerade vergoldet. Die großen Pläne, die Nordinsel zu erkunden, winken höhnisch Lebewohl. Opa bedrückt dies am meisten, hatte er sich doch schon ausgemalt, Neuseeland auf einem Motorrad zu erobern. „Wenn wir nicht mindestens 14 Tage dort bleiben, bleibe ich da", gibt er seelenruhig von sich. Das kann ja heiter werden.

Am nächstenTag allerdings produziert er, als sei nichts gewesen, ein Meisterwerk. Die Geburtstagstorte für Burkhart spielt auf die "Hornblower"-Seuche an Bord an, an der sich Burkhart mit Inbrunst beteiligt. Sie ist mit Marzipan überzogen und trägt die Inschrift "Best wishes for your birthday, Sir Zipf." Daneben hat Opa aus Marzipan eine Kanone gebastelt, die auf einer veritablen Lafette mit Rädern ruht. Vor ihr das Pulverfaß, daneben silberne Liebesperlen, die Kugeln, und dahinter der Rohrwischer. Nicht einmal die Zündlunte ist vergessen.

Burkhart, häufig wegen seiner wenig körpernahen Unterwäsche verlacht, bekommt von Stoffel eine maßgeschneiderte Unterhose aus Spinnakertuch. Vorne ziert sie ein anatomisch geformter, überdimensionierter Beutel und hinten ein Rückschlagventil. Die Modeschau bläst alle Sorgen und Verstimmungen davon, und die anschließende Feier wird laut und fröhlich.

Die BELGIUM ist entmastet! Mit zwei Tagen Verspätung meldet die "Kinderstunde" den Totalverlust. Jean Blondiau versucht unter Notrigg Hobart in Tasmanien zu erreichen. Wasser und Diesel, an denen er aus Gewichtsgründen gespart hat, gehen zur Neige. Wahrscheinlich muß das Schiff noch auf See mit dem Nötigsten versorgt werden. Die kurze Meldung läßt nichts von den Leiden ahnen, die die Crew zu diesem Zeitpunkt schon hinter sich hat und die ihr noch bevorstehen.

Blondiau, der von sich behauptet, er sei unempfindlich gegen Kälte, ging mit dem leichten Schiff ohne Heizung hinunter bis unter 55°. Dort wird die Kälte bedrohlich: Die Wassertanks bersten. Die Mannschaft friert erbärmlich, und am schlimmsten erwischt es Jean selbst. Drei Tage lang massieren zwei Mannschaftsmitglieder unablässig die Beine des Skippers, die unbeweglich geworden sind und abzusterben drohen. Die Crew ist übernächtigt und am Ende ihrer Kraft. Da reißt ein Spinnakerbaum einem von ihnen das Gesicht auf. Der Bordarzt muß die Wunde nähen. Mit 8 Bft. bläst der Wind über Deck, und das Schiff rollt stark. Über eine Stunde arbeitet Doktor Pierlet, bevor er die Naht schließlich verknoten kann.

Der Mastbruch trifft die Yacht zu einem Zeitpunkt, als das Schlimmste überstanden scheint. Sie segelt in Gewässern, wo die Lufttemperatur zehn Grad bereits wieder übersteigt. Am 12. Dezember treibt die BELGIUM manövrierunfähig auf die Küste Tasmaniens zu. CROKY hört ihren Notruf auf der Seenotfrequenz. Über SAVE VENICE wird das Headquarter der Regatta in Auckland informiert. Aber auch andere haben mitgehört: Christchurch, Wellington und Melbourne und die Royal New Zeeland Yacht Squadron. Admiral Williams koordiniert von Auckland aus die Hilfsaktion: In Canberra steigt ein Flugzeug der australischen Luftwaffe auf und sucht die belgische Yacht. Kurz vor Einbruch der Dunkelheit kann es sie entdecken. Eine Leuchtkugel weist einem Fischerboot aus Bicheno den Weg, dem es gelingt, die BELGIUM kurz vor der Strandung in Schlepp zu nehmen und in das kleine Fischerdorf im Süden Tasmaniens zu schleppen.

Der Sturm über der Tasmansee, der der BELGIUM fast zum Verhängnis wurde, bringt uns zwei Tage lang voran. Unser Kurs führt bereits parallel zur neuseeländischen Küste nach NNE. CROKY und TRAITÉ segeln einen Tag voraus.

Als wir in der Funkstunde unsere Position abgeben wollen, erleben wir eine böse Überraschung: „Jetzt ist die Handabstimmung auch im Eimer, so'n Mist", ist Christians einziger Kommentar, als er den Versuch ergebnislos abbricht. Über Kurzwelle können wir nur noch empfangen, was uns einstweilen nicht allzuviel Kopfzerbrechen macht, da wir hoffen, in Landnähe bald mit UKW senden zu können. Vor dem Abschalten erfahren wir noch, daß SAVE VENICE südlich von Auckland in einen schweren Sturm geraten ist. Bei Windgeschwindigkeiten bis zu 60 Knoten mußte sie ablaufen, vor dem Sturm lenzen und das über eine Strecke von fast 200 Seemeilen südöstlich von Auckland in Richtung Kap Hoorn!

„Südlich von Auckland, Moment mal, wie kommen die da überhaupt hin?" fragt Andreas. Es ist eine der Überraschungen, für die Doi Malingri auf jeder Regatta gut ist: Er hat Neuseeland im Süden gerundet und ist an der Ostküste entlang Richtung Auckland gesegelt.

Beim Bau der SAVE VENICE hatte es offensichtlich pressiert. Das Schiff machte einen unfertigen Eindruck; nichts, aber auch gar nichts an ihm atmete kühl-elegantes italienisches Design. Das Deck erinnerte mit seinen wulstigen Schweißnähten eher an einen alten Panzerkreuzer als an Adria, Lido und Martini Dry. SAVE VENICE sollte mit der Regattateilnahme auf die Probleme der sinkenden Stadt aufmerksam machen und so sah das Schiff auch aus, ein "palazzo rotto", der von uns den respektlosen Namen "Laubenpieperbude" erhalten hatte.

Doi Malingri hatte nach dem Bruch des Großbaums weitere Schwierigkeiten auf der zweiten Etappe. Nach etwa der Hälfte der Strecke legte sich SAVE VENICE zweimal flach. Dabei kam der Kiel vollständig aus dem wasser, und die See rasierte den Masttopp kahl. Auch die Funkanlage hatte unter der Havarie gelitten, so daß die Italiener für zehn Tage nicht erreichbar waren. Das besorgte Regattakomitee sandte eine Suchmeldung durch den Äther und bat alle Schiffe und Flugzeuge, nach der Yacht Ausschau zu halten. Als vor Neuseeland Wasser und Proviant knapp wurden – in der letzten Woche gab es nur noch eine Tasse Wasser pro Tag und Person – entschloß sich Doi, wie er sagte: aus Sicherheitsgründen, dicht an der Küste zu bleiben. So geriet er vor der Ostküste Neuseelands in den Sturm, der sein Boot leckschlug.

Als SAVE VENICE in Auckland aus dem Wasser genommen wird, ist das Rennen für sie zu Ende: Der Kiel hat sich eine Handbreit vom Rumpf gelöst, und der Schaden, offenbar konstruktionsbedingt, läßt sich bis zum Start nicht mehr beheben.

Zwei Wochen vor Heiligabend werden unsere Hoffnungen, bald anzukommen, von üblen Ahnungen überschattet. Die Kurve auf dem Barographen steigt dramatisch schnell an. In 24 Stunden, bei abflauendem Wind, steigt der Luftdruck um 22 Millibar von 990 auf 1012 Millibar. Am nächsten Morgen haucht der Wind flach wie ein Ersterbender mit kaum einer Windstärke aus Südwest. Es reicht unter dem Leichtwetter-Spi gerade noch zu zwei Knoten Fahrt. Das Hoch über der Nordinsel Neuseelands und der Tasmansee hat sich ausgedehnt und weiter gekräftigt.

Seine Entwicklung entschied das Rennen stärker noch als die Wahl des Kurses oberhalb oder unterhalb des 51. Breitengrades. Hier gelang es FLYER, CERAMCO davonzusegeln. Hier war CHARLES HEIDSICK gegenüber der kürzeren KRITER im Vorteil und nahm ihr fast noch einen Tag ab. So bestimmen auch nicht Stürme und Kälte die Ankunftskommentare der Skipper, sondern die flauen Winde der Tasmansee.

Tabarly, der nicht zum erstenmal Bekanntschaft mit wenig Wind im Süden macht, trauert den beiden Tagen nach, in denen CERAMCO und FLYER ihm 120 Seemeilen davonsegelten. „Wir waren auf der gleichen Route wie sie, aber hatten keinen Wind, und die segelten in die Brise. Es war eine Ziehharmonika-Regatta; alles spielte sich in Flauten ab, vom Anfang bis zum Ende."

Alain Gabbay, dem die leichten Winde am Ende möglicherweise den Sieg gekostet hatten, schimpft im Hafen: „Mein Guter, es gibt keinen Wind mehr auf den Meeren." Und etwas später fügt er hinzu: „Heutzutage muß man ein Tretboot nehmen, um durch den Süden zu kommen."

Zwei Wochen vor Weihnachten geht Kenneth Gahmberg als vierzehnter über die Ziellinie und gewinnt mit SKOPBANK in der Klasse der kleineren Boote. Innerhalb eines halben Tages folgen ihm SWEDISH ENTRY, ROLLY GO und die kleine MOR BIHAN, mit der Phillipe Poupon konsequent über die nördliche Route gegangen ist.

Für die letzte Woche auf See sollte unsere Durchschnittsgeschwindigkeit auf weniger als vier Knoten absinken. Mit jeder Stunde, um die sich unsere Ankunft verzögert, vertiefen sich die Sorgenfalten auf Opas Stirn. Wenigstens erlaubt das Sommerwetter, das WALROSS zu lüften und zu säubern, die nassen und muffigen Klamotten zu trocknen und die Faserpelz-Overalls, kurz Gärbeutel genannt, der Sonne auszusetzen. Olaf, der "Hygienewart", wirft einen prüfenden Blick auf das Wasserthermometer und stößt einen Jubelschrei aus: „18 Grad!" Wenig später schnappt er sich die Pütz, stürzt aufs Vorschiff und duscht sich ausgiebig. Er ist der Held des Tages. Moly bemerkt nur abschätzig: „Fett schützt ..."

Im Süden war die Körperpflege bis auf das Zähneputzen reduziert worden, wobei auch dies bei extrem schlechtem Wetter oft dem Schlafbedürfnis geopfert wurde. Ohnehin stand für die Körperpflege pro Tag nur eine halbe Muck Süßwasser zur Verfügung. Meist nahm man jedoch zum Zähneputzen kurzentschlossen Salzwasser, denn nur in der Pantry war der Süßwasserhahn in Betrieb. Und bis man auf dem bolzenden Schiff eine halbe Tasse Wasser ins hintere Clo gebracht hatte, saß entweder jemand anderes drauf, oder man hatte fast alles verschüttet.

Olaf hatte ein Desinfektionsmittel neben das Waschbecken gestellt, zur Grobreinigung und Desinfektion der wichtigsten Körperteile. Mit dem "Bactokiller" konnte man, wenn man wollte, zur "Dreipunktwäsche" schreiten: oben links und rechts, Mitte vorn und achtern und unten links und rechts. Für die Füße, bei der ständigen Feuchtigkeit von Fußpilz bedroht, lag eine vorbeugende und eine heilende Salbe zur allgemeinen Benutzung bereit. Desinfektionsspray für Körperteile und für Kleidungsstücke komplettierten das hygienische Angebot.

Moly traute der chemischen Industrie offenbar die meisten Fähigkeiten im Kampf gegen den Dreck zu. Er hatte ein eigenes, beeindruckendes Arsenal von Sprays, Sticks und Wässerchen in seinem Schapp und benutzte zudem Olafs Sortiment regelmäßig. Nicht nur seinen Körper, auch Klamotten und Koje unterzog er exzessiven Sprührogien, die das halbe Schiff einnebelten und jedesmal mit gequältem Protestgeschrei beantwortet wurden. So oder so, es nützte nichts. Moly sprühte weiter. Sein körperlicher Zustand freilich unterschied sich nicht wesentlich von dem der Chemieverächter.

Am Abend geht ein tiefer Riß durch die Crew und teilt sie in "Saubere" und "Stinker". Als Andreas die Position bestimmen will und den Sextanten ans Auge hebt, stöhnt der "saubere" Rudergänger theatralisch auf: „Kannst du beim Messen nicht wenigstens die Arme unten lassen!"

Am Morgen des 12. Dezember kehrt der Wind, nachdem er nachts eingeschlafen war, zögernd zurück – gegenan aus Nordost. TRAITÉ und

CROKY, die das Cape Reinga bereits gerundet haben, kommt die Drehung sehr zupaß. Sie können raumschots Auckland anliegen. Für uns sind endgültig alle Chancen dahin, wenigstens knapp hinter ihnen einzulaufen. Der Abstand vergrößert sich nun von Stunde zu Stunde.

Am Abend ist die See bleiern und ruhig. Langsam schiebt sich eine große Blutorange, der Mond, über die Kimm. Er ist seltsam oval. Als hielte ihn die See fest, bleibt er einen Augenblick wie ein Tropfen am Horizont kleben, dann löst er sich beinah plötzlich von der Kimm und hängt rund und schwer zwischen unseren Wanten. Still gleitet das WALROSS durch das silbrige Band, das er glitzernd auf das Wasser geworfen hat.

Am Sonntag wird die Regattaleitung in Auckland unruhig. Gegen Mittag werden wir mehrfach über UKW gerufen: „WALROSS, WALROSS, this is Columbus America, this is Columbus America! Can you read me?"

Mit allen verfügbaren Mitteln versuchen wir, uns zu melden: UKW – kein Erfolg. Vielleicht ist etwas mit dem Antennenkabel im Mast unklar gekommen. Christian baut die vorbereitete Notantenne auf dem Deckshaus auf – kein Erfolg. Opa probiert es mit der "Callbuoy" auf 2128 kHz. Er meint zu hören, daß wir gerufen werden, aber wir kommen nicht durch. Christian windet sich noch einmal in die Achterpiek. Die Kontakte des Antennenkabels am Antennenfuß und an der Endstufe, die dort montiert ist, sind leicht korrodiert. Er reinigt sie, sprüht sie neu ein – kein Erfolg, der Sender gibt nichts von sich. Alle Sender, inklusive der Seenotfunkboje, scheinen ausgefallen. Wir können nur zuhören, wie wir gerufen und offenbar gesucht werden.

Am nächsten frühen Morgen sichten wir etwa drei Seemeilen an Backbord achteraus einen Dampfer, der mit uns nordwärts fährt. Unsere verzweifelten Versuche, den bösen Geist, der unsere Funkgeräte zu lähmen scheint, zu überlisten, scheitern erneut. Seit sechs Tagen weiß man nun nichts mehr von uns.

Auf der anderen Seite des Globus

Preußischer Empfang in Neuseeland – Verschollen auf See – Stürmische Begrüßung am Sommer-Boulevard – Gescheitert: Selbstmord – Der Zweifel am Sinn des Alltags oder: Die Suche nach sich selbst – Im Räderwerk der Bürokratie

Hinter den Scheiben liegt das Land im tiefen Schnee, reglos in diesem frühen Tage, weite Felder, verwehte Hecken und Zäune, ungebahnte Wege und geduckte Häuser. Die Gegend links und rechts des Schienenstrangs hätte ihnen vertraut sein müssen. Heute ist sie seltsam unwirklich, wie das Abbild einer fremden Landschaft. Auch das winterdumpfe Rattern des Zuges klingt merkwürdig irreal und eher wie die Erinnerung an eine Bahnfahrt vor langer Zeit. Irgendwo hängt das Bewußtsein in der Schwebe zwischen gespannter Erwartung und bleierner Müdigkeit.

Für Heinz und Adolf hat die Reise begonnen, die für Monate ihre Gedanken regiert und die Pläne bestimmt hatte. Tausendmal hatten sie es sich vorgestellt, hatten die Berichte und Telegramme gelesen, waren das Rennen auf der Weltkarte nachgefahren. Sie kannten das Schiff, hatten die Havarien der anderen Boote verfolgt, erlebten nach, was sie hörten: Hitze und Sturm, Kälte, Eisberge und Nebel. Sie glauben zu wissen, was sie erwartet. Nun greift es nach ihnen um die halbe Erde und ist plötzlich unbekannt, körperlos und ohne Kontur. Der Absprung aus dem Alltag landet in Irritationen.

Aber da liegen die Seesäcke im Gepäcknetz, prall und unförmig und so wirklich wie nur sonst etwas, das Spuren häufigen Gebrauchs trägt. Und da hängt in ihrem braunen Futteral die Gitarre von Heinz und schaukelt in den Kurven. Mitten im Winter der DDR beginnen Heinz und Adolf zu überlegen, ob sie die feuchte Hitze der Tropen überstehen würde.

Es gibt Dinge, Träume und Erwartungen, die sind so gewaltig, daß man sich ihnen nur behutsam und von ihren banalen Rändern her zu nähern wagt. Die beiden schätzen das Übergewicht ihres Gepäcks und reden über Lack und Verleimung einer Gitarre. Und denken: Kap Hoorn, Kap Hoorn, Kap Hoorn.

Adam kommt den Rhein hochgefahren. Lange steht er am Zugfenster, sieht den Schiffen zu, die sich mühsam gegen den Strom flußaufwärts quälen. Orte ziehen vorbei, Bingen, St. Goar, Lorelei – Namen, vage Erinnerungen an den Schulunterricht. Die letzten Tage passieren Revue: Vorbereitungen auf die mündlichen Diplom-Prüfungen, Feiern, die Verlobung, Abschied. Adam hat alles darangesetzt, die dritte Etappe der Regatta mitmachen zu können. Er will Kap Hoorn in die Liste seiner Segelreisen einfügen, nachdem er schon das Nordkap von Spitzbergen gerundet hat. Doch es ist nicht nur die Vorfreude auf den Stolz, das nördlichste und südlichste Kap umsegelt zu haben, die ihn abwesend auf die Rheinlandschaft sehen läßt, es ist ein Aufbruchgefühl, das er selbst als unbestimmbaren und unzähmbaren Trieb beschreibt.

Neuseeland empfängt die Etappencrew preußisch, mit Verboten. Neben Waffen, Munition, Rauschgift und Sprengstoff ist verboten einzuführen: Tiere, tierische Produkte, Pflanzen, Pflanzenteile, Obst, Saatgut. Dies sagt ein Faltblatt den Reisenden schon im Flugzeug, und droht unmißverständlich mit der Strenge des Gesetzes. Der Weg zur Paßkontrolle im Flughafen von Auckland wird da zum Gang auf den polizeilichen Kalvarienberg. Links und rechts mahnen Tafeln zu Buße und Umkehr: Noch 50, noch 20, noch zehn Meter – dann ist man vorbei an den großen blauen Plastiksäcken, in die man die Sünde gegen die Verwaltung für Landwirtschaft und Veterinärwesen werfen kann. Dahinter folgt unweigerlich die zollamtliche Verdammnis. Sie wartet auf dich im kurzbehosten Khaki und grinst „welcome".

Die Dose mit der Hausmacherleberwurst fällt schon beim Öffnen des ersten Bordcase heraus, die Kastanien für die Weihnachtsgans liegen im ersten Seesack unter den Pullovern. Lässig und systematisch häufen sich Wäsche, Stiefel, Rettungsbojen, Ölzeug und Ersatzteile auf dem Zolltisch und wandern von dort wieder zurück in die Seesäcke. Es ist wie beim "Ich-weiß-etwas-was-du-nicht-weißt", nur daß der Zoll mit professionellem Gleichmut jedes Spiel gewinnt. Bis zum vierten Sack – der bringt den Zöllner und die drei zum Grübeln. Sie leeren ihn einfach aus.

Zur Weihnachtsbescherung fehlen nur noch die Kerzen, Johann Sebastian Bach und ein Santa-Claus-Kostüm für den Zöllner. Da liegt ein Haufen von etwa 50 Päckchen und Paketen, sorgsam in Geschenkpapier, mit Schleifchen, Kärtchen und Tannenzweigen. Pflanzenteilen! „Sorry", sagt Santa Claus, „that's forbidden", und sieht auf einmal sehr amtlich aus: „Do you know what's in there?" Die Etappencrew ist rat- und ahnungslos. Den Sack hat der Verein mitgegeben.

Die ersten verbotenen Früchte lassen die drei noch zusammenzukken, dann fallen sie in eine Art staunender Albernheit. Päckchen um Päckchen gibt her, was liebevolle Freundinnen, Mütter und Bräute dazugepackt hatten: Walnüsse, Mandeln und Rosinen, Zwetschenmännlein und Tannenzapfen. Und Tannenzweige in allen Applikationen, als Füllmaterial zwischen Kringeln und Makronen, als Dekoration mit Eukalyptus und Mistel, in der Faust von Lebkuchenfiguren, an Schokoladenengel und -nikoläuse angeklebt. Es ist eine grausige Aktion. Stück für Stück werden die Geschenke der Zutaten von Liebe und Zuneigung beraubt und auf ihren nackten, materiellen Wert reduziert.

Da erfaßt selbst Santa Claus etwas Wehmut, als er sorgfältig das Buntpapier wieder um die Weihnachtsgaben wickelt. „Es tut mir sehr leid, aber wir müssen das wirklich alles verbrennen." Daß dabei auch ein Arrangement aus Plastikzweiglein und -zapfen in Rauch aufgig, erhellt erst später aus einem Begleitbrief. Sie machen die Natur halt zu echt nach, die Chinesen aus Hongkong.

Nur Los Angeles sei größer, behaupten die Einwohner dieser Stadtregion zwischen den Meeren. Von den Hügeln von Titirangi im Nordwesten kann Ule Kortner beim Frühstück die Sonne über der Tasmansee aufgehen sehen. Und Elisabeth Bradley betrachtet beim abendlichen Dinner in ihrem Haus im östlichen Vorort den Sonnenuntergang hinter der Mairingi Bay des Pazifik. Aber versuch' bloß nicht von der einen zur anderen mit dem Bus zu fahren. Du kämst zum Abendessen zu spät. Auch mit dem Auto ist es noch ein Weg von eineinhalb Stunden.

Auckland ist ein riesiger Flickenteppich. Quadratmeile um Quadratmeile erstreckt er sich über die Hügel zwischen den Meeren, ein kleines Holzhaus neben dem anderen, umgeben von schmalen üppigen Gärten. Die der "upper class" sind größer und aus Stein, inmitten parkähnlicher Anlagen. In diesen Nestern an den schönsten Strandabschnitten sind Jaguar, Bentley und Daimler zu Hause. Sie treffen sich mittags auf dem Parkplatz vor der Royal New Zeeland Yacht Squadron am Westhafen, dem gastgebenden Segelclub dieser Regatta. Dort hat auch das Headquarter des Rennes seinen Sitz. Die Herren tragen korrektes Marineblau und Sorgen auf der Stirn. Sie sind genauso ratlos wie die Etappencrew, die 36 Stunden Reise und die brutale Sommersonne Neuseelands an die holzgetäfelte Bar geworfen haben. „No idea, where your boat is. We lost contact some days ago, but she should be in within two or three days. You'd better take a beer first."

Elisabeth Bradley, Anfang fünfzig und "eine Bonner Pflanze", wie sie in unverfälschtem rheinischem Singsang betont, residiert tagsüber in einem Bürohochhaus in der Albert Street. In den klimatisierten Räumen von "Columbus Line" ist das Honorarkonsulat der Bundesrepublik Deutschland. Sie tritt auf, klein und robust, wie eine Mischung aus Feldwebel und Seelsorger. Daß wir sie liebgewannen, liegt nicht allein daran, was sie alles für uns tat, und daß sie uns in ihr Herz schloß, liegt hoffentlich nicht nur an den Sorgen, die wir ihr bereiten sollten.

„Wo bleibt euer Schiff nur", fragt sie die Etappencrew am späten Nachmittag, „es ist ihm doch hoffentlich nichts passiert? Wir haben ab morgen ein halbes Hotel für euch belegt. Und die deutsche Kolonie wartet seit einer Woche darauf, das Schiff zu begrüßen."

Konsul Weder aus Kapstadt hatte ganze Arbeit geleistet: Auf Mrs. Bradleys Schreibtisch lag sein Brief, der von Kapstadt über Johannesburg nach Wellington zur Deutschen Botschaft und weiter auf dem Dienstweg bis Auckland gekommen war. Neben einigem Schmeichelhaften über das Auftreten der Crew in Südafrika enthielt das Schreiben eine komplette Liste über die Unterstützungsmaßnahmen, die geeignet sein könnten, Schiff und Mannschaft den Aufenthalt in Neuseeland zu erleichtern. Und Elisabeth hatte sich ins Zeug gelegt.

Aber, wo war das Schiff?

Am 45. Reisetag taucht aus dem Morgendunst Land auf. Es ist das Cape Maria van Diemen, die Nordwestecke Neuseelands. Bis zum Cape sind es vielleicht noch zehn Seemeilen. Als sich der Dunst schließlich hebt, gibt er den Blick frei auf einen gewaltigen Strand, den Ninety Miles Beach, der sich, weiß und scheinbar unberührt, in der Ferne verliert. Allein der Name läßt die Gedanken wieder Tage vorauseilen. Wir hoffen insgeheim auf eine Startverschiebung und träumen von einer Weihnachts-Beachparty im südlichen Sommer am Strand.

Zum Frühstück, die Crew sitzt bereits hungrig um die Back, trappelt es eilig über Deck. Christian kommt atemlos den Niedergang herunter, läuft die letzten drei Schritte und knallt eine große Tüte auf die Back, aus der es herrlich duftet: "Bäckerei Cape Reinga" steht darauf, und darin sind frische Splitterbrötchen.

„Warum biste denn so außer Atem?" fragt Olaf noch etwas verschlafen.

„Tja, Schiet", keucht Christian, „mein Fahrrad hatte 'nen Platten, ich mußte den Rest laufen."

Opa steht schmunzelnd in der Pantry.

Die Fiktion von Landleben elektrisiert die Mannschaft; nun kreisen die Gespräche nur noch um weiche, trockene Betten, Süßwasserduschen, saubere Kleidung, Kiwifrüchte und Lammbraten und natürlich girls, girls, girls ...

Gutgelaunt beginnen wir die Arbeitsliste um die Positionen zu verringern, die mit Bordmitteln zu bewältigen sind.

Der schlaffe Wind bringt uns kaum voran, in der Tide driftet das WALROSS dicht unter Land. Als der Turm des Leuchtfeuers von Cape Reinga fast querab ist – die Sonne ist bereits untergegangen und im Westen stehen glutrot erleuchtete Wolkenbänke –, blitzen direkt beim Leuchtturm Lichtzeichen auf, in denen wir keinen Sinn erkennen können. Vorsichtshalber morsen wir mit dem Handscheinwerfer unseren Schiffsnamen hinüber. Später sollte sich herausstellen, daß dort tatsächlich jemand vom Regattakomitee auf uns gewartet hatte. Nur hatte er uns offensichtlich genausowenig verstanden wie wir ihn.

Das Hoch über Neuseeland rührt sich nicht von der Stelle; wir sind voll auf die Thermik angewiesen. Der Landwind kommt gegen ein Uhr morgens auf. Wir wechseln auf die Genua I leicht und segeln mit fast fünf Knoten Fahrt recht gut voran bis zum Nordcape. Dann schläft der Wind ein, von vier bis sieben Uhr herrscht totale Flaute. In der Seebrise können wir wieder den leichten Spi setzen. Als am Mittag schließlich das Cape Kari Kari querab liegt, ist ein Etmal von ganzen 65 Seemeilen geschafft. Unser Zeitvertreib heißt "klar Schiff". Überall wird aufgeräumt und geputzt, und selbst die "Stinker" machen sich jetzt landfein.

Das Fernglas tastet die buchtenreiche, zerklüftete Nordostküste Neuseelands ab. An manchen Stellen ist sie beeindruckend steil und schroff; Möwen, Schwalben und andere Seevögel umkreisen schreiend ihre Brutstätten auf den Felsen. Später, weiter im Süden, fällt die Küste häufiger seicht zur See hin ab und gibt den Blick frei auf saftige grüne Wiesen, Knicks, einzelne Höfe und kleine Wälder. Am Mittag liegt das Land in der Sonnenglast zum Greifen nah und unerreichbar. Opa verfällt in mürrische Schweigsamkeit, aus der es nur einmal vorwurfsvoll hervorbricht: „Und da wollt' ich seit einer Woche herumfahren ..."

In einem der letzten Funksprüche, die die Basis in Berlin vom WALROSS erreichte, hat die Crew eine lange Liste von Ersatzteilen durchgegeben, die die Austauschcrew nach Neuseeland mitbringen solle. Eine Position läßt bei der kleinen Gruppe, die die Logistik aufrechterhält, die Alarmglocken anschlagen: Das Schiff benötigt "schwere Schmerzmittel". Das Detail wird gegenüber den Angehörigen sorgsam unter Verschluß gehalten, deren Besorgnis durch jeden Bericht über Havarien und Erfrierungen auf anderen Booten genährt wird. Jedes Telefonat, jedes Telegramm ist wieder und wieder auf verborgene Zeichen für eine verschwiegene Katastrophe abgeklopft worden. Nun schweigt das WALROSS seit zehn Tagen. Die Angehörigen zu beruhigen, fällt immer schwerer. „Hier ist die Hölle los", sagt Claus Reichardt am Telefon aus Berlin, „allein heute waren es 32 Anrufe. Sie glauben einfach nicht, daß das Radio ausgefallen ist."

Heinz kommt vom Regattakomitee und berichtet, man habe ein Schiff in der Nähe von Cape Reinga gesehen, sei aber nicht ganz sicher, ob es sich um das WALROSS handele. Das Warten in der Gluthitze am Hafen zerrt an den Nerven der Etappencrew. In ihren Gedanken rumort "schweres Schmerzmittel ..." Elisabeth Bradley fragt im Konsulat: „Wo bleibt denn euer Boot? Ich habe für euch eine Einladung zur Cocktailparty heute abend."

Die Etappencrew teilt sich auf; einer bleibt am Hafen, um Kontakt mit Regattakomitee und lokaler Organisation zu halten, die an der Pier der Marsden Wharf ihre Wohnwagen aufgeschlagen haben. Der Rest versucht, Arrangements zu treffen. „Ihr müßt euch beeilen", meint Elisabeth, „wenn ihr viel zu reparieren habt. Wir Neuseeländer sind ein lustiges Völkchen, das zwei Leidenschaften hat: Freizeit und Streiken. Und in einer Woche versinkt das ganze Land in Sommerschlaf. Dann arbeitet hier niemand mehr."

Sie sollte sich irren. Es blieb der einzige Irrtum in ihren kritischen Liebeserklärungen an ihre zweite Heimat.

Die Voraussetzungen für den Aufenthalt in Neuseeland konnten besser nicht sein. Nicht nur Elisabeth Bradley und das Konsulat zerrissen sich förmlich für uns, auch die Gastfamilien, die das lokale Komitee uns zugeteilt hatte, warteten ungeduldig darauf, uns mit ihrer Hilfe förmlich zu überschütten. Da waren Graeme Edwards und seine Frau Barbara, die später Burkhart unter ihre Fittiche nahmen, da war Peter Ellis, Repräsentant der Firma Bosch in Neuseeland und österreichischer Honorarkonsul, und da waren John und Heather Lidgard – den Dank, den wir ihnen schulden, werden wir nie abtragen können. John Lidgard ist ein in Neuseeland bekannter Yachtkonstrukteur und -bauer ("Farr sails fast but Lidgard leads"), der mit Heather zusammen erfolgreich Regatten segelt. Sie packten die Sache in ihrer direkten, herzlichen Art an: Noch bevor das WALROSS im Hafen war, kam Heather frühmorgens in das Bridge Motor Lodge, unser Quartier, befahl der Austauschcrew, aufzustehen, und begann zu organisieren.

So stand die Organisation an Land, das WALROSS konnte kommen.

Elisabeth hatte bei VW Neuseeland einen Wagen losgeeist, der die wichtigen Stützpunkte miteinander verband: die Marsden Pier, das Konsulat, das Hotel und die Hamburger-Bude von Mr. Chips am

Hafen, hinter deren Theke Barbara Ann herumfuhrwerkte. Die lustige blonde Abiturientin sprach gut Deutsch und war resolut und schnippisch. Kein Wunder, sie ist Elisabeths Tochter.

Die Navigation ist kinderleicht. Kap und Landmarken an Steuerbord werden nacheinander abgehakt. Auf leichter Pazifikdünung gleiten wir an der faszinierenden Küste vorbei, ein Traumtag. Die Freiwache ist kaum in der Koje zu finden, sonnen- und wärmehungrig genießen alle dieses wunderbare Segeln. Die Natur um uns ist wieder bunt geworden. Delphine umspielen das Schiff, die kleinen "Seespatzen" tippeln über das Wasser, und der erste Fliegende Fisch nimmt entsetzt Reißaus, "ein Libellenzeppelin", wie Wolfgang entzückt in seinem Tagebuch notiert.

Sorgen macht uns nur, ob Regattaleitung und die Lieben zu Hause wissen, wie prächtig es uns geht. Der Versuch, einen Fischer anzupreien, der in den Morgenstunden an uns vorbeigetuckert ist, war fehlgeschlagen. Gegen Mittag versuchen wir noch einmal über UKW jemanden zu erreichen und haben tatsächlich für einige Sekunden Kontakt mit Auckland Radio. Mehr als unseren Schiffsnamen können wir kaum durchgeben.

Minuten später zerreißt der Lärm von Flugzeugmotoren die beschauliche Stille unserer Küstensegelei. Eine viermotorige Militärmaschine, ein Seeaufklärer mit einem langen Radarbürzel am Heck, fliegt dicht über uns hinweg, dreht einen Kringel und überfliegt uns ein zweites Mal. Offensichtlich werden wir gesucht.

Kurz vor Mitternacht schläft der Seewind wieder ein, die Landbrise kommt morgens gegen drei Uhr. Fast erleben wir in ihr das vorzeitige Ende unserer Reise. Ein dicker Dampfer läuft von Steuerbord auf uns zu, wir machen ihn auf uns aufmerksam, leuchten die Segel an. Der Dampfer dreht, aber er dreht weiter auf uns zu! Die Peilung steht. Der Bursche denkt gar nicht ans Ausweichen. In einem Blitzmanöver setzen wir die leichte Genua I, bergen den Spi und gehen über Stag. Kaum mehr als 50 Meter hinter unserem Heck rattert der Dampfer vorbei und verschwindet in der Nacht.

Der Seewind will sich nicht so recht durchsetzen, am Vormittag hängen wir vor Poorknights Island in der Flaute. Über der Insel schwebt als Tarnkappe eine dicke weiße Wolke, in der die Bergspitzen bereits verschwinden. Wir machen das einzige, was in dieser Situation zu tun ist: Urlaub.

Erst am Nachmittag sind wir am Sugar Loaf Rock, der wie ein Zuckerhut steil aus dem Wasser ragt. Er ist weiß wie Zucker von nistenden Baßtölpeln und dem, was sie so hinterlassen. Im Wasser zwischen den Felsen des ausgedehnten Vogelschutzgebietes schwimmen kleine, fluoreszierende Plättchen. Andreas findet in einer Pütz Seewasser bei genauerer Untersuchung kleine Quallen, einen durchsichtigen kleinen Krebs, eine Vielzahl drei Millimeter langer Krebstierchen und eine Menge undefinierbaren Glibber. Kein Wunder, daß die Vögel sich hier wohlfühlen; es muß für sie ein kulinarisches Paradies sein wie für uns die Pantry vom WALROSS.

Nachdem uns schon vormittags eine Yacht begegnet und eine Zeitlang unter Motor neben uns hergetuckert war, hatten wir wenigstens unsere ETA-Meldung durchgeben können, die Zeit unserer voraussichtlichen Ankunft. Am späten Nachmittag sichten wir die SPIRIT OF ADVENTURE, einen Toppsegelschoner. Als sie unsere Whitbread-Flagge am Achterstag entdecken, winken sie noch heftiger. Wir freuen uns und winken begeistert zurück.

Ekhart brütet über der Karte. Werden wir es heute noch schaffen, Auckland zu erreichen? Wenn nur der Wind durchsteht! Inzwischen haben wir wieder hoffnungsvolle 3 Bft. Fast ohne Welle machen wir gute Fahrt. Zur Teezeit müssen wir wegen des spitzen Kurses den leichten Tri sogar gegen den alten Starcut auswechseln. Das Land ist noch grüner geworden, richtig große Wälder sind auszumachen, und die Küste ist nicht mehr so schroff. Manchmal glauben wir, wir könnten es schon riechen.

Am 16. Dezember besteigt Elisabeth Bradley zum erstenmal in ihrem Leben eine Segelyacht. Es ist die REGARDLESS, die Yacht von John und Heather Lidgard. Sie wollen mit Austauschcrew und einer Handvoll deutscher Neuseeländer das WALROSS auf See empfangen. Bei einbrechender Dunkelheit verläßt die Yacht unter Motor den Hafen Waitemata und setzt Segel. Schnell bricht die Nacht herein und wird unangenehm kühl. Nach einer Stunde beginnt John vor dem Rangitoto Channel zu kreuzen. Tiefe Dunkelheit liegt auf der leicht bewegten See, und die Minuten dehnen sich unerträglich. Heather versucht die Mannschaft mit belegten Broten und Bier bei Laune zu halten. Gespräche werden nur noch halblaut geführt, ganz so, als sei das WALROSS ein scheues Wild, was nicht zum guten Schluß noch verjagt werden dürfe.

Heute nacht noch – oder erst morgen früh? Der Nachmittag ist voll von Spekulationen. „Heute nacht gibt's noch Bier an der Bar", verkündet Olaf mit ungebrochenem Optimismus. Wolfgang zieht sich in die Navigationsecke zurück und produziert Postkarte um Postkarte an Vereinsmitglieder, Freunde und Spender: "Neuseeland ist wunderschön ..."

Am Abend scheint es sicher: noch in dieser Nacht! Die Crew macht sich landfein und das Schiff empfangsfähig. Geheimnisvoll wie ein Alchimist schüttet Opa Säfte und Wässerchen durcheinander, bis er endlich zufrieden knurrt. Er hat einen Begrüßungstrunk kreiert, der als "Walrosstee" in die Geschichte eingehen wird. Seinen Namen bezieht der Punsch von unserem zerbeulten Aluminiumteekessel, in dem er mangels Glaskannen serviert werden wird.

Aus dem Radio dröhnt Musik, die gleiche wie in Kapstadt, Berlin oder New York, Disco und Rock'n Roll weltweit! Dann unterbricht der Sprecher sein Musikprogramm: „Well, if you're not too busy tonight grab your family and a drink and come to Marsden Wharf at one o'clock. The german Round the World Race entry WALROSS III BERLIN is supposed to be in then!" Wir können es kaum fassen. Die wenigen Sonnentage haben Kälte und Anstrengungen des Eismeeres längst vergessen gemacht, und wir kommen als eines der letzten Schiffe. Hat die Enttäuschung darüber unsere Maßstäbe verrückt? Was ist an unserer Ankunft so spektakulär, daß dafür das Radioprogramm unterbrochen wird?

Sturm und Kälte, zerfetzende Segel und harte Arbeit, Nässe und Müdigkeit waren für uns alltäglich geworden. Gewiß, es war eine schwere Strecke gewesen, und wir hatten schwierige Situationen erlebt und gemeistert, so gut wir konnten. Wenn wir an das Schicksal anderer Schiffe dachten, erschien uns nichts daran besonders bemerkenswert. Für einen Augenblick vermittelt die Radiomeldung eine Ahnung von unserer eigenen Leistung und ihrer Bedeutung. Man erwartet uns, man freut sich, daß wir kommen. Unsere Reaktion ist Rührung und eine staunende Freude. Als wir in den Hauraki Gulf einlaufen, dämmert es schon. Der Wind steht durch, und die Lichter der Stadt werfen bereits einen deutlichen Schein über den Horizont. Einige Segler kommen uns aus der Dunkelheit entgegen.

Die Nacht ist diesig, und die vereinzelten Lichter am Ausgang des Hauraki Gulfs scheinen sich zu bewegen. Sind es Boote, oder narren die Lichter an Land? Schließlich löst sich eines und kommt unendlich langsam aus der Richtung, wo vor einer Stunde noch zwei schwarze Inselflecken den Eingang in die weite Bucht verlegten. Endlich werden die Positionslaternen sichtbar: Es ist ein Segelboot, das direkt auf John Lidgards Yacht zuhält. Grau und geistergleich schwebt es durch das Nachtglas und gibt den angestrengt spähenden Leuten auf der REGARDLESS seinen Namen nicht preis. Erst eine halbe Seemeile bevor sich die beiden Boote treffen, wird drüben der Spinnaker angeleuchtet. Im nächtlichen Dunst sind seine Farben seltsam zart und gebrochen, und

Rumpf und Rigg zerfließen schemenhaft im Grau. Die kleinen Geräusche der Wellen und des Boots weben ein durchsichtiges Tuch tiefer Stille, hinter dem das Schiff wie eine Halluzination nähergleitet. Sie sind es! Sie sind da!

Der kurze Jubel auf der REGARDLESS erstirbt sofort. Die Austauschcrew hat verabredet, sich nicht zu erkennen zu geben, und spricht mit gedämpfter Stimme und Englisch. Heather hat einen Willkommensgruß vorbereitet, ein Transparent, das sie nun entfaltet, als beide Schiffe auf Parallelkurs liegen: "WALROSS III, guten Tag. Sehr angenehm." Als es angestrahlt wird, antworten überraschte Rufe und ungläubiges Gelächter vom WALROSS. Die englischen Gratulationen ersticken der Etappencrew fast im Lachen. Bis sich die drei auf die gleiche Tonart geeinigt haben, ist die erste Strophe der Vereinshymne fast vorbei. Die WALROSS-Crew antwortet mit dem Refrain: "Talja, talja, talja hohi ..."

Dann zeigt John Lidgard, was in seiner REGARDLESS steckt. Der Spinnaker geht hoch, der Blooper wird gesetzt, und schon ein paar Dutzend Schiffslängen später segeln die beiden Yachten ein heißes Privatrennen. John heftet sich an die Versen vom WALROSS; sein Spinnaker tanzt nur Zentimeter hinter dem Achterstag. Kühles Bier und frisches Obst wandern in einem Kescher von Schiff zu Schiff.

Die da drüben segeln teuflisch gut und schnell. Wir müssen noch einmal den Spi wechseln, diesmal mit Zuschauern – ein ganz neues Gefühl. Auch eine dicke Motoryacht voller winkender und jubelnder Leute hat sich neben uns manövriert. Ein Blitzlichtgewitter geht über uns nieder, und plötzlich drehen die Bordlautsprecher voll auf: "Das ist die Berliner Luft, Luft, Luft ..." Uns fallen vor Lachen fast die Winschkurbeln aus den Händen. So ein Empfang!

Eine Meisterleistung wird unser Zieldurchgang unter diesen Umständen nicht gerade. Wir können über den vielen Lichtern um uns herum die zweite Boje nicht ausmachen. Plötzlich taucht vor uns ein Molenkopf auf, das muß die Backbordbegrenzung der Linie sein. Noch 200 Meter! Wir bergen blitzartig den Spinnaker, halsen und gehen Sekunden später nur unter Großsegel über die Linie. Fast hätten wir 50 Meter vor dem Ziel noch im Schiet gesessen. Um 00.49.35 knallt der Böllerschuß. Doch die paar Sekunden, die wir dabei verschenkt haben, hätten es auch nicht mehr gebracht: Wir sind 21. von 24 Yachten geworden, die diese Etappe beenden konnten. Hinter uns rangieren nur noch SAVE VENICE, ILGAGOMMA und die unglückliche LICOR 43, die erst kurz vor dem Start zur dritten Etappe mit neuem Mast aus Hobart in Tasmanien in Auckland eintreffen sollte.

Trotz der späten Stunde ist die Pier der Marsden Wharf voller Menschen, begrüßen uns die anderen Crews der Whitbread-Yachten mit Nebelhörnern, Topfdeckeln, Trillerpfeifen und Gebrüll. Ganz am Ende des schmalen Hafenbeckens liegt ein Ponton, an den wir gelotst werden. Drei einsame Uniformierte stehen darauf. Die Pier quillt über vor Menschen, die von zwei Polizisten daran gehindert werden, die Gangway zum Ponton hinunterzustürmen. Er bekommt gefährliche Schlagseite, nachdem die Zoll- und Einreiseformalitäten beendet sind und das Schiff zum Sturm freigegeben wird. Wieder sind Admiral Williams und John Fox mit Post und Bier unter den ersten, die uns begrüßen. Dann werden die Pappbecher alle, das Bordfest quillt über Schiff, Ponton und Pier, und Elisabeth Bradley sagt ganz ergriffen: „So ein klein, schön Bötschen."

Die Pier der Marsden Wharf ist der Sommer-Boulevard dieser Saison in Auckland. Nach Büroschluß zwängen sich Hunderte durch das halbhohe Tor, vorbei an den Wachmännern, die träge über das Absperrgitter lehnen. An der vorderen der beiden Hallen, die zwischen den kleinen Hafenbecken liegen, hängt eine große schwarze Tafel mit den Ergebnissen der zweiten Etappe. Die flanierenden Familien und die feierabendlichen Büroangestellten, die schwatzend vor den Kreideinschriften stehenbleiben, diskutieren über den Zweikampf von FLYER und CERAMCO. Doch Neugier und Patriotismus bleiben unten am Wasser unbefriedigt: Nackt und bloß liegt die FLYER im östlichen Hafenbecken, mastlos, verlassen und mit Plastiksäcken über den zahllosen Winschen. Mast und Baum werden drüben in Birkenhead bei Yachtspars bearbeitet, wo auch OUTWARD BOUND überholt wird und einen neuen Unterwasseranstrich bekommt. Doch vom Stolz der Kiwis ebenfalls keine Spur. Nur gelegentlich sieht man CERAMCO in diesen Tagen draußen Gäste und Anteilseigner spazierenfahren.

Aber auch die Angehörigen der deutschen Kolonie, die in der Mittagszeitung von unserer Ankunft lesen, suchen uns vergeblich. Längst hat das WALROSS an der kleinen Werft am Birkenhead festgemacht, wo es die besten Riggs auf der südlichen Halbkugel geben soll. Werkhalle und Lager von Yachtspars bedecken kaum 500 Quadratmeter Fläche, die Werkstatt ist so kurz, daß der mächtige Mast von FLYER durch das rückwärtige Hallentor weit ins Freie ragt. Die exzellente Belegschaft versteht unsere Wünsche sofort und stellt großzügig den Maschinenpark und ihren Rat zur Verfügung. Die Arbeitsbedingungen sind ideal, und von Streiklust und Freizeitsucht ist nichts zu spüren: Yachtspars arbeitet auch am Samstag, und es macht keine Probleme, einen Werkmeister zu finden, der uns am Sonntag bei den letzten Arbeiten hilft. So sind die schwereren Reparaturen innerhalb von drei Tagen beendet. Die größten Probleme bereitet dabei die alte Spinnakerbaumschiene aus Nirostahl. Die meisten Schrauben haben sich so im Mast festgefressen, daß sie ausgebohrt werden müssen. Mit Poppnieten wird eine neue Alu-Schiene angesetzt, die Schlitten werden erneuert und verbessert.

Mast und Beschläge haben die weite Reise bis Auckland ohne weiteren großen Schaden überstanden. Davon überzeugt sich auch ein Mitarbeiter von Nautor, der eigens für einige Tage aus Finnland eingeflogen worden ist, um die Nautor-Schiffe zu betreuen. Gunnar Öst rät uns, die Wanten mit weniger Vorspannung anzusetzen. John Lidgard schickt einen Mitarbeiter, der mit Gunnars Beratung die Knie der Oberwanten im unteren Teil neu einlaminiert. Der Ruderquadrant, der sich immer wieder lockerte, wird in Absprache mit Nautor repariert, neue Steuerkabel werden eingezogen. Die Spinnakerbaumnocken bekommen jeweils einen Aluminiumring mit vier gutdimensionierten Augen, nachdem die alten Alu-Augen fast völlig durchgescheuert waren. Relingsstützen und Winschen, Babystag und Vorläufer einiger Vorsegel werden repariert, gewartet und erneuert, Block- und sonstigen Augen mit starkem Abrieb wird aufgalvanisiert.

Die Arbeit in der brütenden Hitze laugt die Kräfte der Crew aus. So bleibt nur wenig Energie zu nächtlichen Eskapaden. Brav versammeln sich alle im Hotel, fahren gemeinsam zu den Empfängen und sind froh, wenn sie nicht allzu lange dauern. Am Freitag kommt aus Wellington Dr. Steeger mit Gattin, der Botschafter der Bundesrepublik Deutschland. Das Konsulat hat die Kolonie und die wichtigsten Importeure und Handelspartner zu einem Empfang eingeladen. Nationale Litaneien und feierliches Diplomatengeschwätz bleiben aus; Dr. Steeger beginnt gleich auf Englisch, um die Einheimischen von Beginn an voll einzubeziehen. Wir kennen sie mittlerweile schon besser als die meisten deutschen Familien, die häufig keine Verbindung zum Segeln haben. So zerfällt diese Party in einen familiären neuseeländischen und einen höflich-förmlichen deutschen Teil.

Captain Snushell ist ein Mann für Familienfeiern. Der Honorarkonsul unserer Republik ist Anfang sechzig, kurz und gedrungen, einer von jenen Beleibten, die eine ungeahnte Behendigkeit entwickeln. Wer einen energischen Baß vermuten würde, sähe sich getäuscht. Seine Stimme ist überraschend sanft und kontrastiert auffallend zu der kräftigen Nase, die seinem Gesicht einen Zug von Entschiedenheit und Lebensfreude vermittelt. So macht der Captain den Eindruck eines guten Patrons, der auf

Wohlergehen und Solidität achtet, lieber vor Ort nach dem Rechten sieht und Menschenansammlungen und Zeremonien herzlich haßt.

Auch seine Frau, eine großzügige Heroine mit einem Hang zu witzigen Zweideutigkeiten, ist offenbar froh, daß sie mit dem Botschafterpaar sowie Ekhart und Adolf, dem "Außenminister" des WALROSS-Projekts, zum Dinner entfliehen kann. Das Restaurant im Obergeschoß eines der Betonkästen rings um das moderne "Downtown"-Einkaufszentrum am Hafen ist eine Mischung von Hilton und Nachtclub. In schummriger Beleuchtung stehen die Tische um eine polierte Tanzfläche herum, hinter der eine gelangweilte Combo pflichtgemäß durch das internationale Repertoire der dreißiger und vierziger Jahre dudelt.

Dr. Steeger hat noch einen befreundeten Germanistik-Professor eingeladen, und bald pendelt die Unterhaltung zwischen Regattaproblemen und deutscher Politik, kreist um persönliche Fragen und quält sich um eine Beschreibung des Standes der mittelhochdeutschen Forschung an deutschen Universitäten. All dies im anstrengenden Rösselsprung zwischen Englisch und Deutsch und im zähen Bemühen um geistreiche Formulierungen und weltgewandtes Auftreten.

Adolf hat aus Berlin einen Brief des Regierenden Bürgermeisters an den Ministerpräsidenten Neuseelands mitgebracht. Die Arrangements für die Übergabe gestalten sich schwierig. Robert Maldoon hat vor wenigen Wochen die Wahlen nur mit hauchdünner Mehrheit gewinnen können und ist immer noch mit der Regierungsbildung beschäftigt. Die Aussicht, daß er vielleicht gar keinen Termin übrig haben könnte, stürzt Adolf in ein Wechselbad von Mißmut und Freude. Einerseits wäre der Höflichkeitsbesuch eine hervorragende Chance, gleichzeitig für die geteilte Stadt Berlin und die WALROSS-Teilnahme am Rennen zu werben, andererseits ist ihm der erzkonservative Politiker äußerst suspekt. Wenige Monate zuvor hatte Robert Maldoon die Tournee der südafrikanischen Rugby-Nationalmannschaft mit allen Mitteln der Staatsgewalt durchgedrückt. Die Massendemonstrationen gegen die sportliche Anerkennung der Apartheidspolitik, die Umzüge und die Blockaden der Spielfelder hatte der Regierungschef in Polizeieinsätzen sprengen lassen, deren Härte in Neuseeland ohne Vorbild war. Stacheldraht, Tränengas, Knüppel, Massenverhaftungen, der Einsatz von Greiftrupps in Zivil und die abschätzige Bemerkung Maldoons über das "Gesindel", das da gegen Rassismus auf die Straße gegangen war, wurden auch an Weihnachten noch leidenschaftlich diskutiert.

Dem demonstrationserfahrenen Linken aus der WALROSS-Crew ist es deshalb nicht unlieb, daß der Termin mit dem Staatschef des Gastlandes in unsichere Ferne rückt. Die Erleichterung, einem Konflikt zwischen politischen Pflichten und Ansichten auf elegante Art zu entrinnen, ist nach den Anstrengungen des Tages so matt wie die Tanzmusik. Mehr entkräftet als lüstern hängt Adolf der charmanten Susie Steeger beim Slowfox um den Hals, bevor er schließlich über dem köstlichen Lammbraten sanft entschlummert.

Da steht sie wieder, die kleine Gruppe von Apartheidsgegnern, die schon vor einer Woche im Hafen gegen die Teilnahme von Peter Kuttels XARGO im Rennen demonstriert hat. Die Besucher des Preisballs, die durch das Tor der Princess Wharf fahren, müssen durch ein dünnes Spalier von Demonstranten, die ihnen Transparente entgegenrecken: "Embargo XARGO", "Fight racism", "Ban Bok Boats" in Anspielung auf das Symboltier Südafrikas, den Springbock. Auch Robert Maldoon muß da hindurch, der an diesem Abend überraschend auftaucht; doch "shame, shame"-Rufe und gereckte Fäuste machen wenig Eindruck auf die über tausendköpfige Festversammlung. Nur Adolf ist den ganzen Abend über verstört, so als hätte sich die Demonstration allein gegen ihn gerichtet. „Laßt mich doch in Ruhe", sagt er, „da draußen stehen meine Leute, und ich soll hier feiern, als sei nichts gewesen."

Die kalten Buffets, die selbst Opa Pehle Hochachtung abnötigen, halten dem Ansturm der Meute mühelos stand. Die Menge der Krabben, Fische, Lammrippchen, von grünen Bohnen, Pilzen und Kartoffeln bemißt sich in Tonnen. Und nirgendwo auf der Welt scheint es mehr und bessere Erdbeeren zu geben als in Auckland, Neuseeland. Dann spielt die Tanzkapelle des Neuseeländischen Rundfunks, und das Getümmel wird undurchdringlich. Innig vermischen sich zwei völlig unterschiedliche Veranstaltungen: Die lokale Hautevolee, ihre Töchterchen im züchtig hochgeschlossenen Tanzstundenkleid, feiert ein gesellschaftliches Ereignis; der Teil der Segler, der sich die Freundinnen schon mitgebracht hat, bereitet entschlossen den späteren Abend vor. Der überwiegende Rest drängt sich um die Bars, schwadroniert und trinkt. Dabei erzählt Boubou, daß er des schlechten Bordklimas wegen die TRAITÉ DE ROME in Auckland verläßt.

Auch auf anderen Schiffen scheint nicht alles in bester Ordnung gewesen zu sein. Zwar bleibt die Crew der UNITED FRIENDLY zusammen, doch die Unzufriedenheit über die verschlechterten Segeleigenschaften der Yacht ließen auch die unerfreulicheren bei Chay Blyth hervortreten. Er sei übellaunig, aufbrausend und ausfällig gegenüber Crewmitgliedern geworden und entzog sich schließlich Gesprächen, indem er einem von ihnen den "Walkman" wegnimmt und nicht eher absetzt, bis die Batterien erschöpft sind. Für eine Woche bleibt die Kommunikation zwischen Skipper und Crew unterbrochen und kommt auch hinterher nur schwer wieder in Gang. Auch Tabarlys Regiment auf der EUROMARCHÉ scheint nicht allen zu behagen. Jedenfalls erwägen zwei seiner Mitsegler, auf andere Schiffe der Regattaflotte zu wechseln. Auf eventuell freiwerdende Plätze warten indes schon die Mannschaftsmitglieder der SAVE VENICE, und die Schweden hängen noch zwischen Hoffen und Bangen, ob sie mit SWEDISH ENTRY auf die dritte Etappe gehen können. Das Schiff ist bis auf einige Schäden am Rigg weitgehend in Ordnung, doch es fehlt Geld. Die Sponsoren haben sich offenbar in die Wolle gekriegt und sind zu keinen weiteren Zahlungen mehr bereit.

Peder Silfverhielm, der Skipper, war nicht bis Auckland mitgesegelt. Sein Elan schien mit der Organisation, dem Auftreiben von Sponsoren und dem Bau des Schiffes erlahmt. Auf der ersten Etappe hatte er das Segeln weitgehend seiner Crew überlassen und war in Kapstadt weiblichen Reizen erlegen. Die Sponsorengruppe in Stockholm war irritiert. Zwar versuchte Peder pflichtschuldig, von Südafrika aus neues Geld aufzutreiben, doch ob er alles versuchte, war nicht festzustellen. Es nützte auch nichts, daß sich angesichts der Schwierigkeiten spontan eine Gruppe neuseeländischer Geschäftsleute zusammenfand, an der Spitze Aucklands Volvo-Importeur, die innerhalb weniger Tage mehrere tausend Neuseeland-Dollar zusammenbrachte. Aus Stockholm kam, nach widersprüchlichen Nachrichten, schließlich ein energisches Nein.

Fern im dunklen schwedischen Winter vollendete sich ein anderes Drama. Die Nachricht davon lief wie ein Lauffeuer durch die Flotte. Der Skipper der SCANDINAVIAN habe sich erschossen. Wie ein riesiges Fragezeichen stand der Tod am Ende der Reise dieser Yacht. Warum nur? Bald nach dem Start waren die SAS-Piloten über navigatorische Fragen in Streit geraten. Aber auch auf anderen Schiffen hatte es Unfrieden und Spannungen gegeben, ohne daß sie deshalb aus dem Rennen ausgestiegen waren. Lag es an der Gruppensituation einer Crew aus lauter hochklassigen Navigatoren, alle Miteigentümer der Swan, daß niemand von ihnen zurückstecken konnte und jede Entscheidung des Skippers Prestige und Selbstwertgefühl der anderen verletzte? War das gern kultivierte Leitbild vom männlich-entschlossenen Piloten an den tatsächlichen Möglichkeiten so aufgerieben worden, daß kein Rest von Selbstachtung mehr blieb? Welche Sehnsüchte hatten sie aus dem Flugzeug-Cockpit auf die See getrieben, welche war so stark und verlockend, daß sie einen im Scheitern töten konnte?

Die Tragödie am anderen Ende der Welt stellte für die Sensibleren in Auckland die Frage nach den Motiven ihres Tuns. Sie stellt sich früher oder später allen, die für längere Zeit aussteigen, um zu segeln. Die Regattateilnahme durch die härtesten Seegebiete des Globus brachte sie lediglich schneller und schärfer auf den Punkt. Gewiß, da segelten die Formel-1-Piloten der Meere, die Tabarly, Blake, Blyth und Gabbay, zu ihrem und dem Ruhm ihrer Sponsoren. Doch was ließ Gustaf Versluys seine CROKY bauen, welche Begierden erfüllten einen Hotelier wie den alten Iain McGowan-Fyfe auf seiner 13-Meter-Yacht? Was führte Jean Blondiau in einem leichtgebauten, ungeheizten Boot tief in das Eismeer? Keiner von ihnen hatte die Chance, in den Kampf um den Sieg einzugreifen, auch Cecilia Unger nicht, die für die alte GREAT BRITAIN II Haus und Familie geopfert hatte.

So verschieden die Menschen sind, die sich für lange Zeit auf den Meeren herumtreiben – ein gemeinsames Motiv scheint am Beginn ihrer Entscheidung zu stehen: der Zweifel am Sinn des Alltags. „Ich konnte irgendwann einmal nicht mehr mit ansehen, wie die Menschen so unzufrieden durchs Leben gehen, ohne auszubrechen", sagt Cecilia, „und wie sie einfach hinnehmen, was da kommt. Diese kleinlichen, stupiden Dinge! Ich möchte sie aus meinem Leben raushalten und etwas Größeres haben. Ich suche etwas, und ich habe die Kraft dazu, die den anderen fehlt."

In den Gesprächen an Land hat dieses "Größere" schnell seine Namen: "Natur", "Abenteuer", "Ungebundenheit", "einfaches Leben" oder schlicht "Südsee", selbst die "Auseinandersetzung mit den Naturgewalten" sind eher Metaphern, hinter denen sich die Motive verbergen, als hinreichende Erklärungen. Gemeinsam sind ihnen nur die Aspekte von Zivilisationsflucht und Selbstbestimmung, doch wird kaum jemand, der mit Langzeitseglern redet, solche Begriffe als Antwort bekommen. Ja, unterwegs auf den Schiffen scheinen sich diese Begriffe mit jedem Hafen, jeder Insel zusätzlich aufzulösen.

"Das Größere", sagt Cecilia, "das Größere und Wichtigere ist sehr schwer zu finden. Je mehr du suchst, je weiter du weggehst, um so schwerer wirst du finden, was du eigentlich suchst. Es ist wahr, alles Unwichtige fällt ab, und du wirst freier. Und je freier du wirst, desto größer und größer wird das Ziel und um so undeutlicher." Bis das Ziel unkenntlich wird, eins mit der Suche selbst, die schließlich völlig einer Flucht gleicht?

In der Regatta hatte dieses Größere und Wichtigere ein festumrissenes Ziel, Anfang, Ende, einen Zeitplan, der die Freiheit, und eine Route, die die Ungebundenheit begrenzte. Was also machte ihre Faszination aus? Der Widerhall in der Presse, die Bewunderung der Freunde und Bekannten zu Hause? Sicherlich auch sie, wer läßt sich nicht gerne von anderen bewundern.

Im Abstand zum Rennen stellen sich beim Schreiben Zweifel ein. Die Erinnerung an viele Gespräche reicht nicht an die tieferen Beweggründe heran, die uns in die Unwirtlichkeit der See getrieben haben. Selbst enge Freunde verstummten an einem bestimmten Punkt und verschlossen sich, so daß Rückschlüsse eher aus beiläufigen Bemerkungen gezogen werden müssen. Sie offenbaren, hinter dem dichten Geflecht von Seemannsgarn, die starke Neugier nach Grenzsituationen und Selbstentäußerung, nach der Erfahrung, ob da noch Kraft und Persönlichkeit bleiben, wenn alle Kräfte erschöpft sind. Der Wettkampf auf extremer Route versprach, diese Wünsche zu erfüllen. So ist die schlichte Wahrheit, die wohl die meisten nicht einmal sich selber zuzugeben bereit waren: Viele von uns waren im Rennen auf der Suche nach sich selbst.

Hatte der Skipper der SCANDINAVIAN die Pistole gegen sich gerichtet, weil ihm diese Selbsterkenntnis verwehrt geblieben war? Oder weil sie sich im Scheitern schrecklich erfüllt hatte? In der tragischen Zuspitzung scheint sich die Suche nach der eigenen Identität als eigentlicher Grund für die Regattateilnahme zu enthüllen. Sie scheint es nur, denn zugleich offenbart sie ihre Unzulänglichkeit als allgemeine Erklärung im Ausklammern vieler, vielleicht der Mehrzahl, zumindest aber der "großen" Segler. Wo also liegt der gemeinsame Nenner?

Vielleicht findet man ihn, indem man sich umdreht und zurücksieht: in das Kielwasser, die flüchtige Spur. Darin waren sich alle gleich: einer Herausforderung standzuhalten, die, für jeden anders, allen das Äußerste abverlangte. Der unbestimmte Trieb, der Adam erfüllte, ist definierbar. Es ist die Sehnsucht, als ungeteilte Person Bedeutung zu empfinden und auf Dauer zu haben. Es ist der tiefe Wunsch, mit einer Leistung, in einem Werk eine vielleicht vergängliche, doch unverwechselbare Spur im kollektiven Gedächtnis der Menschen zu hinterlassen. Er führt Malern den Pinsel, Bergsteiger auf Achttausender, Segler ums Kap Hoorn und Weißwurst-Esser ins Guiness-Rekordbuch.

Im "New Zealand Herald", der ständig über die Ereignisse im Zusammenhang mit der Anwesenheit der Whitbread-Flotte in Auckland berichtet, steht in diesen Tagen eine kleine Notiz. Die Großen im Rennen sind es leid, in den Etappenhäfen wochenlang auf die Kleinen zu warten. Sie streben eine Änderung der Wettfahrtbestimmungen an und haben zu diesem Zweck in London einen exklusiven Verein für Round-World-Regatten gegründet. Was ihnen vorschwebt, ist mit dem Auto-Rennzirkus von Bernie Ecclestone vergleichbar, eine Regatta um die Welt, ständig von den Medien übertragen und voll durch Werbung finanziert. „Nie wieder mache ich das unter drei Millionen", sagt plötzlich hochfahrend der sonst so bescheidene, freundliche Peter Blake, und er meint da-

mit Dollars. Wobei lediglich offenbleibt, ob er dies auf die laufenden Kosten bezieht oder inklusive einem neuen Schiff.
Sie wollen uns nicht mehr haben, uns Amateure mit großen Träumen und kleinen Schiffen.

In den drei Tagen in Birkenhead sind die Arbeiten am Schiff so weit vorangetrieben worden, daß wir daran denken können, in der verbleibenden Zeit noch etwas von Neuseeland zu sehen. Bislang reichte unser Radius kaum über den weiteren Hafenbereich hinaus. Nur ein paar von uns hatten die Einladung der TRAITÉ DE ROME-Crew annehmen können, sie zu einem Ausflug in die malerische Gegend von Rotorua zu begleiten, ein Besuchsprogramm, das die "Europäer" im laufenden Fotowettbewerb des Rennens gewonnen hatten. Sie kommen zurück, verzaubert von den Bergseen, Wäldern und Geysiren, berichten vom Kunsthandwerk und der Folklore der Maoris, die dort den Ausflüglern ihre martialischen Kriegstänze vortanzten. Jahrzehntelang haben ihre Urahnen einen erbitterten Krieg gegen die weißen Eindringlinge geführt, der erst vor gut hundert Jahren mit einem förmlichen Friedensschluß beendet wurde und ihnen Landrechte und Autonomie sicherte. Aus dieser kriegerischen Zeit sind nur die Bemalung der Gesichter und die furchterregenden Bewegungen, Gesten und Grimassen des Tanzes übriggeblieben, bei dem dem imaginären Feind die Zunge herausgestreckt wird. Daß auch hinten in den Bergen die Ureinwohner Neuseelands längst jenseits jeder autochthonen Naivität sind, erhellt die Antwort auf die Frage, ob sie nicht auch einmal Europa kennenlernen wollen. „Nein", sagen sie, „da gibt es uns zu viele Atomwaffen."
Am Montag und Dienstag vor Weihnachten brechen zwei Gruppen zu Tagesausflügen auf. Die erste mit Ekhart und Opa will im Norden die Strände und Klippen besuchen, die Opa gut eine Woche zuvor sehnsüchtig von der Seeseite aus betrachtet hat. Adam, Heinz und Adolf, die Etappencrew, wollen am Dienstag versuchen, bis zum Einbruch der Dunkelheit noch in die Berge im Süden zu gelangen. Ungeduldig treibt Adolf die beiden anderen an; ein Vorderrad des Leihwagens verliert Luft, und er will möglichst noch weit kommen, bevor die Dämmerung hereinbricht und die Tankstellen schließen. Nachdem Wolfgang Freitag die Mannschaft in Auckland verlassen hat, ist er nun der Älteste der Crew. Und offenbar einer mit den meisten Problemen. Durch die Regierungsumbildung in Berlin vor einem halben Jahr hat er seine hohe Funktion im Staatsapparat aufgeben müssen, und die folgende Midlife-Crisis – „mindestens meine dritte", sagt er ironisch – bedeutete auch das Ende seiner langjährigen Ehe. Adolf ist nervös.

Oben: Im Päckchen
Mitte links: Auckland – Ankunft bei Nacht
Mitte rechts: Liqui bastelt am Ruder
Unten: Burkhart wartet Winschen

Nächste Seite oben und links unten: Good bye Auckland (oben, von l. n. re.: Licor, Flyer, FcF Challenger, Walross, Croky).
Unten: Kap Hoorn

In den „Fourties"

In den „Fifties"

Die Katastrophe wartet Parnel Road, Ecke Waterloo Quadrant. Mit kreischenden Bremsen kracht der große BMW in die Hintertür des Morris, der wie in Zeitlupe noch über den Rest der Kreuzung hoppelt und erst von der Ampel gestoppt wird. Die Fahrerin entsteigt unverletzt, doch hinten aus dem Wrack wird ein Babykorb herausgezogen. Während die Ambulanz heranheult, sinkt Adolf unter einer Platane am Straßenrand zusammen.

Ule Kortner ist Ende dreißig, wuschelhaarig und selbständig. Vor wenigen Jahren hat die Designerin mit dem kranken und hektischverquälten Europa gebrochen und ist aus Süddeutschland nach Neuseeland ausgewandert. In zäher Arbeit hat sie sich hier eine Existenz aufgebaut, ein kleines, verlottertes Haus in Titirangi wieder in Schuß gebracht und dort die innere Ruhe gefunden, nach der sie suchte. Ihre Kontakte zur deutschen Kolonie sind flüchtig; zu viel erinnert sie dabei an das, was sie hinter sich gelassen hat. Und doch hat sie die WALROSS-Crew auf einer Weihnachtsfeier eben dieser Kolonie kennengelernt, die sie zum erstenmal zögernd besucht hatte. Nun bedrohen die Probleme eines fremden Mannes ihre stille Zurückgezogenheit. Was hat sie schon damit zu schaffen, und was wird ihr, einer fast Unbekannten, damit zugemutet? Dennoch schwankt ihre Entscheidung am Telefon nicht lange. Adolf kann kommen.

Immer wenn Männern die Probleme über den Kopf wachsen, brauchen sie eine Frau, auf die sie sie laden können. Tausende solcher Gespräche werden Nacht für Nacht in deutschen Wohnungen und Kneipen geführt – man kann mit Grund fragen, wer hier eigentlich das schwache Geschlecht ist.

Ule brät die Leberspätzle des vergangenen Tages auf, und dann greift das Gespräch von den Ungewißheiten der Unfallfolgen zurück nach Deutschland und in die Vergangenheit, zu Partnerproblemen und Familiengeschichten, kreist um Lebensperspektiven und Zukunftsängste, wechselt unter den uralten, messingblinkenden Puppenküchen in Ules Regalen von Deutsch auf Schwäbisch und taucht tief in die Kindheit in süddeutschen Kleinstädten.

Als Adolf getröstet zurückkommt, ist die Situation in der Crew äußerst gespannt. Opa hat den Ausflug mit Ekhart dazu benutzt, um sich seine Unzufriedenheit mit der Situation an Bord während der zweiten Etappe von der Seele zu reden. Die Crewsitzung, die Ekhart am Abend nach der Rückkehr einberuft und die die unausdiskutierten Probleme zwischen Skipper und Crew klären soll, verläuft chaotisch. Opa weigert sich, die dritte Etappe mitzusegeln, und will in Neuseeland bleiben. Nur mühsam wird er davon überzeugt, daß auf ihn nicht verzichtet werden kann. Die Anstrengungen der nächtlichen Auseinandersetzung sind den Mannschaftsmitgliedern am Morgen anzumerken: Wortkarg und mürrisch sind sie bei den Arbeiten. Und nun müssen auch noch die Unfallfolgen bereinigt werden. Adolf pendelt zwischen Telefonkabine und Arbeiten am Schiff, zwischen Hafen und Konsulat, der Rest der Mannschaft zwischen Reparaturen und Beschaffungen in der Stadt. Ein Gespräch kommt unter diesen Umständen nicht zustande, die Stimmung ist unruhig und gereizt.

Der Polizist, der den Unfall aufgenommen hat, hat dienstfrei und noch keinen Unfallbericht erstattet. Name und Adresse der Frau, die Verletzungen des Babys und in welches Krankenhaus es gebracht worden ist sind im Polizeipräsidium noch nicht bekannt. Die Versicherung interessiert sich lediglich dafür, ob Alkohol mit im Spiel war. „Dann ist ja alles in Ordnung," sagt der Versicherungsvertreter, „dann brauchen wir eigentlich nur noch einen Bericht über den Unfall."

Am Nachmittag meldet sich telefonisch im Konsulat ein Rechtsanwalt, der finstere Drohungen ausstößt. Sein Redeschwall ist mit vielen Begriffen durchsetzt, die man nicht im Schulunterricht lernt. Nur soviel ist zu verstehen, daß seine Mandantin, Mrs. Willborough, keine Autoversicherung abgeschlossen hatte. Sie will Geld sehen. „Cash or jail", droht der Anwalt, "Geld oder Kerker." Wie käme er dazu, sich mit den Geiern einer Versicherung herumstreiten zu sollen. Erst auf ausdrückliches Befragen teilt er mit, daß das Baby nur verletzt ist, läßt aber offen, wie schwer und in welchem Hospital es versorgt wird. Beinah fröhlich läuft Adolf los, vor Kassenschluß noch ein Weihnachtsgeschenk für das Kind zu kaufen.

Am nächsten Vormittag ist die WALROSS-Crew sehr früh am Hafen, um mit Hochdruck die letzten Arbeiten zu erledigen. Die reparierten Geräte müssen wieder eingebaut werden; lediglich das Echolot, das in Kapstadt seinen Geist aufgegeben hatte, streikt weiter. Der routinemäßige Check durch den Prüfer des Regattakomitees bleibt ohne Beanstandungen. John Fox, der den Prüfer begleitet, fragt nach dem Unfall, von dem das Komitee gehört hat und über den es beunruhigt ist. „Gut", sagt er, „ich sehe, ihr habt alles getan, um das zu regeln", und stapft zufrieden zum Caravan zurück.

Es ist der Vormittag vom Heiligen Abend; die Straßen Aucklands sind randvoll von Menschen, die in aller Eile ihre letzten Einkäufe erledigen. Wenn die Verkehrsampeln an den hitzeflimmernden Kreuzungen den Verkehr zum Stillstand bringen und das Zeichen "Cross" aufleuchtet, stürzen kompakte Menschenmassen in breiter Formation von den Bürgersteigen auf die Straßen, quer über die Kreuzung und drohen sich hoffnungslos ineinander zu verkeilen. Vom Fenster des Konsulats im neunten Stock sieht es aus wie die Quadrille mehrerer Hammelherden, die ein verrückter Tanzmeister einstudiert hat. Adolf wartet. Die Polizei, über die er das Krankenhaus herausfinden will, in dem das Baby liegt, hat einen Rückruf versprochen. Unten an der Marsden Pier wird jede Hand gebraucht, und er steht untätig herum. Gegen 11.00 Uhr kommt der Rückruf: Die Polizei benötigt noch ein Protokoll; in Kürze erscheine ein Beamter, mit dem alles zu besprechen sei.

Von der Versicherungsagentur überträgt das Telefon laute Musik und Gelächter. Man ist mitten in der Weihnachtsfeier, und der Alkoholpegel scheint schon ziemlich hoch zu stehen. „Das ist eine Routineangelegenheit, du mußt nur sagen, daß wir den Fall übernommen haben und bearbeiten, dann ist die Sache erledigt." Nur wenig überzeugt rafft Adolf die Unterlagen zusammen und folgt dem Zivilbeamten, dem sich vor dem Bürohochhaus ein zweiter anschließt. Sie nehmen ihn in die Mitte.

Die Flure in dem Altbau wenige Straßen weiter riechen nach Bürokratie und den Sorgen kleiner Leute. Hinter der Tür mit der Aufschrift "District Attorney" liegt ein trister Bürosaal, dessen abgewetztes Mobiliar an Sozialhilfe und Anstaltsordnung erinnert. Der Staatsanwalt ist Mitte fünfzig, klein und drahtig und bleckt erfreut das Gebiß in seinem wettergegerbten Gesicht. „Well, dann fangen wir mal an." Dann wird er amtlich.

„Ich habe hier einen Beschluß, den ich verlesen muß." Er verliest ihn im schönsten Kiwi-Dialekt, inklusive Aktenzeichen und Unterschrift, und fragt den verständnislos blickenden Adolf, ob er das verstanden habe.

„Nein, was bedeutet dies?"

„Ganz einfach, Adolf, du bist verhaftet. Oder hast du zufällig gerade 2500 Dollar bei dir?"

Der Attorney hat zu lange Zähne, fährt es Adolf durch den Kopf; dann überfällt ihn tiefe Niedergeschlagenheit. Das ist das Ende vor dem Beginnen, eine faltige Grimasse mit heimtückischen Zähnen. „Ich begreife das nicht, die Versicherung hat doch zugesagt, den Schaden zu regulieren", stammelt er mühsam.

„Und morgen ist Weihnachten, und übermorgen bist du weg. Also, entweder du legst das Geld auf den Tisch, oder wir müssen dich dem Richter vorstellen. Das Gericht schließt übrigens um zwei."

Zwei Stunden Galgenfrist, zwei Stunden hektische Telefoniererei und lähmendes Warten. Elisabeth Bradley ist wie vom Donner gerührt. Das Konsulat verfügt über keine Mittel in dieser Höhe; Konsul Snushell ist unterwegs auf seine Farm. Die Versicherungsagentur scheint kein Englisch mehr zu verstehen. Die Weihnachtsfeier im Hintergrund kreischt und grölt, dann läßt sich angeblich kein zeichnungsberechtigter Direktor finden. Die Auskunft, die schließlich eintrifft, klingt wie ein Hohn: Natürlich stehe die Versicherung zu ihren Verpflichtungen, nur leider könne man darüber hinaus im Augenblick gar nichts sagen oder tun.

Rechtsanwalt Leary, der mittlerweile eingetroffen ist, hat wahrscheinlich zu viele amerikanische Gangsterfilme gesehen. Er spielt in diesem Stück den Part des hartgesottenen Advokaten. „Mit den Zusagen einer Versicherung wische ich mir den Arsch ab", meint er hämisch. „Da gibt es nur eines: Bargeld oder Gefängnis. Und da bleibst du so lange, bis jeder Cent auf dem Tisch liegt."

„Und was wird mit dem Rennen?"

„Das geht auch ohne dich, aber ich komme ohne dich nicht an die Moneten."

Das Bank-Akkreditiv, das der Crew erlaubte, größere Ausgaben für Reparaturen und Verproviantierung zu tätigen, war zwei Tage zuvor abgelaufen. Auch die Banken schlossen um 14.00 Uhr, und in Deutschland war Mitternacht. Keine gute Zeit, um per Fernschreiber neue Finanztransaktionen zu vereinbaren. Elisabeth Bradley berichtet, der Anwalt des Konsulats sei unterwegs in die Ferien, sein Stellvertreter hole das Auto aus der Reparaturwerkstatt.

Wenn die Tür zum Nebenzimmer aufgeht und der District Attorney sich kurz über den Stand der Dinge informiert, dringen daraus die Geräusche der Weihnachtsfeier der Staatsanwaltschaft und machen die Stimmung im leeren Bürosaal noch trostloser. „Tee oder Kaffee?" fragt der Attorney und kommt kurz danach mit einer Tasse und einer kleinen Pastete zurück:„Nimm, alter Junge, vielleicht ist es dein letztes Essen", grinst er.

Um halb zwei bewegt sich die kleine Prozession hinüber zum Gerichtsgebäude, wo sie im Flur auf steifen Holzbänken Platz nimmt. Wieder beginnt die Warterei, mühsam schleppen sich die Gespräche über Belanglosigkeiten. Elisabeth Bradley läßt ausrichten, daß ein Anwalt unterwegs sei. Wenigstens ein Lichtblick. Zwei junge Herren im korrekten Anzug und mit geröteten Gesichtern tauchen auf: die Versicherung. Leary herrscht sie an: „Wo ist das Geld?" Sie schütteln verlegen die Köpfe. „Ihr laßt euren Mann ganz schön im Dreck sitzen, schert euch bloß zum Teufel!"

Von Zeit zu Zeit verschwindet ein Beamter im Gerichtssaal und scheint zu verhandeln. Dann kommt endlich ein Anwalt des Konsulats, läßt sich kurz berichten, und schon ist er wieder weg.

Die Sache hat sich offenbar herumgesprochen. Ein Reporter der Abendzeitung taucht auf und verschwindet mit dem erfreuten Leary im Treppenhaus. Eine neugierige Gerichtsangestellte tuschelt mit den Beamten, wirft einen Blick auf Adolf, der starr vor sich auf den Boden sieht, und kommt nach einigen Minuten zurück. Sie bringt ein paar Dosen Bier von der Christmas-Party des Gerichts und drückt dem niedergeschlagenen Mannschaftsmitglied eine der kühlen Dosen in die Hand: „Damit Sie uns nicht in ganz schlechter Erinnerung behalten."

Unerträglich zäh fließt die Zeit und scheint die Gruppe und den Streitfall Willborough in dem stillen Gebäudeteil vergessen zu wollen. Dann nähern sich Geräusche.

Ekhart wird vom Konsulatsanwalt und Mrs. Bradley begleitet. Und auch Adolfs enger Freund Adam ist mitgekommen. Von einem Richter keine Spur. Ekhart trägt die kleine schwarze Ledertasche unter dem Arm, in der sonst die wichtigsten Borddokumente aufbewahrt werden. Sie ist prall gefüllt.

Die größte Banknote Neuseelands beträgt 20 Dollar. Nun wandern der Rest der Bordkasse und die eingewechselten Travellerschecks von Adam und Ekhart auf die langen Holzbänke. Es werden 26 Häufchen, 2500 Dollar plus Gebühren.

„Na, also", sagt Leary, „da isses ja." Aber wenn er auch begehrlich blickt, die Beamten zählen das Geld nach, stecken es ein und quittieren die Summe als beim Gericht hinterlegt. „Es tut mir ja leid, daß das alles so laufen mußte", verabschiedet sich Leary mit kräftigem Händedruck, „aber es ging halt nicht anders. Job ist Job."

„Na denn, ein gutes Rennen", sagen die Beamten und beeilen sich, das Ende ihrer jeweiligen Weihnachtsfeier noch mitzubekommen. Nur für Adolf scheint der glückliche Ausgang keine Erlösung. Dumpf trottet er hinter den Freunden zum Hafen hinunter. Seine Versuche, sich bei Mrs. Willborough telefonisch zu entschuldigen und nach dem Zustand des Babys zu erkundigen, bleiben bis zum Abreisetag fruchtlos. Neuseeland macht Urlaub.

Mittlerweile ist der Abend hereingebrochen, und alles, was für unsere Weihnachtsfeier an den Strand transportiert werden sollte, landet auf dem Parkplatz vor der Bridge Motor Lodge, und vor den erstaunten Augen von Mary, der Besitzerin, wird deutsches Weihnachten vorbereitet. Die Regattaorganisation hat alle Boote mit einem kleinen Kiefernbäumchen bedacht, das nun vor der Hollywoodschaukel und neben dem offenen Grill mit Lametta, Christbaumkugeln und Kerzen aus dem unerschöpflichen Weihnachts-Seesack geschmückt wird. Der Verein hat sogar an die Lieder gedacht und einige Weihnachtsgesänge vervielfältigt mitgeschickt. Da steht die einfache Frau, etwas unsicher auf den Beinen nach der langen Weihnachtsfeier mit ihren Angestellten, und drückt ein riesiges Silbertablett mit Sandwiches an ihre Brust.

Aus zwölf deutschen Männerkehlen in unterschiedlicher Stimmlage steigen Gesänge zu den Sternen, die Tannenbäume und Hirten loben und den Schnee vom Himmel fallen lassen. Ringsum blühen Blumen und Sträucher, die Nacht ist trunken vor Sommer. Bei der Kußparade, die Ekhart entschlossen anführt, schluchzt Mary vernehmlich, behauptet, sie habe noch nie in so kurzer Zeit so viel Dreckwäsche gewaschen wie für uns, und wir seien sowieso die liebsten Kerle, die ihr je über den Weg gelaufen seien.

Der Verein hatte gebastelt und kommentierte die Geschenke an die Crew auf einer mitgeschickten Kassette unter Musik und Flötentönen. Die Geschenke bezogen sich auf Ereignisse der bisherigen Reise und ließen die Gedanken über den südlichen Indischen Ozean und Kapstadt zurückwandern. In dieser Nacht verband ein festes Weihnachtsband das Seglerhaus an der Scharfen Lanke mit der Pazifikbucht unter dem Bridge Motor Lodge, und die Anspannungen und die Verwirrungen der letzten Tage schmolzen wie die Kerzen am Kiefernbäumchen.

Weihnachten mit Barbecue. Die Weihnachtsfestivität bei Peter Ellis findet am Swimmingpool in der Badehose statt. Nur Adam und Adolf fahren mit Elisabeth und Barbara Ann übers Land nach Norden auf Serpentinen durch die waldigen Hügel und fetten Weiden hinaus auf die Farm von Captain Snushell. Der Konsul empfängt sie in kurzen Hosen und barfuß in seinem Haus auf dem Hügel inmitten seiner Kühe. Weit öffnet sich der Blick über Weiden und Wäldchen bis zum Strand des Pazifik, vor dessen strahlendem Saum dunkle Inselchen liegen. Es ist Zeit zum Abschied, und jeder Blick auf das entzückende Panorama macht ihn schwerer. Herzlichkeit und Fürsorge unserer Freunde haben uns das unbekannte Land lieb gemacht, das nun zum Abschied noch einmal seine Reize reich vor uns ausbreitet. Sich einfach hinsetzen und sehen: die Straße da unten, die Zäune und Knicks, die die Hügel hinunterlaufen, das Wäldchen, das einen See umsäumt; den leichten Wind im Haar, der noch vom Meer herweht, fühlen, spüren, wie die Dämmerung kühler heruntersteigt, und ins Haus gehen und dableiben. Wenn man vergessen kann, könnte so Heimat entstehen.

Ekhart fehlt am Schwimmbassin. Nach den hektischen und arbeitsreichen Tagen möchte er vor dem Start zur Ruhe kommen, sich sammeln und auf den Start und die nächste Etappe vorbereiten. Peter Ellis hat dafür Verständnis und entläßt ihn mit einer handgedrehten brasilianischen Zigarre und einer Flasche ausgewählten neuseeländischen Weins auf das Boot. So ist Ekhart durchaus weihnachtlich zumute, als er die Karten des morgigen Tages ansieht. Noch einmal studiert er die Handbücher, macht sich Notizen zu den zu erwartenden Strom- und Tidenverhältnissen und läßt sich den Wetterbericht und die vielen navigatorischen Ratschläge des regattaerfahrenen John Lidgard durch den Kopf gehen. Der Wetterbericht spricht von umlaufenden Winden und einer ausgeprägten Hochwetterlage. Es dämmert bereits, als der Skipper aus dem Navigationsschapp eine schmale Akte zieht und ungeöffnet vor sich hinlegt: "Routenüberlegungen New Zealand – Kap Hoorn."

Allein mit sich an diesem Abend vor dem Start, genießt Ekhart dieses Zögern. Ein langgehegter Segeltraum nähert sich seiner Erfüllung: die Reise tief in die südlichen Breiten des Pazifischen Ozeans mit der Rundung von Kap Hoorn. Seit dem letzten Winter hat er in Berlin und in seinem Schwarzwalddorf alte Seehandbücher, Kapitänsberichte, Satellitenwetterkarten und Eisberichte der letzten Jahre studiert und die Erfahrungsberichte der vorausgegangenen Whitbread-Regatten ausgewertet. Nun wird es ernst; Ekhart schlägt die Mappe mit seinen Notizen auf.

Welches ist der günstigste Kurs? Wie weit sollen wir nach Süden? Unstrittig ist nur, daß es zunächst darum gehen wird, möglichst schnell in die Zone der starken Westwinde zu gelangen. Wie weit südlich, wo der chancenreichste Kompromiß zwischen kürzester Entfernung, günstigsten Windverhältnissen und vertretbarer Eisgefahr ist, darüber gehen die Meinungen durchaus auseinander. Das Standardwerk der heutigen Ozeanseefahrt, "Ocean Passages of the World", herausgeben von der englischen Marine, empfiehlt für die Reise von Neuseeland nach Kap Hoorn eine Route zwischen dem 47. und 50. Grad südlicher Breite.

Unsere Urgroßväter von der Kaiserlichen Marine, die sich auf Erfahrungsberichte von Segelschiffkapitänen vom 18. bis ins späte 19. Jahrhundert beriefen, empfehlen trotz der größeren Eisgefahr für die Monate Dezember bis März dagegen als günstigsten Kurs eine Breite zwischen den 56. und 60. Grad. „Geht man auch nicht über den Ansegelungsparallel von Kap Hoorn, 56°40' S, der 13 Seemeilen südlich von Diego Ramirez hinausführt, hinaus, so kürzt man doch, wenn man diesen Parallel auf dem kürzesten Wege ansegelt und dann direkt nach Osten steuert, den Weg nach Kap Hoorn schon um 486 Seemeilen ab, was in der Reisedauer einen Gewinn von ungefähr drei Tagen ausmacht."

Die Furcht vieler Segelschiffskapitäne des ausgehenden 19. Jahrhunderts vor vermeintlichen Eisgefahren in südlicheren Breiten teilten die Verfasser des Segelhandbuches von 1897 nicht. „Das meiste Bedenken bei der Wahl einer südlicheren Route erregt natürlich die vermehrte Gefahr, mit Treibeis zusammenzutreffen. Letzteres scheint indessen im Stillen Ozean im ganzen ziemlich selten vorzukommen, bei weitem nicht so häufig wie im Atlantischen und im Indischen Ozean, und vor allem scheinen die Eisberge dort viel weniger weit nach Norden vorzudringen."

Die Erfahrungen der beiden vorausgegangenen Regatten bestätigen die alten Empfehlungen. Wählten bei der ersten auf dem Wege von Sydney nach Kap Hoorn alle Yachten bis auf eine Routen zwischen 55 und 60° südlicher Breite, so segelte bei der zweiten fast ein Drittel sogar südlich des 60. Breitengrades, ohne ernsthaft in Eisgefahr zu gelangen. Nur Ridgways DEBENSHAM bekam Schwierigkeiten, als sie auf 63° Süd ging. Ekharts Vorstellung war, möglichst schnell von Neuseeland freizukommen, Süd zu machen und in der Zone der starken Westwinde, je nach Wind-, Wetter- und Eisbedingungen sowie dem Verhalten der anderen Yachten, die Längen nach Kap Hoorn möglichst zwischen dem 56. und 60. Breitengrad abzulaufen.

Abschied von Burkhart, der, wie geplant, für ein paar Wochen in Neuseeland bleibt und erst in Mar del Plata wieder zusteigen wird. Durch den Bordmediziner von CERAMCO hat er die Chance bekommen, seine Ausbildung im Herzzentrum in Auckland fortzusetzen. Wolfgang ist längst nach Berlin zurückgekehrt, so umfaßt die WALROSS-Crew für die dritte Etappe nun elf Mann. Bis zum Schluß ist Burkhart noch an Bord und hilft bei den letzten Arbeiten. Dann steht er am Kai unter allen anderen Freunden und Bekannten, neuseeländischen und deutschen wie den beiden Bäckern, die Opa bei der Menage kenntnisreich und hochherzig unterstützt haben und zum Abschied einen Zentner deutsche Brotmehl-Mischung verehrt bekommen, der absolut nicht mehr ins Schiff paßt.

In wenigen Tagen gewachsene Freundschaften trennen sich, und bald wird wieder die halbe Welt zwischen ihnen liegen. Nur keine Sentimentalitäten. Ule und Adolf umarmen sich scheu, und sie geht, bevor das Boot ablegt. Elisabeth Bradley zerdrückt eine Träne, und das flinke Mundwerk von Barbara Ann kommt zum Stillstand. Dann werden die Leinen losgegeben.

Kap Hoorn, wir kommen!

Wieder auf See − Warten auf den Westwind − Latente Spannungen an Bord − Zwei Spinnakerbrüche in zwei Tagen − Das Rollenverhalten gebiert Konflikte − Vom "Reisen" in reiner Form

Seit Tagen sind die Plätze auf sämtlichen Wasserfahrzeugen Aucklands ausverkauft. Die internationale Yachtpresse hat die schnellsten Speedboote gechartert, in der Luft über der Bucht von Waitemata hängen die Hubschrauber von Funk und Fernsehen. Das "Presseboot", auf dem ein holländischer Pressefotograf für sich und Burkhart auf den letzten Drücker noch zwei Plätze reservieren kann, ist der alte Dampfschlepper, der sonst am Wochenende kleine Ausflugsfahrten durch den Hafen macht. Auf dem Museumsschiff vom Anfang dieses Jahrhunderts finden die Zuschauer kaum noch Platz zum Atmen. Immerhin, der Kapitän bittet die beiden auf die Brücke, von der aus man einen guten Überblick hat. Aber dicht an das Geschehen wird man mit diesem trägen Riesenkasten nicht herankommen.

Die neuseeländische Küstenwache hat im Startgebiet vor Northhead eine Sperrzone ausgewiesen, in der sich nur die teilnehmenden Regattayachten aufhalten dürfen. Außer dem alten Schlepper hält sich niemand daran. Man sieht das Wasser kaum vor Zuschauerbooten, Seglern, Motoryachten, ja sogar ein kleines Schlauchboot hat an einem Seezeichen festgemacht, um das Ereignis verfolgen zu können. Bei strahlendem Wetter ist der Northhead, der Hügel am Ausgang der Waitemata-Bucht, von Menschen übersät. Bereits eine Stunde vor dem Start beginnt der Rundfunk mit seinen Direktübertragungen. Er spricht von über einer halben Million Zuschauern an Land und kommt auf etwa zehntausend Booten zwischen Waitemata und Hauraki Gulf. Über den Rangitoto Channel, der beide miteinander verbindet, weht eine leichte Brise aus Südost: Wind für einen Spinnakerstart.

Mit dem Startschuß vom Northhead aus erreicht der Lärm einen Höhepunkt. Hubschrauberrotoren, Sportflugzeuge und Motorboote dröhnen, Böllerschüsse, Nebelhörner und Sirenen wünschen der Flotte "good-bye". Schlagartig ist die weiße Szene bunt geworden, durch ihre riesigen Spinnaker kann man nun Teilnehmer von Zuschauern unterscheiden. Und Peter Blake führt. Die Neuseeländer sind aus dem Häuschen, der Radioreporter überschlägt sich vor Begeisterung, und Pippa Blake, die das Rennen dazwischen kommentiert, jubelt mit ihrer piepsigen Stimme: „Oh, mein Peter ist der größte Segler der Welt!" Mit unglaublicher Geschwindigkeit zieht CERAMCO unter ihrem rot-weißen Spinnaker davon. Hinter ihr kocht das Wasser von zahllosen Motorbooten, die mit vollaufgedrehten Motoren zu folgen versuchen. Dahinter die Franzosen, GAULOISES, KRITER und EUROMARCHÉ.

„Schau mal dort", sagt Burkhart zu seinem holländischen Begleiter, während er abwechselnd Kamera und Filmapparat vors Auge reißt, „dort drüben Chay Blyth. Ich möchte ihn jetzt nicht fluchen hören." Seine Jungs haben mit dem großen Spi eine herrliche "Eieruhr" fabriziert.

Das WALROSS hat die zweite Reihe gewählt und befindet sich da in guter Gesellschaft. Neben FLYER sieht die Yacht wie ein Zwerg aus. Unter all den Triradials fällt sein altmodischer rot-weiß-blauer Starcut, immer noch ein Paradesegel, etwas aus dem Rahmen. Connie macht sich energisch an die Aufholjagd; das WALROSS muß sich bei dem abflauenden Wind damit begnügen, das Feld vor sich herzuhetzen.

Die Begrenzung der Startlinie an Steuerbord ist vor lauter Booten nicht auszumachen und der Lärm auf dem Wasser und in der Luft so infernalisch, daß niemand außer Olaf am Funkgerät den Startschuß hören kann. Während rings um uns im dichten Wald der Masten und weißen Segel die Spinnaker aufblühen und in Lee FLYER spielerisch leicht an uns vorbeizieht, hämmert durch den Äther immer ungeduldiger der Rückruf für ILGAGOMMA. Die Italiener sind zu früh über die Linie, aber sie denken gar nicht daran umzukehren und spielen toten Käfer. Joaquin Coello versucht mit der LICOR einen Leedurchbruch, luvt uns zu früh an und kommt furchtbar in die Bredouille: Die begleitenden Boote an Backbord lassen ihm keinen Raum, um abzufallen. So verzichten wir großmütig auf unser Wegerecht, gehen so hoch wie möglich an den Wind und lassen ihn ziehen. Es dauert unerträglich lange, bis der Spanier bei abflauendem Wind an uns vorbei ist und wir den leichten Triradial setzen können.

Plötzlich sind John und Heather neben uns, die REGARDLESS knakkend voll mit hübschen Mädchen im Bikini, die er uns an Land schnöde vorenthalten hat. Dann grüßt von einem groben Betonboot ein kleiner, verknitterter Mann, in dem wir den Segler wiedererkennen, der tagelang über die Marsden Pier streifte und ausgemustertes Material trödelte. Für die Reste unseres alten Sturmspinnakers hatte er noch 250 Dollar übriggehabt. Wir grüßen dankbar zurück.

Rings um die Bahnmarke am Ende des Rangitoto Channel liegen Hunderte von Booten; mitten in dem schmalen Fahrwasser, das sie freigelassen haben, bemüht sich ein Motorbootfahrer hektisch, den abgesoffenen Motor wieder in Gang zu setzen. Von Steuerbord bricht Antonio mit der TRAITÉ, der ganz in Luv gestartet war, durch die Blockade und halst. Hinter der Bahnmarke bleiben die Zuschauerboote langsam zurück, und wir beginnen aufzuatmen. Im abflauenden Wind suhlt sich das WALROSS, den Bauch vollgeschlagen bis zum Rand, träge im Wasser. Steuerbord voraus, die Flotte ist schon ein gutes Stück enteilt, sehen wir, wie ein Spinnaker nach dem anderen zusammenfällt. Die Mittagsflaute erwischt sie dicht unter Land, während wir, mitten im Hauraki Gulf, nur kurze Zeit dümpeln. Dann weht für uns eine kleine Brise, und als am Abend EUROMARCHÉ schnell hinter uns aufkommt und uns in geringem Abstand passiert, zeigt uns Tabarly grußlos den Rücken. Wir hatten, unversehens und zum einzigen Mal auf der Regatta, die Großen hinter uns gelassen.

Vor dem Abendessen wird die Etappencrew in die Seenotrolle eingewiesen und auf die neuen Wachen verteilt. Heinz kommt zu Christian und Olaf in die Steuerbordwache, die Moly als Wachführer leitet, Adam und Adolf zusammen mit Schimmi in die Backbordwache von Carsten. Andreas spielt auf der dritten Etappe Springer; er wird durch die Wachen wandern und jeweils einmal einen ablösen, der dann durchschlafen kann. Ekhart und Opa gehen wachfrei. Um Mitternacht kreuzen wir gegen einen auffrischenden Ostwind hinaus auf die riesige Bay of Plenty, die letzten Lichter erlöschen, der Seegang wird stärker. Die offene See hat uns wieder.

Am Tag nach dem Start passieren wir die Insel White, ein vulkanisches Eiland in der Bay of Plenty, aus deren Krater unablässig eine weiße Dampfwolke in den blauen Himmel geschleudert wird. Am frühen Morgen des dritten Reisetages, immer noch weist unser Kurs hoch am Wind nach Ost, haben wir die letzten Landmarken Neuseelands querab, Cape Runaway und East Cape, und segeln am Abend über den 180. Längengrad. Erst als der Wind schralt, richtet das WALROSS seine Nase endlich gegen Süden.

Auf dem neuen Bug steht eine unangenehme See gegenan, und jetzt melden sich auch die letzten Crewmitglieder bei Olaf und lassen sich einen Knopf hinters Ohr kleben. Es ist ein neues Mittel gegen Seekrankheit, ein groschengroßes Pflaster, mit Wirkstoff getränkt, der durch die dünne Haut hinter dem Ohr in den Kreislauf diffundiert. Das Zeug aus einer amerikanisch-schweizerischen Alchimistenküche wird auf dieser Regatta getestet. Es wirkt vorzüglich und ohne unliebsame Folgen.

Trotz hektischer Suche im ganzen Schiff bleiben die neuen Keilriemen für das Kühlaggregat verschwunden, die Peter Ellis kurz vor dem Ablegen noch an Bord gebracht hatte. Jeder hat sie gesehen, jeder an einer anderen, leicht zugänglichen Stelle, wo sie einem direkt in die Hände fallen müssen. Mittlerweile droht das Frischfleisch zu verderben und wird in gewaltigen Mengen verzehrt. Auf Schweinebraten Provençal folgt Rumpsteak, auf Dutzende frischer Bratwürstchen Rinderbraten. Da auch das Obst bei Temperaturen über 20 Grad leidet, werden als Zwischenmahlzeiten schüsselweise Erdbeeren, Kirschen und Pflaumen vertilgt. Opa, der sonst eifersüchtig über seine Vorräte wacht und Eigenmächtigkeit mit Liebes- und Delikatessenentzug streng bestraft, sieht es mit Wohlgefallen.

Die Crew findet sich zusammen. In Molys Wache lassen die Alteingesessenen Heinz hart arbeiten. Es ist wie in Kindergruppen, die von jedem Neuen erst einmal Proben der Geschicklichkeit und Kraft, den Beweis von Zuverlässigkeit und Einordnung verlangen. Heinz, der blonde 27jährige Jurastudent, ist von ausgeglichenem Naturell und kräftiger Statur. Mit 50 wird man ihn stattlich nennen, wenn sich die guttrainierte Muskulatur dann nicht mehr weich unter der wohlgenährten Haut abzeichnen wird. Manchmal scheint, als habe er seine empfindliche Seele schon im voraus etwas stärker gepolstert. Oft von entwaffnender Arglosigkeit, bleibt ihm wahrscheinlich auch keine andere Wahl: Heinz ist im Hauptberuf Kripo-Oberkommissar und dadurch gezwungen, immer das Gegenteil von dem zu protokollieren, woran er unbeirrt zu glauben scheint – daß die Menschen im Grunde gut seien.

Ekharts besondere Aufmerksamkeit gilt der Backbordwache. Er ist sich nicht sicher, ob sie harmonieren wird. Adolf ist seit zwei Jahren nicht mehr WALROSS gesegelt und muß sich erst wieder einfinden. Seine persönlichen Probleme machen ihn ungesellig; mit sich und seinem Unglück beschäftigt, sondert er sich ab, widmet sich seinem Tagebuch oder Fontanes "Irrungen, Wirrungen" und reagiert schon auf leise Kritik empfindlich und gereizt. In Carstens Wache ist er mit Schimmi zusammen, und schon vor einem Jahr, bei den Vorbereitungen auf das Rennen, hatte sich gezeigt, daß die beiden nicht nur siebzehn Lebensjahre trennen, sondern auch ein Abgrund von politischen Meinungsunterschieden. Der Jüngere verfügt über ein wohlgeordnetes Weltbild: Ost und West, Nato, Verteidigungsauftrag, Staatsschutz, Fortschritt durch Eliten – alles hat darin seinen rechten Platz. Das Modell dieser prästabilierten Harmonie ist seine schwärmerisch verehrte Heimatstadt Lüneburg, in der er sich schon als Notar mit Ratsherren, Pfarrer und Apotheker am Stammtisch sieht. „Mein Gott, ist das reaktionär", sagt Adolf, der geflissentlich die ironischen Untertöne dieses Zukunftsbildes überhört. Schimmi dagegen stöhnt auf, wenn in den langen Abhandlungen des Älteren Juso-Erfahrungen, großbürgerliche Freiheitssehnsüchte und marxistische Analyse eigenartig durcheinanderpurzeln und der Staatsbedienstete unweigerlich zum Schluß kommt: „Verpiß dich, Staat!" „Du linke Socke!" sagt Schimmi dann, „was du willst, ist die Auflösung der Ordnung." „Aber ja bitte", erwidert der, zweifelt schon halb daran und verteidigt die Meinung deshalb in der nächsten Diskussionsrunde ebenso trotzig, wie Schimmi auf der wohltuenden Wirkung des Staates beharrt.

Da sie sich gegenseitig nicht überzeugen können, beginnen sie sich zu respektieren und stellen ziemlich schnell fest, daß sie sich eigentlich mögen. Adam betrachtet es amüsiert und kann auf Vermittlungsdienste verzichten.

Am Mittag von Silvester verzeichnen wir ein Rekord-Etmal von 225 Seemeilen. Bis zum Abend brist es weiter auf 7 Bft auf, wir wechseln von Starcut auf Reacher und erreichen immer noch Maximalgeschwindigkeit von 16 Knoten. Seit gestern reisen wir auf Großkreiskurs. CROKY, TRAITÉ und ILGAGOMMA, die den Ostweg aus der Bay of Plenty länger gefahren sind als wir, haben daraus keinen Vorteil gezogen. Auch andere Boote wie BUBBLEGUM, LICOR und MOR BIHAN stehen nördlich und schlechter als wir. CERAMCO, FLYER und EUROMARCHÉ liegen bereits weit voraus. Zusammen mit vier anderen waren sie mit dem Wind steil nach Süden gegangen, wobei ihr Kurs teilweise sogar Westkomponente enthielt. Während sie hinter den Chathams vorbeilaufen, muß Chay Blyth umkehren und die Insel ansteuern. Bei Reparaturen an der losen Spinnakerbaumschiene ist der Apparat, mit dem die Poppnieten gesetzt werden, über Stag gegangen. UNITED FRIENDLY verliert so einen Tag.

Morgen mittag beginnt in Europa das neue Jahr. Unsere Bordzeit ist gegenüber der Greenwich-Zeit um 13 Stunden verschoben. Wir müssen sehen, daß uns die Neujahrssonne von Greenwich ebenfalls an Neujahr erreicht. Das bedeutet, wir können Silvester zweimal feiern.

Statt um Mitternacht die Sektkorken im Salon, knallt es eine Stunde davor an Deck. Die Schot des ausgebaumten schweren Reachers ist gebrochen, die Leeschot rauscht aus, das mächtige Segel schlägt mit ungeheurer Wucht im Starkwind und vertörnt sich um das Vorstag. Die Nacht ist stockfinster, die Decksbeleuchtung schneidet nur einen schmalen, matten Kegel aus der Finsternis. „Ich sehe", notiert Adolf, „wenn ich vom Kompaß aufblicke, wie auf eine Bühne, die zu dunkel ist, um Einzelheiten erkennen zu lassen. In dem Lärm von Meer, Wind und schlagendem Segeltuch sind die Zurufe kaum zu verstehen, die mir am Ruder gelten. Es ist ein Bild dichter Dramatik, die sicherlich durch die romantische Ausleuchtung gefährlicher wirkt, als sie in Wirklichkeit ist."

Für ihn ist dies ein Moment der Bewährung. Das WALROSS ist ohne Vorsegel natürlich stark luvgierig, so daß ständig stark Gegenruder gelegt werden muß. Der Kompaß ist außerordentlich weich, die seitlichen Nickbewegungen auf der Geige übertragen sich als Kursschwankungen von 30°. Die Sicht ist gleich Null, eine Orientierung an den Wellen nicht möglich, die Decksbeleuchtung trotz allem fast heller als die Windlupe. Selbst für einen erfahrenen Rudergänger ist es in einer solchen Situation fast unmöglich, sauber Kurs zu halten und für die Manöver kontrolliert abzufallen.

Während Adolf mit sich zufrieden ist, daß er die Situation ohne gravierende Fehler gemeistert hat, und von Stund an aufgeschlossener und geselliger wird, führt der Schotbruch zu Diskussionen zwischen den Wachführern und Ekhart. Meint der Skipper, die Schot sei nicht gebrochen, weil zuviel Wind für den schweren Reacher war, sondern weil sie nicht genügend gewahrschaut wurde, schamfilte und deshalb brach, wollen sie lieber ein kleineres Segel setzen. Ekhart gibt nach. Mit dem Hellwerden soll der Spinnaker gesetzt werden. Schimmi geht unter Deck und näht einen Lederschutz für die Schot, die danach dann auch nicht mehr bricht.

Der zweite Silvestertag gleicht dem ersten wie die Kröte einem Hasen. Morgens hockt der Wind träge und naß auf dem Wasser, und die Segel klappern. Seit Mitternacht hat der Wind von NNW über E auf SE gedreht und ist langsam und dann immer schneller schwächer geworden, bis er sein Leben aus SSE aushaucht. Als wir schließlich im Zentrum des kleinen Tiefs, das uns überläuft, unter Windseeker versuchen, etwas Druck auf das Ruder zu bekommen, liegen fortwährende Segelwechsel hinter uns: Fock II, Starcut, Triradial, schwerer Reacher, schwere Genua, leichte Genua. Das Wetter ist unangenehm. Nur ab und zu taucht das Gesicht des Wachführers im Niedergang auf, und wenn er den einsamen Rudergänger nach dem Rechten fragt, kondensiert sein Atem. Es ist plötzlich Herbst geworden, Zeit für lange Unterhosen.

Das neue Jahr beschert uns zwei flotte Segeltage mit Starkwind. Am 3. Januar notiert jedoch das Bordtagebuch: „Es gibt Tage, die sollte man lieber gleich abschaffen. Die Hundewache beschließt, die Fock II auszubaumen. Das Manöver findet unter dem Motto 'avanti dilettanti' statt. Es wird dunkel wie in einem Walfischbauch, das WALROSS geigt auf Vorwindkurs unter Großsegel, ekelig. Schoten und Achterholer, eine ziemliche Wuling. Endlich steht der Spi-Baum. Da ist die Reacherschot zu kurz! Es gelingt uns, nach mühevoller, beinahe einstündiger Arbeit, gegen 3.00 Uhr die Fock zu setzen, und wir beginnen ein wirklich hinreißendes Schiftemanöver. Bevor das Großsegel mittschiffs steht, platzt die sechste Naht von oben beinah auf ganzer Länge. Schimmi und Carsten nähen wie verrückt, und um 7.30 Uhr steht das Großsegel wieder. Zum Ausgleich darf die Backbordwache morgens direkt in die Flaute segeln. Alles grau in grau und leichter Nieselregen: Beamtenwetter, tote Hose. Nach beinahe drei Stunden trostlosem Segelgeklapper dreht uns eine Brise von 110 auf 360°, und gleich setzt es über 20 Knoten. Wind und Regen die Menge."

Das zweite Tief hat uns überlaufen, von "ständiger Westwinddrift" nicht die Spur.

Der Wind legt zu, der Flaute folgt das Hochsee-Rodeo. Die alte Ostdünung wird immer mehr von der entgegengesetzten Windsee überlagert. Die Wellen werden steiler und unruhiger, die See beginnt zu kochen. Zu dumm, daß wir keinen vernünftigen Yankee mit hochgeschnittenem Schothorn für diesen Kurs und diese Wetterbedingungen haben. Die Genua III nimmt zuviel Wasser, hält jedoch stand. Dennoch fordert das harte Wetter seinen Tribut: Eine der Bugkorbstützen bricht aus ihrer Decksverankerung, zwei Relingsstützen weiter achtern sind stark verbogen, und der Decksbeschlag für den Jockeypole ist abgebrochen.

In der "Kinderstunde" lauter Hiobsbotschaften: Die kleinen Yachten, die noch weiter im Norden stehen, ILGAGOMMA und BUBBLEGUM, sind in den Nordsektoren der Zyklonen mit achterlichem Wind und guten Etmalen vorangekommen. Nur TRAITÉ und CROKY sind von ähnlich ungünstigen Wetterbedingungen betroffen wie wir, CERAMCO und FLYER segeln 500 Seemeilen weiter vorn in schwächerem Wind. In der Mittelgruppe dagegen ist der Teufel los. Reihenweise mäht der Sturm die Spinnaker und knackt die Spinnakerbäume. Auf GAULOISES III kommt der Mast von oben; Frankreichs Presse dankt mit knalligen Überschriften: „Weine nicht, GAULOISES." Und warum sollten sie auch? Die Sponsoren haben ihre Headline, und Eric Loizeau richtet den Bug nach Norden und segelt unter Notrigg nach Tahiti an den warmen Strand.

Unser Kurs führt am nächsten Tag bei stürmischem Ostwind weiter nach Süden. Die Temperaturen sind unter sechs Grad gefallen, Rudergehen und Decksarbeit sind wenig gemütlich. Schwachwindphasen, Flauten und Ostwinde in einem Gebiet, in dem Westwind vorherrschen soll, geben uns Rätsel auf. Nach den amerikanischen Monatskarten, für die Satellitenbeobachtungen ausgewertet worden sind, und dem "Antarctic Pilot" müßten hier zu 90 Prozent westliche Winde wehen. Ekhart versucht erfolglos, von Antonio zu erfahren, was der Wetterfax auf TRAITÉ ausdruckt, und brütet eine halbe Nacht über den Windfähnchen, die er nach den Meldungen der anderen Yachten in die Karte gezeichnet hat. Die spärlichen Angaben wollen sich nicht zu einem hinreichenden Bild runden.

Am Morgen erscheint der Skipper noch struppiger am Frühstückstisch, an dem allgemein gegen den hartnäckigen Großkreiskurs gemosert wird. Einer sagt: „Wenn man sein Gehirnschmalz nicht mal etwas anstrengt, werden wir immer die gleichen Fehler machen." Aber keiner macht sich die Mühe, darüber nachzudenken, warum das verquere Wetter auch Yachten mit Wetterfax zu schaffen macht, keiner liest nochmals in Seehandbüchern oder Wetterkarten nach. Ein Alternativvorschlag zum Großkreiskurs bleibt aus. Ekhart überlegt, den Kurs künftig spontan der Wetterentwicklung anzupassen.

So unvermutet, wie die modernen Navigationsunterlagen die Wetterlage erscheinen lassen, kommt sie nicht. Urgroßvater wußte es schon besser. Das deutsche Segelhandbuch von 1897 berichtet, es gebe viele Kapitäne, die von Australien nach Europa der Route ums Kap der Guten Hoffnung den Vorzug geben und die ums Kap Hoorn "wegen der häufigen Ostwinde" im südlichen Stillen Ozean nur ungern fahren. „Die Verzögerung der Reise auf der Strecke bis zum Kap entsteht vornehmlich durch das ungewöhnlich häufige Auftreten zu leichter Winde und Windstillen", schreibt im Jahr 1891 Kapitän Schulz von der Bark JULIO THEODORE. Kapitän Reinicke von der Bark TRITON, der zwei Jahre später auf ähnlicher Route ums Kap Hoorn segelte, erlebte dagegen auf dieser Reise den stärksten Sturm seines Lebens.

Auch wir können eigentlich über mangelnden Wind nicht klagen: An zehn der bisher 16 Reisetage hatten wir stürmische Winde mit mehr als 7 Bft – nur eben nicht aus der richtigen Richtung. Die "braven Westwinde" lassen auf sich warten. Das alte Seehandbuch vermutet, daß sie in den "höheren Südbreiten" des Stillen Ozeans doch nicht ganz so regelmäßig auftreten, wie man wohl anzunehmen geneigt ist.

Am 4. Januar entscheidet Ekhart unter vernehmlichem Murren der Wachführer noch einmal, entsprechend dem Großkreiskurs nach

Süden zu segeln, da er befürchtet, nach einer Wende mit anschließend nördlichem Kurs wieder in den Bereich des windarmen oder windstillen Kerns eines Tiefs zu geraten. So aber hätten wir wenigstens Wind. Es stürmt dann auch bis nach Mitternacht. Dann flaut der Wind ab, springt dabei von Nord auf West um und erlischt eigenartigerweise erst, als die Barographenkurve bereits wieder ansteigt. Auch das dritte Tief, offenbar Teil einer Zyklonenfamilie, hat uns getroffen.

Die Folgen sind fatal. Alle anderen Yachten, sogar CROKY, die kaum 50 Seemeilen nördlich von uns stand, sind gut gelaufen. Wir liegen am Ende des Feldes, und ein Tagebuch notiert: „Wenn nicht bald Wind aus Westen kommt, werden die latenten Spannungen an Bord ausbrechen."

Adolf beginnt die erste Strophe eines Liedes zu dichten, das am Kap Hoorn Premiere haben soll.

> Wir segeln vor Kap Hoorn,
> die anderen schon weiter vorn,
> am Plata an der Pier –
> nur wir sind noch hier...

Als die westlichen Winde endlich wieder einmal wehen, können wir sie nicht lange optimal ausnutzen. Nach Mitternacht verfängt sich bei einem Schiftemanöver der Triradial in der Spinnakerbaumnock, reißt ein und ist im Bruchteil einer Sekunde vom Unterliek bis zum Kopf in zwei Teile geschlitzt. Zum drittenmal seit Portsmouth wird in der Segelliste ein schwarzes Kreuz gemacht. Der alte, treue "Bruce Banks" tritt an seine Stelle und erhält am Nachmittag den Big Boy als Gefährten. Die Besegelung mit Starcut und Blooper entfaltet vor dem Mast eine farbige Pracht. Weit in Lee scheint der Big Boy neben dem Schiff herzuschweben; er ergänzt die Wölbung des Spinnakers zu einem riesigen, luftigen Kugelsegment. Die Segel ziehen das Schiff wie auf Schienen voran; trotz neun Knoten Fahrt liegt es in der leicht bewegten See so ruhig, daß sich der Kaffee in der Tasse kaum kräuselt. Aus dem Lautsprecher im Cockpit verbreiten Händel und Mozart zu Nußtorte und Doppelkopf festlichen Glanz. Regattafrieden senkt sich über die störrische Unzufriedenheit der Crew.

In der Nacht frischt der Wind auf, der Blooper wird in der Hundewache geborgen, das erste Reff eingesteckt. Kurz darauf legt der Wind in der stockdunklen Nacht plötzlich ohne Vorankündigung auf 7 Bft zu. Die Vorbereitungen zum Bergen des Starcut sind bereits abgeschlossen, der Mann zum Ausreißen ist im Bugkorb, als Adam plötzlich völlig fasziniert das Kielwasser an Backbord querab sieht. Das WALROSS ist aus dem Ruder gelaufen, die Schot wird losgeworfen, doch das alte Tuch hält den Kräften des killenden Segels nicht stand. "Bruce Banks" reißt vom Schothorn bis zum Topp. Moly grinst bei der Wachablösung und bemerkt lakonisch: „Jetzt steht es 1:1" – doch ist eigentlich niemand zu Scherzen aufgelegt. Das zweite Segel in zwei Tagen, wir haben keine Spinnaker mehr für Winde von 3 bis 6 Bft.

Ekhart trägt es mit Gleichmut: Dies ist das Risiko einer Regatta in diesem Seegebiet. Man muß die Spinnaker eben wieder zusammenflicken. Den Einwand, "Bruce Banks" sei viel zu spät geborgen worden, kontert er mit der Feststellung, wir segelten die Spis ohnehin schon viel vorsichtiger als die anderen Yachten.

Die Brüche sind tatsächlich weniger dem Wind als Manöverfehlern zu verdanken. Den Triradial zerschlitzte der Spi-Baum, weil er nicht weit genug abgetoppt war; "Bruce Banks" drückte das Schiff aus dem Kurs, weil die Wache ihn nicht weit genug hatte vorfallen lassen. Dadurch war ein zusätzliches anluvendes Moment entstanden, wie die Wache selbstkritisch bei der Analyse der Havarie feststellt. Dennoch beharrt ein Teil der Crew halsstarrig darauf, Ekhart die Schäden anzulasten. Regatta hin, Regatta her – der Skipper geht mit dem Material zu grob um. Fehler hin, Fehler her – der Skipper ist verantwortlich. Die Unzufriedenheit über verlorene Seemeilen sucht sich ein Ventil und findet einen Sündenbock: Ekhart. Er scheint es nicht zu beachten.

Adolf reimt die nächste Strophe:
> Wir hatten 'nen alten Spi,
> in elf Jahren brach er nie,
> wir machten den Versuch:
> Es lag am Tuch...

Derweilen arbeitet Schimmi an der Wiedergenesung von "Bruce Banks". Unter das hauchdünne Spinnakertuch wird ein Streifen aus einer alten Tageszeitung gelegt, durchgenäht und hinterher wieder ausgerissen. So läuft das Tuch gut durch, und die Zickzacknaht kräuselt sich nicht. Schimmi hat angesichts der meterlangen Nähte eine skurrile Mimik zum Gasgeben entwickelt. Bisher brauchte man dazu immer eine zweite Hand. Nun führt eine alte leichte Schot vom Gashebel an der Rückseite der Nähmaschine quer durch die Pantry, über einen Klappblock am Handlauf neben dem Radio zurück zu einem Klappblock am Decksicht über Schimmi und endet in einem Palstek an seinem linken Fuß.

Opa erträgt die Enteignung von Back und halber Kombüse mit Fassung. Nur für Frühstück und Mittagessen besteht er darauf, daß die Arbeit unterbrochen wird. Am Nachmittag setzt er sich dazu, kramt unter dem Fußende seiner Matratze ein kleines Köfferchen hervor und beginnt selbst zu basteln. Wie ein Zauberer das Kaninchen aus dem Hut zieht Opa aus seinem winzigen Koffer die wundersamsten Werkzeuge. Ganz gleich, ob Kamera oder Uhr nicht mehr funktionieren, die Elektrik oder Elektronik streikt, fast immer hat er ein geeignetes Spezialwerkzeug zur Hand und meistens auch die richtige Idee.

In den vier Tagen der Spi-Reparatur schnitzt Opa den Rumpf vom WALROSS im Verhältnis 1:100 aus Teakholz, leimt aus Streichhölzern Rohlinge für Mast und Baum, dreht mit einem batteriegetriebenen Handmotor stecknadelkopfgroße Winschtrommeln und schleift zur Entspannung in die Weingläser das WALROSS-Emblem. Ekhart spielt mit wechselnden Partnern Schach, Christian näht einen Lederüberzug für die Flasche, in der er Kap-Hoorn-Wasser sammeln will, und Adolf reimt heftig an seinem Lied.

Wetternavigation beruht in der Beobachtung und Interpretation dreier variabler Größen, deren Aussagen selten eindeutig sind: Wind, Wolken und Luftdruck. Von allen dreien weiß man im Grunde nur genau, wie sie im Augenblick sind und wie sie vorher waren, sucht daraus auf ihre Entwicklung zu schließen und richtet seine Entscheidungen danach aus. Der Rest ist Hoffnung. Klüger ist man hinterher allemal.

Der Wind steht einigermaßen günstig, und Ekharts neues Navigationsprinzip bewährt sich. Nach wie vor sind wir im Einflußbereich der Zyklonenfamilie, navigieren jedoch entlang des Großkreiskurses flexibel. Sobald die Barographenkurve zu fallen beginnt, verlassen wir ihn und steuern 20 bis 30° nach Backbord weg vom Kern. Dreht der Wind auf Nord oder bekommt er sogar eine östliche Komponente, gehen wir noch höher, um an der Tief-Vorderseite in den Nordsektor der Zyklone zu geraten. Erst wenn die Barographenkurve aufhört zu fallen, der Wind wieder westliche Komponente bekommt, gehen wir zurück auf Großkreis. Es ist eine ganze Menge Spekulation dabei, denn niemand weiß, ob es sich wirklich um kleine Zyklone und nicht um ein größeres Tief handelt, bei dem wir auch tagelang nach Norden ablaufen könnten, ohne in den günstigen Sektor zu gelangen. Doch wir haben Glück. Drei Tiefs ziehen mit ihrem Kern an uns vorbei, dreimal schwingt unser Kurs entgegen den Kurven des Barographen. Der Abstand zu TRAITÉ, CROKY, BUBBLEGUM und ILGAGOMMA, alle etwa eine Tagesreise voraus, nimmt nicht mehr zu.

Im Zwielicht des 10. Januar schläft der Westwind wieder ein. Die Brise kommt wieder aus SSE, wandert dann nach ESE und E. Das Barometer beginnt zu fallen, erneut sind wir im unglücklichen Sektor eines aufziehenden Tiefs. Die Barographenkurve der letzten zwölf Stunden ist sehr flach, das Tief scheint noch relativ weit entfernt oder langsam. Ekhart entscheidet sich diesmal für den Südkurs. Er ist ihm, bezogen auf den Großkreiskurs, um 20° günstiger, und das WALROSS liegt auf Steuerbordbug besser in der See.

Die Entwicklung gibt ihm recht. Am Nachmittag steht eine lange und hohe Dünung aus südwestlicher Richtung und läßt vermuten, daß von dorther bald mit starkem Wind zu rechnen ist. Am Abend frischt der Wind tatsächlich auf und beginnt zu drehen. Nach dem Abendessen fahren wir die Wende auf rechtweisend 65°, doch statt des erwarteten schweren Wetters überrascht uns am nächsten Tag Westwind mit kaum zwei Windstärken.

„Hier unten stimmt von allem alles, nur andersherum oder auch gar nichts", vermerkt das Bordtagebuch. „Daß die Tiefs andersherum drehen, ist klar, daß die Sonne mittags im Norden steht, daran gewöhnt man sich, aber daß der Wind bei fallendem Barometer einschläft, das hat hier an Bord noch niemand erklären können. Aber was hilft's! Seit heute morgen sitzen wir wieder einmal im Loch: Kaum Wind und ein Seegang, der verbietet, den Leichtwind-Spi zu setzen. Es ist dunstig: Der dritte Wellenkamm verschwindet voraus schon im Nebel wie hinter einer Bodenwelle. Man hat dadurch immer den Eindruck, man segele einen sanften Abhang hinunter, und wundert sich doppelt, daß es nicht schneller wird."

In die Hutze über dem Niedergang schreibt jemand bissig „Wetternavigation ist, wenn es trotzdem keinen Wind gibt", und Adolf reimt:

> Die Meteorologie
> begriff unsere Pläne nie;
> das Wetter war ein Gedicht,
> doch richtig war es nicht.
> Der Großkreiskurs stand
> so fest wie ein Want,
> nur jammerschad',
> daß der Wind ihn nicht fand...

In den Wachen macht sich ein unguter Fatalismus breit. Insch'allah, was soll's, wenn ein Segelmanöver ein paar Minuten kostet. Hauptsache, es kommt dabei kein Wasser über. Ekhart schweigt und erntet vorwurfsvolle Blicke, als habe er das Wetter persönlich gemacht. TRAITÉ meldet Eisberge auf unserem Kurs, FLYER und CERAMCO stehen kurz vor Kap Hoorn, und wir haben noch 1800 Seemeilen bis dorthin. Wenn wenigstens Westwind wäre – "Bruce Banks" ist bereit zur Auferstehung.

„Adam, guck", sagt Adolf und deutet mit dem Finger in die Luft, „der Kerl trägt ein Toupet."

„Wer?" Adam sieht verdutzt auf.

„Da oben der Albatros." Der König der Stürme hat braune Flügeldecken, und seinen Kopf ziert ein abgezirkeltes braunes Käppchen. „Wußtest du, daß Albatrosse gar nicht ganz weiß sind?"

„Klar, aber der wird auch noch alt und weiß."

„Irgendwie bin ich enttäuscht. In 'Les fleurs du mal' schildert Baudelaire sie weiß und majestätisch. Der ist aber bloß komisch. Übrigens", Adolf wechselt sprunghaft das Thema, „übrigens könnten wir besser segeln."

„Wie meinst du das?"

„In Molys Wache wird meist eine Seemeile mehr gesegelt. Ich finde, Carsten nimmt zu schnell Segelfläche weg. Er ist mir ein bißchen zu vorsichtig."

„Wir haben doch genug Bruch. Vergiß nicht, es ist seine erste Wachführerreise. Da ist er noch ein bißchen unsicher. Er hat schließlich die Verantwortung, daß nichts passiert. In über 90 Jahren Vereinsgeschichte ist noch niemand auf See umgekommen. Vor Kap Hoorn wird es noch schwer genug."

„Andererseits hat Ekhart ja nicht unrecht, wenn er über die Segelführung mosert. Oder hast du uns schon mal beim Segeltrimm überrascht? Vielleicht ist es so, daß er in erster Linie Regatta segelt und die meisten von uns halt eine schöne Reise erleben wollen."

„Ich glaub', da machst du es dir zu einfach", sagt Adam, „ich weiß nicht, woran es liegt. Ich weiß nur, daß mich die Diskussionen über Navigation und Manöver furchtbar nerven. Ich kann's nicht mehr hören!"

„Und ich finde, wir reden alle viel zu wenig. Oder wenn, dann falsch, immer mit diesem selbstgerechten Ton. Immer ein fertiges Urteil und nie eine Erklärung. Ich hab' mich vorgestern einfach zu Ekhart gesetzt und mir die Sache mit den Tiefs erklären lassen. Ich versteh' nichts davon und wollt' es begreifen. Es schien mir völlig logisch, diesmal Süd zu machen. Im Gegenteil, an seiner Stelle wäre ich danach noch tiefer gegangen und hätte die andern schimpfen lassen."

„Das Problem ist", sagt Adam und zieht die Stimme dozierend hoch, „jeder will recht haben, und in gewisser Weise hat jeder irgendwo einmal recht."

Zuhören können, die Tugend wird in unserem Verein nicht gerade kultiviert. Kein Wunder, daß sich nun in dieser Situation Meinungen gegenüber Argumenten resistent erweisen. Soweit überhaupt argumentiert wird. Auch Ekhart wird nicht mehr nach den Gründen seiner Entscheidungen gefragt, und von sich aus nennt er sie nicht. Werden sie angegriffen, begründet er sie mit seinen langjährigen Erfahrungen. Ihnen setzt die Stammcrew die ihren und den Erfolg der ersten Etappe entgegen. Selbst Fragen, bei denen die Praxis entschieden Zweifel am Unsinn festgefügter Verallgemeinerungen nahelegt, wecken keine Kompromißbereitschaft.

In den letzten Tagen hat Ekhart Segelstil und -führung der beiden Wachen genauer beobachtet. Anerkennend notiert er in sein Tagebuch das Geschick der Crew beim Rudergehen. Kritisch vermeint der Skipper eine Neigung zu entdecken, bei Segelwechseln zu stark und zu lange abzufallen. Am Wind segle die Crew, die Schoten leicht geschrickt, nicht hoch genug und begründe dies mit dem ungünstigen Schnitt der Vorsegel. Ekharts Analyse kommt zu anderen Ergebnissen: Die Fallen sind nicht hart genug durchgesetzt.

An einem Nachmittag geht er nach vorn und holt das Fall knallhart. Bei jedem Knacken im Rigg jagt ein Stich durch die Brust derer, die das WALROSS in mühsamer Arbeit regattaklar gemacht haben. Aber das Segel steht im Profil einwandfrei, auch bei dichtgeknorzter Schot. Es konnten also doch nicht alle Vorsegel verschnitten sein. Andererseits: War damit auch bewiesen, daß Segel und Rigg dieser Belastung längere Zeit standhielten? Vergeblich sind Ekharts Beteuerungen, genau dafür sei das Rigg dimensioniert. Erregt verweisen die Kritiker auf das angerissene Püttingknie auf der zweiten Etappe. „Pfuscherei der Werft", sagt Ekhart und beruft sich auf Gunnar Öst, den Nautor-Mann. „Und überhaupt: Hoch am Wind läuft der Kahn sowieso nicht" – ein Argument, dem auch der Skipper nicht widersprechen kann –, „wozu dann diese Tortur für das Material?"

Der Beweis für den Pudding liegt im Essen, sagt Brecht. Hier an Bord wird er breitgeklopft. Niemand scheint in solchen Streitgesprächen mehr aufzufallen, daß vielleicht alle Argumente zusammen einen neuen Sinn ergeben könnten.

Vom Morgen des 14. Januar an fällt das Barometer in 48 Stunden von 1018 auf 977 Millibar. Trotz dieses starken Gradienten weht der Wind in den ersten 24 Stunden kaum über 6 Bft. Er dreht von ursprünglich S auf SSW, schläft dann ein und kommt wieder aus S und dreht weiter bis E. Bis der Wind eine südliche Komponente bekommt, müssen wir auf 140° abfallen und gelangen so, bevor wir wenden können, tief unter den 57. Breitengrad. Bei Windstärke 7 steht gegen eine lange und kräftige Ostdünung eine stürmische Windsee. Der Seegang wird immer chaotischer, steile Seen brechen von allen Seiten über das Schiff herein. Mal schießt das WALROSS steil in die Welle hoch und kracht klatschend bäuchlings in das Tal, mal bricht der Kamm meterhoch über dem Bugkorb, spült Knäuel von Schoten und Achterholern bis ins Cockpit, steigt über Deckshäuschen und Hutze in die Luft, stürzt wie ein Wasserfall über dem erschreckten Rudergänger nieder und füllt das Cockpit knietief. Es ist unmöglich, diese Wellen auszusegeln, und so schlägt das WALROSS erbärmlich in sie hinein.

Immer von neuem packen die hohen Seen das krängende Schiff, schleudern den Bug gewaltsam empor. Wütend rennen Schiff und Wellen gegeneinander, prallen zusammen. Jede Minute, in der das WALROSS die brechenden Wellen von sich schüttelt, ist ein Sieg in einem höllischen Spiel. Die schrecklichen Schläge, die das Boot zusammenstauchen und verwinden, lassen unter Deck Schotten und Einbauten krachen, stürzen Ausrüstung und Mannschaft durcheinander. Man möchte meinen, das Schiff bricht auseinander. Bei einem dieser jähen Stürze und Sprünge steigt die Bordbibel aus dem Bücherbord und fällt aufgeschlagen auf die Sitzbank. Adam, der sie umdreht, liest die Kapitelüberschrift vor: „Der Untergang Sauls und seiner Söhne."

Zum Wachwechsel nach dem Abendessen melden Steuermann, beide Wachführer und die Mehrzahl der Crew offenen Protest gegen Ekharts Umgang mit Schiff und Material an. „Die Genua IV ist zu groß für diesen Wind", meint selbst Moly, der sonst Auseinandersetzungen mit dem Wetter nicht aus dem Weg geht. Doch Ekhart gibt nicht nach. Seit dem Nachmittag, als Carsten schon auf Fock und Klüver wechseln wollte, hat er sich von den Rudergängern alle halbe Stunde die minimale und maximale Geschwindigkeit des böigen Windes sagen lassen und sie mit den Logbucheintragungen der Wachführer verglichen. „Es sind regelmäßig ein bis zwei Windstärken zuviel eingetragen worden", stellt er fest, „die Meßinstrumente belegen, daß wir das richtige Segel fahren." Das Schiff kränge auch nicht zu stark, sondern hole nur in der See hin und wieder stark über. „Ich halte mich hier nicht an Gefühle, sondern an Fakten und meine Erfahrung."

Die Kontrolle, der Zweifel in die Gewissenhaftigkeit ihrer Beobachtungen und die Abwertung ihrer Schlußfolgerungen kränken die Betroffenen tief. „Normalerweise", kontert Andreas, „sind wir eher zu vorsichtig und tragen ein bis zwei Windstärken zuwenig ein." Doch Ekhart ist sich seiner völlig sicher. „Das Segel darf nur gewechselt werden", sagt er in das eisige Schweigen, „wenn Böen von über 40 Knoten auftreten."

Wenn Starkwind weht und die See kocht, schwindet an Ekhart jeder grüblerische Zug. Sein Selbstbewußtsein erlebt Höhenflüge, Vorschläge und Kritik erreichen ihn nicht mehr. Erst Tage später verarbeitet er den Konflikt in seinem Tagebuch und stellt bedauernd fest, daß die Gruppensituation eine offene Auseinandersetzung wohl nicht mehr zulasse. „Der Grund dafür, daß wir unser Konfliktverhalten auf beiden Seiten kaum ändern können, liegt am Rollenverhalten, das wohl ohne Hilfe von außen nicht aufzulösen ist: Die Mehrheit der Crew erschöpft sich in Protest und Gruppensolidarität, wobei kritische Reflexion eigener Meinungen und Verhaltensweisen stark eingeschränkt ist. Auf der anderen Seite habe ich mich zum Selbstschutz in eine Isolierung zurückgezogen, die nach außen provozierend wirken muß."

Sich selbst findet er in die Rolle des Buhmannes an Bord gedrängt, auf den alles Mißbehagen und alle Aggressionen abgeladen werden. Seine Kritiker empfinden sich zu Erfüllungsgehilfen einsamer Entscheidungen degradiert, deren Meinung arrogant mißachtet wird.

Im Bordalltag halten sich die Folgen der Konflikte über seglerische Fragen in Grenzen. Die Crew verdrängt sie, gutbürgerlich erzogen und konfliktscheu, so gut es geht. Und das geht verdammt gut; wir haben es alle von Kindesbeinen an gelernt und geübt. Vielleicht sind wir wirklich nicht die besten Segler, die höchste Verdrängungsleistung haben wir allemal. Unter Deck scheinen sich die Spannungen rasch in Frotzeleien und Geselligkeit aufzulösen. An Deck stellt sich Lustlosigkeit ein.

Nach Mitternacht muß eine geringfügige Zunahme des Windes dazu herhalten, endlich Fock und Klüver zu setzen. Unwillig erteilt der Skipper von der Koje aus seine Zustimmung. Kurz darauf flaut es ab. Niemand verspürt auch nur den geringsten Drang zu einem erneuten Segelwechsel auf dem überfluteten Vorschiff; die kleine Besegelung bleibt bis in den Vormittag stehen. Als Ekhart nach dem ausgiebigen Frühstück an Deck erscheint, fährt er aus der Haut. Gerade 32 Meilen sind die Ausbeute von 24 Stunden Prügelei mit den bösartigen Seen gegenan und Strafe für einen träge vertanen Morgen. Gegenüber TRAITÉ und CROKY haben wir wieder 50 bis 60 Seemeilen verloren.

Am Nachmittag sind alle Arten von Bewölkung am Himmel zu sehen, dazwischen blauer Himmel und Sonne. Am Abend ist der Horizont rundum mit grauen Cumuli gesäumt, und über das dunkelnde Türkis des Himmels zieht sich von West nach Ost ein breites Band Cirren, das in einem impertinenten Orange leuchtet, mit der Zeit altrosa erlischt und von Kap Hoorn her von einem violetten Grau aufgesogen wird. An Deck surren und klicken die Kameras wie vor vier Tagen, als morgens ein tiefeingekerbter Eisberg vorüberschwamm, gleißend und unnahbar.

Bevor wir am nächsten Tag in einer Sonne baden, die die Temperatur auf neun Grad ansteigen läßt, nimmt der Wind ab, beginnt zwischen SE und S zu springen und kommt endlich vor Sonnenaufgang sichtlich erfrischt aus westlicher Richtung. Noch ehe die ersten Strahlen über das Wasser klimpern, erlebt "Bruce Banks" eine feierliche Wiederauferstehung. Kap Hoorn, wir kommen!

Licor 43 hat sich ihm bis auf 100 Seemeilen genähert, als der spanischen Yacht zum zweitenmal in diesem Rennen der Mast bricht. „Without any reason", schreit Joaquin Coello ins Mikrophon, sei der Mast oberhalb der zweiten Saling abgerissen. Über Xargo und eine Küstenfunkstation bestellt Coello in Spanien einen neuen Mast, der nach Mar del Plata geflogen werden soll. Nebenbei erfahren wir dann auch, daß Licor 200 Liter Wasser und die gleiche Menge Diesel benötigt. Bei uns Kopfschütteln – welche fatale Duplizität: Schon auf der vorigen Etappe war die entmastete Yacht ohne Wasser und ohne Lebensmittel in Hobart eingelaufen. Einmal mehr war die Erfahrung gegenüber dem Ehrgeiz auf der Strecke geblieben. Sie fuhren volles Risiko, und in gewisser Weise konnte man sie verstehen: Die einzigen Spanier unterwegs nach Mar del Plata, zum einzigen Hafen der Regatta, in dem Spanisch gesprochen wird. Was ihnen vielleicht an Regattabrillanz mangelte, machten sie mit Erfindungsreichtum wett: Sie setzten einen Besanmast, versuchten es mit Besanstagsegel, kürzten ihre Spinnaker auf die Hälfte und setzten darunter eine kleine Spi-Genua, deren Kopf sie vorne am Vorstagtoggle befestigten.

Licor hatte ihre Bedeutung für das ehemals spanische Argentinien richtig eingeschätzt: Ja, ihr Pech sicherte ihr erst recht die Aufmerksamkeit des Landes. Tief griff das argentinische Fernsehen zurück in die Zeiten der spanischen Armada, um Vergleichsmaßstäbe für die tapferen Spanier zu finden, die sich schließlich mit etwas Glück noch vor uns über die Ziellinie retten konnten.

Flyer war fast schon dort, als Licor der Mast brach. Wieder war das Rennen ein erbitterter, teilweise auf Sichtweite geführter Zweikampf zwischen van Rietschoten und Blake gewesen. Zwei Wochen lang lagen die Punkte, mit denen wir die Positionen der Yachten auf einem Rechenblock markierten, so dicht beisammen, daß sie sich fast berührten, Ceramco immer etwas weiter vorn und etwas weiter südlich als Flyer. Zwei-, dreimal tauchte in ihrer Nähe Euromarché auf.

Etwa die Hälfte der Strecke bis Mar del Plata ist zurückgelegt, als sich Connie plötzlich mit einer südlicheren Position meldet. Einen Tag bevor Peter Blake sich entschließt auf die Höhe von Kap Hoorn hinunterzugehen, hat sich der Holländer davongeschlichen. Noch in der Nacht zum 13. Januar rundet er das Hoorn, eine halbe Stunde vor Ceramco. Tabarly folgt 15 Stunden später, und Alain Gabbay kann auf Charles Heidsieck am Mittag des nächsten Tages den Korken seiner Hausmarke knallen lassen. Sie alle meldeten guten Wind und keine Probleme – doch nun Licor! Kap Hoorn, wir kommen? Kap Hoorn, wir sind gewarnt!

Am Abend des 18. Januar segelt FLYER nach neuer Rekordfahrt über die Ziellinie; sieben Stunden später folgt Peter Blake, der in den leichteren Winden des Südatlantik wieder im Nachteil gegenüber der größeren holländischen Yacht war. Tabarly, gegen den Alain Gabbay hinter dem Kap noch acht Stunden aufholen konnte, wird mit 25 Stunden Abstand zu Peter Blake dritter. ROLLY GO, die in diesen Tagen den Bug nach Norden wendet, meldet vom Kap Hoorn schweren Sturm mit mehr als 60 Knoten Geschwindigkeit und rauhe See.

Wir segeln in frischem Westwind unter hochgetürmten Wolkenformationen. Die weiter entfernten sind an ihrer Sonnenseite wundersam weiß, zwischen ihnen schimmert der Himmel von Blaßblau bis Azur. Über uns hängen sie wie grausatte Riesenchampignons, aus deren mächtigen Schirmen hie und da ein dicker Stiel bis halb zum Wasser herunterhängt. Rückseitenwetter, der Himmel ein lebendiges meteorologisches Lehrbuch. Die gewaltigen Cumuli haben Bilderbuchamboß, und manche durchstoßen die Inversionsschichten und bilden darüber die vereisten "Kappen".

Wir nutzen den Tag, um unser Schiff auf die bevorstehende Ansteuerung vorzubereiten. Dafür wird das Großsegel geborgen, und alle Nähte im Schwerwetterbereich, vom Kopf bis zur dritten Reffbahn, werden besonders gründlich durchgesehen. Viele Stellen müssen nachgenäht werden, und Ekhart findet noch mehr. Er befestigt auch die zweite abgebrochene Bugkorbstütze am Schanzkleid, das Rettungsgerät wird überprüft, das laufende und stehende Gut samt Beschlägen und Sicherungen kontrolliert. Unter Deck begradigen die Segelflicker die faserigen Bruchkanten des Triradial mit dem Lötkolben. Opa backt Kuchen.

Am Nachmittag rollen dunkle Böenwalzen von achtern über das WALROSS. In Molys glattem Gesicht beginnt sich etwas auszubreiten, was dort eigentlich fremd wirken müßte. Verklärung! Moly fliegt. Die Geschwindigkeitsanzeige steht im Surf mit 17 Knoten fast am Anschlag. Prall steht der schwere Starcut vor dem Bug.

Carsten, der die Wache übernimmt, sieht die Böenwalzen mit gelindem Entsetzen heranrauschen. Ekhart geht Ruder, und es ist ihm anzusehen, wie er diese Fahrt genießt. Jetzt, in der Abenddämmerung, wirken die grauen Wolkenwände dräuend. Carsten, der sofort den Starcut bergen will, stößt beim Schiffer auf taube Ohren. „Es ist jetzt schon zuviel Wind für das Segel", sagt der Wachführer nach einem Blick auf das Anemometer, „die Bö steht er nicht durch."

„So segeln wir schon den ganzen Nachmittag."

„Da kamen vielleicht keine solchen Walzen. Woher willst du wissen, wieviel Wind in dieser Front ist?"

„Das Barometer ist nicht gefallen. Siehst du unter der Front einen Böenkragen? Nein? Dann bleibt das Segel stehen!"

Zwei weitere Böen gehen durch, und je dringlicher Carsten zur Schonung des Materials rät, um so kürzer angebunden reagiert Ekhart. Schließlich lacht er nur noch. Erst unter der dritten Front zeichnet sich ganz deutlich der weißgraue Kragen ab, der gefährliche Windstöße ankündigt. Ekhart läßt den Starcut hinter dem schweren Reacher erst in letzter Sekunde ausreißen, als der Wind wie Wotans wildes Heer einfällt. Der Spi-Baum schnellt zurück und hebt den schmalen Carsten, der sich daran festhält, vom Bugkorb. Nur die Sicherheitsleine bewahrt ihn vor dem Sturz über Bord. Wer ihm gegenüber in den nächsten Stunden den Namen des Skippers erwähnt, erntet einen starren Blick.

„Was fasziniert mich da am Ruder eigentlich so?" fragt sich Adolf in seinem Tagebuch. „Es ist ja doch seit vier Wochen fast immer das gleiche: Am Wind schneidet das Boot in spitzem Winkel die Seen, die als Bugwellen, größer und für den Rudergänger sichtbar, in Lee wegstürzen. In unregelmäßigen Synkopen taucht der Bug in die Wellentäler und hebt sich über die Kämme. Ich glaube, in dieser sich immer wiederholenden Bewegung von Wasser und Boot wird 'Reisen' in reiner Form sinnlich erfahrbar.

Nichts gleicht ihr, nicht der Flug über Kontinente, keine Autofahrt über leere Landstraßen, nicht einmal die Tage fressende Reise mit der Transsibirischen Eisenbahn. Länder unter uns, Landschaften, durch die wir fahren, die Natur am Wegrand, abgetrennte Objekte, sichtbare und mögliche Ziele des Interesses oder der Reise selbst, die wir uns symbolisch oder mit der Kamera als Abbild aneignen.

Wir reisen in bewegten Kapseln so schnell, daß wir den ursprünglichen Sinneseindruck für Bewegung, den Fahrtwind, fernhalten oder in einem System von Schlitzen und Düsen kanalisieren müssen. Bleibt jeder Lufthauch aus, empfinde ich ein leises, umbestimmtes Grauen.

Vier Wochen Wellen und Wind, der Wechsel von Tag und Nacht. Wir scheinen nicht durch Entfernungen zu reisen, sondern durch die Zeit selbst, die sich in Wellen und Wind, Schiff und Segeln mitteilt. Trotz Bordelektronik, Reparaturarbeiten, handfesten Lebensbedürfnissen und -gewohnheiten hebt uns die archaische Mechanik des Segelns aus einer Welt der Objektbeziehungen heraus. Ich erlebe dies als einen elementaren Akt von Befreiung und Glück, und es kam mir heute in den Sinn, ob Freiheit ohnehin nichts anderes sei als eine Bewegung außerhalb unserer Selbst, an der wir nur in dem Maße teilhaben, in dem wir die Dinge, Zwecke und Waren-Beziehungen durchbrechen."

Das also war's

Dringlichkeitsruf der BUBBLEGUM — Auf falschem Kurs der Küste zu — Gefangen in düstergrauen Klippen — Sturmritt um Feuerland — Kap Hoorn peilt Nord — Die letzte Gemeinsamkeit zerbricht — Der Augenblick der Ankunft

Am Vormittag des 20. Januar — es weht ein steifer Wind, und die See geht hoch — bricht der schottischen Yacht BUBBLEGUM das Ruder vollständig aus dem Rumpf. In einer armstarken Fontäne schießt das eiskalte Wasser in den Bauch der Contessa. Verzweifelt kämpft die kleine Crew auf der steuerlos treibenden Yacht gegen das unaufhörlich eindringende Wasser an. „Mayday, mayday!" Stundenlang ruft Iain McGowan-Fyfe um Hilfe. Niemand antwortet.

In höchster Not pumpt und schöpft die Crew gegen das eindringende Wasser an, doch es wird nicht weniger. Versuche, das Leck von innen abzudichten, mißlingen. Die Nerven des sonst so ruhigen Schotten sind bis zum Zerreißen gespannt. Man müßte versuchen, von außen an das Leck heranzukommen. Eines der sechs Mannschaftsmitglieder, Bernard Hoarau, ein kleiner zäher Farbiger, meldet sich freiwillig, springt in die kochende See. Sechs Minuten trennen ihn vom Tod, die äußerste Frist, die ein Mensch in dieser Kälte überleben kann. Immer wieder taucht er unter das Heck, immer ratloser und mehr und mehr erschöpft. Verzweifelt treibt ihn McGowan an, und als der Halbtote zurück an Bord gezogen wird, übermannen Ratlosigkeit und Entsetzen den Skipper. „Verdammter Bastard!" brüllt er den Farbigen an. „SOS, SOS" - nach sechs Stunden sind die Batterien fast leer. Niemand antwortet.

Die Kräfte der Crew gehen zur Neige. Unter äußerster Anstrengung gelingt es ihr, bis zum Abend die Achterpiek abzuschotten und damit das Wasser unter Kontrolle zu bekommen. Sämtliches verfügbare Dichtungsmaterial wird dazu verbraucht. Dann wird mit Hilfe eines Spinnakerbaums ein Notruder installiert.

Um ein Uhr früh, kurz vor Beginn der allgemeinen "Kinderstunde", dringt eine schwache Stimme durch das Rauschen des Funkgerätes: "PAN PAN, PAN PAN, PAN PAN, this is yacht BUBBLEGUM – can any ship hear BUBBLEGUM?"

Ekhart zuckt zusammen. Der schnörkellose Bericht des Schotten, der seine Fassung wiedergewonnen hat, macht ihn nachdenklich.

"Wie ist das Wetter jetzt?"

"Etwas besser, das Leck kann aber beim nächsten Sturm wieder aufbrechen. Wir wollen versuchen, den Canal Cockburn zu erreichen und in die Magellanstraße einzulaufen. Wir brauchen Navigationshilfe."

"Wie?"

"Navigationshilfe, wir haben keine Karten dafür an Bord."

Ekhart übermittelt diese Informationen an das chilenische Kriegsschiff LIENTUR, mit dem wir seit zwei Tagen in ausführlichem Funkkontakt stehen. Es dauert kaum eine Viertelstunde, bis sich der deutschsprachige Funker des Chilenen wieder meldet: Sein Kapitän bietet an, aus den Gewässern vor Kap Hoorn zum Canal Cockburn zu kommen und von dort aus BUBBLEGUM durch die Fjorde nach Punta Arenas zu begleiten. Da die LIENTUR voraussichtlich nach der schottischen Yacht am Cockburn eintreffen werde, bittet sie McGowan, dort zu ankern und auf sie zu warten. Mc Gowans Stimme klingt erleichtert. Für alle Fälle werden wir auf Seenot- und Normalfrequenzen sowie auf UKW-Kanal 16 ständig hörbereit bleiben. Auch der Wachempfänger wird eingeschaltet.

Ekhart, der sich am Tag zuvor intensiv auf die Kap-Hoorn-Ansteuerung vorbereitete, nimmt den "South America Pilot" und die britische Seekarte Nr. 554 zur Hand. Es ist jene, die auf BUBBLEGUM fehlt, die Ansteuerungskarte für den Canal Cockburn. "Die Ansteuerung ist mit sovielen Gefahren belastet und durch starke, kaum bekannte Strömungen so behindert, daß keine direkte Route empfohlen werden kann. Wichtigstes navigatorisches Hilfsmittel ist die Seekarte; zusätzlich sollte ständig gelotet und von einem möglichst hohen Schiffsstandort aus sorgfältig Ausschau gehalten werden. Die Klippen vor dem Kanal sollten nur am Tage und bei klarem Wetter passiert werden." Soweit der "Pilot".

Und diesen Kanal will BUBBLEGUM unter Notruder, das heißt mit begrenzter Manövrierfähigkeit und einer körperlich und seelisch völlig erschöpften Crew anlaufen? Wer konnte wissen, wie sich die Wetterbedingungen bis dahin entwickeln würden, an einer Küste mit einer Sturmhäufigkeit von mehr als 30 Prozent im Jahresmittel. Mit drei bis vier Knoten Geschwindigkeit würde die Yacht 40 Stunden brauchen, um den Eingang zum Kanal zu erreichen. Die LIENTUR war 300 Seemeilen entfernt und würde Stunden später eintreffen. Ein Vergleich der Koppelstandorte zeigte, daß wir zu diesem Zeitpunkt etwa 50 Seemeilen südwestlich der schottischen Yacht lagen. Nur wir waren dicht genug, um ihre Funksignale aufzufangen. Ohne allzu großen Umweg und mehr als sechs bis acht Stunden Zeitverlust könnten wir versuchen, McGowan zu erreichen.

Das Unternehmen ist äußerst schwierig. Wie genau war unser Standort? Die letzte Messung hatte ihn 30 Seemeilen vom Koppelort verschoben, eine arge Differenz, und die kleine Contessa würde nur auf kurze Distanz in den Wellen zu finden sein.

Ekhart beschließt nach Analyse des Kurses der letzten beiden Tage, den Versuch zu wagen und für den Fall weiterer Komplikationen zumindest vorläufig in der Nähe der BUBBLEGUM zu bleiben. Ein Schiff in der Nähe zu wissen, schon dies dürfte für die ausgepumpte Crew eine wesentliche psychische Erleichterung sein. Nach einer Messung des Sterns Canopus zur Bestimmung des Standortes ändert Ekhart den Kurs um 2.30 Uhr um 50° weiter nach Norden; wenn die Berechnungen stimmen, müßten sich die Kurse von WALROSS und BUBBLEGUM am frühen Nachmittag zwischen 14.00 und 16.00 Uhr kreuzen.

Der Umweg ist klein, doch er führt uns dichter an die Küste, als uns lieb sein kann. Auf dem relativ flachen Küstenschelf ist mit Strömen zu rechnen, die in ihrer Stärke und manchmal auch Richtung schwer einzuschätzen sind. Das Seehandbuch macht hier nur sehr vage Angaben. Unser Echolot ist zur Reparatur in Berlin – ein navigatorisches Hilfsmittel weniger, falls die Sicht schlecht wird. Und dann die Sturmhäufigkeit.

Die aufziehende Wache murrt über Ekharts Entscheidung. Olaf faßt den Protest zusammen: „Wir werden BUBBLEGUM nicht finden und bringen höchstens uns selbst noch in Gefahr. Es ist vollkommen ausreichend, wenn LIENTUR zu Hilfe kommt. Sie kann ohnehin effektiver helfen als wir. Die Chance ist gering; wenn wir nicht bis auf zwei Seemeilen herankommen, werden wir die Yacht nicht finden, und die ganze Aktion hast du weder mit McGowan abgesprochen, noch habt ihr die Kurse aufeinander abgestimmt. Und außerdem" – Steuermann Olaf ist so verbiestert über den einsamen Entschluß des Schiffers, daß er die Folgen seines letzten Arguments völlig aus den Augen verliert – „und außerdem übertreibt der alte McGowan sowieso immer. Wir vergeuden nur wertvolle Regattazeit."

Ekhart besteht fest auf seiner Entscheidung, und selbst der Steuerbordwache scheint zu dämmern, daß ihrer Kritik die seemännische Legitimität fehlt. Ohne von ihr grundsätzlich abzugehen, schickt sie sich in die Arbeit und segelt umsichtig präzisen Kurs auf BUBBLEGUM. Opa, der die

Diskussion schweigend verfolgt hat, dreht sich um, geht in die Pantry und beginnt Teig zu rühren. „Frühstücksbrötchen, Quatsch! Das wird eine Torte für BUBBLEGUM."

Frühmorgens meldet sich LIENTUR und möchte genauere Informationen über die Situation und die speziellen Probleme der schottischen Yacht bekommen. Sie bittet uns, erneut Kontakt aufzunehmen und Einzelheiten für das Treffen vor dem Canal Cockburn und die Hilfe der Chilenen zu vereinbaren. Rio Grande, die argentinische Küstenfunkstation, bittet um einen Bericht, doch unsere Sendeleistung reicht nicht aus, um bis zu ihr durchzudringen. Die Sonnenstandlinie vom Vormittag bestätigt unseren Kurs.

Um 9.00 Uhr ruft BUBBLEGUM und übermittelt einen Lagebericht. McGowan hat die Geschwindigkeit seines Bootes auf fünf Knoten erhöhen können. Wir laufen mit Reacher und gerefftem Groß fast neun und stehen zu diesem Zeitpunkt etwa 35 Seemeilen südwestlich des Havaristen. In der Stimme des Schotten schwingen Dankbarkeit und Erleichterung über unsere Kursänderung. Die Koppelstandorte werden ausgetauscht, und es wird vereinbart, ab Mittag alle zwei Stunden die Kurse beider Yachten für ein Treffen aufeinander abzustimmen. Die Bedingungen dafür sind etwas besser geworden. Die hohe Dünung vom Vortage baut sich langsam ab, der Himmel ist zu 50 Prozent klar und läßt astronomische Standortüberprüfungen zu.

Die Sonne bringt es an den Tag. Die Peilung kurz vor der "Kinderstunde", in der Regattaflotte und -komitee einen Situationsbericht erwarten, ergeben eine Versetzung von mehr als 30 Seemeilen in Richtung NNW. Wo, um Gottes willen, sind wir nun eigentlich, südwestlich oder westlich von BUBBLEGUM? Irgend etwas in der Navigation der letzten beiden Tage muß furchtbar schiefgelaufen sein. Ein Zweifel ist kaum möglich, die neuen Meßwerte sind ausgezeichnet und ergeben Standlinien mit einer Abweichung von weniger als zwei Seemeilen. Aber sie stimmen in keiner Weise mit dem bisherigen Koppelkurs überein. Ekhart steht unter Zeitdruck. Mit LIENTUR und BUBBLEGUM ist in wenigen Minuten eine neue Standortabstimmung vereinbart. Er saugt sich einen Standort aus den Fingern, der nicht in totalem Widerspruch zu den Positionen der letzten Stunden steht, die neue Situation jedoch bereits berücksichtigt.

Während der nächsten Stunden wird mit drei Standorten gearbeitet: dem richtigen neuen, dem alten, dessen Fehler noch nicht genau analysiert sind, und mit einem fingierten, der irgendwo dazwischenliegt und im Kontakt mit den anderen Schiffen bekanntgegeben wird. Den alten Kurs von 40° ändert Ekhart freilich sofort auf rechtweisend 95°.

Nach der neuen Position verschiebt sich das Treffen auf den späten Nachmittag und noch dichter an die Küste, die uns nicht geheuer ist. Zu allem Überfluß beginnt das Barometer zu fallen, das Wetter verschlechtert sich, die Bedeckung nimmt zu, die Sicht wird schlechter, und eine Front zieht auf. Als um 13.00 Uhr BUBBLEGUM anruft, muß Ekhart mit dem fingierten Standort operieren und teilt mit, daß sich ein Treffen wegen der höheren Geschwindigkeit von BUBBLEGUM auf den späten Nachmittag verschieben wird. McGowan möge versuchen, einen Kurs so weit südlich zu segeln, wie von der Ansteuerung des Canal Cockburn vertretbar und mit dem Notruder zu steuern sei.

Endlich schweigt die Funke, kehrt etwas Ruhe ein, um den Navigationsfehlern der vergangenen Nacht nachzugehen. Der abendliche Sternenfix von Sirius, Spica und Achernar hatte unseren Koppelstandort um 30 Seemeilen nach Süden korrigiert. Ekhart kann in der Berechnung keinen entscheidenden Fehler finden; einige Flüchtigkeiten berichtigen den Standort um nur 5 Seemeilen. Die Canopus-Standlinie vom frühen Morgen, die Ekhart selbst nachgerechnet hatte, und die Sonnenstandlinie nach dem Frühstück stimmen seither mit dem Kurs überein.

Das System ist in sich logisch, aber grundfalsch. Die erneute Prüfung ergibt, daß die Berechnung des Canopus zwar richtig ist, die Wache aber einen Übertragungsfehler in die Karte gemacht hat, so daß die Standlinie genau in den falschen Kurs hineinpaßt. Die Sonnenstandlinie geht exakt durch den richtigen und den falschen Koppelstandort. Eine neue Sonnenhöhe bestätigt, daß wir deshalb die ganze Nacht auf falschem Kurs gesegelt sind. Dann zieht sich der Himmel zu, Klärchen verschwindet.

Zur vereinbarten Zeit bleibt der Äther stumm. BUBBLEGUM meldet sich nicht. Dafür ruft die ENDURANCE an. Das britische Navy- und Antarktik-Forschungsschiff hat den Canal Beagle verlassen und befindet sich auf dem Weg zum Kap Hoorn. Es will sich gegebenenfalls an der Hilfsaktion für die Schotten beteiligen und bittet um einen ausführlichen Lagebericht. Er macht erneut die prekäre Situation der Contessa deutlich; ganz hinten im Bewußtsein beginnen sich schlimme Befürchtungen einzunisten.

Auch um 17.00 Uhr kein Lebenszeichen von BUBBLEGUM. Unsere Anrufversuche auf den Frequenzen 4143,6 und 2182 kHz sowie auf UKW bleiben unbeantwortet. LIENTUR und Rio Grande fragen dringlich nach neuen Informationen.

Bald wird es anfangen, dunkel zu werden. Wir stehen nur noch 40 Seemeilen vor der Küste. Wenn McGowan etwas südlicher gehalten hat, können wir nicht weiter als zehn bis 15 Seemeilen von BUBBLEGUM entfernt sein – bei dieser schlechten Sicht neun bis 14 Seemeilen zu weit, um sie zu sehen. Es wird immer unsinniger, den Kurs weiter beizubehalten. Ekhart entschließt sich, den nächsten Kontakt mit ENDURANCE und LIENTUR abzuwarten und mit Dunkelwerden in Richtung Kap Hoorn abzudrehen.

Wo ist BUBBLEGUM? Segelt Sie noch? Die Funkgeräte geben keine Antwort auf diese Frage. Auch um 19.00 Uhr dringt keine Stimme durch das Rauschen. Der Tag stirbt in diesigem Dunst, das stumpfe Grau der See breitet sich über unsere Gespräche. Es ist 21.00 Uhr, und BUBBLEGUM schweigt.

20 Minuten später steigen, wie mit ENDURANCE und LIENTUR abgesprochen und über alle Regattafrequenzen und UKW angekündigt, zwei weiße Raketen hoch in den Himmel. Schweigend starrt die Crew in die Nacht. Kein Zeichen gibt Antwort, das Funkgerät bleibt stumm. Wir haben getan, was wir machen konnten, nun sind unsere Möglichkeiten erschöpft. Wir, die helfen wollten, sind hilflos und drehen ab. Die schottische Yacht bleibt verschollen.

Stumm beginnt die Phantasie zu wuchern, steigen Bilder und Ängste auf. Sie kreisen um die Männer und die BUBBLEGUM, doch sie kehren von dort zurück und richten sich auf uns selbst. Der Luftdruck ist in den letzten Stunden kontinuierlich gefallen, die Sicht hat sich verschlechtert. Das Seehandbuch orakelt von plötzlich auftretenden Stürmen ohne Vorankündigung am Barographen, der Wetterbericht von ENDURANCE kündigt zunehmende Schauertätigkeit und Regenböen an.

Und Ekhart hält auf die Küste zu. Der Bleistiftstrich auf dem Übersegler weist auf die Islas Ildefonso, eine Inselgruppe etwa zwölf Seemeilen vor der zerklüfteten, klippenreichen Küste am Südwestzipfel vor Kap Hoorn. Für diesen Kurs sprechen gewichtige Gründe. Eine direkte Ansteuerung der Isla Hermite mit dem Kap Hoorn aus der derzeitigen Position ist nicht sehr sinnvoll. Sterne und Sonne fehlen, um unseren Kurs exakt zu kontrollieren, und bei weniger als zehn Seemeilen Sicht sind in dieser Gegend Küstenverwechslungen leicht möglich. Ohne Echolot können wir dabei in untiefe Gebiete geraten. Sollten wir Kap Hoorn gar nicht in Sicht bekommen, vorbeilaufen, ohne an ihm einen genauen Standort zu erhalten, müßten wir eventuell mit großem Zeitverlust außen um die Staaten-Insel herumsegeln.

Die Islas Ildefonso, etwa 65 Seemeilen vor Kap Hoorn, bieten nach Ekharts Ansicht dagegen eine eindeutige, unverwechselbare und ungefährliche Küstenansteuerung an. Wie eine riesige, natürliche Bahnmarke liegen sie auf unserem Weg. Die kleine Inselgruppe ragt mehr als 300 Meter schroff aus dem Wasser, das ringsum von Untiefen frei ist. Selbst bei mäßiger Sicht besteht hier die Möglichkeit einer Kurs- und Standortkorrektur, mit deren Hilfe sich Kap Hoorn prächtig ansteuern läßt.

Die Medaille hat eine andere Seite: Stärke und Richtung des Stroms auf dem Küstenschelf sind unbekannt. Lakonisch vermerkt eine Fußnote auf der Seekarte, die Islas Ildefonso seien auch schon einmal zwei Seemeilen weiter südlich gesehen worden. Und der auffrischende Wind steht auf die Küste zu, von der wir weniger als vier Stunden entfernt sind.

Steuermann Olaf und die beiden Wachführer sehen diese Seite und schätzen die Situation daher völlig anders ein. Ihnen sind ein Kurs so dicht unter der Küste und eine direkte Ansteuerung der Islas Ildefonso zu gefährlich. Sie wollen lieber parallel zur Küste weiterlaufen und dann das Kap Hoorn unmittelbar von Westen her ansteuern. „Auch bei Nacht, schlechter Sicht und ohne Echolot?" fragt Ekhart und schließt mit ihnen einen Kompromiß. Bis zur Morgendämmerung werden wir parallel zur Küste laufen und erst mit dem Hellwerden direkten Kurs auf die Islas Ildefonso nehmen.

Kurz vor Mitternacht läuft das englische Kriegs- und Forschungsschiff ENDURANCE zurück in den Canal Beagle: Nach eingehender Prüfung der Lage sei man zu dem Ergebnis gekommen, daß es unter den gegebenen Bedingungen ausreiche, wenn LIENTUR Kurs auf den Havaristen halte. Erst in Mar del Plata hören wir, daß diese Entscheidung nicht allein von sachlichen Gesichtspunkten bestimmt war. Während der Kapitän der ENDURANCE der Ansicht war, die Hilfsaktion könne erst abgebrochen werden, wenn die schottische Yacht eindeutig außer Gefahr sei, sorgte sich London um politische Verwicklungen. Konnte die Hilfsaktion nicht mißverstanden werden als Parteinahme für Chile, mit dem Argentinien um zwei Inseln im Canal Beagle streitet? Kam die ENDURANCE nicht aus dem Gebiet von Südgeorgien und den Falkland-Inseln, die Argentinien als Malvinas bezeichnet und für sich beansprucht?

Endlich, um zwei Uhr morgens, 13 Stunden nach dem letzten Kontakt, gibt BUBBLEGUM wieder ein Lebenszeichen. Kurz nach unserer letzten Funkverbindung war auch das Notruder gebrochen, trieb die Yacht stundenlang steuerlos in der See. Dabei oder bei den Arbeiten, den zweiten Spinnakerbaum als Notruder zu installieren, muß die Erdung der Antenne unbemerkt abgerissen sein. McGowan bittet uns, ein Telegramm an den Clan McDuff in Fort Williams abzusetzen; alle Fyfes seien wohlauf, und BUBBLEGUM benötige ein komplettes neues Ruder. Mit Relais-Unterstützung der spanischen Yacht LICOR gelingt es uns, frühmorgens nach Schottland durchzudringen.

Zehn Stunden später trifft LIENTUR am Eingang des Canal Cockburn ein und kann im letzten Moment verhindern, daß BUBBLEGUM auf eine gefährliche Sandbank aufläuft. Dann wird die Yacht von einem zweiten Schiff, das mittlerweile zu Hilfe geeilt ist, auf den Haken genommen und nach Punta Arenas geschleppt.

Am Morgen liegt die Sicht bei etwa acht Meilen, und es sieht nach Regen aus. Unter der Windsee stehen eine Dünung von mehreren Metern Höhe und recht lange Wellen. Der Luftdruck ist weiter gefallen; es weht Starkwind, und er legt noch zu. Die Wolken jagen über den Himmel und lassen immer nur für wenige Sekunden die Umrisse der Sonne erkennen. Grau in grau gehen Wasser und Himmel ineinander über, und der Seegang ist so hoch, daß er nur selten die vermeintliche Kimm im Okular des Sextanten freigibt. So blaß sind die Abstufungen im Grau, daß Ekhart ohne jeden Filter arbeiten muß. Wir brauchen einen Standort.

Die Auswertung seiner Messungen ergibt dicht nebeneinanderliegende Standlinien fast parallel zur Küste. Die Abweichungen zum Koppelkurs sind gering. Ekhart schätzt die Entfernung von den Islas Ildefonso auf 20 Seemeilen und kalkuliert ab jetzt einen Strom von ein bis eineinhalb Knoten parallel zur Küste ein. Er ändert den Kurs auf rechtweisend 73° genau auf die Inselgruppe zu und geht ans Ruder. Die Sicht hat sich weiter verschlechtert, sie beträgt nur noch zwei bis vier Seemeilen. Um Mittag weht es bereits mit neun Windstärken. Noch immer ist der schwere Reacher an Steuerbord ausgebaumt, das WALROSS rast unter dreifach gerefftem Groß mit Rekordgeschwindigkeit durch die See. Sekundenlang steht das Speedometer bei 18 Knoten am Anschlag.

Es dauert lange, bis Moly von den in kritischen Situationen üblichen Kontrollrechnungen wieder an Deck kommt. Eine ganze Weile sitzt er still, fasziniert von der ungeheuren Geschwindigkeit, mit der das Schiff dahinfliegt. Dann sagt er nicht ohne Häme: „Du hast dich im Azimut vertan, Ekhart, deine Standlinie ist um 30° falsch."

„Und das sagst du erst jetzt!" schreit Ekhart wütend. „Ich hab's ein paarmal durchgerechnet, ich wollte ganz sichergehen."

Seit über einer Stunde schießen wir also mit falschem Kurs auf die Küste zu. Wenn Ekharts Annahmen sich als richtig erweisen, sind wir keine zehn Meilen mehr von der Inselgruppe entfernt. Jetzt sind äußerste Wachsamkeit und ständiger Ausguck nach allen Seiten erforderlich. Die Sicht ist weiter schlecht, und es hat zu regnen begonnen. Dennoch gelingt es Ekhart erneut, einige Sonnenhöhen zu messen.

Minuten später taucht plötzlich an Backbord querab ganz schwach die Silhouette einer Bergkuppe auf und verschwindet immer wieder hinter Dunst und Regen. Vergebens versucht der Skipper eine Höhenabstandsmessung mit dem Sextanten. Was da etwa vier Meilen nördlich vor uns liegt, hat die Höhe der Isla Ildefonso, der Hauptinsel der Gruppe. Ihre Lage stimmt mit dem Koppelkurs überein – kein Zweifel, sie muß es sein.

Der Mannschaft unter Deck bemächtigt sich Erregung. In fliegender Hast hat Olaf die Sonnenstandlinien ausgerechnet. „Es ist unmöglich, es kann nicht sein", stöhnt er, „die Ildefonso müßte südlich von uns liegen."

Einen Moment lang ist Ekhart unsicher, wem er eher vertrauen soll, dem eigenen Augenschein oder den Berechnungen Olafs, denen die obskursten Messungen seines Lebens zugrunde liegen. Er entscheidet gegen sie, läßt vom Steuermann einen neuen Standort vier Seemeilen südwestlich der Isla Ildefonso eintragen und von dort aus Kurs auf Kap Hoorn absetzen. Mit 100° führt er auf der Karte behutsam von dieser verfluchten Küste fort. Hinter dem Schiff haben Regen und Dunst endgültig die graue Wand der Ildefonso verschluckt. Ekhart geht unter Deck, um die Sonnenberechnungen zu prüfen.

„Wo sind die Sonnenstandlinien?" Ekharts Hand klatscht auf das Plotting Sheet. Seine Stimme wird schroff: „Ich sehe hier nur eine, unter den Meßbedingungen da oben ist das so gut wie wertlos – außerdem ist sie offensichtlich falsch!"

Olaf hat in der Hektik der letzten Viertelstunde keine Ruhe gefunden und einen Übertragungsfehler in der Karte gemacht. Er bringt es nicht fertig, ihn einfach zuzugeben, und beginnt sich zu rechtfertigen. „Deine Navigation ist grundfalsch", gibt er schließlich scharf zurück, doch bevor die Diskussion heftig wird, endet sie abrupt.

Deutlich klingt durch Sturm und klatschende Wellen bis unter Deck der Ruf aus dem Cockpit: „Land an Backbord!"

Ekhart starrt auf die Karte.

„Land an Steuerbord!"

Sekunden später scheint sich Molys Stimme zu überschlagen: „Land voraus!"

Skipper und Navigator stürzen an Deck. Aberwitzig schießt das W<small>ALROSS</small> vor dem Sturm die Wellen hinab und auf eine verschwommene Küstenformation zu. Für Augenblicke zerfetzt der Sturm Dunst- und Regenschleier und gibt sekundenlang düstergraue Klippen dem Blick frei. Ringsum Land, keines mehr als fünf Seemeilen entfernt! Wo sind wir nur gelandet.

Zum Überlegen bleibt keine Zeit. "All hands!" Opa dreht die Gasflamme unter dem Eintopf ab, Adam stürzt in den "Zoo", um die Freiwache zu wecken.

Tief und unheilvoll hat sich der Himmel auf das Wasser gelegt, Stoß an Stoß jagen Wolken darüber, Walzen aus schmutzigem Blei, die aus dem Tag das Licht pressen. In dem schmalen Spalt zwischen wütenden Sturzseen und lastendem Himmel rast der Sturm. „Großsegel schiften!" Die Freiwache taumelt durch den Niedergang, stürzt und kriecht nach vorn auf das Vorschiff, über das jetzt gewaltige Brecher schlagen. Donnernd jagen sie über den Bug, brechen reißend über den Männern zusammen, schießen über das Deck. Das Schiff stampft, als trete der Teufel auf eine Kinderwippe. „Vorsegel bergen!"

In Strudeln schwemmt die See um die Beine, prasselt auf den Rücken, Wasser sickert am Hals den Körper hinab. Wir krallen uns in das schlagende Tuch, fallen, schreien, die Finger werden starr, hängen uns wieder in die Falten des wilden Segels. Es gibt nicht nach. „Ich kann nicht mehr!" schreit einer, keucht und steht schon wieder.

Die Gefahr legt Kräfte frei, die niemand bisher in sich ahnte. Zentimeter für Zentimeter entreißen wir dem Sturm das Segel, bis es, in schweren, klatschenden Bahnen, immer schneller auf uns niedersinkt, naßschwer über Körper, die der Orkan in seinen Fäusten durcheinanderschüttelt. Kniend, liegend und rutschend zerren wir das Vorsegel zum Vorluk, schützen es mit den Körpern vor den brechenden Wassermassen so gut es geht, stopfen das sperrige Tuch in den Bugraum, den es füllt, bis sich Carsten inmitten eines gewaltigen Gusses hineinfallen läßt und einen Moment lang hilflos an den straff gespannten Sicherheitsleinen zwischen Deck und Kajütboden hängt.

Dann steht die Fock. Zerschlagen kriechen wir zurück zum Cockpit, die Hände fühlen kaum mehr die Kälte der Wanten, die dünnen Relingsdurchzüge, an denen wir uns festklammern. Schultern und Arme schmerzen, die Beine sind schwer, und immer noch geht der Atem stoßweise.

Adam und Adolf sitzen im Cockpit. Unaufhörlich reißt der Sturm die Kämme von den Wellen, treibt sie in gewaltigen Vorhängen waagerecht vor sich her – ein peitschender Salzregen, vor dem es keinen Schutz zu geben scheint. Haushoch rollen die Wellen an; über die breiten Rücken, wie plattgewalzt vom Orkan, krakeln breite Schaumspuren. Sie weisen in Richtung Küste, die uns in einem großen Halbkreis zu umgeben scheint.

„Das also war's. Deshalb bin ich mitgefahren", sagt Adolf zu sich selbst und schaut auf seinen Freund. Nachdenklich schweigend sieht Adam vor sich hin; dann beginnt er langsam und systematisch die Schotenknäuel vom Boden des Cockpits aufzuschießen. Adolf registriert überrascht, daß er eigentlich keine Angst verspürt. Die herausgeforderte

Gewalt, dies war sie, haßerfüllt, übermächtig und voll dunkler Faszination. Adolf legt seinen Arm um Adam: „Wie lange halten wir das noch aus?"

„Noch lange."

Der Sturm heult in Mast und Wanten. Andreas taucht mit dem Peilkompaß im Niedergang auf und versucht, die Klippen einzupeilen, die zwischen Regen und Wolkenfetzen düster aufflackern. Ekhart löst ihn ab. „Dort", ruft er, und seine Hand zeigt nach Osten, nach Lee, „dort dürfte kein Land liegen. Auf der Karte ist die Durchfahrt frei."

Moly bemüht sich, hoch am Wind Fahrt im Schiff zu halten. Er will sich in kurzen Schlägen von der Küste freikreuzen und fordert vom Skipper das Kommando zum Wenden.

„Lange Schläge!" antwortet der. „Wer weiß, wieviele Wenden die Segel aushalten." Dann läßt er Trysegel und Sturmklüver vorbereiten.

Der patzige Moly am Ruder ist von ungewohnter Unruhe ergriffen. Laut überlegt er, ob es nicht Zeit wäre, die Schwimmwesten anzulegen. „Richtig sympathisch", denkt Adolf, „er hat tatsächlich Nerven und Gefühle."

„Was ist los, hast du Angst?"

„Nein!" schreit Moly zurück, „aber schon einmal ein Schiff verloren. Auf Legerwall vor Fehmarn."

„Es ist alles ganz einfach", grinst Olaf, „mit den Rettungsinseln sind wir schnell an Land. Das einzige Problem wird sein, rasch genug herauszukommen." Auch er beschäftigt sich mit dem Undenkbaren.

Nur Opa hat nach dem Eintopf anderes im Sinn. Neugierig steckt er die Nase aus dem Niedergang, wittert nach Luv, verdreht entzückt die Augen und stößt einen spitzen Schrei aus.: „Phantastisch! Fliegendes Wasser!" Dann taucht der dunkle Wuschelkopf unter, um kurz darauf hinter der schweren Filmkamera wieder in Erscheinung zu treten. Kurz darauf liegt der Smut der Länge nach hinter der Alu-Hutze im Windschatten und läßt minutenlang die Kamera surren.

Längst ist die Ablösezeit verstrichen, doch Moly weicht nicht vom Ruder. Dies ist sein Kampf gegen den Sturm und die Erinnerungen. Immer noch rasen die Regenwände mit Sturmstärke 11 über das Wasser, doch immer seltener waschen sie im Osten schwarze Felsmassen aus dem brodelnden Dunst. Ständige Peilungen an der Ildefonso-Hauptinsel zeigen: Das Schiff macht kaum Höhe. Endlich, nach über drei Stunden, nimmt der Sturm etwas ab. Mühsam quält sich das WALROSS durch die gewaltigen Seen, die es mit Riesenkraft packen und beuteln. Mitten in der aufgewühlten Naturgewalt spielen Seehunde. In Gruppen von sechs bis acht Tieren schnellen sie wie Tümmler aus dem Wasser, parallel und elegant, im selben Rhythmus, hechten im Bogen durch die Luft, tauchen unter und springen wieder. Ihre Bewegungen sind schwerelos und voll Musik, sie scheinen eine Wahnsinnsfreude zu haben.

Am Ende der Welt, wo sich der brodelnde Dunst fängt, an deren kahlen, schwarzzerfressenen Rändern weiße Gischt bis zum tiefen Himmel emporgeschleudert wird, spielt die Natur voller Anmut. Im seligen Tanz der Seehunde inmitten der Naturgewalten schimmern die Legenden der alten Segelschiffszeit auf. Durch das wüste Verderben blitzt ein Widerschein von Leben und rührt uns an. Um wie vieles stärker müssen solche Erscheinungen auf die Matrosen gewirkt haben, die, abergläubig und angstvoll, hier auf grobgezimmerten Schiffen um ihr Leben kämpften.

Fünf Stunden ringt das WALROSS dem Sturm Bootslänge um Bootslänge ab. Endlich, hinter der Isla Ildefonso, scheint die Höhe ausreichend, um an den unbekannten Klippen vor Cabo Brisbane vorbeizulaufen. Der Wind hat auf 8 bis 9 Bft abgenommen, die Sicht hat sich auf drei Meilen verringert. Ekhart setzt den neuen Kurs ab; er führt, sechs Meilen vor der unsichtbaren Küste, parallel zum südlichsten Punkt des amerikanischen Kontinents.

60 Seemeilen bis Kap Hoorn. Die stockfinstere Nacht verschluckt schon den Bug des Schiffes, und wieder beginnt der Sturm nach uns zu greifen. Regenböen fallen von achtern mit 50 bis 60 Knoten über uns her, lassen das dreifach gereffte Großsegel und die ausgebaumte Fock II ächzen. Ein Höllenritt auf den gewaltigen Brechern von achtern, wieder steht die Nadel des Speedometers am Anschlag bei 18 Knoten. Schwarz, schwarz ist die Nacht, alle Luken sind abgedunkelt, weil jeder Lichtstrahl den Rudergänger blendet.

Unter Deck sieht Ekhart am Peilkompaß, daß die Wache um 10° abgefallen ist, um sich von der Küste freizuhalten. Ohne ein Wort zu verlieren, übernimmt er das Ruder. Das Schiff geigt gefährlich. Einer besetzt die Bullentalje, damit der Großbaum sofort losgegeben werden kann, wenn er ins Wasser eintaucht und Gefahr liefe, dabei zu brechen. Segeln – ein dunkler Rausch zwischen praktischen Vorkehrungen und einer wilden Lust nach dem Ungewissen hinter dem unsichtbaren Punkt.

Um Mitternacht klart es etwas auf, hier und da blitzen einige Sterne durch die jagenden Wolken. Eine halbe Stunde später ruft Olaf von seiner Position, er glaube, an Backbord voraus Land ausmachen zu können. Seine Stimme ist zögernd und leise, doch sie wirkt wie eine Fanfare. "Kap Hoorn!"

Mit einem Schlag füllt Leben das Schiff. Smut und Freiwache stürzen aus den Kojen, und kurz darauf ist die ganze Crew im Cockpit versammelt. Unter dem Großbaum hindurch ist am leicht aufklarenden NE-Horizont verschwommen die Silhouette einer Insel zu erkennen. Kaum jemand spricht. Am Himmel ziehen immer mehr Sterne auf; rauchzart beginnt sich hinter der dunklen Linie, die, schmal und unbewegt, stets von neuem aus den gewaltigen Seen steigt, der erste Anschein der Morgendämmerung zu sammeln. Das WALROSS fliegt in den Sturmböen. Dann liegt das Kap ruhig über dem bewegten Horizont.

Sacht beginnt sich die Tiefe hinter den Wassern mit Licht zu füllen. In die dunkle Muschel des Himmels steigt ein blasser Schimmer, grauviolett opalisierendes Perlmutt, in das unaufhaltsam dunkel glühend das Morgenrot sickert. Dann gießt der neue Tag sein Orange über das Wasser, ein dichter, scharfrandiger Teppich am Horizont, zerschellende blasse Schuppen auf den Wellen um unseren Bug, wird gelb und immer heller und zwingt zwischen den grauen Wolken ein zartes Blau aus dem Firmament. Klar und massiv steigt die steile Wand des Kap Hoorn aus dem Meer, bricht am Gipfel zu einem flacheren Kamm, der nach Nordwesten in rundere Bergkuppen übergeht. Kein Leuchtzeichen flackert aus dem dämmernden Fels, dem ewigen Grabmal, legenden- und mythensatt. Kap Hoorn, die Ahnung eines unergründlichen Grauens, das wir in uns tragen, das gestern nach uns griff, Kap Hoorn, du Prüfstein, wir haben um dich gekämpft und in dir uns selbst besiegt.

Ekhart singt am Ruder vor sich hin. Nur keine Gefühle zugeben! „Ein Felsen, sonst nichts." Gespielte Enttäuschung und Scherze, umständliches Hantieren mit Fotoapparaten. Was sich unauslöschlich in die Seelen einprägt, ist zu dunkel für die Optik. Um 2.29 Uhr am 23. Januar 1982 peilt Kap Hoorn Nord. Vor unserer Ergriffenheit flüchten wir ins Ritual. Schäumend steigt der Sekt aus der riesigen Flasche und kratzt im Hals. Ekhart hält eine kurze Rede, und Adolf singt sein Kap-Hoorn-Lied über das WALROSS, das hinter dem Feld hersegelt.

> So fielen wir zurück,
> pro Tag ein kleines Stück.
> Das Rating schützt uns lang
> vorm letzten Rang.
> Nur ich bin entsetzt,
> denn komm'n wir erst jetzt,
> ist jeder Platz
> an der Bar schon besetzt.

Die Crew fällt in den Refrain ein: „I wann'a go home, I feel so broke up, I want to go home!" Dann klatscht die Pütz ins Wasser; gurgelnd verschluckt ein riesiger Kanister Kap-Hoorn-Wasser für Kindstaufen und Präsente, während die Bequemeren unten in der Pantry ihre Flaschen am Seewasserhahn abfüllen. Zufrieden betrachtet Opa den Glasschliff

Verproviantierung

Segelflicken in Mar del Plata

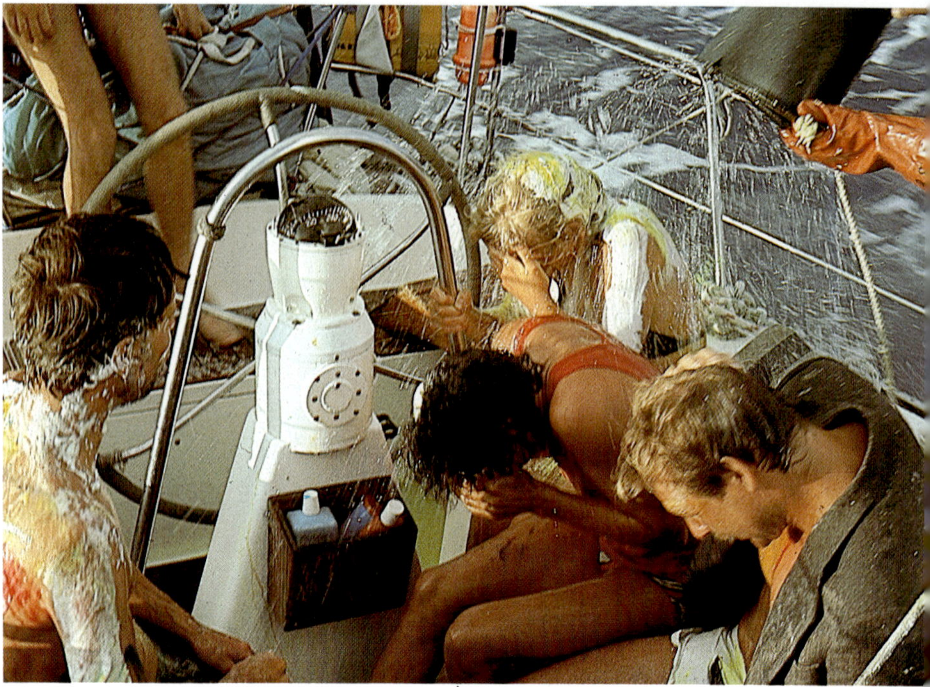

Äquatortaufe ▶

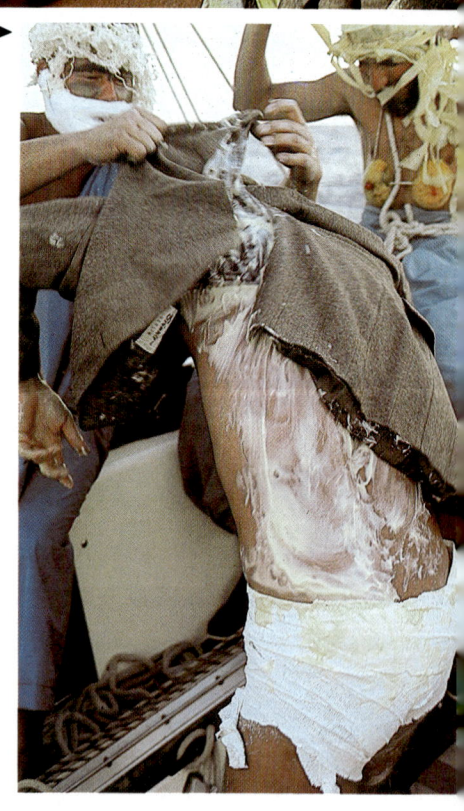

Oben: Gefährlicher Moment – Großbaum im Wasser
Unten links: Tauschgeschäfte: Brot gegen Bier
Unten rechts: Die ALCHIMIST FLENSBURG

Oben und unten: Ankunft in Cuxhaven

auf seiner Buddel mit dem wirklichen Kap Hoorn. Es stimmt: Nicht einmal Vögel sind in der Luft, auf die er nur schweren Herzens und gezwungenermaßen in dem Gewirr der Linien und Schleifflächen seines Glasbildes verzichtet hatte. Im Cockpit gruppieren die Fotografen die Freunde vor dem Panorama, doch schließlich haben auch sie nichts mehr, womit sie geschäftig die innere Bewegung überdecken können. Adam sinniert schon lange still vor sich hin. „Post coitum omnis animal tristis", sagt Adolf halblaut und meint damit auch sich selbst. Ekhart am Ruder ist entspannt und gelöst. Seit Beginn der BUBBLEGUM-Aktion hat er nicht mehr geschlafen und war ständig gefordert, doch seine Züge wirken weich wie die eines Kindes, das dankbar staunend unter dem Weihnachtsbaum steht. Seine waghalsige Ansteuerung hat eine glänzende Erfüllung.

Die Erscheinungen der Natur spielen zusammen in einer vollendeten Inszenierung. Der Höhepunkt ist erreicht und gleitet über in einen sanften Ausklang. Kaum ist Kap Hoorn passiert, läßt der Sturm nach, der eben noch dramatisch bewölkte Himmel reißt auf, und die Sonne überschüttet Wolkentürme und Felsschroffen. Sobald wir den Kurs unter der Ostflanke des Kaps nach NE richten, beruhigt sich in ihrem Schutz auch die See. Kaum zwei Seemeilen entfernt senkt das Kap seine scharfe Kante steil ins Wasser, voll spitzzähniger Hörner, als hätte der Sturm sie schartig geschlagen. Unwirtlich, abweisend und bedrohlich liegt die zerrissene Pyramide im Sonnenlicht.

Unwillkürlich klettert der Blick himmelan die Wände empor, sucht Pfade, Spuren, Griffe, an die sich ein Mensch klammern könnte. Nichts deutet darauf hin, daß ihn je ein Fuß betreten habe, doch irgendwo da oben auf dem Berg müßte ein Leuchtfeuer stehen, ein dünnes Signal, das in der Dunkelheit warnt: Komm mir nicht nahe! Ein holländischer Fahrensmann soll dem Kap den Namen seiner Heimatstadt Hoorn gegeben haben. Er kann sie schwerlich sehr geliebt haben.

Hinter dem Kap liegen, eine geborstene Mauer, die Roccas Deceit im Wasser, Klippen wie riesige Schuppenschilde auf dem Rücken eines gigantischen Drachens, der seit Jahrmillionen versteinert unter dem Meer schläft. Wieviele Rahsegler müssen hier zerschellt sein, die in Dunkelheit und Nebel den Weg nach der Le-Maire-Straße suchten. Hinter der berüchtigten, bizarren Barriere öffnet sich die weite Bucht vor dem Canal Beagle, der im Süden die Isla Hermite mit dem Cabo de Hornos und im Westen die Staaten-Insel vorgelagert sind.

Wir haben kaum den Kurs auf das Cabo Buen Succeso abgesetzt, das am Eingang zur Le-Maire-Straße liegt, da taucht von achtern über der Kimm dunkelgrau die Brücke eines Zerstörers auf. Die PIEDRA BUENA begrüßt uns in Argentinien und fragt, ob wir Hilfe brauchen oder an Regatta-, Wetter- oder Strominformationen interessiert sind. Nur langsam und mächtig schaukelnd kommt der alte Zerstörer der amerikanischen Z-Klasse hinter uns auf. So nahe er kommt, immer wieder verschwindet er hinter der hohen Dünung bis zu den obersten Aufbauten. Der Funker wundert sich, wie man mit einem solch kleinen Schiff in diesen Gewässern segeln kann, und möchte nicht mit uns tauschen. Der Respekt in seiner Stimme amüsiert uns; der Blick auf den waffenstarrenden Koloß, der schwerfällig in der See torkelt, weckt bei uns ganz gleiche Gefühle. Wie untätig-hilflos muß man auf ihm der See ausgesetzt sein.

Wir zeigen den Männern, die uns von der Brücke aus fotografieren, mit einem sauberen Schiftemanöver, was wir können, und überlassen dem Zerstörer die Gewässer vor den Inseln Lennox und Nueva, deren völkerrechtliche Zugehörigkeit zu Chile Argentinien immer noch anzweifelt. In Mar del Plata am Strand sollten wir später lesen, daß sich genau hier zwei Kanonenboote beschossen haben. Waren es LIENTUR und PIEDRA BUENA? Seltsame Vorstellung, verworrene Welt.

Hinter den Inseln Lennox und Nueva öffnet sich der Canal Beagle und gibt den Blick frei auf ein phantastisches Panorama. Grüne Matten und Wälder scheinen sich in der Ferne zum Wasser herunterzusenken, und dahinter stehen hoch die weißen, vergletscherten Berge Feuerlands. Am Nachmittag liegt die Ostküste der Tierra del Fuego an der Le-Maire-Straße im Schatten. Kaum zwei Meilen entfernt lassen sich Einzelheiten nicht mehr unterscheiden. Ein leichter Dunst breitet sich über die Hänge, wabert über die grünen Hügel, Büsche, ein Wald kleiner Gehölze vielleicht, dazwischen Rücken, auf denen Felsformationen wie Wundschorf durch das Gras brechen. Anderswo ziehen sich nackte Gesteinsflächen bis zum Wasser hinab, glattgeschliffen, als seien Gletscher darübergegangen.

„Gegen 16.00 Uhr passieren wir das Cabo Buen Succeso in fast zwei Meilen Abstand ", schreibt Ekhart in sein Tagebuch. „Der Kurs wird jetzt so abgesetzt, daß wir uns dicht an der Küste halten und knapp die Untiefen am Cabo San Diego passieren und die dortigen Stromschnellen bei vollem Mitstrom passieren werden und ausnutzen können. Das Wasser wird bereits jetzt unruhiger. Richtig zu kochen beginnt es aber erst kurz vor Cabo San Diego. Phantastische Bedingungen: Wir segeln mit etwa sieben Windstärken von achtern unter doppelt gerefftem Groß und nach Steuerbord ausgebaumten Reacher. Wind und Strom laufen mit. Der Strom dürfte im Maximum mindestens acht Knoten erreichen, unsere Eigengeschwindigkeit beträgt zusätzlich acht bis neun Knoten.

Die Wasseroberfläche bietet ein faszinierendes Naturschauspiel.

Kurze, steile und springende Wellen, die häufig vom Wind fortgeweht werden. Dazwischen große, kreisende Strudel. Das Wasser ist jedoch insgesamt sehr flach, es gibt so gut wie keine Dünung. Niemals zuvor habe ich einen so überwältigenden Eindruck von totaler Unruhe, totalem Chaos erlebt wie in diesen Minuten. Nie zuvor habe ich mich einer solchen Beobachtung und Wahrnehmung auch so voll hingeben können. Ich erlebe die Stromschnellen am Cabo San Diego fast wie eine Meditation und lasse dieses Naturerlebnis nicht nur über die Augen, sondern auch über die ungewohnten, verfremdeten Laute der springenden Wellen und das Zucken und Schieben am Ruder auf mich einwirken."

Um 17.00 Uhr liegt die Le-Maire-Straße hinter uns. Wir sind wieder im Atlantik, Kurs Nord auf dem Falklandstrom, der uns zwischen argentinischer Küste und den Malvinas-Falklands in Richtung Mar del Plata mittragen soll.

Wir stellen die Uhr drei Stunden vor auf argentinische Zeit. An diesem Abend geht, drei Stunden nach Digby Taylor mit der OUTWARD BOUND, die kleine MOR BIHAN über die Ziellinie. Weniger als zwei Tage trennen am Ende eines der kleinsten vom größten Regattaschiff, der CHALLENGER. Eugène Riguidel und seine Bretonen haben ein phantastisches Rennen gefahren. Länger als andere Yachten waren sie nach dem Start in höheren Breiten geblieben, hatten dort günstige Winde gefunden, vor denen sie schließlich nach Süden zum Kap Hoorn liefen. „Wir haben hinter Auckland den Spinnaker aufgeklappt und in Mar del Plata heruntergenommen", sagte einer von ihnen, ein langer bescheidener Junge, der in der Werft in Neuseeland schweigend neben uns den Mast der Yacht bearbeitet hatte. Und wahrscheinlich übertrieb er nicht einmal.

Taylor, mit der längeren und leichteren OUTWARD BOUND, hatte dagegen die entgegengesetzte Strategie gewählt: sofort nach Süden und dann den kürzesten Weg zum Kap. Beider Wege trafen sich kurz davor, MOR BIHAN knapp hinter OUTWARD BOUND. Nur unwesentlich verringerte sich der Abstand beider Yachten auf den 1000 Seemeilen zwischen Kap Hoorn und Mar del Plata, doch nahezu unverrückt blieb auch der zwischen ihnen und den großen Yachten im Rennen. Einen halben Tag hatte Pierre Fehlmann um den Sieg nach berechneter Zeit bangen müssen, dann hatte Peter Kuttel mit der XARGO gegen seine DISQUE D'OR verloren. Kaum zwei Tage später war er dann doch überwunden. MOR BIHAN hieß der Sieger, und die knapp 15 Meter lange pinnengesteuerte Yacht wurde wie ein kleines Wunder bestaunt.

Die günstigen Winde, die sie gefunden hatte, verließen uns in der Nacht. Morgens um vier lagen wir wieder einmal in der Flaute. Nach dem Sturmritt um Feuerland, der unsere ganze Anspannung gekostet hatte, nach wenigen erlösenden Stunden, trifft uns dies wie ein Schlag. Die Ungerechtigkeit des Windes macht uns selbst bitter und ungerecht. Die Flaute weckt mißvergnügte Erinnerungen an den Südpazifik.

Auch in Ekhart scheint es zu nagen, und es hört selbst dann nicht auf, als am Morgen die Brise wieder einsetzt. Als sie am Vormittag frischer wird und die Vorbereitungen zum Wechsel auf eine kleinere Genua getroffen werden, wirft er einen Blick durch das getönte Acrylglas des hinteren Niederganges auf die leicht bewegte See. 20 bis 30°, meint er erschreckt, fällt der Rudergänger ab, bevor der erste Mann auf dem Vordeck ist. Abfallen, bei diesen idealen Manöverbedingungen!

Wut steigt unkontrolliert in ihm auf. Mit einem einzigen Ruck fliegt das Schiebeluk auf, das die ganze Reise bisher geschlossen gewesen war. Unbeherrscht schreit Ekhart Carsten an, er verbiete ihm, abzufallen. Carsten, der Kurs am Wind gehalten hat, zeigt keine Anstalten, Ruder zu legen, versucht sich zu erklären. Erregt fällt ihm Ekhart ins Wort und droht ihm an, ihn in die Koje zu schicken. Kein Zweifel, Kritik und Ablehnung, die ihm wochenlang von den Crewmitgliedern entgegengeschlagen sind, haben den Skipper die Nerven verlieren lassen.

Die aufreizende Bemerkung, man sehe den Schiffer bei Vorschiffsmanövern ohnehin nie vorne, bringt seine Wut zum Kochen. Hastig fährt er ins Ölzeug, scheucht Opa von den Kochtöpfen und stürzt durch den Niedergang an Deck. Etwas zögernd folgt ihm der Smut. Auf dem Vorschiff hat mittlerweile das Manöver begonnen; das Luk ist offen, Schimmi sucht unten die Genua. Hin und wieder kommt kräftig Wasser über. Maßlos vor Zorn herrscht Ekhart Schimmi und Adam deswegen an. Adam fällt ihm ins Wort: „Jetzt ist es aber genug!"

Mühsam faßt sich der Skipper: „Wer nicht will, muß dieses Manöver nicht mitmachen."

Schroff wendet sich Adam: „Dann gehe ich!"

Und mit Ekharts Beherrschung ist es dahin. „In die Koje, geh' in die Koje!" schreit er seinen Freund an, der ihm schon den Rücken zukehrt und ohne ein Wort nach achtern geht.

Der Wind legt weiter zu. Ekhart bleibt dabei, die Vorsegel ohne abzufallen ineinander zu wechseln. Die leere Profilstagnut befindet sich in Lee des stehenden Segels, das erschwert das Manöver. Ekharts Wut hat sich inzwischen gegen ihn selbst gekehrt; er ist aufgeregt, und seine Hände zittern. Beim Durchzerren des neuen Segels unter dem stehenden und beim Einfädeln verliert er die Übersicht und dreht einen Törn ein. Das Fall muß wieder gefiert werden, die Wuling wird dadurch eher noch größer, wieder und wieder hakt das Vorliek im Profilstag.

Mittlerweile werden stärkere Wassermassen über das Vorschiff gespült und fassen unter das halb aufgerollte Segel. Verbissen und kopflos versucht Ekhart das Exempel zu statuieren. Es muß mißlingen. Erst weit nach einer Stunde Manövrierzeit faßt sich der Skipper ein Herz, läßt Carsten abfallen, und schon steht die Genua.

Im Cockpit empfängt ihn kaltes Schweigen. Es hilft nichts, daß sich Ekhart für seine Ausfälle entschuldigt und auch die Größe findet, das mißglückte Manöver mit keinem Wort zu beschönigen. Zwar nehmen die Betroffenen die Entschuldigung an, doch etwas ist zerbrochen, eine letzte Gemeinsamkeit, die die Mannschaft innerlich zusammengehalten hat. Zuviel hatte sich angesammelt, zuviele enttäuschte Erwartungen, zuviel heimlicher Ehrgeiz war unbefriedigt geblieben.

Dem Streit hafteten unübersehbar die Eigenschaften eines Machtkampfes und Autoritätskonflikts an. Seit der schlimbachpreisgekrönten Spitzbergen-Reise genoß Ekhart hohes Ansehen im Verein als Segler und Anreger. Nicht umsonst war die Wahl des Skippers für die beiden schwierigsten Etappen auf ihn gefallen. Ekhart garantierte die seglerische Solidität des Unternehmens, und er hatte das Projekt in der Anfangsphase mit der ihm eigenen Energie über schwierige Hürden gebracht. Doch dann kam der Einschnitt. Immer seltener erlaubten ihm die beruflichen Verpflichtungen den Aufenthalt in Berlin. Das Projekt lief ohne ihn weiter, und die junge Stammcrew entwickelte ein unerschütterliches Selbstvertrauen, dem auf der ersten Etappe auch die seglerische Kompetenz zuwuchs.

Hätte Ekhart in Kapstadt die Regie an sich reißen sollen? Vielleicht wäre dies seinem Ruf gerecht geworden. So widersprach sein Verhalten den Erwartungen, die sich auf ihn richteten. Er war abgekämpft; seine Zurückhaltung während der ersten Woche auf See erschien als Schwäche – ein fast tödlicher Vorwurf in einer Szene, die Härte gerade dann zelebriert, wenn das heulende Elend am nächsten ist. Ein seglerischer Übervater war erwartet worden, es kam ein Mensch. Begünstigt durch den Mangel an glänzenden Erfolgen in abnormen Wettersituationen, fatale Havarien und wohl auch durch Ekharts Verhalten selbst, schlug, unbewußt oder uneingestanden, die Konkurrenz mit dem Vorbild, das die meisten nur aus legendären Berichten kannten, in Ablehnung um.

Daß im Streit um Segelführung und Navigation ein Autoritätskonflikt mit ausgetragen wurde und Keile selbst zwischen alte Freunde trieb, gab einer unfreiwillig zu, der hinter Kap Hoorn die Situation an Bord auf den Nenner brachte: „Das Denkmal Ekhart ist vom Sockel gestürzt."

Jeder von uns hatte gemerkt, wie sich hier Sprengstoff ansammelte, niemand war Manns genug, ihn zu entfernen. Jeder Anlaß, ein schmutziger Pullover auf der Sitzbank, eine verschlossene Clotür, die falsche Musik zur falschen Zeit, hätte zuletzt der Funke sein können, der die Explosion auslöste. Daß es die Wache getroffen hatte, die sich am meisten bemühte, die Kluft nicht zu breit werden zu lassen, ist von ironischer Bitternis. Ekhart hatte sozusagen die letzten Brücken gesprengt. Tief verletzt und ratlos saß er im Cockpit. Die Wache hatte seine Entschuldigung angenommen, aber Adam, mit dem er Spitzbergen ersegelt hatte, hatte ihm die Freundschaft aufgekündigt, und Stoffels Daumen mußte als unmißverständliches Zeichen für die Zukunft verstanden werden: Er wies nach unten. Gab es nichts mehr zu sagen?

Am nächsten Nachmittag scheint die Sonne ins Cockpit. Über das ganze Schiff, das unter dem Leichtwind-Spi langsam dahinzieht, sind Bekleidungsstücke verteilt: Faserpelze, Socken, Handtücher, Hosen und Schuhwerk sind zum Trocknen ausgebreitet, aufgehängt und an der Reling angeknüppert. Opa hat eine Nußtorte mit Marzipandecke gebakken und serviert Irish Coffee. Im T-Shirt oder mit nacktem Oberkörper räkelt sich die Crew zufrieden an Deck zwischen den muffig dünstenden Klamotten. Ein Bild des Friedens, zu dem Heinz auf der Gitarre spanische Läufe übt.

Angeregt kreist die Unterhaltung um das Naturwunder der Mittagsstunden, als an Steuerbord querab die Malvinas mit bloßem Auge am Horizont auszumachen sind. Obwohl fast 20 Meilen entfernt, liegen die Inseln vollständig auf dem Horizont. Achteraus, unter einer schwachen Quellwolke, dünn, doch eindeutig erkennbar, der höchste Berg Feuerlands. Nach unserer Peilung ist es die fast 2 700 Meter hohe Cordillera Darwin, nur die ist 300 Meilen entfernt. Kein Zweifel hilft, keine Peilung läßt den Berg verschwinden, den eine Laune der Natur eine halbe Stunde lang wie eine Fata-Morgana über die Erdkrümmung hochgespiegelt hat. Genüßlich nuckelt die Hälfte der Crew an Ekharts spendierten Zigarren und wettet, daß das zu Hause wieder kein Schwein glauben wird.

Schiffer und Crew mühen sich, das Bordklima im Gleichgewicht zu halten. Adam und Schimmi überraschen die Crew am Frühstückstisch mit dem "Allgemeynen Anzeyger", mit den neuesten Nachrichten der Deutschen Welle und einer skurril illustrierten und ebenso verleumderischen Enthüllung über das Privatleben des stadtbekannten alternativen Herumtreibers "Popa Pole", eindeutig identifizierbar in Anspielungen und Karikatur. Opa spielt mit und reagiert theatralisch. Sofort bilden sich mehrere Parteien, die über dem Fall die frischen Frühstücksbrötchen vergessen und heftig diskutieren. Andreas übernimmt die anwaltliche Vertretung für Opa, doch es zeigt sich, daß Schimmi mit teuflichem Geschick vorgegangen ist: Es finden sich nur wenige Tatsachenbehauptungen, die nach Presserecht gegendarstellungsfähig sind. Bis zum Mittagessen ist der Schriftsatz hieb- und stichfest.

Da erklärt der Herausgeber des "Allgemeynen Anzeygers" den baldigen Konkurs seines Blattes. Opas Gegendarstellung wird nicht erscheinen.

In aller Eile gründet Adolf ein Konkurrenzblatt, die Abendzeitung "Schmier" mit dem Untertitel "abhängig, gesinnungslos, bestechlich", und verspricht, sich seiner Sorgen anzunehmen. Die ganze Crew feiert die Presseschlacht bei Čevapčici und Weißwein aus drei Kontinenten: Veltliner aus Österreich, südafrikanischen Riesling und Müller-Thurgau aus Neuseeland.

Am Nachmittag greift Ekhart die abgebrochene Diskussion über Schnitt und Stand der Vorsegel wieder auf. Systematisch verändert er Holepunkt und Liekspannung, holt die Schoten dicht und setzt das Fall durch. Die anfangs widerstrebende Wache experimentiert mit zunehmendem Engagement mit. Nicht alle Meinungsverschiedenheiten lassen sich anhand der Instrumente eindeutig entscheiden, die unterschiedlichen Ansichten schlagen sich beim Ablesen der geringen Unterschiede nieder. Erst als auf die Genua II gewechselt wird, gelingt dem Schiffer eine überzeugende Demonstration, zu der ihm Schimmi spontan gratuliert.

Seit der ersten Etappe, als es einmal kurz vorgeheißt worden war und nicht stand, galt dieses Segel als verschnitten. Es wurde nicht mehr benutzt, aber auch nicht gebraucht; in der Segelliste ist seine Verwendung auf einen schmalen Sektor der Windskala beschränkt. Ekhart setzt es so durch, daß die Wache um das Fall fürchtet. Dann knallt er die Schoten dicht, und das Segel steht einwandfrei. Auch für die Genua II ist die Streitfrage damit entschieden, aber ist das der Königsweg für alle Vorsegel? Die Antwort bleibt in den wenigen Tagen bis zum Ziel offen, doch zeigt das Experiment, was wir in den Wochen zuvor versäumt hatten.

Der Pressekrieg tobt zwei Tage. Die handgeschriebenen Zeitungen können noch mit fetten Schlagzeilen zu lokalen Ereignissen aufwarten: Nachts fällt die Cockpitbeleuchtung aus, über der Schifferkoje dringt dichter Qualm durch die Holzverkleidung – Kabelbrand. Nur langsam zieht der beißende Qualm durch die offene Achterpiek ab. Am Tag darauf reißt das Großsegel in einer Naht über dem zweiten Reff bis zum Achterliek auf. Das Reserve-Groß tritt an seine Stelle. Dann erlahmt die Energie der Herren Journalisten wie der Wind, der aus Nordnordwest warme Luftmassen über den kalten Falklandstrom trägt. Die Wassertemperatur beträgt zwölf Grad; es bildet sich ein undurchdringlicher Nebel, der uns vier Tage lang umhüllt. Die Sichtweite sinkt teilweise auf unter 30 Meter. Obwohl in dieser Gegend kaum mit Schiffen zu rechnen ist, heißen wir den Radarreflektor vor und setzen alle zwei Stunden über UKW einen Securité-Ruf ab.

An einem Abend antwortet darauf die PIEDRA BUENA, die den Kontakt zu einem Frachter herstellt. Die VIOLETTA hatte Verbindung mit ILGAGOMMA, von der es seit zehn Tagen wegen ihres defekten Kurzwellensenders keine Positionsmeldung mehr gegeben hatte. Die Italiener liegen vor uns wie LICOR, CROKY, TRAITÉ DE ROME, alle anderen Yachten genießen bereits das Landleben in Argentinien. Auch BUBBLEGUM ist wieder da und erneut in Schwierigkeiten. Die Schotten rufen uns in der "chat-hour" direkt an und berichten, daß ihnen hinter der Magellanstraße in schwerem Wetter die neue, in Punta Arenas provisorisch eingebaute Ruderanlage gebrochen sei. Wieder haben die Schotten ein Notruder installiert, befinden sich jedoch noch in einer kritischen Situation. Sie bitten uns, ihre Position an Regattakomitee und die anderen Yachten weiterzuleiten und uns nach zwölf Stunden mit ihnen in Funkverbindung zu setzen.

Wir kreuzen mühsam im Nebel bei Wind zwischen 6 und 7 Bft in Richtung Ziel. In den Gesprächen macht sich die Landnähe in Phantasien von riesengroßen Steaks und Diskussionen um die katholische Moral der Mädchen Argentiniens bemerkbar. Adolf, der auf einer Rundreise durch die nördlichen Teile Argentiniens seine Verwandten besuchen will, wälzt den Reiseführer. Und Opa feiert Geburtstag. Aus den Abgründen seiner Koje kramt er die letzte Flasche Sekt, Adam backt Frühstückssemmeln, und zum Mittagessen, das Ekhart zubereitet, bekommt Opa feierlich die Geschenke überreicht: das "Taote-king" von Lao-tse zur philosophischen Erbauung, "Outdoor Cooking" zur Vervollkommnung seiner Kochkünste unter erschwerten Bedingungen und einen Orden für den schmuddeligsten Smut der Flotte. Die Ehrung spornt ihn zu einem Ausflug in die Konditorei-Branche an. Bis zum Ziel duftet es unter Deck nach warmer Schokolade, Karamel, Nüssen und Marzipan, aus denen Opa kiloweise Pralinen formt.

Mit dem Nebel schwindet der Wind. 200 Meilen vor Mar del Plata segeln wir sanft in ruhiger See, als plötzlich vor uns die fast glatte Wasseroberfläche von breiten Bahnen durchzogen ist. Aus der Ferne sieht es aus wie Brisenstriche, deren Grenzen akkurat parallel bis zum Horizont laufen, ein gleichmäßiges Streifenmuster wie Pyjamaflanell.

Nach Koppelort sind wir an der Grenze des Festlandsockels, der hier von 200 Meter steil in die Rinne des Falklandstroms abbricht. Die hüpfenden, brodelnden Wellen, die durch die glatte Wasseroberfläche brechen, sind Teile des Stroms, die an der Reliefkante mit großer Geschwindigkeit nach oben gepreßt werden. Ekhart schätzt von der Höhe der springenden und kreisenden Wellen auf einen Strom von drei bis vier Knoten, auf jeden Fall mehr als die in Seehandbuch und Karte für den Falklandstrom in dieser Gegend angegebene Geschwindigkeit. In den Büchern an Bord findet sich keine Erklärung für die Kabbelungen an dieser Stelle, und ohne Echolot bleibt es ein Rätsel, weshalb sie immer wieder von Bahnen ruhigen Wassers unterbrochen sind.

Wenige Stunden später begegnet uns das nächste unerklärliche Phänomen. Am Nachmittag ist der Himmel über uns blau, die Lufttemperatur auf 22 Grad angestiegen, und die Wassertemperatur liegt bei 20 Grad. Das Barometer steht konstant bei 1 009 Millibar. Plötzlich sehen wir zunächst im Norden, dann aber auch im Nordwesten und Süden eigenartige, bedrohlich wirkende Nebelbänke. Sie sind ungewöhnlich hoch und oben wolkenartig verdichtet. Ihre Höhe könnte 200 bis 400 Meter sein, ihre Breite mehr als doppelt so viel, mit klaren, senkrechten Kanten gegen die Bläue des Himmels abgegrenzt. Mit großer Geschwindigkeit kommt die nördliche Nebelwand auf uns zu, und plötzlich segeln wir in dichtem Nebel mit einer Sichtweite von 400 bis 800 Metern. Über uns ist er so dicht, daß der Himmel verfinstert ist und die Mastspitze kaum mehr sichtbar. Die Lufttemperatur sinkt um drei Grad und steigt erst, unter klarem Himmel, in der Nacht wieder an.

In der Navigationsecke liegt ein fünfseitiges Manuskript aus, in dem Ekhart die Umstände der BUBBLEGUM-Hilfsaktion minuziös aufgezeichnet hat. Der Bericht, mit dem beim Regattakomitee um eine Zeitvergütung ersucht werden soll, spart die Ereignisse hinter den Islas Ildefonso aus. Die Verbesserungsvorschläge und die Kritik, die der Skipper dazu erbittet, zeigen, daß der Gruppenkonflikt der guten Bordatmosphäre zum Trotz untergründig weiterschwelt. Die nüchterne Chronologie der BUBBLEGUM-Aktion setzt das Karussell von Kritik und Vorwürfen sofort wieder in Gang. Neue Einsichten haben sich offenbar noch nicht eingestellt, wozu wahrscheinlich auch die Gewißheit beiträgt, daß wir als letztes Schiff über die Ziellinie gehen werden. Ein Teil der Crew beharrt darauf, daß dem gescheiterten Hilfeversuch klare Fehlentscheidungen und Navigationsfehler der Schiffsführung zugrunde liegen.

Die Diskussion macht deutlich, daß Ekhart nicht nur seiner Pflicht genügen will, als verantwortlicher Schiffsführer über die Koordination der

Hilfsmaßnahmen zu berichten, sondern daß er sich auch eine Rechtfertigung seiner umstrittenen Entscheidungen durch kompetente dritte erhofft. Er fügt dem Bericht die Logbuchunterlagen für die Zeit zwischen der Kursänderung auf die schottische Yacht und Kap Hoorn mit sämtlichen Peilungen und Skizzen bei und stellt die Zeitvergütung auf den Rat der Crew in das Belieben des Komitees. Doch auch das Belobigungsschreiben, das uns am Tag nach der Zielankunft von Admiral Williams erreicht, und die Zeitgutschrift, die eine halbe Stunde mehr beträgt als Ekhart errechnete, verändern an den Grundkonstellationen der Gruppe nichts. Noch fast ein Jahr später bei der Auswertung folgen die Diskussionen den gleichen Grundmustern wie an diesem Abend vor Mar del Plata.

Wo sich das Wasser des kalten Falklandstroms mit der warmen See über dem Festlandsockel vermischt, beginnt das Leben. Scharen von Seevögeln begleiten uns, eine Schule hellgrauer Wale umspielt das Schiff. Die Tiere, es mögen 20 sein, sind etwa sechs bis acht Meter lang und von großer Ausdauer. Als Adam und Adolf zum Duschen auf das Vorschiff gehen, sehen sie eine große, vorne halbrunde und insgesamt schlappe Flosse, an der ein großes graublaues Tier hängt. Adam hält es für einen riesigen Barsch, doch das WALROSS ist schnell daran vorbei und Adam als Biologe eigentlich auf Meereswürmer spezialisiert. Dann wassert ein alter Albatros, der auf seiner schneeweißen Brust den roten Fleck eines ornithologischen Forschungsprojektes trägt. Er ist neugierig und durch nichts zu beeindrucken; weder stinkende Socken noch ein Wurfknoten, der dicht neben ihm ins Wasser klatscht, bringen ihn zum Auffliegen. Sehr zum Leidwesen der Fototouristen.

In der Frühe zieht der Nebel vor die Küste und macht die Ansteuerung schwierig. Vor Mar del Plata liegen Flachs, Sandbänke, die dem WALROSS gefährlich werden können. Wir kreuzen vorsichtig im warmen Dunst dem Punkt zu, hinter dem wir die Stadt vermuten. Fast unvermittelt liegt sie vor uns, ansteigend über mächtigen Klippen, die sich nach Norden zu einem weiten Sandstrand hinuntersenken. Mar del Platas Hochhaus-Silhouette steckt noch im aufsteigenden Dunst und sieht am Morgen grau und wenig einladend aus. Ein kleines Motorboot kommt uns entgegen, begrüßt uns über krächzende Lautsprecher in spanisch-rauhem Englisch, dann sind wir über die Ziellinie, im Hafen, ohrenbetäubend begrüßt von den anderen Crews. Am Begrüßungsponton liegt noch LICOR, die fünf Stunden vor uns eingetroffen ist; hinter Admiral Williams drängen Crewmitglieder der TRAITÉ, von CERAMCO, ILGAGOMMA und ROLLY GO in die Pantry und stürzen sich auf Walrosstee und Pralinés. In gewisser Weise sind wir nach Hause gekommen.

"Es war schön, es war enttäuschend", schreibt Adolf in sein Tagebuch, "hinreißende Erlebnisse und Frustrationen lagen dicht beisammen. Über 6 000 Seemeilen liegen hinter uns, eine Kette unauslöschlicher Eindrücke, und wir sind mehr als 900 Stunden miteinander gesegelt. Doch im Augenblick der Ankunft bin ich völlig leer, und alles ist mir fremd. Ich weiß nicht, mit wem ich gesegelt bin, und kann mich selbst nicht erkennen. Ich weiß nicht einmal, wie mir zumute sein soll."

Argentinische Reisebilder

Mar del Plata, ein kribbelnder Ameisenhaufen – Feten auf und unter den Booten – So wird man ein Held – Fußball mit Maradona – Wer war Axel Czuday wirklich? – Wo die Wörter versagen: die Katarakte von Iguazú – Asado am Swimmingpool

Unterhalb des kleinen Parks mit dem Denkmal des Generals Arias erstreckt sich die nördliche Mole des Hafens etwa einen Kilometer ins Meer. Hinter der 100 Meter breiten Escollera Norte, der Nordmole, liegt das Hafenbecken der argentinischen U-Boot-Flotte. Zur Landseite, wo hinter der Straße der Golfplatz an den Park des Generals angrenzt, ist das Areal mit Stacheldraht abgezäunt. Auf der Nordmole verläuft ein hoher Maschenzaun, der bis zur Kaimauer einen 20 Meter breiten Grasstreifen übrigläßt. Hinter der Kaimauer, die bei Ebbe vier bis fünf Meter aus dem Wasser ragt, liegen die Schiffe der Whitbread-Flotte vor Heckanker. Ein ungemütlicher Platz, der gelegentlich halsbrecherische Kletterpartien nötig macht.

Von Zeit zu Zeit fällt ohne Vorankündigung der bissige Pampero ein, wirft heftige Wellen auf und läßt die Yachten an den Ankern reißen. Dann werden das ganze Gerümpel und der gesammelte Dreck des Hafens gegen die Kaimauer gedrückt, und die Schiffe umgibt ein undurchdringliches Gewirr von Müll und Schmutz. Überrascht sehen wir mitten im Bassin Naval Militar große Fische silbern aus dem Wasser springen – auf der Flucht vor den Robben, die am nördlichen Molenkopf ihre vielbesuchte Kolonie eingerichtet haben. Sie sind die einzigen, die hier tauchen dürften; für alle anderen hat das Militär große Warntafeln aufgestellt, die, zur Landseite hin, mit dem unmißverständlichen Piktogramm eines Soldaten mit angelegtem Gewehr geschmückt sind.

Wo am Festland die Mole beginnt, haben die Veranstalter vor dem Maschenzaun ein großes Zelt-Restaurant errichten lassen, davor die unvermeidliche Parilla, den gewaltigen Grill für die Fleischgerichte. Der

Patron spricht noch ein derbes Italienisch, dirigiert seine Mitarbeiter mit barschen Kommandos und hat das harte Gesicht eines Mannes, der weiß, wie man notwendige Sonderzahlungen an irgendwelche Beamte bei seinen Angestellten wieder einspart. Gegen die Gäste ist er aufmerksam und zugänglich und, wenn gegen Morgen die Theke dicht umlagert ist, spendabel. Er ist der erste Argentinier, der uns eine Ahnung davon vermittelt, wie mühsam es ist, bei einer Inflationsrate von über 200 Prozent zu überleben. Und auf wessen Kosten das geht.

Die fußballfeldgroße Wiese zwischen dem Zelt und dem Militärareal ist zur Mole und zu den Liegeplätzen jeweils mit einem Tor verschlossen. Nur die Regattateilnehmer dürfen hier passieren, der Eingang für Besucher und Lieferanten liegt auf halbem Wege zum Molenkopf. Gleich bei der Ankunft bekommt jede Crew blaue Blechmarken, die auf der einen Seite das Emblem der Regatta, auf der anderen das Siegel des Yachtclubs Argentino tragen. Der Halsschmuck ist der Passierschein für die Gittertore und die Eintrittskarte für den Yachtclub, dessen Sanitäranlagen damit unentgeltlich benutzt werden dürfen. Die Marke habe auch, so hören wir, ein paar Sailors, die in der Stadt einen über den Durst getrunken hatten, eine bevorzugte Behandlung bei der Polizei beschert.

Was dies bedeuten kann, zeigt ein späteres Erlebnis mit einem Argentinier in einer willkürlichen Verkehrskontrolle. In dem Mäppchen mit Führerschein, Zulassung und Versicherungskarte liegen 20 000 Pesos, die der Polizist selbstverständlich einsteckt, bevor er die Papiere lächelnd zurückgibt. „Es gibt hier drei Sorten Polizei," sagt der Argentinier, „und mit keiner darf man sich anlegen. Die Staatspolizei ist intelligent, gefährlich, aber nicht korrupt; die Regionalpolizei ist brutal und korrupt, und die Sommerpolizei, die den Verkehr kontrolliert, ist dumm, brutal und korrupt. Was bleibt ihnen auch anderes übrig, manche können nicht einmal lesen und schreiben, und ihr Gehalt ist minimal."

Der Yachtclub liegt an der Stelle, an der die Escollera Norte in die breite Playa Grande übergeht. Sie endet, der Stadt zu, vor den Klippen am Gebäude des Automobilclubs von Argentinien. Dazwischen, auf wenigen hundert Metern, erstrecken sich einige kommerzielle und die Strandabschnitte von Rotary-, Golf- und anderen exklusiven Clubs. Von den Gebäuden ziehen sich schmale, schnurgerade Gassen zwischen den bunten Holz- und Zelthüttchen zum Wasser hinunter. Die kleine Badestadt ist wie auf dem Reißbrett akkurat ausgerichtet; nur gelegentlich zeigt der Wechsel der Farben, wo ein Strand an den anderen grenzt. Auch vor dem Yachtclub Argentino stehen Badehäuschen. Kein Bootshaus ist zu sehen, keine Slipanlage, nicht einmal ein Steg, an dem eine kleine Jolle festmachen könnte. Das einzige, was entfernt an Seefahrt erinnert, sind Halbwüchsige, die in der Brandung Wellenreiten üben. Wir sitzen im Club-Restaurant und trinken wunderbares, eiskaltes Bier. Die Flasche kostet umgerechnet fünf Mark.

Die Avenida Patricio Peralta Ramos verbindet den Hafen mit der fünf Kilometer entfernten Innenstadt. Auf halbem Hang schwingt die hitzeflimmernde Straße am Ufer entlang, erst oberhalb der Klippen, durch die Fußwege führen, dann oberhalb der Parkanlagen vor den angrenzenden Hotels, und senkt sich schließlich gleichmäßig zur Plaza Colon, dem Eingang zur City. Bis hierher ist die Küste in einem doppelten S-Bogen nach Osten zurückgewichen, nun schwenkt sie vor Spielkasino und Hotel Provincial wieder sacht nach Norden.

Auch hier sind die Strände mit dem Millimeterraster der flachen Zelthütten überzogen. Spielkasino und Hotel, symmetrische Bauten von Form und Ausdehnung wilhelminischer Kriegsministerien, schirmen den Strand zur Innenstadt ab, die unmittelbar dahinter beginnt. Abgesehen von einer Straße, die quer über die Plaza San Martin durch das Gebiet läuft, ist die Innenstadt ein regelmäßiges Schachbrett von zwölf Straßen in Nord-Süd-Richtung zwischen Avenida Libertad und Avenida Colon und zwölf zwischen Avenida Independencia und Strand in Ost-West-Richtung. In dem Geviert aus Beton, Glas und Aluminium haben sich nur noch wenige alte Häuser in den Lücken zwischen den Hochbauten halten können, die sich schon nach Süden in die Wohnviertel des gutsituierten Mittelstandes hineinfressen.

Das Jahr über ist Mar del Plata eine Stadt mit ein paar hunderttausend Einwohnern. Erst Ende Januar, wenn die Sommerferien beginnen, verwandeln drei Millionen Badelustiger sie in einen überbordenden, kribbelnden Ameisenhaufen. Tagsüber ist in der Innenstadt wenig davon zu spüren. Nur selten verirrt sich ein Pärchen in Strandkleidung in die Fußgängerzone General San Martin und bildet einen seltsamen Kontrast zu den dunkelgekleideten Familien, die aus den Vororten oder von weiter außerhalb gekommen sind, um im Schlußverkauf günstig einzukaufen. Leise tuschelnd stehen die Familien vor den Boutiquen voller Modeschöpfungen aus Paris, Florenz und Rom, jede Bluse, jeder glitzernde Parfumflakon teurer als ein Monatsverdienst. Daneben elegante Konfektion, in Argentinien hergestellt. Auf den Wäscheschildern steht: In Lizenz von ..., und dann folgen Namen aus den USA, Frankreich, Großbritannien, Italien und Deutschland. So sind auch sie für den durchschnittlichen Argentinier ebenso unerschwinglich wie die japanische Elektronik gegenüber. Man kauft vielleicht ein Eis in den neon- und kachelblitzenden Eispalästen und schlendert die San Martin über die Independencia hinaus, in das Viertel, in dem billigere Ware angeboten wird. In vollgestopften Regalen hinter dichtbeschriebenen Schaufensterscheiben finden sich hier Windjacken aus Korea, Hosen von den Philippinen und Hemden aus Taiwan, vielleicht auch noch Töpfe, einfache Küchengeräte und Besteck, die die explodierende Inflation letztes Jahr aus Brasilien über die argentinische Grenze gespült hat.

Um 17.00 Uhr beginnt die Innenstadt zu gähnen, räkelt sich drei Stunden über das Abendessen und ist um 22.00 Uhr hellwach. Die Menschenmengen scheinen die Straßen zu sprengen. Immer mehr werden von der Polizei abgesperrt, während in den danebenliegenden der Verkehr zum Stillstand kommt. Mar del Platas Sommergäste, die jetzt die Innenstadt überschwemmen, sind sorgfältig gekleidet. Man hat sich hübsch gemacht zum Ausgehen, kein Vergleich mit der lieblosen Durchschnittlichkeit deutscher Ferienquartiere. Vor Eissalons und Kinos bilden sich lange Schlangen, und selbst vor dem Palacio del Bife, dem Beafsteak-Palast, wo das Baby-Steak 400 Gramm wiegt, warten Paare und Familien geduldig auf einen freiwerdenden Tisch. Auf der Plaza und in den Fußgängerzonen sitzen jung und alt ungetrennt beieinander und haben sich viel zu erzählen. Die Stimmung ist lustig und fast familiär, ohne die hektische Urlaubsbetriebsamkeit, die Vergnügungen und Erlebnisse zwanghaft im Akkord konsumieren muß.

Fragt man sie nach ihrer Zufriedenheit, ist ihre Antwort eine komische Klage. Seit dem Vorjahr haben sich die Preise erhöht, so hört man, die Löhne jedoch nicht. Eigentlich könne man sich den Urlaub dieses Jahr gar nicht leisten. Und uneigentlich? „Kredit", antworten sie, „man nimmt einen Kredit bei der Bank." Sie lachen. „Was soll's, sehen Sie sich doch die Wirtschaft an. Nach den Sommerferien, Ende März, ist der Staat sowieso bankrott. Warum also nicht noch einmal Ferien machen?"

Mar del Plata ist so leer wie nie im Sommer zuvor. Eine halbe Million Sommergäste sind ausgeblieben, erzählt uns später ein Deutsch-Argentinier; so einfach mit den Krediten ist es nicht mehr. Argentinien sei so verschuldet, daß es praktisch den ganzen Staatshaushalt für die Tilgung der Zinsen seiner Auslandsschulden ausgeben müsse. Nur mühsam werde im Augenblick die Inflation gebremst; die Kaufkraft sei so gesunken, daß das Regime die politischen Zügel lockern müsse. In Buenos Aires sammeln sich die Gewerkschaften. Es gärt in Argentinien.

Die "Casa Walross", ein zweistöckiges Ferienhaus mit großer Wohnhalle, liegt in der Calle Rawson, einer stillen Einbahnstraße parallel zur Colon, in der Zone zwischen der Innenstadt und den ärmeren Vororten. Herr Schäfer, der Vertreter der Lufthansa in Mar del Plata, hat sie uns vermittelt. Zufällig, zwischen Tennisspielen und Büro, war er am Ankunftstag am Hafen vorbeigekommen und hatte überrascht festgestellt, daß da ein deutsches Schiff lag. Die Zeitungen von Mar del Plata hatten von der "Regata Vuelta al Mundo" so gut wie keine Notiz genommen. Nur eine einzige Seele der deutschen Kolonie war informiert, die alte Senōra de Duckwitz, die den deutschen Club der Stadt betreut und ein artiges Begrüßungsschreiben der Referentin für Kultur und Sport der deutschen Botschaft in Buenos Aires überreichte.

Für uns wurde der zufällige Abstecher des Lufthansa-Chefs zum Glücksfall. Herr Schäfer nahm sich uneigennützig unserer an, verpflichtete Sohn und Tochter zur Hilfe und stellte die Kommunikationsmittel seines Büros zur Verfügung. Und er kannte einen deutschen Schlosser, in dessen kleiner Fabrik die Relingsstützen repariert und neue Halterungen für Jockeypole und Spi-Bäume hergestellt wurden. Zur großen Freude Christians entpuppt sich der Fabrikant als Besitzer eines Speedbootes, und er läßt sich leicht überreden, mit ihm eine donnernde Schleife auf den Atlantik hinauszulegen.

Das Schiff hat die Reise um Kap Hoorn erstaunlich gut überstanden; wenig war zu Bruch gegangen, so daß sich die Arbeit im wesentlichen auf Reinigung und Wartung reduziert. Nur die Segelmacher leiden unter ungünstigen Bedingungen im Hafen. Im Schneidersitz sitzen sie auf dem Rasen hinter der Maschine, die an einem endlosen Kabel von irgendwoher Strom bezieht. Leider spuken in der alten Pfaff Kriechströme, deren Herkunft nicht zu erkunden ist. Jede Berührung löst einen leichten Stromschlag aus, eine willkommene Attraktion für die Neugierigen, die die kleinen Schreie der Segelnäher wohl für folkloristische Einlagen und die zurückzuckenden Hände für Beschwörungsgesten halten. Besondere Schwierigkeiten machen die kleinen Kinder, die neugierig der Sache auf den Grund gehen wollen und sich der Maschine nähern. Unbeteiligt und schön stehen ihre Mütter in sicherer Entfernung und scheinen weder Deutsch noch Englisch zu verstehen. Irgendwie und irgendwann geht so auch einmal die Freude an den Kindern zur Neige.

Das faule Leben in der Calle Rawson, die lähmende Mittagshitze und die langen Wege, wenn irgend etwas fehlt und besorgt werden muß, verlangsamen die Arbeit. Morgens dehnt sich das gemeinsame Frühstück endlos, und am Abend überlegt man sich, ob man gleich durchgeschwitzt zur nächsten Party geht oder erst noch einmal die drei Kilometer zur "Casa Walross" zurückläuft, um sich frischzumachen.

Auf und unter den Booten wird gefeiert. Pierre Fehlmann hat das Buffet unter der Disque d'or aufgestellt, die auf der Wiese zwischen Zelt und Militärgelände aufgepallt ist. Wenn man sich gut mit ihm stellt, dann winkt er nach einer Flasche Fendant du Valais, ansonsten gibt es Ströme argentinischen Rotweins zu Käse und Brot. Man stellt sich mit Pierre gut, indem man ihn nicht nach der letzten Etappe fragt. Es weiß ohnehin jeder, daß er enttäuscht ist. Nun kommt auch noch der Spott dazu.

Unterwegs hatte Fehlmann festgestellt, daß DISQUE D'OR im Surf nicht über 25 Knoten hinauskam. Dann begann der Propeller so heftig zu vibrieren, daß die Wirbel offenbar höhere Geschwindigkeiten verhinderten. Fehlmann sann auf Abhilfe und kam auf die Idee, die Welle durchzusägen, durchzustoßen und das Loch mit einem Holzpflock zu verschließen. Die Säge war schon fast zur Mitte durchgedrungen, da besann sich Pierre eines anderen: Er drehte bei, drehte Achse und Propeller in eine propere Position, und siehe da, es funktionierte. Es gab keine Vibration mehr, DISQUE D'OR surfte auf 30 Knoten, und die Welle hielt bis Portsmouth.

Cecilia hat für die Fete auf UNITED FRIENDLY Hutzwang verordnet. Die Italiener erscheinen in Römerhelmen aus den Plastikumhüllungen zahlloser Chiantiflaschen, aus denen sie das Gesichtsfeld geschnitten haben, die Wikinger von BERGE VIKING natürlich mit Wikingerhelmen. Tabarlys rauhe Burschen glänzen mit Zotigem; Cecilia hat sich duftende Sommerblumen an den Strohhut gesteckt. Hoch im Want hängt umgekehrt eine Whiskyflasche, deren Verschluß man hochdrücken muß. Jede Crew muß einen abordnen, der hochhangelt und zur Ehre seines Schiffes einen Schluck trinkt. Einer um den anderen klettert unter Gejohle empor, kleine Kunststücke inbegriffen, und preßt den Mund unter die Flasche. Opa entert den Mast mit Kochmütze und Schürze in schöner Armarbeit, zieht ein Glas aus der Tasche und prostet gutgelaunt. Immer waghalsiger werden die Aufstiege, bis schließlich der Däne der TRAITÉ bis in die Saling klettert, sich dort umständlich die Maiskolbenpfeife stopft, anzündet, umgekehrt in den Mund hängt und kopfüber am Want bis zur Flasche herunterrutscht. Seine Freundin kreischt begeistert, ebenso wie die wenigen anderen Mädchen, die den Weg zur Party gefunden haben. Unter ihnen sind auch die, die tagsüber am Tor, buntkostümiert, Zigaretten verschenken und damit Werbung unter den Seglern treiben. Natürlich sind sie nicht mit uns gekommen. Wer wartet schon, bei so vielen Helden, bis zum letzten Boot.

Zum Titel "Held" führt kein Studiengang. Die dafür notwendigen Fähigkeiten lassen sich nicht erlernen und sind auch nicht angeboren. Man kann sich auch nicht dazu entscheiden, wie zur Berufslaufbahn als

Maurermeister oder Studienrat, selbst weniger als zum Dasein als Monster, Terrorist oder Vampir. Nichtsahnend stehst du morgens auf und bist einer. Die Ernennungsurkunde dazu hängt, schwarz und schreiendrot, am Kiosk. Die Nachricht erreicht uns per Telefon: Wir müssen uns daran gewöhnen, daß wir "neun Engländer aus Seenot gerettet" haben. Nur Heinz wehrt sich, ganz Kripo-Beamter, gegen diese schlimme Verdächtigung und bekommt daraufhin so lange zum Frühstück Helden-Eier und Helden-Butter serviert, bis er sich kleinlaut in sein Schicksal fügt. „We all are heroes", meint auch der Segelflicker der Disque d'or auf seiner Genua und lächelt kurzsichtig und versonnen beim Einfädeln vor sich hin. „Zuviel Helden", sagt Axel, „mehr als einen erträgt kein Hafen. Und der war ich, bevor die Regatta kam."

Wir lagen noch kaum vor Heckanker, als Ekhart vom Yachtclub zurückkommt. „Wißt ihr, wer im Hafen ist? Axel Czuday!" Czuday, war das nicht jener Arktis-Segler, den die Russen hinter Nowaja Semlja geschnappt hatten, als er mutterseelenallein die Nordost-Passage versuchte? Der Einhandsegler mit den extremen Eisrouten, Verächter aller Konventionen, Ärgernis der wohlanständigen Segler zwischen Waterkant und Spitzbergen? „Der Verrückte?" fragt Moly, „der segelt doch kriminell. Was will der überhaupt hier?"

„Er will runter in die Antarktis und einmal rundherum", sagt Ekhart, und man sieht, daß ihn dieser Gedanke fasziniert. „Axel hat uns seine alten Seekarten angeboten; er sagte, er braucht sie nicht mehr!"

Axel entspricht kaum dem Bild, das man sich nach den Erzählungen von ihm zu machen geneigt ist. Groß und schlank, betritt er das Restaurant im exklusiven Yachtclub mit jener nachlässigen Selbstverständlichkeit, mit der reiche junge Leute ihre offenen Sportwagen ins Halteverbot stellen. Jeans und Polohemd trägt er mit einer Nonchalance, als sei er korrekt zum Dinner gekleidet. Die dunklen Haare umrahmen ein gutgeschnittenes Gesicht, dem die großen, braunen Augen ein gewinnendes Etwas geben. Bei seinen Erzählungen leuchten sie warm und strahlend auf, und die Begeisterung, die ihn jungenhaft beseelt, springt über und schlägt in ihren Bann. Was für ein sympathischer Mensch, gesellig und offen, an dem nichts auf den Einzelgänger hinweist, dessen Unternehmungen hartnäckig am Rande des Todes entlangzuführen scheinen.

Axel winkt dem Ober und bestellt eine Runde Bier. „Sei vorsichtig", sagt Gitta neben ihm, „wir haben kein Geld." Der halblaute Satz fällt wie ein Stein in einen sonnigen Teich. Für einen Augenblick verfinstert sich Axels Miene abrupt, bevor er mit einem spanischen Scherz den Ober entläßt und wieder strahlend über sich selbst zu berichten beginnt. Aufmerksam sieht Adolf ihn an. An einer Hand fehlen Axel zwei

Fingerglieder, eine kleine Unterbrechung im Ebenmaß der schlanken Hände. Ist es Einbildung, daß er darauf bedacht ist, es zu verbergen? Assoziiert man bei Axel Schwabing, dann erinnert Gittas ruhige Zurückhaltung während des Gespräches auf angenehme Weise an Kleinstadt. Die hellhäutige, blonde Frau ist hochgewachsen und von einer Statur, die man noch nicht als kräftig oder grobknochig bezeichnen kann. Die Muskeln sind langgestreckt und schwach ausgebildet, die Bewegungen gemessen und von einer gewissen derben Behutsamkeit. Und so ist auch Gittas Gesicht, was ihr insgesamt den Ausdruck nachsichtiger Sorge gibt. Kaum ein Hauch erotischer Spannung mildert den Kontrast, in dem Gitta zu Axel steht. Alles an ihr scheint vom Festhalten reden zu wollen; alles, was wir von Axel wissen, sind fortwährende, halsbrecherische Ausbruchversuche. Was hält sie zusammen, den Abenteurer und Gitta, die zum erstenmal in ihrem Leben auf seinem kleinen Boot von Buenos Aires bis Mar del Plata gesegelt war?

„Wir haben doch noch den Scheck von Mutter. Laß mir doch die Freude und den Jungens noch eine Lage Bier." Gitta starrt ihn stumm an, doch Axel wendet sich rasch ab und ruft den Ober. Die Einladung ist so wenig großspurig, eine Geste von Wegschenken aus Überfluß, daß niemand nein sagt.

Die Regatta ist den Ansprüchen Axels nicht gewachsen, unsere Erlebnisse halten seinen nicht stand. „Was ist das schon? Ihr fahrt da einmal unten herum, und hinterher sitzt ihr wieder dick und fett im Büro", will er uns provozieren, „bei eurer Navigation wäre ich längst tot."

„Na komm, so gut bist du auch nicht", spottet Liqui gutmütig, „wenn ich an Tanger denke ..." und spielt damit auf Axels Strandung in der Straße von Gibraltar an.

Eine heftige Bewegung erfaßt Czuday. „Ich habe geschlafen", er wird laut und aggressiv, „das hat damit nichts zu tun. Ich bin der beste Navigator der Welt, und ich kann das beweisen!" Und indem er von seiner Piloten-Ausbildung erzählt, von den besten Ergebnissen im Navigationskurs, findet er zu seiner Zugänglichkeit und Erzählfreude zurück. „Besucht uns doch auf der Huricane", sagt er aufgeräumt zum Abschied, „da könnt ihr eine Menge sehen und lernen."

Auf den Festen gehen die Geschichten von Mund zu Mund, was den einzelnen Yachten unterwegs geschehen ist. Connies Bonmot macht die Runde, dem am Kap Hoorn die Lientur nicht zu folgen vermochte und die ihn fragte, ob er irgend etwas brauche. „Nein danke. Kann ich Ihnen helfen?" fragt der Baron zurück. Peter Blakes Crew berichtet von ihrem Schreck hinter dem Hoorn, als sie einen Riß im Mast entdecken, dicht über dem Deck. Man habe sich dann aber nicht weiter darum gekümmert, sagen sie, mehr als eine halbe Stunde hätte der Schaden auf den letzten tausend Seemeilen sicher nicht gekostet. Peter wechselt denn auch in Mar del Plata den Mast nicht aus oder zieht eine neue Sektion ein. Er schient ihn lediglich an der Stelle, und tatsächlich reicht dies auch für die letzte Etappe aus.

Die Leute von KRITER sind gedrückt. Sie hatten nach zwei Etappen im Gesamtklassement geführt; nun hatte sie CHARLES HEIDSIECK verdrängt. Daß Gabbay vorne lag, war dabei nicht so sehr das Problem als das Wie und Wieviel. Viant und Gabbay hatten vereinbart, zwischen Auckland und Mar del Plata zusammenzubleiben, alle Informationen auszutauschen, um mit gleichen Chancen zu segeln und zu sehen, wer das besser kann. Doch Viant, "le patron", hatte Pech. Probleme mit den Steuerseilen machten Vorwindkurse zu einem tückischen Unternehmen – ständig lief KRITER aus dem Kurs und verlor so Minute um Minute gegen ihre schärfste Konkurrentin um den Gesamtsieg. Der Rückstand summierte sich bis Mar del Plata auf über elf Stunden nach berechneter Zeit. Es würde schwierig werden, dies ausgerechnet auf dem Weg zurück durch die Doldrums aufzuholen.

Wir selbst hadern insgeheim mit einer Entscheidung des Regattakomitees und lästern entsprechend darüber: ROLLY GO hat den Preis für gute Seemannschaft bekommen. Sie hätte ihn eher für das glückliche Ende von Schlamperei verdient, finden wir. Es gelang den Italienern, mitten in der Nacht ein Crewmitglied vor Kap Hoorn wiederzufinden, das über Bord gegangen war. Gegen die Leistung an sich ist nichts einzuwenden. ROLLY GO segelte vor dem Wind, mußte wenden und fischte Paolo Martinioni dennoch nach nur fünf Minuten aus dem eiskalten Wasser. Nur: Paolo war beim Spi-Wechsel über Bord gegangen – er war ohne Sicherheitsleine auf dem Vorschiff. Wenn das gute Seemannschaft ist, dann hätten wir den Preis genausogut verdient gehabt ...

In die Feiern platzt erneut eine Hiobsbotschaft von BELGIUM. Die Yacht hatte Auckland überhastet verlassen und bereits nach 30 Seemeilen umkehren müssen, um den Riß im Skeg zu reparieren, den Blondiau nur notdürftig geflickt hatte. Erst 13 Tage nach dem Start eilt BELGIUM schließlich hinterher. Ihre letzte Positionsmeldung ist vom 23. Januar, 1 000 Seemeilen vor Kap Hoorn. Elf Tage später alarmiert das Regattakomitee alle Schiffe und bittet sie, Ausschau nach der Yacht zu halten. Ein rührendes Unterfangen – wer ist schon dort im Südpazifik unterwegs! Tags darauf meldet sich Blondiau und berichtet, kurz nach der Positionsmeldung sei die Yacht durchgekentert und habe sich nach einer 360°-Rolle wieder aufgerichtet, die Kabine voll Seewasser.

Das Frischwasser ist ausgelaufen oder verdorben, und es dauert mehrere Tage, bis alles soweit trocken und aufgeräumt ist, daß BELGIUM wieder einigermaßen bewohnbar ist und segelt. Zwölf Tage nach dem Unglück liegt sie noch 400 Seemeilen vor dem Hoorn, vor der Sturmküste. Kann sie das überhaupt schaffen?

Independiente spielt gegen Boca juniors, die Regattaleitung hat einige Karten besorgt. Für dieses Spektakel verlassen einige selbst Cecilias Party, auch ein Wikinger kommt mit. Das Taxi quält sich durch überfüllte Straßen, sucht Umwege über holprige, unbeleuchtete Wege. Das Stadion liegt in einer Übergangszone zwischen Stadt und Vororten, wo sich Kleingewerbe und ärmlicher werdende zweigeschossige Wohnhäuser mischen. Der Abend ist kühl und dunkel, nur die riesige Lichtkuppel über dem Stadion wirft Mondschein über Gassen und Häuser. Das "Estadio mundialista" brodelt, eilig kämpfen wir uns durch die tiefgestaffelte Kette der Verkäufer von Naschwerk und Fußballandenken. Im Vorübergehen kauft der Norweger ein billiges Boca-Trikot, dann sehen wir den satten Rasen, leer.

Auf den übervollen Rängen hat das Volksfest schon längst begonnen. Kurz entschlossen drängen wir uns in die Nordkurve, wo man den Fremden bereitwillig Platz einräumt. Hier sitzen nur Männer, einfache Leute zwischen 20 und 50, deren Gesichter in Vorfreude auf das Spektakel glänzen. Noch bevor die Mannschaften auflaufen, beginnen die Schlachtgesänge der Boca-Anhänger. Erhitzte junge Männer steigen auf die Geländer, die als Wellenbrecher zwischen die aufsteigenden Stufen der Ränge gesetzt sind, und beginnen, gestützt von hilfreichen Händen, mit Fahnen oder dem eigenen Hemd den Chor zu dirigieren: "Dale Boca, Boca, Boca, dale, dale!" Von der Südkurve antwortet unter dumpfem Trommelklang der Chor von Independiente.

Der göttliche Maradona wird mit Ovationen empfangen. Das Spiel beginnt, argentinischer Sommerfußball, ballverliebt, schwerelos und uneffektiv. Die Artisten verzetteln sich in filigranen Zweikämpfen, die ihre Anhänger durch die ganze Skala zwischen Entzücken und Enttäuschung jagen. Keine Flasche kreist, niemand ist betrunken, doch die Zuschauer sind in einem Rausch, den kein Fehlpaß stören kann. Bald fangen auch wir zu singen an. Die Männer um uns herum sind verblüfft. Sie deuten auf unsere roten Segeljacken und zeigen auf die Südkurve, in der ein massiver roter Block wogt. In der Nordkurve überwiegt das Gelb von Boca, wir haben das falsche Kostüm gewählt. Hastig ziehen wir die Jacken aus, es ist uns ohnehin heiß geworden; der Norweger streift das Boca-Trikot über, und in einem Schwall beifälliger Zurufe adoptiert uns die Nordkurve. "Dale Boca!"

Independiente spielt zweckmäßiger, gelegentlich werden die Stürmer sogar aus dem Mittelfeld mit Pässen bedient; bei Boca versucht es jeder für sich. Nur Maradona besinnt sich gelegentlich seiner Außenstürmer, öffnet das Spiel und entscheidet es schließlich selbst mit einem Schuß aus der Halbdistanz. Die Nordkurve verfällt in einen minutenlangen Taumel, eine ekstatische Trance, in der nichts mehr Platz hat außer Freude. Dann klopfen uns die Männer anerkennend auf die Schultern, als hätten wir Maradona mit der Vorlage bedient, und fragen: „Gefällt es euch, gefällt euch Argentinien?"

Wie findest du Argentinien? Die Frage kommt, kaum daß du guten Tag sagen kannst. Wie findet man Argentinien, nach einer trägen Woche zwischen Hafen und Calle Rawson 914, dieses riesige Land, das sich zwischen den steinigen Hochflächen unter dem südlichen Wendekreis bis zum Eismeer erstreckt? Die Kenntnisse der jungen Studenten über Europa, die weit nach Mitternacht auf ihrem Weg von der Stadt zu ihrem Sommercamp unter dem Leuchtturm von Punta Mogotes im Zelt am Hafen Station machen, beschämen den Besucher. So gut wie nichts hat er bisher gesehen, noch weniger in den deutschen Zeitungen lesen können. Gewiß, es herrscht eine Militärdiktatur, die Menschenrechte werden verletzt, Tausende sind verschwunden, und das "Argentinische Tageblatt" schreibt, daß Mordkommandos eine junge, linksradikale Gewerkschaftsführerin entführt und bestialisch umgebracht haben. Doch ist das die ganze Realität? Wie weit bestimmt sie das Leben?

Für diese Kinder der oberen Mittelschicht scheinen es nicht mehr als bedauernswerte Randerscheinungen einer Politik, der sie voll Abneigung gegenüberstehen. Sie machen daraus keinen Hehl: „Aber für euch ist das Argentinien, dabei haben auch die Peronisten ihre Gegner umgebracht." Ihre Ablehnung verbindet sich mit einem entschiedenen Nationalismus, ihr Stolz auf Argentinien mit Bewunderung europäischer Kultur und Tradition. Freimütig gestehen sie ein, daß sie in erster Linie ihr Studium und die Berufsaussichten interessieren. „Vielleicht ist das nicht ganz richtig", sagt ein Mädchen, „aber was willst du tun?"

„Doch erzählt von euch, wie ist das mit Berlin, mit den Russen, was machst du, wie wohnst du, wieviel Geld hast du im Monat?" Besonders interessiert sind die Mädchen über Auskünfte zur Rolle der Frau und werfen den jungen Männern bedeutungsvolle Blicke zu. Ihr Drang zu Beruf und Selbständigkeit ist offensichtlich, doch schätzen sie ihre Aussichten sehr gering ein. „Ich studieren Jura", sagt eine, „doch ob ich in dem Beruf jemals arbeiten werde, weiß ich nicht. Sicher werde ich heiraten und Kinder haben; das ist hier nun einmal so, und deshalb will ich auch nichts anderes."

So, wie den Besucher diese schnelle Kapitulation überrascht, so erstaunt sind die Argentinier über die Andeutungen wachsender sozialer Probleme in Deutschland. Mit völligem Unverständnis reagieren sie auf die Berichte zum Ausländerproblem. „Willst du wissen, woher unsere Eltern kommen?" fragt der Germanistikstudent und stellt sich als Jugoslawe vor. Italien, sagt die nächste, Griechenland, Armenien, Polen. „Siehst du, wir sind alle Ausländer – alle Argentinier."

Im Morgengrauen kommen die Angler die leeren Straßen herunter und verscheuchen aus den dämmernden Klippen die letzten Liebespaare, die aus den Felsen zwischen Hafen und Stadt einen riesigen Liebeskalender gemacht haben. Maria y Fernando, Paola y Alvarez, Roberta y José haben sich dort mit dem Datum ihrer Liebesschwüre in weißer Farbe verewigt. Wieviele davon mögen die Kinder von Einwanderern sein?

„Eine häßliche Schüssel", sagt Opa, als er vom Club Nautico zurückkommt, an dessen Steganlagen die HURICANE liegt. „Eine häßliche Schüssel, rostig und unbequem, und innen sieht es aus wie in einer chinesischen Würfelbude. Und damit ist er das alles gesegelt," fährt er fort und legt ein Taschenbuch auf den Tisch. Axel hat es ihm geschenkt, eine Beschreibung seiner Reisen durchs Eis. Kaum einer von uns, der es nicht in den nächsten Tagen zur Hand nimmt, keiner, der es zu Ende liest.

Ein erstaunliches Buch, dessen Freimut ebenso anziehend ist, wie es, trotz der bemerkenswerten Leistungen, den Segler und Menschen Czuday problematisch erscheinen läßt. Im Versuch, die Legende vom härtesten Segler zu beschwören, der für seine Ziele mehr wagt und erträgt als je einer zuvor, der mit Vorsatz an die Grenze von Vernunft und Leistungsfähigkeit geht, beschreibt sich Axel als Zerrissener. Ständig am Rande des finanziellen Bankrotts, hat er nichts anderes im Sinn, als sein Schiff wieder seeklar zu machen, das Land hinter sich zu lassen. Dann sitzt er im Hafen, wartet unentschlossen und angstvoll, beginnt das Meer, seine Umgebung und sich selbst zu hassen. Streitsüchtig selbst gegen seine besten Freunde, verliert er sich in alkoholischen Exzessen und läuft plötzlich aus, ungeachtet seines körperlichen Zustandes, egal welche Tageszeit und welches Wetter, gleichgültig, ob Ausrüstung oder Verproviantierung komplett ist. Seine Abreisen sind Fluchten, Hals über Kopf.

So plausibel seine Routenüberlegungen und so exakt seine Navigationen erscheinen, die er nicht grundlos preist, so unkontrolliert überläßt er sich in kritischen Situationen kaum gesteuerten Affekten.

Wenn die Vernunft zerbricht und in den Szenen, in denen er sich einem blinden Instinkt überläßt, klingt eine verzweifelte Lust auf. Ein unausgegorener Existenzialismus, unverdaute Camus-Zitate verbrämen das schockartige Durchbrechen der Rationalität und kennzeichnen das Ende des bewußten Willens als das zentrale Erlebnis, dem Axel unterwegs begegnet. Als nehme er dies dem Schiff übel, flieht er es im Hafen und überläßt es tagelang gleichgültig sich selbst.

Bei allem Exhibitionismus, von dem Axels Schilderungen ebensowenig frei waren wie von Selbstgefälligkeit, ließen sie doch weitgehend die Person im Dunkeln. Ja, er schien geradezu ein geschickter Trick, der sie vor genaueren Nachstellungen schützen sollte. Wer war dieser Mann, der uns zu Beginn unseres Landaufenthaltes in Argentinien so charmant und gewinnend gegenübergetreten war? Wer war Axel Czuday wirklich?

Diese Frage aufzuwerfen, lag ihm sicher fern, als er Opa das Buch schenkte. Axel wollte bewundert sein. Bei näherem Nachdenken stellten sich weitere Fragen: Warum hatte uns Axel die Karten seiner Arktisreisen geschenkt? Nur, weil sie an Bord Platz weggenommen hätten? Hatte er die Arktis satt und wollte nicht mehr auf die nördliche Halbkugel zurückkehren? Lag sein neues Leben mit Gitta im Eis des Südens? Und wenn man schon diese Schenkung als symbolischen Akt begriff, gab es da nicht noch eine letzte, allerletzte Deutung?

Axel bewegt sich in seinem Schiff wie ein Junge in seiner selbsterbauten Hütte. Wo er sichtlich stolz selbsterfundene sinnreiche Vorrichtungen vorführt, sieht der Besucher Provisorien. Selbst die durchdachten Lösungen sehen aus, als sei bei ihrer Realisierung das Interesse erlahmt. Axel hat die H<small>URICANE</small> so umgebaut, daß er sie aus der geschlossenen Kajüte segeln kann. Die Schoten werden im Cockpit umgelenkt und treten durch Öffnungen in der Rückwand des Deckshäuschens ins Innere. Sie scheinen zu dicht an der Seitenwand zu liegen und lassen bei rollendem Schiff erwarten, daß ihre Bedienung unangenehm sein wird. Das kleine Steuerrad neben dem Niedergang verlangt erhebliche Verrenkungen, die den Rudergänger unweigerlich schnell ermüden lassen. Freilich, da ist wenig Platz unter Deck für optimale Lösungen, doch auch die übrige Ausstattung wirkt spartanisch und alles andere als fertig.

Die Wände sind mit unverkleidetem Styropor gegen die Kälte abgeklebt, und die Inneneinrichtung ist grob gezimmert. Eine überbreite Koje an Steuerbord, eine schmale, feste Back und eine schmale Backskiste an Backbord, die meisten Schapps ohne Türen und ein kleiner zweiflammiger Gaskocher, dessen Aufhängung wenig solide wirkt. Das Amateurfunkgerät liegt lose in einem Schapp. „Ich wollte schon vor zehn Tagen auslaufen", sagt Axel, „aber irgend jemand hindert mich immer wieder daran. Zuletzt war es die Polizei." Und er erzählt eine wirre Geschichte von einer Polizeikontrolle, die jede Verbindung zu seinem Schiff und seinem Vorhaben vermissen läßt.

„Du hättest schon längst zum Zahnarzt gemußt", sagt Gitta geduldig, „vorher können wir nicht weg." Axel sieht sie ungnädig an. „Axel hat Zahnschmerzen, und wir haben hier einen Arzt gefunden, der es umsonst machen will. Aber Axel ist ein Feigling, er geht nicht hin."

Beleidigt sieht er sie an: „Fängst du schon wieder damit an? Wir haben erst gestern darüber gestritten, und", fügt er ohne besondere Betonung hinzu, „ich habe sie geschlagen."

Unter dem linken Auge trägt Gitta einen großen blutunterlaufenen Fleck.

Die aufkommende Feindseligkeit wird durch eine argentinische Familie unterbrochen, die mit mehreren Töchtern an Bord kommt. Sofort ist Axel wie ausgewechselt. Galant plaudernd geleitet er die teuer gewandeten Frauen unter Deck, läßt Gitta Tee kochen, zieht die Fotoalben mit den Presseausschnitten aus einem Winkel und charmiert die Damen so ostentativ, daß der Mann sich kurz darauf zu dringenden Geschäften ins Clubhaus zurückzieht. Das ist nun wieder der Axel, wie wir ihn kennengelernt haben, ein liebenswürdiger und witziger Erzähler, der dankbar jede Frage, jeden Einwurf aufnimmt. Den unerfahrenen Landratten gegenüber spielt er die dramatischen Situationen seiner Reisen geschickt herunter, daß sie gerade dadurch besonders gefährlich und bewundernswert erscheinen müssen.

Gitta ist sichtlich verstimmt, widerstrebend hat sie die letzten Kekse herausrücken müssen. Durch dauernde Aufträge hält Axel sie davon ab, sich am Gespräch zu beteiligen, und weist ihr so die Rolle einer Dienstmagd des Seehelden Czuday zu. „Mach jetzt Schluß", sagt sie schließlich entschlossen, „wenn du so weitermachst, laufen wir nie aus. Du mußt zum Zahnarzt, und wir wollten noch Kanister kaufen."

Axel, mit seinen eigenen Absichten konfrontiert, reagiert wie ein verzogener Junge, der ihre Folgen nicht tragen will. Er schmollt, verlangt nach neuem Tee, doch die Argentinierinnen haben wohl instinktiv verstanden, daß hier eine Auseinandersetzung zwischen Mann und Frau ins Haus steht, und verabschieden sich.

Adolf und Adam bleiben. Ein argentinischer Segler, dessen Kutter im Club Nautico liegt, bringt die vier zu einem Laden in einem anderen Stadtteil. Axel kauft Kanister. Der unbedeutende Handel wirft neue Konflikte zwischen ihm und Gitta auf. Offenbar haben die beiden lange darüber diskutiert, was sie brauchen; nun weicht Axel von der Verabredung ab, verbittet sich die Ratschläge Gittas und zelebriert den Handel als eine Sache unter Männern: „Halt dich da raus, davon verstehst du nichts!"

Sein aggressiver Ton findet in dem nichtigen Anlaß keine Erklärung. Es ist ganz so, als räche sich Axel für zurückliegende Verletzungen und Demütigungen mit Demütigungen und Verletzungen. Dabei hält sich Gitta außerordentlich zurück und versucht alles zu tun, damit die peinliche Situation nicht noch lächerlicher wird. Wie interessiert schlendert sie mit Adolf hinter ein anderes Regal und sagt, bevor er zu fragen wagt: „Er ist schwierig. Er kann jähzornig werden, aber er braucht mich."

„Weißt du, worauf du dich einläßt? So ohne Erfahrung und dann mit diesem Mann?"

„Ja, aber wir fahren ja noch nicht gleich ins Eis. Wir wollen erst an der Küste hinab, Wale fotografieren und die Seelöwenkolonie. Ich muß segeln lernen, bevor es hart wird."

„Und wie lange stehst du das durch?"

„Ich weiß es nicht. Wenn es nicht geht, steige ich unterwegs aus. Ich kann sowieso nicht bis zum Ende mitsegeln."

„Wieder arbeiten?"

„Nein, ich bin schwanger. Er weiß es seit gestern, deshalb der Streit."

„Alles ist schon einmal gesegelt worden, überall, wo du hinkommst, war einer vor dir. Man kann damit kein Geld verdienen. Du mußt über das schreiben, was du gemacht hast, aber das gibt es alles schon: rund um die Antarktis, Segeln mit Baby, alles schon da. Es gibt nichts Neues mehr im Segeln. Das einzige, was noch zählt, ist: Du mußt die besseren Bilder davon nach Hause bringen. Genau das werde ich machen. Hier", Axel zeigt auf eine Stelle am Vordeck, „hier kommt die Kamera hin und die andere hinten auf den Heckkorb. Ich habe einen phantastischen Apparat von "Geo" bekommen, und ich werde etwas fotografieren, was noch nie jemand geschafft hat: das Liebesspiel der Wale. Sie fangen bald an, und ich weiß auch wo. Verstehst du, das ist mein neuer Beruf, nicht das Segeln."

Der suggestive Klang seiner Stimme überrascht Adolf, denn Axel blickt ihn nicht an. Seine Augen sehen etwas anderes, die Wale vielleicht, die um in herum in gewaltigen Sprüngen ekstatisch aus dem Wasser schießen, vielleicht aber auch nur die eigenen Zweifel.

„Ich gebe keine Interviews, auch dir nicht", sagt Axel, „die Journalisten haben immer Lügen verbreitet und an mir Geld verdient. Ich habe nie etwas davon gehabt, und die Schweine haben abkassiert." Die Erinnerung erregt ihn: „Weißt du, wie oft ich zu 'Spiegel' und 'Stern' gelaufen bin? Weißt du, wie die mich behandelt haben? Was ich gemacht habe, ist ohne Fotos uninteressant, haben sie gesagt", schreit er Adolf an, als sei der daran schuld. „Ein paar hundert Mark haben die mir gegeben und dann diesen Vertrag mit 'Geo'. Wenn ich nicht einen Freund dort hätte, hätte ich noch nicht einmal die Kamera. Und du", die Hände zucken, als wolle er sich gleich auf den erschreckten Gast stürzen, „und du willst auch nur absahnen. Wo ist dein Gerät, ich will dein Gerät sehen! Stell' es auf den Tisch! Ich will sehen, ob es nicht schon mitläuft."

Axels Gesicht ist verzerrt. Wütend fast reißt er Adolf das kleine Kassettengerät aus den Händen und drückt fahrig auf die Tasten. Dünn und etwas verzerrt klingt durch die Kajüte der HURICANE das vierte Brandenburgische Konzert von Johann Sebastian Bach. „Ich bin kein Journalist", sagt Adolf begütigend, „ich möchte mit dir reden, und wenn etwas daraus wird, teilen wir uns das Geld. Gut, du weißt nicht, was ich schreiben werde, aber meinetwegen kannst du es vorher gegenlesen."

„Nein, es gibt kein Interview", wiederholt Axel, „was ich sagen will, schreibe ich selber. Die Leute sollen *mein* Buch lesen."

„Ich will mit dir nicht über deine Reisen reden, mich interessiert etwas anderes, dein Verhältnis zum Meer und zum Segeln selbst. Mir ist aufgefallen, vor zwei Jahren bei den Weltumseglern in der Bucht von Barbados und hier während der Regatta, daß jeder das Meer anders erlebt und anders auf bestimmte Situationen reagiert. Das klingt trivial, aber wenn man es etwas näher betrachtet, dann stecken da wahnsinnig interessante Geschichten drin. Die Frage zum Beispiel: Warum hast du Angst vor dem Auslaufen?"

„Kein Interview", Axel verfärbt sich, „da gibt es nichts zu sagen."

„Und ich habe mir eine kleine Theorie zurechtgemacht, nach der das Meer ein ziemlich komplexes Symbol ist, mit dem sich für jeden bestimmte existenzielle Grundfragen verknüpfen lassen. Das ist gar nicht besonders originell oder neu, aber ich bin neugierig, wie das bei anderen aussieht. Verstehst du, du zitierst Camus, aber das sagt noch nicht viel über dich, warum du segelst und was vor deiner Entscheidung zum Segeln liegt. In die Richtung sollten meine Fragen gehen."

„Das sind Fragen, auf die es keine Antworten gibt."

„Sie sind vielleicht viel einfacher als du denkst. In deinem Buch gibt es, soweit ich es gelesen habe, keine längere Beziehung zu einer Frau, außer zu deiner Mutter. Mich würde interessieren, wie du aufgewachsen bist und was für ein Mensch deine Mutter ist. Warum bist du Pilot geworden, und warum hast du aufhören müssen? Ich glaube, das spielt dabei alles eine Rolle. Du bist verheiratet gewesen; was für eine Frau ist das, welche Vorstellungen hattet ihr? Hast du eigentlich noch Kontakt mit ihr und den Kindern, was sagen sie zu dem, was du machst? Und was erwartest du jetzt von Gitta?"

Schon während der ersten Fragen, die Adolf vorsichtig und mit langsamer Stimme formuliert, geht eine schreckliche Veränderung mit Axel vor. Alles Blut weicht aus dem Gesicht, die braune Haut wird fahl wie bei einem Gelbsüchtigen. Er beginnt zu zittern, und sein Atem geht flach. „Keine Antwort", stößt er heraus, „keine Antwort, damit bin ich fertig!"

„Nach deinem Buch habe ich den Eindruck, du liebst das Meer nicht. Du bekämpfst es, aber was bekämpfst du noch dabei?" Adolf greift nach dem Kassettenrecorder und rafft die Plastiktüte an sich. Sein Gegenüber auf der Koje schwankt wie unter unmenschlicher Last. Unablässig öffnet und schließt er die Hände. Dann geht ein Ruck durch den Körper, das Blut schießt zurück in den Kopf, die Augen sind haßerfüllt: „Keine Antwort! Es gibt darauf keine Antwort!"

Benommen steigt Adolf die Sprossen auf den wackligen Brettersteg hinauf. Sein Gruß erreicht Axel nicht, der abwesend im Cockpit steht. Von Gitta keine Spur. "Nun kann ich mich nicht einmal mehr verabschieden", denkt Adolf.

O freier Mann, du liebst für alle Zeit das Meer!
Du siehst, in seiner Wogen unzähmbarem Brechen,
die eigene Seele wie vor dunklen Spiegelflächen.
Dein Geist gleicht ihm, ein Schlund von Bitterem schwer.

Gern tauchst du ein, tauchst unter in dein Bild,
umarmst dich, Aug' und Arm, und fühlst dabei
zuweilen, wie des Herzens heiseres Geschrei
verstummt im Donnern dieser Klage, unstillbar und wild.

Ihr beide, dunkel und verschwiegen seid ihr, voll
verborgnen Reichtums, Meer – Mann. Tiefe Nacht
verhüllt des Abgrunds Gruft, und Eifersucht bewacht
Geheimnisse, die nie erlotet, nie erhellt sein solln.

Und unterdes geht Jahr um Jahr vorüber,
bekämpft ihr euch, ohn' Mitleid noch Gewissensnot;
so sehr liebt ihr Vernichtung und den Tod,
zeitlose Kämpfer ihr, erbarmungslose Brüder.

Charles Baudelaire: "Der Mann und das Meer"

Gitta und Axel sind tot. Wieviel Elend war die heimliche Fracht ihrer letzten, unglücklichen Reise. Bis Ushuaia führte sie, im Süden Feuerlands, kurz vor Kap Hoorn. Der Falkland-Krieg hinderte Axel, seine Pläne zu verwirklichen; die Behörden legten ihm Steine in den Weg, verzögerten Woche um Woche seine Unternehmungen. Was ihn sonst noch hinderte – wir wissen es nicht. Der Winter brach an, unverrichteterdinge mußten Axel und Gitta die Rückreise nach Mar del Plata antreten.

Sie kamen zurück, abgemagert und am Ende ihrer Kraft. Am Cabo Corrientes, zwischen Stadt und Hafen, spielten sie mit dem Tod. Doch er kam nicht am Meer, wo sie sich gegenseitig über den Abgrund der Klippen hoben. Axel fühlte sich verfolgt, ein Wahn, der erst die Behörden, dann die Menschen in seiner Umgebung einbezog. Alle wirkten gegen ihn, arbeiteten an seiner Vernichtung. Auch Gitta, die bald das Kind bekommen sollte. Mißtrauisch suchte er nach Zeichen des Verrats, den sie vorbereitete. Dann wieder ist sie die einzige, die noch zu ihm hält. Der Wahn kommt und geht in Schüben. Er hält die Frau, die ihn mit der Kraft der Verzweiflung noch stützt, hoch über die Brücke, unter der der Verkehr braust. Dann läßt er sie fallen.

Gitta ist tot; Axel folgt ihr wenig später. Er stirbt in der Haft an den Folgen eines Selbstmordversuches.

Reisebilder. Andreas und Olaf sind nicht in das Haus an der Calle Rawson gezogen. Sie haben das Geld gespart für einen Flug zu den Wasserfällen des Iguazú. Adolf, der sich von der Crew verabschiedet hat, fährt die lange Strecke dorthin mit dem Zug, die letzten 300 Kilometer mit dem Bus durch die hügeligen Wälder von Misiones. Bulldozer und Motorsägen haben in die Wälder große Lücken geschlagen. Das Holz, Mate und Tee sind der Reichtum der Region. Links und rechts der Straße, die kilometerlang schnurgerade durch die Hügel läuft, liegen Ansiedlungen. Lastwagen voller Männer kreuzen sie, unterwegs zwischen den primitiven Camps und den Plantagen. Dazwischen kleine Städte mit gepflegten Anlagen, weißen Häusern aus Stein, blühenden Vorgärten. In Eldorado blinken die Läden und werben mit bunten Plakaten. Auch die kleine Hochschule mitten im Ort lockt mit Aushängen zum Studium der Agrar- und Forstwirtschaft, zu Betriebswirtschaft und Ingenieurwesen. Viele Rohbauten im Stadtbild sprechen vom Aufschwung, doch die Fenster und Türen sind vernagelt. Es geht nicht weiter, die Inflation frißt das Geld.

In der Stadt Iguazú öffnet die neue Discothek. Sie kommen in blankgeputzten Jeeps, die jungen Leute mit Geld von außerhalb, auf Motorrädern die, die sich dieses Ereignis nicht so viel kosten lassen können. Vor der Tür gestikulieren die Segelmacher von FLYER und CERAMCO mit dem Türhüter, der kein Englisch versteht. „Oh, WALROSS! Der Kerl will uns nicht reinlassen. Frag' ihn mal, was los ist, ihr Deutschen wißt doch sonst immer alles, sicher könnt ihr Spanisch."

Die Sache ist einfach, sie wollen ohne zu zahlen hinein, und der Eintritt ist hoch. Adolf nimmt die zehn Brocken Spanisch zusammen, die er mittlerweile gelernt hat, und sein Spruch, hier seien Mannschaftsmitglieder der Regatta rund um die Welt, öffnet Tür und Tor. Unser Heldenruhm ist bis an die Grenze Brasiliens vorgedrungen.

Unter der gläsernen Tanzfläche flackern bunte Lampen, der Discjockey im Glaskäfig trägt ein weißes Jackett, auf den weißen, halbrunden Sofas aus Lederimitation lümmelt die männliche Jugend und wirft begehrliche Blicke auf die Mädchen, die in Cocktailkleidchen artig an der Wand aufgereiht sitzen. Die Lampen werfen ein Gewitter von Licht und Dunkelheit im Rhythmus der fernen Großstädte über die Wartenden. Es ist unsäglich schwül, und hinter der Theke zeigen die beiden Mädchen, die das kleine Bier für zehn Mark pro Flasche verkaufen, bereits Anzeichen von Erschöpfung. „Germans first", sagt der Segelmacher der CERAMCO, als die Musik wieder einsetzt, „Dutch next, Kiwis follow", und deutet auf die Mädchen. Doch deren Sprache und Moral erweisen sich als unüberwindliche Hemmnisse. "Let me hear your body talk" – inmitten der glitzernden Wegwerfkultur, die sie mit sichtlich schauderndem Wohlgefühl konsumieren, haben sich ihre Körper eine gesunde Schwerhörigkeit bewahrt.

Schräg gegenüber der Disco, in der Bar "Cinco Esquinas", sitzt die ältere Generation. Die Flügeltüren sind weit geöffnet zum breiten Bürgersteig, auf dem Tische und Stühle stehen. Die Musik spielt, einer schlägt die große, landsknechtartige Trommel, einer spielt Gitarre, einer Akkordeon. Wochenendfeierabend. Die hier sitzen, haben abgearbeitete Hände, und ihre Kleidung ist einfach. Sie lachen und reden miteinander, quer über die Tische hinweg. Ein Paar beginnt zu tanzen. Die Umschläge seiner Hosen gehen über die Absätze und sind ausgefranst. Am Bund fehlt ein Knopf, eine dicke, grobe Schnur ersetzt den Gürtel. Der Mann ist Mitte fünfzig, und in seinem groben Gesicht sehen Augenbrauen und Schnurrbart aus, als seien sie angemalt: breit und flach. Er ist untersetzt und etwas zu kurz für seine Partnerin mit den knochigen Bewegungen eines Fohlens. Und sie tanzen, eingeknickt in den Knien, mit schlurfenden und wieder schnell trippelnden Schritten. In dem unbewegten Gesicht des Mannes beginnen die Augen zu leuchten. Sie schwenken ihre Taschentücher, die eine Hand auf dem Rücken, die Frau den Kopf kokett in den Nacken geworfen. Die abgehackten Melodiebögen des Akkordeons knüpfen eine Girlande aus Begehren und Leidenschaft.

Und sie tanzen. Nie berühren sich ihre Körper, nur die kleinen weißen Tücher spielen eine sinnliche Pantomime der Annäherung. Versteckt hinter dem Rücken bewegt, angriffslustig über dem Kopf gedreht, dann wieder mutloses Sinken; werbend wandert das Tuch die Hüfte empor, in sanft einladenden Schwüngen an der Brust entlang. Bald bilden sie ein Kreuz, bald winken sie wie zum Abschied. Noch einmal wirbelt die Musik auf, und mit dem letzten Akkord wirft der Mann seiner Partnerin das Taschentuch über die Schulter. Sie ist gefangen.

Der Beifall ist stürmisch und wird zu entzückten, spitzen Schreien, als die Musik wieder einsetzt. Alle scheinen das Lied zu kennen, zu dem der Gitarrist offenbar einen eigenen Text gemacht hat. Mit jeder Strophe wächst das Vergnügen, wenn sie sich erst gespannt vorbeugen, um zu hören, was nun kommen wird, und dann, noch bevor der Sänger das Ende erreicht hat, sich zurücklehnen und ihm lachend den Reim zuwerfen.

Die Katarakte von Iguazú – ein Meer stürzt ins Bodenlose. Vor dieser Szene verzagen die Wörter. Die Begriffe groß, stark, gewaltig werden an der Börse der Poesie nicht mehr geführt, seit der Superlativ die alltäglichen Beschreibungen regiert.

Die Natur sprengt die Fesseln der Schöpfung in einer barbarischen Orgie. Kilometerbreit sammelt sich oben der rote Strom zwischen grünen Ufern und kleinen Inseln, fließt still und gemächlich. Noch fern der Garganta del Diablo, dem Hauptwasserfall, tauchst du auf schmalen Wegen in das kühle Schattendunkel des Waldes, eine schwelgerisch geschmückte Gruft voll üppigem Wuchern, Blüten und Modergeruch. Folgt man den Bächen, die hie und da gurgelnd den Weg kreuzen, tritt man ins Licht, an die Kante der Basaltklippe, über die das Wasser 30, 40 Meter auf ein hügeliges Plateau hinunterfällt, mitten zwischen das grüne Laub, dessen undurchdringliches Dach dem Felsen zu den stürzenden Wassern nur einen kleinen Spalt gönnt. An der Kante, unter der Holzbrüstung, sonnen sich Eidechsen und flüchten so schnell, als fielen sie zwischen den Grasbüscheln und kleinen Büschen hinunter ins Nichts. Echsen, fingerlang, spannenlang, unterarmlang, schwer und fleischig. Der Wald hinter dir ist überwuchert von Schmarotzern, Lianen und Orchideen, zwischen denen mit trägem Flügelschlag Schmetterlinge schweben und ab und zu mit flirrenden Flügeln ein Kolibri. Über den Weg und daneben schwanken winzige grüne Segel, die endlose Kolonne von Blattschneiderameisen auf dem Weg zu ihrem Bau. Fremde Käfer und seltsame Insekten, eines, streichholzlang und bleistiftdick, hebt seinen orangeringelten Hinterleib in einer grotesken Drohgebärde; eine Vogelspinne, handtellergroß und haarig, im feuchten Moos dicht vor dem Absturz.

Prallvoll mit Leben ist die Natur, über der das dumpfe Grollen des Kataraktes liegt, ein todessüchtiger Hauch lastet über der Idylle. Dann gehst du über den kilometerlangen Steg, das breitfließende Wasser unter dir, trittst hinaus an die größeren Wasserfälle, die in theatralischen Vorhängen hinter vorgelagerten Felsen hinunterwehen. Kleine Inseln teilen sie voneinander, und wenn die grünen Papageien schreiend im Schwarm aufsteigen und ebenso abrupt zurückkehren, so scheinen sie direkt aus den fallenden Wassern zu steigen und dorthin zurückzukehren. Nun versperrt nichts mehr den Blick auf die Wolke, die vom Grund des Hufeisens aufsteigt, den die 70 Meter hohen Hauptfälle bilden. Hart an ihrem Rand, halb schon in der aufsteigenden Gischt, kreisen bewegungslos schwarze, geierartige Vögel. Sie fliegen, wo sich der Hubschrauber nicht hinwagt, der von der brasilianischen Seite aus Touristen hoch über die Wasserfälle hebt. Das Gebrüll aus dem Schlund des Kataraktes übertönt sein Rotorknattern.

Dann stehst du dort, wo die Phantasie vor der Inszenierung der Natur versagt. Auf einer kleinen, feuchten Plattform direkt an der Garganta del Diablo. Halb unter, neben dir stürzt ein Meer ins Bodenlose. Unregelmäßig pulsierend, schleudert die Teufelsgurgel das Wasser zurück in den Himmel, warme Fontänen, die in dichtem Regen niederfallen. Du umklammerst die nasse Brüstung und starrst Minute um Minute in die Wasser, die direkt in deine Seele stürzen, aufbranden, sich wie Tau auf dein aufgewühltes Gemüt legen.

Orgie der Natur? Das haben wir bald im Griff. Die Katarakte? Verschleuderte Energie! Strom für die industrielle Erschließung – wir bauen einen Staudamm. In ein paar Jahren werden wir messen, wie tief die Strudel am Katarakt waren.

Am Fuß der Felsen haben die kleinen Wasserfälle Dos Hermanas zwei Becken ausgewaschen, die zum Schwimmen freigegeben sind. Kaum einer der Touristen verirrt sich von der Hochfläche herunter. Das Wasser ist weich und warm, und nach einer Weile beginnt das unablässige Schütten am Ende des natürlichen Bassins die Nerven zu betäuben. Langsam beruhigen sich der Körper, die Sinne, die stundenlang gespannt waren zwischen extremsten Empfindungen, zwischen aufwühlender Gewalt und begütigender Idylle der Natur. Träge paddelnd wie die Schildkröten oben im Strom, beginnen die Grenzen zwischen Ich und Welt lustvoll zu zerfließen. Schön ist, Mutter Natur, deiner Erfindung Pracht.

Eine zweite Regatta hat Mar del Plata erreicht. Sie kommt von Buenos Aires herunter, zehn schmucke Yachten, die mit südamerikanischer

Leidenschaft begrüßt werden. Unter den Mannschaften sind auch Frauen, und es ergeben sich Anknüpfungspunkte. Auf der ersten Fete im "Casa Walross" entstehen Kontakte zum großen Bekanntenkreis der erwachsenen Kinder des Lufthansa-Chefs, die sich nach dem zweiten Fest verbreitern und vertiefen. Ekhart ist mit einem VW-Bus aus Buenos Aires zurückgekehrt, wo er Botschaft, Deutsch-Argentinischer Handelskammer und den distinguierten Herren vom Deutschen Club seine Aufwartung gemacht hat. Die Crew ist beweglich geworden; einige Pärchen haben sich gefunden, die ihrer eigenen Wege gehen.

Moly paßt sich den landesüblichen Fahrsitten an, sagt er, verwandelt den Bus zum Rallyewagen und prescht in so atemberaubender Manier die Strecke in die Hauptstadt hoch, daß Adam zum erstenmal auf dieser Reise Angstzustände bekommt. Man lagert ihn auf der hintersten Bank. Am Abend ist Empfang beim Botschafter-Stellvertreter, dem die aufgeschlossene Kulturreferentin assistiert. Frau Peters de Heise ist, neben Kirche und Kultur, auch für Sport zuständig und freut sich offenkundig, einmal nicht mit Fußballern zu tun zu haben.

Verglichen mit ihrer sonstigen Kundschaft findet sie Walrösser "direkt pflegeleicht und bedürfnislos". Man kann sie ohne Bedenken hinterher sogar Botschaftsangehörigen mit nach Hause geben. Adam wird für diese Nacht vom Sicherheitsbeamten adoptiert. Sein Schlaf wird kurz: Erst werden noch die flüssigen Nahrungsmittel des Junggesellenhaushaltes durchkommandiert.

Adam sieht wenig auf der Fahrt in die Umgebung der Hauptstadt; die Lider sind schwer, und der Botschafts-Mercedes ist gut gepolstert. Vielleicht ist es aber auch die Kulturreferentin neben ihm, die ihn von intensiven Landschaftsbetrachtungen abhält. Oder die neuesten Zeitungen aus Deutschland, die sie mitgebracht hat. Das Land ist flach, keine bemerkenswerten Landmarken erleichtern die Orientierung. Selbst der Fahrer braucht geraume Zeit und einige falsche Abfahrten, bis er die Estancia gefunden hat. Mit 2 500 Hektar ist die Farm für die Gegend um Buenos Aires groß, 25 Quadratkilometer Land für Tausende von Rindern. Weiter im Westen, in der Pampas, würden die Großgrundbesitzer darüber eher geringschätzig denken. Dafür ist hier der Boden besser, die Millionenstadt nah, günstige Voraussetzungen für die Bewirtschaftung, die der deutsch-argentinische Besitzer mit einem Dutzend Landarbeiter betreibt.

Das weiße Gutshaus liegt inmitten grüner Wiesen, blühende Rabatten säumen die Auffahrt, mächtige Bäume spenden Schatten, der Swimmingpool lädt zum Bad. Hier vollzieht sich in den nächsten Stunden bei eisgekühlten Drinks und in gepflegtem Rahmen eine Leidenschaft, der Abertausende Argentinier zum Wochenende fröhnen: der Asado. Hinter Villen, Vorstadthütten und Estancias steigt über ganz Argentinien Bratenduft von den Parillas auf, und es gibt Grundbesitzer, die längst in der Stadt einem bürgerlichen Beruf nachgehen und sich ein Gut nur noch zu dem einzigen Zweck halten, um sich darauf am Wochenende mit vielen Freunden um den Asado zu versammeln.

Was Adolf an diesem Tag vielleicht bei seinen schwäbischen Basen und Vettern im abgelegenen Chaco feiert, entwickelt hier fast großstädtischen deutsch-argentinischen Charme. Schon seit Stunden sind zwei Gauchos damit beschäftigt, über ausgedehnten Holzkohlefeldern die Teile eines Hammels und eines kleinen Schweines milde zu rösten. Man rechnet die Portionen pro Gast in Kilo, und die Gauchos murmeln anerkennend; unsere Mägen sind von Opa auf gutes argentinisches Maß geweitet. Riesige Kummen mit frischem Salat werden aufgetragen, Schüsseln voller Würste. Und bereitwillig übersetzen andere Gäste, warum der Hammel so gar nicht nach Hammel schmeckt: Der Tod hat das arme Tier so schnell getroffen, daß es keine Zeit mehr hatte, vorher in Streß zu geraten und den Inhalt sämtlicher Talgdrüsen in das zarte Fleisch zu ergießen. Vom Mahl bleibt nichts außer prallen Mägen und ein paar Flaschen Rotwein, deren Inhalt die Fahrt bis Buenos Aires nicht übersteht.

Für Adam ist es der Abschied von der Regatta, von Argentinien. In seine Vorfreude auf die Braut, in die Erinnerung an seine Meereswürmer, die im Institut auf ihn warten, mischen sich allerlei krause Gedanken. Noch eine Nacht, dann startet sein Flug zurück in den Alltag. Die meisten Fluggäste verlassen die Maschine in Rio de Janeiro. Dort ist Carneval. Adam stellt sich Berlin im Februar vor, kalt, naß, grau und trostlos.

Burkhart sitzt schon im Flugzeug zwischen Neuseeland und Südamerika, in Berlin sind Anke, Gisela und Claus aufgebrochen. Opa und Ekhart, der das Boot direkt an Claus, den Skipper der letzten Etappe, übergeben will, bleiben noch ein paar Tage.

Kurs Heimat

Freisegeln von den Einflüssen des Kontinents – Familie Neptun zu Besuch – Wie fängt man Fliegende Fische? – Der Polarstern taucht auf – Der unsichere Kantonist Azorenhoch – Auf unfreiwilligem Weg ins Ziel

Der Handzettel, den Gérard von der TRAITÉ am 26. Februar Claus in die Hand drückt, verspricht: "Nudos noreste" – Nackte aus dem Nordosten? Das Blatt trägt die Überschrift "Boletín meteorológico" und ist die einzige Wetterinformation von offizieller Seite für den Starttag. Nordost mit zehn Knoten, gut, aber was sind "nudos"? Die Tageszeitungen des nächsten Tages kündigen ebenfalls Nordostwind an. Wir kaufen sie auf dem Weg zum Schiff, letzte Erinnerung an einen Monat Argentinien.

Um halb zwei Uhr nachmittags werden die Leinen losgemacht, die Heckanker aus dem tiefen, stinkenden Hafenschlick ausgerissen; Yacht um Yacht legt ab. Peter Blakes Männer führen der dichten Zuschauermenge noch einen lauten Maori-Tanz auf dem Vordeck vor, dann zieht CERAMCO in Richtung Hafenausfahrt. Claus greift zur Gitarre. "Lustig segeln wir hinaus ...", doch bei manchem ist auch etwas Wehmut dabei. Christian ist noch ruhiger als sonst, und sein Blick wandert über den Kai und sucht ein paar Augen, von denen er sich ungern trennt. Im stillen schwört er sich: Ich komme zurück. Dann dröhnt der Motor auf.

Die Startlinie ist vor dem Cabo Corrientes ausgelegt; Klippen, Avenida und die angrenzenden Hänge sind voller Menschen. Nur wenige Boote begleiten die Flotte, darunter die Yacht RECLUTA, auf der sich die meisten unserer Bekannten getroffen haben. Vor der Luvtonne herrscht das übliche Gedränge, so daß sich Claus für einen Leestart entscheidet. Eine mäßige Brise weht aus Ostnordost, und wir lauern mit geschrickten Schoten vor der Startlinie.

„Hol dicht!" Startschuß, die Arme fliegen an den Kurbeln des Coffeegrinders, ein leises Klicken, er dreht leer. Schimmi schleudert die Törns von der Winschtrommel, stürzt nach achtern und holt die Schot über eine Cockpitwinsch dicht. Claus flucht vernehmlich, und Moly berichtet brühwarm über Funk von dem Mißgeschick. „Ihr Armen", sagt Jettchen, unsere österreichisch-argentinische Begleiterin in Mar del Plata mit weichem Wiener Akzent, „dann könnt's ihr ja gar kein' Kaffee mehr trinken." Am nächsten Morgen, in der nächsten sich bietenden Flaute, nimmt Moly die "Kaffeemühle" auseinander. Sie ist nach der Wartung falsch zusammengesetzt worden – ein kleiner Fehler, schnell zu beheben.

Eine Stunde nach dem Start folgt Claus den Anweisungen unseres alten Segelhandbuchs und ändert den Kurs, als der Wind auf Nordost dreht. Mit rechtweisend 70° segelt sich das WALROSS von der Küste, von den Einflüssen des Kontinents frei. Neun Männer und zwei Frauen beginnen, es sich an Bord bequem zu machen. Stoffel führt die Steuerbordwache, der Heinz, Gisela, Carsten und Olaf zugeteilt sind, Christian die Backbordwache, die Andreas, Moly, Anke und Burkhart mitgehen. Die letzte Etappe soll zu einem sportlichen Abschlußfest der Regatta werden. Dies entspricht nicht nur dem festen Wunsch der Crew, sondern ganz und gar auch dem Naturell des Schiffers.

In Claus, dem unermüdlichen Motor des ganzen Projekts, verbinden sich mehrere Eigenschaften recht vorteilhaft. Auf den ersten Blick ist der mittelgroße, schlanke Mann ein typischer Sunnyboy, den man selten anders als lachend sieht. Vielleicht hat er sich Oberlippen- und Kinnbart deshalb wachsen lassen, damit ein Anstrich von Würde die Heiterkeit mildert, die man sonst als Leichtfertigkeit verstehen könnte. Nichts ginge weiter fehl als dies: Claus ist ein exakter und effizienter Planer, der schnell und selbstsicher entscheidet. Ein Anflug spitzzüngiger Selbstgerechtigkeit wird durch die Neigung zu einem Spott wettgemacht, der niemanden zu verletzen sucht und die eigene Person nicht völlig ausklammert. Selten ist seine Kritik nicht mit einer Flaxerei verbunden, die sie weniger mildert als erträgbar macht. Betrachtet man Claus' witzige Umtriebigkeit von außen, erscheint sie wie ein grandioser Werbefeldzug, der alle Welt für Person und Pläne einnehmen soll.

Claus leidet, seine Familie fehlt ihm. Über seiner Koje hängt ein Foto von Regina und den Kindern, und seine langen Telefonate mit Berlin geben Anlaß zu Frotzeleien: Zu Hause hat er nichts anderes im Sinn als das WALROSS, kaum ist er drauf, denkt er an nichts als Regina. Zwar kreist alles auf dem Schiff um den Skipper wie die Monde um Jupiter, doch der vermißt das Zentrum, das ihn hält und wärmt.

Die letzte Etappe hatte schon immer den leichten Makel einer Heimfahrt in der Badehose, doch stellt die Strecke einige Probleme, die es mit Geschick, guter Wetterinformation, vor allem aber mit einer großen Portion Glück zu durchsegeln gilt. Nach intensivem Studium von Monatskarten, Handbüchern und den Berichten der vergangenen Whitbread-Rennen, deren letzte Etappen jedoch in Rio de Janeiro gestartet waren, sowie dem unverzichtbaren Segelhandbuch für den Atlantischen Ozean aus Kaisers Zeiten sollte der Kurs zunächst gut von der Küste frei in östlicher Richtung gehen und sich dann mit den vorherrschenden nordöstlichen Winden herumschlagen. In der Höhe von Recife war östlicher Wind zu erwarten, danach die Ausläufer des Südostpassats, die erlauben würden, Ostlänge und Luvraum mitzunehmen, den das träge WALROSS im Nordostpassat sicher brauchen würde. Die "Linie" sollte deshalb bei 025° W, also wesentlich östlicher der Route, die die alten Rahsegler wählten, geschnitten werden. Im Gürtel der Mallungen – die "Doldies" sollten etwa 2° nördlich des Äquators beginnen und vielleicht nur 100 Seemeilen breit sein – war mit Windstillen oder veränderlichen Winden zu rechnen. Der folgende Nordostpassat, der zu dieser Zeit stetig mit sechs Windstärken bläst, sollte uns dann für ein paar tausend Meilen eine schnelle Reise bescheren. Wir wollten das Schiff etwas voller segeln, um mit viel Fahrt noch am Wind gegen die See anzukommen.

Spätestens die Erfahrungen auf der Kreuz im Südpazifik hatten gezeigt, daß dafür die tiefgeschnittenen Genuas nicht recht geeignet waren. Ständig waren sie von den Wassermassen gefährdet, die einstiegen und brutal in das Tuch donnerten. Noch vor Feuerland war an Bord die Entscheidung gefallen und als Empfehlung nach Berlin durchgegeben worden: Das letzte Geld sollte nicht für einen neuen Spi, sondern für einen Yankee ausgegeben werden. Stagfock und Klüver, die neuen Zaubersegel, kamen per Luftfracht nach Argentinien. Eine Woche nach dem Start werden sie zum erstenmal gesetzt und befriedigen unsere Neugier voll und ganz. Sie ziehen wie der Teufel.

Wir haben die erste Woche Glück; die Winde kommen mehr östlich, teilweise sogar aus Südost, und unsere Etmale liegen zwischen 150 und 190 Seemeilen. Das Logbuch verzeichnet kaum Segelwechsel, die Neuen an Bord plagen sich mit Sonnenbrand, und die Steuerbordwache entdeckt, daß man für die Heimreise nicht einmal eine Badehose braucht. Nur Heinz achtet korrekt auf den Sitz eines weißen Streifens.

Die Tage verlaufen gleichmäßig und ereignislos, so daß der Bruch eines Genuafalls eher als willkommene Abwechslung dient. Zweimal taucht an Backbord ein Segel auf, die CROKY, was Claus am Funkgerät zu ausgedehnten Schwätzchen mit Skipper Gustaaf Versluys nutzt. Glücklicher Versluys, einer seiner Freunde fährt auf einem belgischen Frachter und versorgt ihn mit exakten Wetterinformationen. Gustaaf redet von Winddrehungen, doch die lassen Gott sei Dank noch auf sich warten.

Vollbeschäftigt an Bord ist eigentlich nur Moly. Beim Petroleum-Einkauf in Mar del Plata hat er sich, trotz einheimischer Begleitung, etwas andrehen lassen, das nach einer Mixtur aus Dieselöl und Benzin riecht. Es heißt Kerosin und wird, soweit wir wissen, hauptsächlich in Düsentriebwerken verfeuert. Nach einer Brennprobe im Reservekocher wagt Moly einen Versuch mit dem Herd. Das robuste Gerät reagiert gutmütig; allerdings verstopfen die Düsen schnell, so daß sie täglich gereinigt werden müssen. Zudem muß der Herd einmal die Woche vollständig auseinandergenommen werden. Die Crew freut sich doppelt: Einige Kilo Rindfleisch können doch noch gebraten werden, und Moly hat ein Spielzeug und ist damit ruhiggestellt.

Der Wind dreht am 9. März auf Nordnordost, als wir nördlich von Kap São Tomé stehen. Zu unserer Freude stellen wir fest, daß unsere unmittelbaren Konkurrenten, Croky, Traité, Skopbank, Belgium und sogar Mor Bihan, mit uns auf etwa einer Breite bei den Victorias liegen. Noch sind sie uns nicht leichtfüßig enteilt. Claus entscheidet, etwas östlicher zu halten, um dem südlich setzenden Brasilstrom unter der Küste zu entgehen und noch etwas Ostlänge für die Segelei gegen den Nordostpassat gutzumachen. Ein anderer Teil der Flotte geht sehr dicht unter Land, United Friendly etwa, die die Leuchtfeuer an der brasilianischen Westküste nacheinander abhakt. Crokys Wetterberichte erleichtern die Entscheidung. Die Favoriten dagegen sind wortkarg; in der Funkstunde schweigen sie sich über ihre Standorte aus. Auch Blake schließt sich dem Schweigen Tabarlys und van Rietschotens an; niemand weiß genau, wo die Doldrums liegen, und niemand will sich in die Karten sehen lassen. Erst die spätere Auswertung zeigt, daß Peter und Connie nach völlig verschiedenen Strategien navigierten. Die Punkte, an denen Flyer und Ceramco den Äquator schneiden, liegen fünf Längengrade auseinander.

Lagen die Doldrums auf dem Weg nach Kapstadt sehr viel weiter nördlich als vermutet, so fielen sie auf dem Rückweg aus. Wenn überhaupt, dann waren sie reichlich nach Süden gerutscht und machten sich auf 09° S 032° W mit Winddrehungen von E auf NW und SW bemerkbar. Bei abflauendem Wind wird heftig auf dem Vordeck gearbeitet: Fünf Segelwechsel in acht Stunden halten das Walross am Laufen. Der Lohn: Ein Etmal von 135 Seemeilen trotz der schwachen Winde. Gegen

TRAITÉ, die in der Flaute liegt, haben wir 60 Seemeilen geholt, CROKY und BERGE VIKING sind nur Etmale von 25 Seemeilen gelaufen. LA BARCA LABORATORIO und ILGAGOMMA, die am Anfang konsequent nach Osten gelaufen sind, rücken uns allerdings mit Macht näher. FLYER und CERAMCO sind schon fast auf der Höhe der Kapverden, und Anke notiert mit der Verbitterung der Besitzlosen ins Bordtagebuch: „Diesen Flugzeugen auf dem Wasser sollte die Teilnahme an einem Yacht-Racing untersagt werden! Quatsch! Wir brauchen auch so ein Schiff."

Hinter den beiden führenden Yachten hat sich eine Gruppe gebildet, die etwa 200 Seemeilen zurückliegt. Darunter befinden sich Gabbay und Viant, die heißesten Anwärter auf den Gesamtsieg, Tabarlay und Les Williams mit der CHALLENGER, die in Mar del Plata in FIRST COOPERATIVE umgetauft worden ist.

Wir brauchen auch so ein Schiff wie die FLYER? Wir können sie haben. Die Berliner Basis meldet, daß van Rietschoten sein Boot in der "Yacht" für 900 000 Dollar ausgeschrieben hat. Kein Wunder, daß er es so eilig hat, nach Portsmouth zu kommen. Er schafft die Regatta schließlich in einer Rekordzeit von 120 Tagen.

Das schwere WALROSS läuft auch am schwachen Wind vor dem Äquator so gut wie selten. Seit Mar del Plata hat Claus konsequent auf richtigen Gewichtstrimm geachtet. Die Segel sind aus der Vorpiek auf die hohe Kante gewandert oder werden mittschiffs gefahren; die schweren Wasserkanister aus der Achterpiek liegen im gelben Salon zu Füßen des Navigators. Das Notstromaggregat, das ohnehin seinen Geist aufgegeben hat, findet den Weg ins Ölzeugschapp auf der Steuerbordseite. Antonio auf der TRAITÉ ist spürbar sauer, daß wir ihm so dicht auf den Fersen sind. Ohnehin verfügt er über den Humor eines alten Katasterbeamten und ist uns gram, seit wir uns in Argentinien beim Kranen vorgedrängelt haben. „Was ist das", fragte er und deutete auf die Kupferplatten, die Erdung der Funkanlage auf der Plastikhaut des Kiels. „Das? Das ist zur Abwehr von Aluminiumyachten", grinste Claus, und Antonio stapfte beleidigt von dannen.

Am 20. Reisetag wird Anke mit dem Bootshaken aufs Vorschiff beordert. Längst haben die alten Hasen von der Stammcrew die "Linie" ausgemacht, die für sie deutlich sichtbar auf dem Wasser liegt. Anke soll sie fischen und über das Deck tragen. Kurz vor 18.00 Uhr steigt mit der zweiten grünen Rakete der Korken aus der Champagnerflasche, und das suppenwarme Gesöff schäumt die Mägen aus. Das Meer bekommt die leere Flasche ab.

Plötzlich werden Olaf und Stoffel durch eine winkende Hand zum Bug beordert. Tief über die Reling gebeugt kommunizieren sie in Luv mit dem Wasser, machen Bücklinge, immer tiefer und tiefer, bis sie knicksend und dienernd rückwärts nach achtern zurückkommen. Familie Neptun hat, wegen Arbeitsüberlastung durch die vielen Yachten, den Besuch für frühmorgens angekündigt. Der Meeresgott selbst scheint ungnädig: Er hat die x-te leere Flasche an den Kopf bekommen.

Morgens um sechs weckt Familie Neptun die Freiwache mit Wassergüssen. Der gewichtige Beherrscher des feuchten Elements hat Sohn Triton mitgebracht, der abwechselnd an Mutters atlantikblauem Segelsackrock und ihrer pampelmusengleichen Brust hängt. Frau Thetis, ganz aufgebrachte Hausfrau und Mutter, schimpft über die desolate Ordnung unter Deck. Die neuen Täuflinge werden an Deck gezerrt, durchnumeriert, und Neptun beginnt zu überlegen, welche nichtswürdigen erdbeschmutzten Eigenschaften einen exemplarischen Denkzettel verdienen.

Heinz wird für seine korrekte Dienstbeflissenheit bestraft. Der weiße Streifen südlich der Taille wird durch Gipsbinden dauerhaft gesichert und seine kriminalpolizeiliche Dienstfähigkeit mit einem neuen Dienstanzug konserviert. Das Jackett, das ihm Triton anpaßt, hat Frau Thetis eigenhändig mit ranziger Mayonnaise gefüttert. Ankes unnatürliche Blässe wird mit Seamarker korrigiert. Bordmediziner Burkhart bekommt seine Braut zurück, die aussieht wie ein Café mélange mit fluoreszierender Gelbsucht. Giselas narzißtische Neigungen werden durch eine Schönheits-Haarwäsche mit Ei und Bier gewürdigt. Ein Sprühverband fixiert die zerwühlte Haarpracht.

Claus, der Übeltäter, dem es Neptun zu verdanken hat, vom WALROSS gleich zweimal gestört worden zu sein, wird exemplarisch abgestraft. Seine Sehnsucht, Regina, wird ihm auftätowiert, seine Würde beschnitten. Der Kinnbart bleibt unter dem Messer, 15 Jahre täglicher Kultivierungsarbeit gehen den Weg alles Irdischen. Nur beim Schnurrbart hat Neptun Mitleid.

Dann folgt die innere Reinigung, verbunden mit einer Spülung mit Salzwasser, das mit Wodka und Magenbitter hinuntergewürgt wird. Am Nachmittag folgt mit medizinischer Unerbittlichkeit der zweite Akt des Dramas. Vor der Toilette stehen die Täuflinge Schlange, nur Anke ist seltsam heiter und verschenkt an Familie Neptun dankbar liebevoll gehortete Schokolade. Es ist eine sechsfache Tagesration von Darmol, und Olaf, Stoffel und Moly bleibt nichts anderes übrig, als sich in die Schlange einzureihen. Irgend jemand hatte über die Zusammensetzung des Tauftrunks nicht dichtgehalten.

Wie fängt man Fliegende Fische? Die Meinung derer, denen der Sinn nach einem Fischgericht steht, geht auseinander. Burkhart schwört auf die Erfahrungen aus Reisebeschreibungen und stellt sich mit der Petroleumfunzel auf das Vordeck. Andreas kommt durch logische Deduktion von der Prämisse "ein Schiff ist ein Hindernis" zum gegenteiligen Ergebnis. „Wenn das so ist, dann sehen die Fische das Hindernis im Licht. Logo." Er sollte recht behalten. Die Wahrheit ist: Fliegende Fische fängt man wie alle Fische mit einem Köder. Man stellt Burkhart ans Ruder, dann kommen sie von selbst, wie schon auf der ersten Etappe.

Am Morgen wandern fünf Stück in die Pfanne, und die Fischesser versichern sich gegenseitig zwischen den Gräten und zusammengebissenen Zähnen, es sei außerordentlich köstlich. Das ist eben der Unterschied zwischen den Großen und den Kleinen: Auf CHARLES HEIDSIECK haben sie eine Schildkröte gefangen. Aber ohne Opa wäre das sowieso nichts gewesen. So gibt es, bei 31 Grad im Schatten, zum Mittag Grünkohl aus der Dose.

In der Nacht taucht zum erstenmal der Polarstern auf. Es geht nach Hause, und selbst die Träume beginnen sich um den Alltag zu drehen. Stoffel öffnen sich nachts die Türen der Universität, und sie ist, zu seinem großen Entsetzen, voller emanzipierter Frauen. Nur Proviantmeister Andreas, der als turnusmäßiger Smut die Crew mit breiigen Spaghettis erschreckt, ist selbst im Schlaf noch voll bei der Sache. Er besucht die Rentnerin, die in Vollpension in der Bilge mitfährt, und entdeckt, daß sie mittlerweile Frischlinge hält. Dauernd brechen die Schweinchen aus ihren Stapelkisten aus und toben durch das Schiff. Angewidert schiebt Olaf die Spaghettipampe zurück und verlangt kategorisch nach geröstetem Spanferkel.

5° nördlich des Äquators hat uns der Nordostpassat gefaßt. Mit Riesenschritten stürmt das WALROSS in Richtung Azorenhoch. Wir haben die Linie etwas westlicher als geplant bei 027° W gekreuzt und spulen am Wind Etmale von 180 Seemeilen ab, hinter uns mehr als die Hälfte der Strecke, vor uns das navigatorische Problem der Etappe.

Bei den ausgedehnten Funkgesprächen des Skippers meldet sich eines Tages die HANS SACHS. Ihr Funker, Herr Kny, ist gerne bereit, unseren Mangel an Morsedecoder und Wetterfax auszugleichen, und gibt jetzt zweimal täglich den Wetterbericht der US-Navy von Norfolk durch.

Die Vorhersagen und Analysen bestätigen unsere Befürchtungen: Das Azorenhoch ist ein außerordentlich unsicherer Kantonist, der hektische Sprünge zu lieben scheint. Am 27. März soll es auf 30°N 045°W zu erwarten sein, steht am Mittag mit seinem Zentrum jedoch auf 29°N 042°W. Am 28. März ist es auf 39°N 033°W zu erwarten, zum Mittag steht es tatsächlich auf 31°N 042°W. Am 29. März wird das Hoch für

27° N 040° W vorhergesagt, befindet sich mittags aber auf 30° N 042° W. Am 30. März soll sich sein Zentrum auf 25° N 039° W verlagert haben, um zwölf Uhr mittags wird sein Kern auf 27° N 038° W gemeldet. Sechs Stunden später hat sich daraus ein Isobaren-Spiegelei mit zwei Dottern gebildet, deren Mittelpunkte sich auf der gleichen Breite von 27° N und auf 40 und 50° westlicher Länge befinden.

Die Barographenkurve steigt von 1012 Millibar unaufhaltsam an und steht schließlich am 28. März auf 1024 Millibar. An diesem Tag macht unser Etmal noch 176 Seemeilen aus. SKOPBANK OF FINLAND, etwa 400 Seemeilen nordnordwestlich von uns, bleibt in der Flaute hängen. Durch die Positionsangaben in der Funkstunde sehen wir auf unserer mitgezeichneten Karte, daß CROKY mittags gewendet haben muß. Auch TRAITÉ und MOR BIHAN, die dicht beisammenliegen, gehen rum. Wir selbst stehen noch ein Etmal südlich dieses Wendepunktes. Das Azorenhoch saugt uns an, wieder ein Etmal von 185 Meilen, und wir sind einen Tag später ziemlich genau dort, wo die drei Yachten vor uns den Bug nach Nordosten gerichtet haben. Er liegt bei etwa 27° N 037° W. Wir segeln weiter, denn die Barographenkurve scheint zu fallen. Nach der Analyse der US-Navy befinden wir uns knapp östlich des Hochdruckzentrums. Sollten wir Glück haben, und das Hoch verlagert sich westwärts?

Die Vorhersage reißt uns Stunden später aus allen Träumen: Das Hoch wandert mit fünf Knoten Geschwindigkeit ostwärts. Dann sind wir bald mittendrin! Bis zum Mittag des 30. März liegt unser Etmal noch bei 146 Meilen, und der Baro fällt von 1025 auf 1022 Millibar. Seine Kurve scheint mit der Vorhersage nicht übereinzustimmen, aber jetzt nichts wie rum. Nach 15 Tagen Segelei im Nordostpassat auf Backbordbug scheppert es gewaltig in allen Schapps, als um 15.40 Uhr die Wende gefahren wird. Töpfe, Geschirr, Proviant und Ersatzteile wälzen sich auf die andere Seite. "Heimatkurs 60° liegt an", verzeichnet das Logbuch hoffnungsvoll, doch in der Nacht ereilt uns das Schicksal. Der letzte Märztag spielt April und neckt uns mit einer ausgedehnten Flaute. Am Mast werden die Leichtwindsegel getrocknet, und die Wache versucht, jeden Hauch zu nutzen. Abwechselnd lassen wir uns bei langsamer Fahrt angeleint vom WALROSS nachschleppen. Badewetter! Unser Abstand auf die unmittelbaren Konkurrenten CROKY, MOR BIHAN und TRAITÉ vergrößert sich auf zwei Tage.

Das Azorenhoch entscheidet unser Privatrennen genauso, wie es die Konkurrenz insgesamt entscheidend beeinflußte. Wie ein Wegelagerer schien es nur darauf zu lauern, die armen Reisenden zu überfallen. Nur Connie van Rietschoten schien es vorsorglich bestochen zu haben. Zwei

Wochen zuvor hatte es sich auf irgendeinem spanischen Schloß bequem gemacht und sah freundlich zu, wie FLYER an seiner Westkante ungestört vorbeidonnerte. Wir beobachteten noch ängstlich seine Ausfallbewegungen, da machte Connie schon die Leinen in Portsmouth fest. Auch Peter Blake gehörte noch zu den Begünstigten, doch hinter ihm begann das Drama der französischen Yachten.

Vor den Kanarischen Inseln liegen sie eine gute Tagesstrecke hinter den beiden führenden Yachten, als sich die Wetterlage ändert. Das westliche Hochdruckgebiet setzt sich in Marsch, und das Hochdruckzentrum geht genau über die französischen Yachten hinweg. Einen Tag liegen sie in der Flaute, danach setzt wieder Nordost ein, und CHARLES HEIDSIECK und KRITER müssen kreuzen. FLYER zieht raumschots an der iberischen Halbinsel vorbei und dem Kanal zu. Am Eingang des Solent ist ihr Vorsprung auf 1000 Seemeilen angewachsen. Die 92 Stunden, die Alain Gabbay gegenüber FLYER an Vorgabe hat, sind nicht mehr einzuholen; auch Viants Chancen, dessen Rating noch etwas günstiger ist, sind unter Null gesunken. Gustaaf Versluys auf dem zweitkleinsten Boot im Rennen kommentiert grimmig: „Immer auf die Kleinen!" Doch was will das schon heißen – der Größten kommt die Palme von oben. Von den 31 Metern Mast der CHALLENGER bleiben gerade gut zwei Meter übrig.

Mit dem 1. April setzt der Wind wieder ein; es wird der große Tag der Segelmanöver. Langsam auf immer schwerere Spinnaker wechselnd, schießen wir am Vormittag unter schwerem Starcut mit über 16 Knoten durch die Wellen. Der Wind ist böig, das Rudergehen wird zu einem Vabanquespiel platt vorm Laken. Das WALROSS beginnt stark anzuluven, so daß der Großbaum mehrmals heftig durch das Wasser gezogen wird. Sein Ende ziert ein gelbgrüner Aufkleber der Baumschützer mit der Aufschrift "Baum ab – nein danke", ein Amulett, das bisher alle bösen Geister ferngehalten hat. Wahrscheinlich verschont uns jedoch unsere zurückgebliebene Technik vor dem Schaden, der so viele Yachten im Rennen getroffen hat. Die meisten fahren hydraulische Baumniederholer, die den Großbaum mit eiserner Gewalt in seiner Position halten, so daß ihn der tonnenschwere Druck des Wassers beim Querschlagen genau dort abknickt, wo der Niederholer am Baum ansetzt.

Es passiert dem Schiffer höchstpersönlich: Eine querlaufende Welle hebt das Achterschiff an, etwas zu wenig Ruder nach Luv, und schon halst das Großsegel, und das Schiff legt sich mit stehendem Spi flach auf das Wasser. Tief bohrt sich der Spinnakerbaum an Backbord in die See. Mein Gott! das kann nicht gutgehen! Die Spi-Schot los! Christian und Moly stürzen zum Spi-Fall. Wegfieren das Ding! Claus hat kein Ruder mehr im Schiff, Wasser strudelt durch den Deckslüfter an Backbord auf die schlafende Freiwache im gelben Salon. Heftig schlägt der Spinnaker, und noch bevor das Spi-Fall gefiert ist, öffnet sich dadurch der Schnappschäkel am Topp, und der Spi fällt in sich zusammen und ins Wasser. Das Schiff richtet sich wieder auf. Unbeschädigt wird das Segel aus der See gefischt. Die Katastrophe ist noch einmal an uns vorbeigegangen.

Helmut Bellmer, unser Freund von "Trans Ocean", hat Claus den Tip gegeben, sich gelegentlich einmal auf der "Delta Alpha Alpha Delta"-Frequenz in die Klönstunde der deutschen Handelsschiff-Funkoffiziere einzumischen. "Der Anruf an alle deutschen Seefunkstellen" auf kHZ 16 587,1 wird alle vier Stunden abgehalten. Eine halbe Stunde lang Nachrichtenaustausch und Tratsch: die Position, das Reiseziel, Einkaufspreise für Zigaretten und Lebensmittel in bestimmten Häfen, technische Tips und Klatsch über gemeinsame Bekannte. Wir gelten unter den Kollegen von der Handelsschiffahrt als Exoten, und die Gefühle der Profis schwanken zwischen Bewunderung und Entsetzen, wenn sie hören, daß unser Schiff nur 16 Meter lang ist, wir uns zu elft auf den Füßen stehen, abwechselnd in vorgewärmten Kojen schlafen und 45 Tage auf See zubringen – alles nur so zum Spaß. Aber die Hilfsbereitschaft der Profis ist rührend und riesengroß, wie das Beispiel der Hans Sachs zeigt.

Mit mehr als 20 deutschen Handelsschiffen haben wir auf dieser Etappe regelmäßig Funkkontakt, wobei sich eine kleine Sensation ergibt, die selbst altgediente Funkoffiziere zum Staunen bringt: „Wetten, daß Sie nie hierher kommen, wo wir jetzt sind?" mischt sich ein Funker in die Unterhaltung ein. „Hier ist Lufthansa-Flug 561 Lagos – Frankfurt. Wir überfliegen die Sahara auf 18° N und 002° E!"

In kräftigem Nordwest, der uns mit guten Etmalen in Richtung Heimat bringt, beginnen Carsten und Heinz mit dem Jurastudium. Nur noch selten sind sie ohne ihre Schwarten anzutreffen. Die Gedanken anderer kreisen um andere Ziele. Verreisen! Prag, Budapest, Rom, Paris oder vielleicht auch das nächste Whitbread? Claus telefoniert täglich mit Regina. Das gleichmäßige Bordleben wird von der Alchimist Flensburg unterbrochen, einem kleinen Chemikalientanker, dessen Kurs uns kreuzt. Kurz entschlossen läßt Claus den Spinnaker bergen, ein paar Fender werden an Backbord ausgebracht, und wir legen uns dicht neben den Dampfer. Brottausch – ein Laib frischgebackenes Brot wird gegen fünf Kisten Bier eingetauscht. Die Alchimisten legen noch eine Stange Zigaretten dazu, genau das, was uns am dringendsten fehlt. Schon beim Abdrehen werden von den Süchtigen entschlossen die Entzugserscheinungen bekämpft, zumindest beim Bier schließt sich niemand aus. Von der ALCHIMIST grüßt der Funkoffizier noch Stunden später mehrfach Gisela, die einen unauslöschlichen Eindruck auf ihn gemacht zu haben scheint. Nicht auszudenken, was passiert wäre, wäre sie ihm in äquatorialer Schönheit begegnet.

Der Fehler im Azorenhoch, die Wende einen Tag zu spät beginnen sich mit der Annäherung an den Kanal bitter bemerkbar zu machen. Während die Yachten vor uns mit gutem, meist achterlichem Wind dem Ziel entgegenrauschen, wendet sich das Blatt für uns völlig: Der Keil eines Hochs westlich von Irland reicht bis zum westlichen Ausgang des Kanals und beschert uns Wind aus ENE und NE. Wir müssen kreuzen. Der Abstand auf CROKY und TRAITÉ vergrößert sich nochmals um zwei Tage, doch BUBBLEGUM, BELGIUM, LA BARCA, ILGAGOMMA und VIVA NAPOLI liegen noch hinter uns. Nur die Chance, UNITED FRIENDLY und LICOR 43, die schon im Hafen festgemacht haben, dank unseres günstigeren Ratings zu schlagen, schwindet von Stunde zu Stunde.

Aber das Schicksal schlägt noch härter zu. Pünktlich zum Einsetzen des Stroms, der uns durch die Needles in das nordwestliche Fahrwasser um die Isle of Wight nach Portsmouth schieben soll, stehen wir am Eingang des Solent, den spitzen, aus dem Wasser ragenden Felsnadeln, Angstsignalen, die schon vielen Teilnehmern am Admiral's Cup den Schlaf geraubt haben. Das wegen seines Stromes gefürchtete Fahrwasser beschert uns eine lange, unruhige Nacht. Schon hat uns die Küstenwachstation auf der Westecke der Isle of Wight entdeckt und über UKW angerufen, und wenn wir Glück haben, sind wir vielleicht in ein paar Stunden in Portsmouth. Doch der Wind dreht. Wir müssen im engen Fahrwasser aufkreuzen. Noch hilft die Tide dabei, und noch ist das Licht hell genug, um mit dem Handlot die Wassertiefe zu messen.

Dann ist die Nacht zu dunkel und der Himmel plötzlich bedeckt. Die drei letzten Schläge vor Mitternacht bringen uns kaum voran. Fast die ganze Mannschaft ist an Deck. Claus und Stoffel versuchen mit den Segeln den letzten Windhauch zu fangen, zupfen an den Schoten und Trippleinen. Es ist still. Mit spitzen Ohren lauschen alle angespannt und immer nervöser auf das leise Plätschern der kleinen Wellen am Rumpf. Die dunkle Tonne im Fahrwasser bleibt langsam zurück. Wieder 100 Meter mehr. Wende. Eine Spannung lastet über dem Schiff: Schaffen wir es noch, bevor der Strom kentert, oder müssen wir gar noch ...?

Unten im Salon sitzen drei um die Back, die das alles nicht stört. Ungerührt werfen sie die Karten auf den Tisch. Claus ist ins Segeln vertieft. Jedesmal zuckt er zusammen. Schließlich stürzt er wütend nach unten und schnauzt die drei an – sie sollen sich still verhalten und gefälligst nach Luv verholen. Als wenn das noch helfen würde. Die Antwort ist unwilliges Gemoser: „Was soll'n der Quatsch!" Noch wütender als zuvor taucht der Skipper wieder im Niedergang auf.

Wenn die Blicke einen Halt fänden, würden sie das Schiff ziehen können. Alles starrt das Fahrwasser hinauf, dort, wo ein paar lächerliche Meilen entfernt das Ziel wartet. Müder Wind! Das sachte Glucksen erinnert plötzlich an die Sände, die unter der Wasseroberfläche lauern. Wende. Kurz nach zwei Uhr nachts steht das Schiff. Der Strom ist gekentert. Wir müssen ankern. Der kleine Danforth wird geworfen, die Segel sind geborgen.

Es ist, als hätte sich irgendwo im Kanal ein riesiger Gully geöffnet, in den die See stürzt. Die Ebbe saugt das Wasser mit gewaltiger Kraft aus dem Solent. Der Anker reißt aus. In Sekundenschnelle beschleunigt das WALROSS achteraus und treibt die Strecke zurück, die wir mühsam seit Mitternacht erkämpft haben. Die Geschwindigkeit scheint rasend, mit der die Fahrwassertonne auf uns zukommt. Sie liegt mitten auf unserem unfreiwilligen Weg, kracht vierkant ins Heck und antwortet darauf mit hämischem Geklingel. Eine Glockentonne, wie peinlich. Claus startet den Motor, um das Schiff von Flachs freizuhalten, bis der schwere Stockanker klar zum Fallen ist. Dann liegt das WALROSS still, nur der Strom zerrt und gurgelt mit drei Knoten unter seinem Kiel.

Warten. Die Mannschaft hängt dösend herum, selbst die drei Skatbrüder sind ruhiger geworden. Ab und zu schreckt einer auf, wittert plötzlich hellwach in die kühle Aprilnacht und kriecht gleich wieder fröstelnd in sich zusammen. Kurz vor vier entdeckt Stoffel eine Veränderung. Dicht unter Land schleicht von achtern ein Segler das schmale Fahrwasser hoch, läßt sich vom Neerstrom im Halbdunkel um Untiefen tragen, nutzt geschickt den leichten Luftzug, der kaum merklich aus Nordwest eingesetzt hat. Langsam kommt das Boot näher. Stoffel starrt verblüfft. Mein Gott, man kann hier tatsächlich segeln, wenn man das Revier kennt. Nichts wie hinterher!

Doch schon kurz danach zeigt sich die ganze enttäuschende Fruchtlosigkeit aller Mühen. Der Einheimische hat erheblich weniger Tiefgang und offenbar ein funktionierendes Echolot. So dicht wie er, den bald der Morgendunst geistergleich verschluckt, können wir nicht ans Ufer. Drei Stunden lang schwabbern wir um die Tonne, bald im Strom zurückversetzt, bald vom Neerstrom "bergauf" geschubst. Irgendwann muß dieser verfluchte Strom doch wieder einmal kentern. Irgend einmal muß doch wieder ein kräftiger Wind wehen. Lauf endlich los, altes WALROSS! Die Stimmung schwankt zwischen Hoffnungslosigkeit und trügerischem Zweifel. Lakonisch und gefühllos verzeichnet das Logbuchblatt "fortwährendes Kreuzen".

Erst gegen sieben Uhr setzt sich der Nordwest etwas entschiedener für unsere Sache ein. Langsam brist es auf, die Tide setzt ein, und plötzlich geht alles fast zu schnell. Cowes taucht auf – vorbei! Die Frachtschiffe auf Southampton Reede – hindurch! Spit Sand Fort, vor mehr als sieben Monaten Begrenzung der Startlinie – wir lassen es an Backbord. Outer-Spit-Tonne – Kurs um 90° nach Norden ändern. Nun schiebt uns die Brise backstags dem Ziel zu, das kaum eine halbe Meile entfernt auf uns wartet. Blitzschnell geht der Triradial hoch.

Wir kommen als 19. Boot, aber keines vor uns hat das geschafft, niemand nach uns wird es schaffen: unter Spi über die Linie. Das ist unsere Show! Das ist die Viertelstunde, die nur uns gehört. Wir haben die Flagge unserer Freude gesetzt, und sie steht rund und voll wie unser Stolz. Wir haben es geschafft.

Das Ziel. Der lange Ausgang unserer Sehnsucht, das kurze Ende eines glücklichen Traums. The race is over. Donnernd kracht die Kanone der Signalstation. Wir schießen mit der Leuchtpistole zurück, fallen uns erlöst in die Arme. Das Ziel.

Von Land her dringt die Stimme von Admiral Williams per Megaphon durch unseren Jubel: „Well done, WALROSS!"

Das WALROSS von innen...

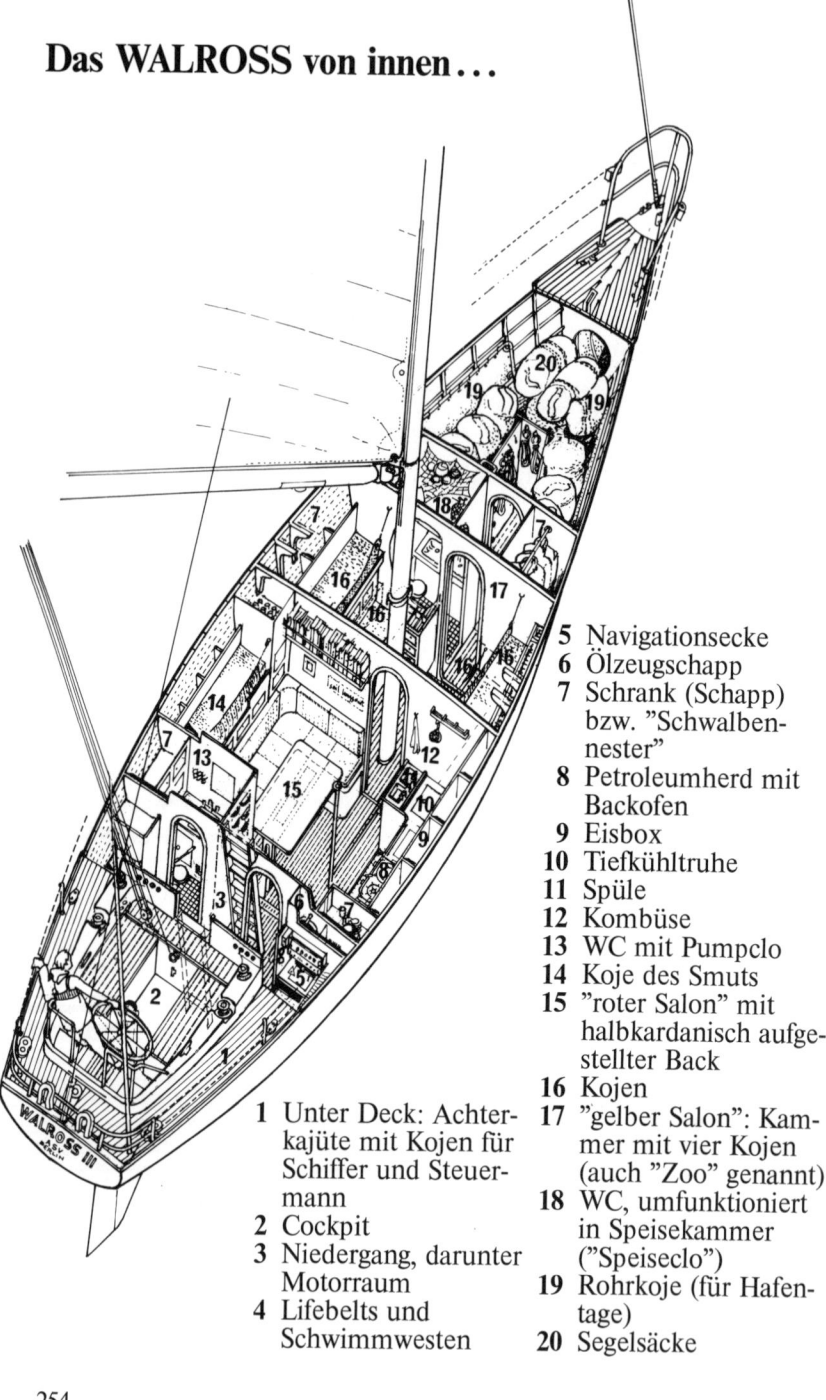

1 Unter Deck: Achterkajüte mit Kojen für Schiffer und Steuermann
2 Cockpit
3 Niedergang, darunter Motorraum
4 Lifebelts und Schwimmwesten
5 Navigationsecke
6 Ölzeugschapp
7 Schrank (Schapp) bzw. "Schwalbennester"
8 Petroleumherd mit Backofen
9 Eisbox
10 Tiefkühltruhe
11 Spüle
12 Kombüse
13 WC mit Pumpclo
14 Koje des Smuts
15 "roter Salon" mit halbkardanisch aufgestellter Back
16 Kojen
17 "gelber Salon": Kammer mit vier Kojen (auch "Zoo" genannt)
18 WC, umfunktioniert in Speisekammer ("Speiseclo")
19 Rohrkoje (für Hafentage)
20 Segelsäcke

... und technisch gesehen

Länge über alles
 16,07 m
Länge Wasserlinie
 12,16 m
Breite
 4,35 m
Tiefgang
 2,45 m
Verdrängung
 19,5 t
Bleiballast
 7,7 t
Segelfläche am Wind
 110 m²
Motor
 Perkins Diesel 30 kW
Treibstofftanks
 280 l
Wassertanks
 780 l
Anzahl der Kojen
 10
Konstrukteur
 Sparkman & Stephens, New York
Werft
 Nautor, Finnland
Baujahr
 1971
Material
 glasfaserverstärkter Kunststoff (GFK), Teakdeck über Sandwich
Klasse
 IOR I, Rating 36,4'

Ausrüstung

Segel 2 Großsegel, 1 Trysegel
Genua I leicht, Genua I schwer, Genua II, III und IV
Fock I und II, Stagfock, Sturmfock, Klüver I, II und III
2 Tallboys, 2 Drifter, 1 Lee-Spinnaker, 1 Spi-Genua
1 Leichtwind-, 2 Arbeits-, 2 Sturmspinnaker, 2 Starcuts

Winschen 10 Barlow- und Enkes-Winschen, 1 Coffeegrinder

Laufendes Gut Schoten, Fallen usw.: ca. 1100 m

Navigation 1 Steuerkompaß
1 Reservekompaß
1 Handpeilkompaß
2 Sextanten
2 Windrichtungsanzeiger
1 Windgeschwindigkeitsmesser
1 Efficiency-Meter
1 Sumlog
1 Echolot

Funk 1 UKW-Sprechfunkgerät
1 Grenz- und Kurzwellen-Funkanlage
1 Funkpeiler
1 Seenotsender
1 UKW-Seenot-Funkanlage

Sicherheit 12 automatische Schwimmwesten
12 Sicherheitsgurte
2 Rettungsinseln für je 8 Personen
3 Rettungsringe mit Blitzlicht
diverse Notsignale

Die WALROSS-Crew

Heinz Aping (geb. 1953) Kripo-Oberkommissar und Jurastudent. ASV-Vorsitzender 1981. Crew auf Etappe 3 und 4, Wachführer 2. Hälfte der Etappe 4.

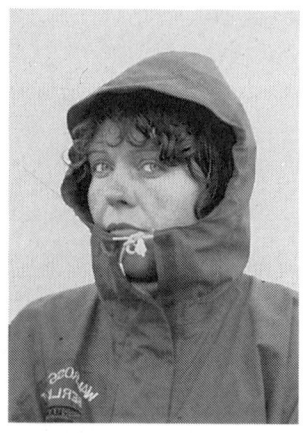

Gisela Bunck (geb. 1952) Lehrerin. Crew auf Etappe 4.

Carsten Clauß (geb. 1956) Jurastudent und Taxifahrer. Stammcrew. Bootsmann, Wachführer auf Etappe 3.

Andreas Drechsler (geb. 1956) Rechtsreferendar. ASV-Vorsitzender 1980. Stammcrew. Proviantmeister, Wachführer auf Etappe 1.

Wolfgang Freitag (geb. 1930) Dipl.-Ing., Architekt. Senior und „rasender Reporter" auf Etappe 2.

Ekhart Hahn (geb. 1942) Dipl.Ing., Architekt. Schlimbach-Preisträger. Skipper auf den Etappen 2 und 3.

ans-Bernhard Kawerau
eb. 1942), genannt "Gustav".
r. jur., Syndikus. Crew auf
tappe 1.

Joachim Lücht (geb. 1948), genannt "Adam". Diplom-Biologe. Crew auf Etappe 3.

Christian Masilge (geb. 1959) Schiffbau-Student. Stammcrew. Bootsmann ("Chief"), Wachführer auf Etappe 4.

laf Michel (geb. 1956) Medi-
instudent. ASV-Vorsitzender
979. Stammcrew. Skipper auf
tappe 1, Navigator, Bord-
nediziner.

Per Gunnar Pehle (geb. 1944), genannt "Opa". Lehrer. Smut auf den Etappen 2 und 3.

Claus Reichardt (geb. 1946) Dipl-Ing., Architekt. Seeschifftakelmeister des ASV, Projektkoordinator. Skipper auf Etappe 4.

Hans Roth (geb. 1947), genannt "Eugen". Dr. rer. nat., Biologe. Crew auf Etappe 1.

Claus Schäfer (geb. 1958), genannt "Liqui Moly". Student des Wirtschaftsingenieurwesens. Stammcrew. Verwalter der Bordkasse, Bootsmann, Wachführer auf Etappe 3.

Hans-Christoph Schimmelpfennig (geb. 1957), genannt "Stoffel" oder "Schimmi". Jurastudent. Stammcrew. Bootsmann, Wachführer 1. Hälfte der Etappe 4.

Anke Schulz (geb. 1956) Studentin der Germanistik und Buchhändlerin. Inzwischen mit Burkhart Zipfel verheiratet. Crew auf Etappe 4.

Adolf Straub (geb. 1940) Germanist, Verwaltungsangestellter. Crew auf Etappe 3.

Burkhart Zipfel (geb. 1955) Medizinstudent. Stammcrew. Bordmediziner, Wachführer auf Etappe 1. Überließ Adolf seinen Platz für die Etappe 3.

Bitte beachten Sie die folgenden Seiten:

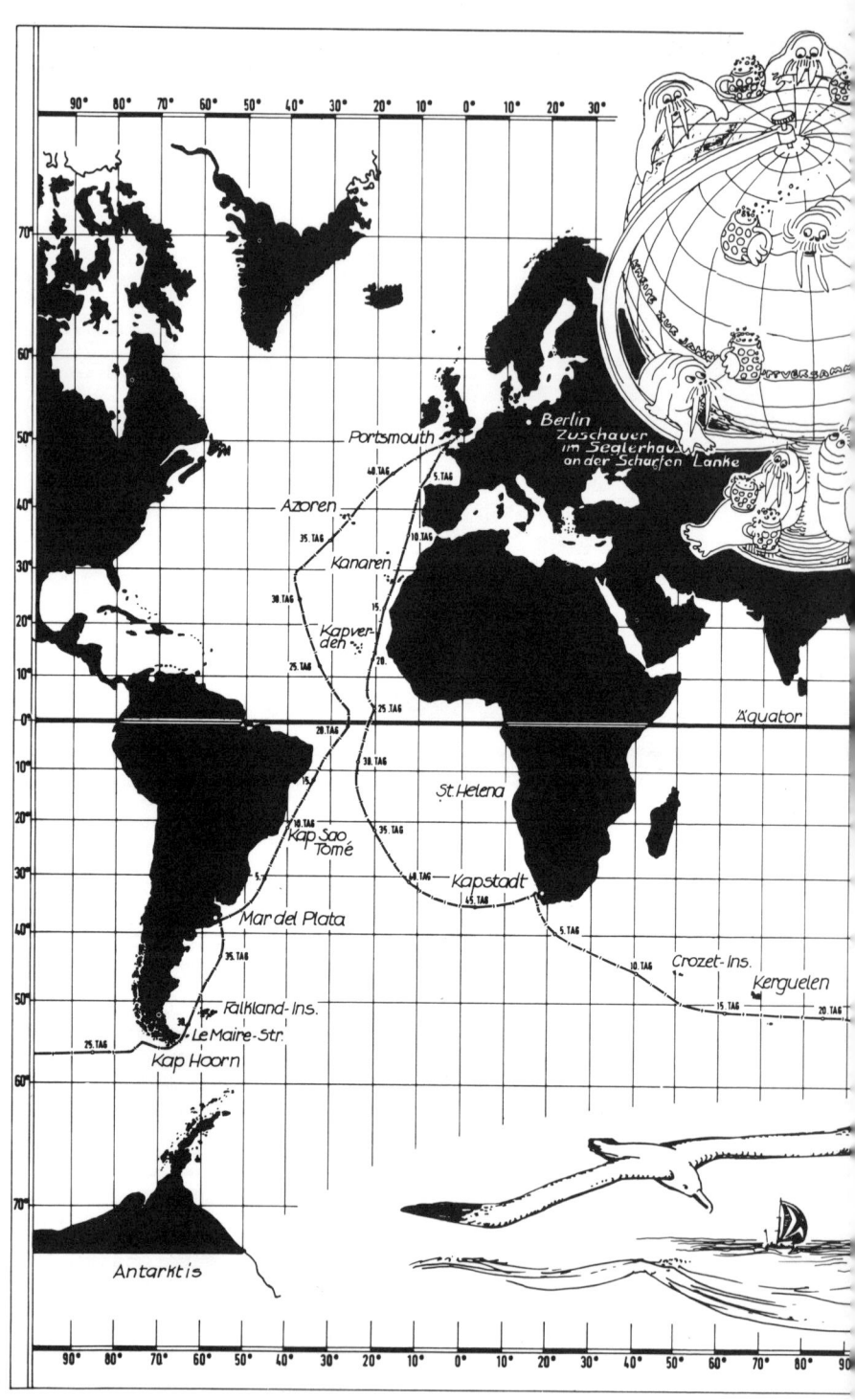

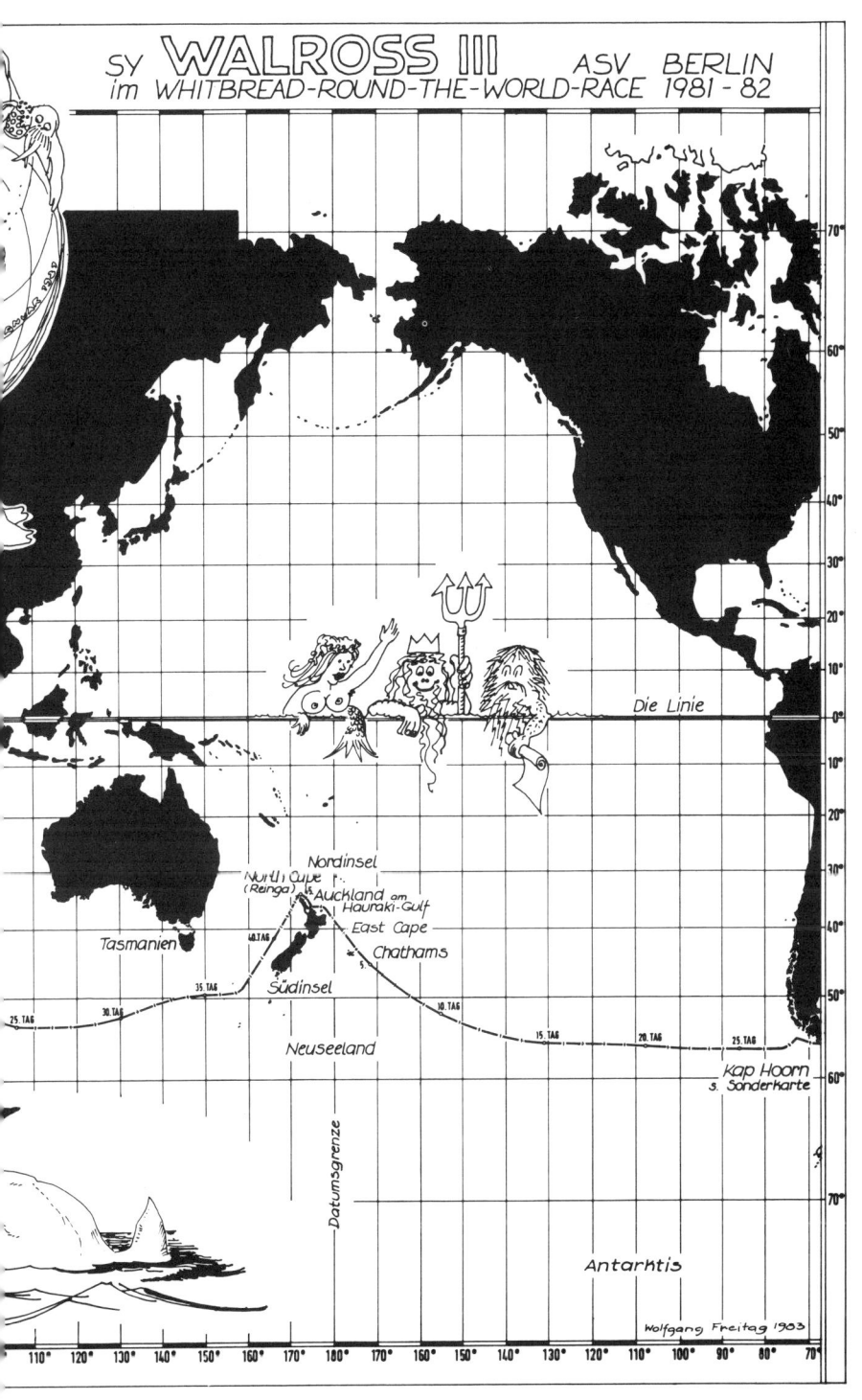

Das geplante Treffen mit Bubblegum Walross-Kurs vor Kap Hoorn

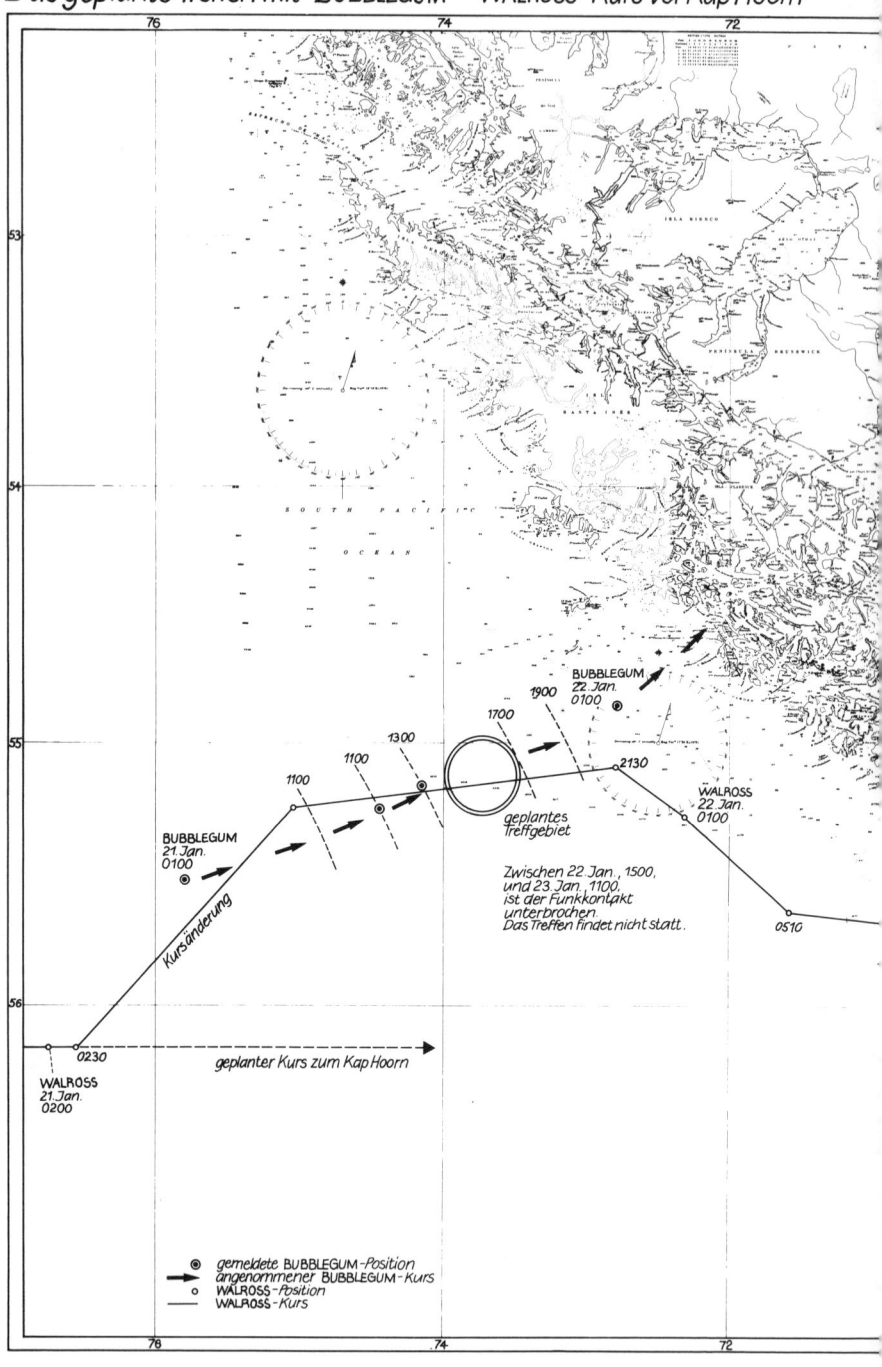

SEGELN UND ABENTEUER

Karl Vettermann **Hollingers Lagune**
Geschichten aus der Südsee

Als Hafenkapitän und Lotse lebt Paul Hollinger an einer Lagune in Polynesien. Diese Tätigkeit und seine große Hilfsbereitschaft lassen ihn mit Einheimischen, Yachties und Touristen mancherlei Abenteuer erleben, die zu meistern er ebenso viel Verständnis wie Humor braucht. Diese Südseegeschichten des bekannten Autors sind eine Wochenend-Urlaubs-Bord-Lektüre, wie man sie sich schöner nicht wünschen kann.
288 Seiten mit 7 Zeichnungen, kart. DM 16,80

Eric Newby **Hölle vor dem Mast**
Windjammer ohne Romantik

Das Leben der Seeleute auf den Windjammern war auch in den letzten Tagen der Großsegelschiffahrt der dreißiger Jahre noch hart und entbehrungsreich, stand der Zivilisation an Land um Jahrzehnte nach. Zwischen Essen und Schlafen taten sie ihre Arbeit an Deck und in der Takelage, abgeschnitten von der Welt und abhängig von den Gewalten der Natur und ihrem Kapitän. Einer, der es als junger Mensch erlebt hat, erzählt davon, nüchtern und ohne Romantik, aber auch getragen von Liebe und Begeisterung für eine Art der Seefahrt, wie sie heute nicht mehr denkbar ist.
264 Seiten mit 36 Fotos, kart. DM 16,80

John Rousmaniere **Sturm Stärke 10**
Der schwarze Tag von Fastnet

Eine der größten Katastrophen traf den internationalen Segelsport während eines der alle zwei Jahre ausgetragenen Fastnet-Rennen. Ein unvorhergesehener Sturm gewaltigen Ausmaßes wirbelte das Regattafeld durcheinander, forderte Menschenleben und führte zum Untergang zahlreicher Yachten. Aus eigenem Erleben und nach Gesprächen mit Besatzungen, Rettungsmannschaften und Meteorologen schrieb der Autor diese packende Reportage über den schwärzesten Tag des Regattasegelns.
272 Seiten mit 64 Fotos und 5 Skizzen, kart. DM 16,80

Preisänderungen vorbehalten!

DELIUS KLASING VERLAG